포항 6·25

일러두기

1. 군부대 단위의 영문명칭 번역

이 책을 집필하는 데 참고한 주요 영문 자료에 나오는 유엔군, 미군 등 군 부대단위의 편성은 다음과 같이 번역 사용하였다. Division은 사단, Regiment는 연대, Battalion은 대대, Company는 보병중대 또는 중대, Platoon은 소대, Squad는 분대, Task Force는 특수임무부대로 통일하였다.

2. 아군과 적군에 대한 표기

주요 전쟁사, 전쟁사료 등 참고문헌과 자료에서는 아군과 적군을 다양하게 부르고 있다. 아군의 경우에는 '아' 또는 '아군', '한국군', '국군', '미군', '유엔군', '한미연합군' 등 다양하다. 그중 미군, 유엔군 등과 관련하여서는 미군은 '미', 유엔군은 '유엔군'으로 표기한 다음 부대 명칭(예: 사단, 중대 등)을, 한국군은 '국군' 다음에 제XX사단 제YY대대 제ZZ연대 등으로 표기하였다.

한편 적군은 당시 자유진영의 해외 언론에서는 빨갱이(Reds) 등도 사용하고 있지만, 국내 자료에서는 괴뢰군, 조선인민군(KPA; Korea People Army), 북한군, 인민군, 인민의용군, 적 또는 적군, 공산군 등으로 표기되고 있으나, 이 책에서는 모두 '북한군'으로, 중공군, 중국인민의용군(CPVA; Chinese People's Volunteer Aramy), 중공군, 중국공산군, 중공의용군, 중국인민군 등은 모두 '중국군'으로 통일하여 표기하였다. 다만, 이 책의 제4부에 인용 소개하고 있는 진실규명 관련 판결문과 주요 참전용사의 증언록 등은 원문에 충실하여 적, 적군, 인민군, 괴뢰군 등의 용어를 그대로 인용하였음을 밝혀둔다.

3. 지명에 대하여

이 책은 2020년 현재 포항시의 행정구역 전체에 해당하는 내용을 중심으로 전쟁사를 다루고 있다. 하지만 6·25전쟁 당시에는 포항시와 이를 둘러싼 영일군이 행정구역상 구분되어 있었다. 특히 6·25전쟁 기간 동안 한미 연합군의 작전지역명을 인식할 때는 유의해야 할 부분이 적지 않다. 1927년 조선총독부가 측도하여 1945년까지 일본군이 사용하고 있던 군사지도를 미군이 그대로 접수, 사용하였기 때문이다. 해당 작전지도에는 일본 발음의 영문명으로 지명이 덧붙여 있어, 일례로 장진호 전투는 장진의 일본 발음인 쵸신(chosin)으로 표기되었다. 그래서 영문자료에서는 장진호는 찾을 수 없으며 조신저수지전투(chosin reservoir battle)로 나온다. 포항도 당시 시(city)였음에도 불구하고 포항상륙작전의 영문설명에서는 포항동(pohang-dong)으로 설명하고 있다. 이 책에서는 최대한 현재의 행정구역에 맞추되, 포항시 전역에서의 전쟁사를 다루고 있기에 읍면 단위의 기계, 흥해 등은 상황에 따라 별도 읍, 면이라는 표기를 하지 않고 사용하였다.

포항지역학연구총서 3

포항 6·25

김정호 · 김진홍 · 이상준 · 이재원

도서출판 나루

발간사

　지금으로부터 70년 전, 포항읍이 포항시로 승격된 지 채 1년이 되지 않았던 1950년 6월 25일 새벽이었다. 38도선 전역에 걸쳐 조선민주주의인민공화국의 군대(이하 북한군)가 남침하였다. 당시 남한에서는 군정을 담당하던 미군이 철수한 데다 전방 전 부대에 내려졌던 경계강화조치도 풀려 있었다. 게다가 전방 사병의 2/3가 휴가를 갔던 관계로 느슨한 국경선이 쉽게 돌파될 수밖에 없었다. 우리 민족에게 큰 슬픔과 희생, 비극을 안겨준 첫날이었다.

　그때쯤 포항시는 영일만의 풍부한 어족자원을 기반으로 인구가 급격히 팽창하며 동해안의 유일한 국제무역항으로 발돋움하고 있었다. 군사적 요충지일 뿐 아니라 동북아 전진기지로서 지정학적으로도 매우 중요한 위치이기도 했던 포항은, 이미 대한민국 정부 수립과 더불어 항만시설과 지역경비를 위한 해군포항경비부 그리고 영일(오천)비행장 등의 중요시설이 들어서 있었다.

　급격하게 남하하던 북한군의 기세는 순식간에 낙동강방어선 안쪽까지 밀고 내려왔다. 1950년 8월 11일에는 포항시내가 북한군에게 점령되어 버렸다. 낙동강 방어선의 동쪽 출발점이 된 포항이 무너지면, 유엔군에게 물자공급과 항공지원을 맡고 있던 영일비행장까지 적의 손아귀에 넘어갈 거라는 것은 불을 보듯 뻔했다. 포항 남쪽 형산강 방어선까지 지키지 못한다면 부산과 대구도 곧 함락될 것이고, 결국 대한민국이라는 자유수호국가가 소멸될 것이라는 위기감은 학도병, 국군, 유엔군 등으로 하여금 '필사의 포항전선 사수'라는 의지로 결집시켰다.

포항 일대 전선은 전 아군 병사들이 전면에 걸쳐 목숨을 걸고 사수하였던 6·25전쟁의 최후의 보루이자, 다시 대한민국의 영토를 수복하기 위한 대반격의 기점이기도 했다.

기계·안강 전투, 소티재 전투, 포항여중 전투, 비학산 전투, 송라 독석동 철수작전, 미군 포항상륙작전, 형산강 전투, 천마산지구 전투 등 포항 전역에서 펼쳐졌던 치열한 전투와 작전들은 6·25전쟁사에서 결코 소홀하게 다룰 수 없는 부분이었다.

하지만 이제까지 편찬된 6·25전쟁사에서 포항 전투에 대한 설명은 상세하지도 못했고, 비중 있게 다루지도 않았던 게 사실이다.

이에 포항지역학연구회 연구위원들은 포항의 재조명을 위해 6·25전쟁 70주년을 기념하여 보다 상세하게 포항을 중심으로 일어났던 다양한 전쟁 당시의 기록들을 섭렵하여 이 책을 편찬하게 되었다.

이러한 노력의 결과가 나타나기까지 연구위원들의 인터뷰와 자료협조에 기꺼이 동참해 준 모든 분께 지면을 통해 감사드린다.

이 책은 이상준, 이재원, 김진홍, 김정호 네 사람의 열정과 땀이 만들어낸 작품이다. 제1부와 제2부는 이상준이, 제3부는 김진홍이, 제4부는 공동저자 네 명이 저술하였고 책의 기획과 현장 검증, 사진촬영 등은 김정호, 이재원이 맡았음을 밝혀둔다.

이 책을 생존해 있는 참전용사는 물론 이름 없이 산화한 수많은 호국영령들에게 바친다. 아울러 자유 대한민국을 수호하는 데 당시 포항·영일의 지역민들과 학생·청년들이 크게 기여하였던 것에 대해 포항인들이 자부심을 갖는 계기가 되기를 기원한다.

2020년 6월
포항지역학연구회 대표 이재원

사진으로 보는
포항 6·25

1950년 7월 현 학산방파제(포항여객선터미널)에서 이루어진
미군의 포항 상륙(The New York Times)

1950년 8월 11일자 빨갱이(Reds)가 포항을 침탈(smash into)하였다는 톱기사(뉴욕타임스)

1950년 8월 12일자 미 공군의 영일비행장 도착 톱기사(뉴욕타임스)

외국언론에 나온 포항 6·25

1950년 8월 12일자 포항 폭격 관련 기사(뉴욕데일리뉴스)

1950년 7월 18일 포항항에 접안 중인 상륙정. 정면에 보이는 산이 학산이며
오른쪽 멀리 수협경북지부청사 건물(현, 포항세관 자리)이 보인다.

1950년 7월 22일 미군의 제2차 상륙부대원들이 이동 명령을 위해 송도에서 집결하고 있는 모습. 멀리 동빈내항이 보인다.(The LIFE Picture Collection)

1950년 7월 19일 영동 지역 이동을 위해 포항역으로 향하는 미 제1기병사단 병력.

▲ 1950년 9월 7일 포항의 무명고지에서 전투 중 위생병을 부르는 미군 병사.
사진 속 부상병은 얼마 후 전사한 것으로 알려졌다.(촬영 : Charles Jones)

▼ 1950년 7월 18일 포항에 상륙한 LST 2척.

▲ 1950년 9월 17일로 추정되는 포항의 파괴된 건물 앞에서 국군과 경찰이 경계 중인 모습.
(사진 공개는 10월 17일)

북한군 점령 직전 제3사단 후방 지휘소로 사용되었고 미군 폭격으로 손상된
포항여중(현, 포항여고) 건물(촬영 : 1950년 9월 3일, 트루먼 박물관 소장)

1950년 8월 15일 형산강 이남 중명리 뒷산에서 북쪽 시내를 경계중인 미군 병사.
총구 아래 논밭에는 국군이 작전 중이다.

1950년 9월 포항에 숨어 있던 북한군을 체포하는 어린 국군
(출처 : 일본신문 박물관 기획전, 한국전쟁 60년 전장의 기록 – 뉴욕데일리뉴스 사진 컬렉션, 2010. 5)

1950년 8월 12일 국군의 피난 명령에 따라 포항 남쪽으로 이동하는 피난민(트루먼 박물관 소장)

1951년 3월 포항 시내.

1950년 9월 17일 미주리함 함포사격 직전 포항을 빠져나온 피난민(국사편찬위원회 소장)

1950년 9월 3일 포항제일교회(현, 소망교회) 건물. 박물관의 사진 설명에는 포항동에 대한 미군 폭격 1일 후 가톨릭교회만이 피해 없이 서 있다고 되어 있다.(트루먼 박물관 소장)

▲ 당시 K-3로 명명되고 있던 포항 영일비행장(POHANG-DONG KOREA라고 적혀 있다)

▼ 포항 영일비행장에서 VMF-311 Tomcats와 F9F-2B Panthers에 연료를 주입하고 있다.

▲ 포항 주민들이 야산에서 게릴라 소탕작전 중 희생된 미 해병 유해를 시내로 운반하고 있다.(1951년 1~2월)

▼ 1950년 10~11월 중 영일비행장 근처 호주왕실공군(RAAF) 제77비행대대 숙소 막사(제공 R. Trebilco)

Korea, 1951

Pohang—
The Guerrilla Hunt

1951년 북한군 제10사단 게릴라들을 체포, 이송하는 장면을 담은 포항 게릴라헌트 자료집 표지사진 (미 해병 역사관)

포항 근처 언덕에서 북한군 게릴라 무리가 있는지를 탱크(Patton) 지휘관이 망원경으로 살피는 모습
(1951년 1월)

포항 게릴라헌트작전 수행을 위해 K-3(영일비행장)에서 연료를 주입 중인 미 해군 팬더전투기(VMF-311)
(1951년 1월)

Pohang Korea train station.

Where U.S. Marines engaged in "hand to hand".

6·25전쟁 중 총탄 자국이 선명한 옛 포항역.

1953년 해아중학교(1951년 개교, 1959년 청하중학교로 교명 변경) 학생들이 청하면 소재지에서 휴전협상 반대 시위를 하면서 '北進統一'이라는 피켓을 어깨에 멘 채 거리를 행진하고 있다. 차량에는 '해아학원'이라 적혀있다.(사진제공 : 박창원)

1953년 12월 1일 미 해병 지원으로 세워진 선린애육원 건물 외관에 "미국 해병대의 은혜로 우리는 잘 자랍니다"라는 간판이 크게 세워져 있다.(출처 : 국사편찬위원회 전자사료관)

포항선린애육원에 미군이 구호품을 전달하는 모습.

목 차

제1부
총론

제1장
6·25전쟁 개관

발발 배경

　6·25전쟁은 1950년 6월 25일 새벽에 북한군이 남북 군사분계선이던 38선 전역에 걸쳐 불법 남침함으로써 일어난 한반도 전쟁을 말한다.

　제2차 세계대전 당시인 1945년 8월 9일 대일(對日) 선전포고를 한 소련군은, 만주와 한반도를 향하여 밀어닥치기 시작했다. 이때 미국은 한반도에 38도선을 설정한 다음 그 이북 지역은 소련군이, 이남 지역은 미군이 진주하여 각각 일본군의 항복과 무장해제를 담당하도록 하였다.

　당시의 이러한 조치는 전후 처리를 위한 순수한 군사적인 조치였으며, 한반도를 정치적으로 분단하려는 의도는 아니었다. 그러나 소련은 38도선을 정치적인 구획선으로 인식하고 정치적인 행보를 시작했다. 소련군은 8월 13일 청진에 진주했다. 8월 15일에 일본은 드디어 항복하였고, 제2차 세계대전이 끝났다. 전쟁이 끝나자 소련군은 22일 평양에 도달하였으며 8월 말에는 이미 북한 전역을 장악하였다.

　소련은 북한 지역 진주를 완료하자, 남북을 연결하는 경의선·경원선 등 주요 철도와 도로를 차단하고 남한과의 교통·통신을 제한·봉쇄한 후 북한 전역의 공산화를 위한 제도 개혁에 착수하였다. 1945년 10월 14일에 평양에서 군중대회를 열어 김일성을 등장시키고, 이듬해 2월 8일에는 '북조선임시

인민위원회'를 구성하도록 하여 소위 '확보된 지역에서의 사회주의 구축' 작업에 들어갔다.

이와는 대조적으로 남한에서는 미국이 38도선을 설정하여 소련군의 남진한계선을 정하기는 했으나, 미군의 진주가 늦어짐에 따라 과도기적인 혼란이 가중되고 있었다. 하지(John R. Hodge) 중장 휘하의 미 제24군단이 한반도에 진주한 것은 소련보다 늦은 1945년 9월 8일이었다. 그리고 9월 12일에 미제7사단장 아놀드(A. V. Arnold) 소장이 초대 군정장관으로 임명되면서 38도선 이남 지역에서 미군정이 시작되었다. 그러나 한국에 대한 구체적인 정책준비 없이 출범한 미군정은, 처음부터 상당 기간 어려움을 겪어야 했다. 이러한 가운데 남한의 혼란상은 광복과 더불어 조직된 수많은 군소정당 난립으로 더욱 심화되었다.

한반도 남북지역에서 군정을 담당한 미·소의 상반된 정책으로 남북 간의 이질 현상이 점차 심화되는 가운데, 미·영·소 3국 외상이 1945년 12월 26일 모스크바에서 회동하여 한반도를 5년간 신탁통치하는 것에 합의하였다. 이에 남북한은 같이 맹렬히 반탁운동을 전개하였으나 좌파 세력이 소련의 지령을 받고 찬탁으로 돌아서며 정치적인 혼란이 일어났다. 한국 문제가 반탁운동으로 난국에 직면하자, 이 문제를 해결하기 위해 1946년과 1947년 두차례에 걸쳐 미·소공동위원회가 개최되었으나 아무런 해결책도 강구하지못한 채 결렬되었다.

1947년 9월 미국은 소련의 반대를 뿌리치고 한국 문제를 일방적으로 유엔에 제기하였다. 이로써 38선을 경계로 한 남북한은 미국과 소련의 대립속에서 이데올로기 갈등마저 겪으면서 국제무대에 노출되었다.

1947년 11월에 열린 유엔총회에서는 유엔 임시한국위원단을 구성하여 그위원단의 감시 아래 남북한 총선거를 실시하기로 결의하였다. 그러나 북한을 점령하고 있는 소련군 사령관은 1948년 초에 활동을 개시한 위원단의 입북을 거절하였다. 이에 유엔소총회에서는 선거 감시가 가능한 지역의 총선거를 결의하여 1948년 5월에 남한만의 선거가 행해졌고, 1948년 8월에는 대한민국 정부가 수립되었다. 이어서 그해 12월 제3차 유엔총회에서 유엔은 한국을 총선거가 실시된 합법 정부로 승인했다.

한편, 북한에서는 김일성(金日成)을 중심으로 한 '최고인민회의' 선거를 실시하여 1948년 9월에는 '조선민주주의인민공화국'을 선포함에 따라, 소련을 비롯한 공산 여러 나라가 이를 승인하기에 이르렀다. 이로써, 한반도에서 남북한이 각각 별개의 정권을 수립하여 분단을 공식화하였다. 정부 수립을 마친 북한은 곧이어 미소 양군의 철수를 요구하였고, 이에 부응하여 지정학적으로 유리한 소련은 그해 10월부터 철병을 개시하였다.

남한에서는 공산 세력의 준동에 대응하여 주한미군의 계속 주둔을 요청한 바 있어, 미군의 주둔이 잠시 연기되긴 하였으나 1949년 6월 미국은 약 500명에 달하는 군사고문단만을 남긴 채 남한에서 철병을 완료하였다.

북한의 전쟁 준비

미국과 소련이 그어놓은 잠정적 군사분계선이었던 38선은, 이제 남북한이 각각 별개의 정부를 수립함으로써 국경 아닌 국경선이 되어 버렸다.

분단 과정에서 북한은 소련에 의한 계획적인 군사력 증강에 박차를 가하여 1948년 10월 소련군이 철수할 때까지 이미 완전무장한 4개 보병사단과 소련제 T-34 중형전차로 장비한 제105 기갑대대를 편성하였다.

1949년 3월 17일에는 소련과 북한 간에 조·소군사비밀협정이 체결되고, 또 3월 18일에는 중국과 상호방위조약을 체결하여 중국군 소속 조선군 2만 5,000명이 북한에 인도되었다. 이로써 10개 북한군 사단 13만 명이 38선에 배치되었고, 10만 명의 예비군까지 후방에 조직되었다.

막강한 군사력을 갖추게 된 김일성은 이어 국내외 정세의 변화[1]에 고무되어 무력통일을 구상하게 되었다. 김일성은 1950년 4월 초 조선노동당 중앙정치위원회에서 무력통일안을 확정시키는 한편, 이러한 침략 계획을 은폐하기 위하여 남북통일 최고입법회의를 서울에서 개최, 남북 국회에 의한 통일정부 수립 주장 등 평화공세를 펼쳤다.

한편, 남한에서는 1946년 1월에 창립한 미군정 산하 국방경비대와 해안경비대가 있을 뿐이었다. 이 부대들은 1948년 8월에 정부가 수립되면서 각각 국군의 육·해군으로 개편되었고, 1949년 4월에는 해병대 그리고 10월에는 공군이 편성되어 병력은 약 10만 명에 이르렀다.

그러나 장비가 빈약하여 북한의 군사력에는 비할 수 없는 상태였다. 더구나 예비군도 없이 8개 사단 중 4개 사단은 38도선에서부터 먼 후방에 배치되어 공산 게릴라 소탕작전에 여념이 없었다.

북한군의 남침과 유엔군의 참전

1950년 6월 25일 새벽 4시경 김일성의 명령에 따른 북한군은 서쪽 옹진반도에서 동쪽 개성, 전곡, 포천, 춘천, 양양에 이르는 38선 전역에서 공격을 해왔다. 제766부대와 제945육전대가 동해안을 따라 강릉 남쪽 정동진과 임원진에 상륙했다.

---

1 국외의 요인으로는 ①1949년 10월 중국 대륙이 공산화되었고 ②1949년 6월에 주한미군이 철수를 완료하였으며 ③1950년 1월 미국의 극동방어선에서 한국과 대만을 제외시킨다는 애치슨(Acheson, D. G.) 미 국무장관의 성명이 있었다는 것 그리고 ④1949년 말경 김일성이 모스크바를 방문, 남한의 무력침공 계획에 대한 스탈린(I. V. Stalin)의 승인을 받아냈다는 것 등을 들 수 있다. 또 국내의 요인으로는 ①남로당의 실질적 붕괴에 따라 남한 내부에서 '인민혁명'이 일어날 가능성이 희박해졌고, ②김일성은 '민족해방을 위한 투사로서의 경쟁'에서 박헌영(朴憲永)을 압도해야 할 필요가 있다는 것 그리고 ③남한이 아직도 정치·경제적으로 혼란 상태에 있었고, ④국군의 병력·장비가 열세했기 때문이었다.

당시 6월 25일은 일요일이라 국군 병영은 비어 있었고, 치밀한 계획 아래 급작스럽게 시작된 북한의 공격을 막아내기 어려웠다. 6월 26일 13시경에 서울의 관문인 의정부가 함락되었고, 6월 28일 1시경 북한군의 선두부대가 미아리 고개를 넘어서면서 국군은 수도 서울을 불과 3일 만에 내어 주고 말았다. 이날 2시 30분경에 이루어진 한강교 폭파는 서울 시민들과 국군의 철수로를 차단하는 결과를 자초하였고, 국군의 전투력을 현저하게 약화시켰다.

북한이 남한을 침략하자 당시 남한의 지도자였던 이승만 대통령은 즉시 미국에 도움을 요청했다. 유엔이 한반도의 유일한 합법정부로 승인한 대한민국이 북한군의 기습공격으로 위기에 처해 있다는 소식을 접한 미국 정부의 조치는 신속했다. 트루먼(Harry S. Truman) 대통령과 미국 정부는 지체 없이 참전을 결정했다. 그리고 미국의 요청으로 6월 26일(뉴욕 현지 시간 25일)에 긴급 소집된 유엔안전보장이사회는 북한군을 침략자로 규정하고 38도선 북쪽으로 철수할 것을 권고했다.

하지만 북한군이 이를 무시하고 군사행동을 계속 진행하자 28일(뉴욕 현지 시간 27일) 유엔은 북한군에 대한 군사적인 제재를 결정했다. 유엔의 59개 회원국 가운데 33개국이 안전보장이사회의 결의안을 지지하면서 유엔의 깃발 아래 모여들었다. 미국을 비롯하여 영국, 오스트레일리아, 네덜란드, 캐나다, 뉴질랜드 등 6개 국가가 지지의 표시로 군대 파견을 약속했다.

곧이어 미국의 맥아더(D. S. MacArthur)가 초대 유엔군 총사령관에 임명되고 6월 28일에는 도쿄(東京)에 있던 미 극동군 사령관인 맥아더 원수가 내한하여 전선을 시찰하고 미 국방성에 지상군 파견을 요청하기에 이르렀다.

이에 따라 유엔은 7월 7일 미국이 작성하고 영국과 프랑스가 제안한 통합군사령부(United Command) 설치에 대한 결의안을 채택하였다. 결의안은 유

1950년 7월 7일 도쿄 사령부에서 유엔군기를 받는 맥아더 장군

엔안전보장이사회를 대신하여 한국에서 침략자와의 전쟁을 수행할 수 있는 권한을 미국의 트루먼 대통령에게 위임하고 유엔회원국들이 파견한 군대는 미국의 통일된 지휘체계 속에 둔다는 것이었다. 역사상 최초로 유엔군이 창설됨을 의미하는 것이었다.

이로써, 한반도에서의 군사지휘권은 미국의 맥아더 원수에게 주어졌으며 한국을 원조하기 위해 육군·해군·공군 및 지상군을 파견한 16개국 군대는 유엔군사령관인 맥아더의 지휘를 받게 되었다.

이때 한국의 이승만 대통령도 한국군에 대한 작전지휘권을 유엔군사령관인 맥아더에게 이양한다는 각서를 썼고, 이것이 이른바 대전각서로서 1950년 7월 14일에 수교되었다. 이어 일본에 주둔하고 있던 미 제24보병사단이 즉시 한국으로 이동하여 적의 진격을 저지하려 하였으나, 전세를 만회하기에는 역부족이었다.

한편, 점령을 당한 남한의 상태는 가관이었다. 민족해방을 표방하였던 북한의 점령정책은 인민재판이라는 피비린내 나는 숙청을 통한 공포정치였다. 점령 지역 내에서는 직업동맹, 농민동맹, 민주청년동맹과 여성동맹 등 여러 전위 단체들이 조직되었고, 7월 14일의 북한 최고인민회의 상임위원회의 정령에 의하여 9월 13일까지 점령 지역의 시·군·면·리(동)까지도 전부 인민위원회를 조직하여 전쟁 수행을 위한 동원정책을 취하였다.

그리하여 제공권을 쥐고 있던 유엔군의 폭격 속에서도 도로와 교량의 복구 수리 및 군수품과 식량을 수송하기 위하여 민간인이 동원되었고, 특히 청년, 소년을 의용군[2]이라는 이름 아래 강제징집하여 부족한 병력을 충당하였다.

인천상륙작전

일본 도쿄에 위치한 미 극동군사령부는 북한군의 남진을 저지하기 위해 주일 미 제24사단을 한국전선에 파병했다. 하지만 전투 준비가 부족했던 미 제24사단은 북한군의 상대가 되지 못했다. 선발부대인 스미스 특수임무부대가 오산 죽미령 전투에서 북한군의 공격을 막아내지 못한 후 본대마저도 평택·천안 전투에서 잇달아 패배한 것이다.

미 제24사단은 금강을 다음 저지선으로 선정하고 후속부대의 전개시간을 얻기 위해 북한군의 전진을 최대한 지연시키려 하였다. 금강 선(線) 동쪽에서는 국군이 소백산맥을 이용해 지연전을 전개하였다. 그러나 금강방어선도 북한군의 후방차단과 정면을 유린하는 전차의 공격에 쉽게 무너졌다. 급기야 미 제24사단은 7월 20일 전략적 요충지인 대전을 북한군에게 빼앗

---

2 이들은 후일 정전협상과정의 포로 송환문제에서 북한으로 송환되는 것을 거부하는 '반공포로'의 문제를 낳아 협상의 진전을 어렵게 하는 요인이 되기도 했다.

기고 옥천 방면으로 철수했다. 금강·대전 전투에서 미 제24사단은 2,000여 명의 인원·장비 손실로 전투력을 상실했으며 사단장마저 실종되는 등 큰 손실을 입었다.

미군의 참전에도 불구하고 북한군의 공세는 꺾이지 않고 계속되었다. 미 제8군사령부는 7월 13일 대구에 사령부를 설치하고, 이어 미 제25사단, 7월 18일 포항상륙작전(상세한 내용은 제3부를 참조)을 통한 제1기병사단 등을 잇달아 한반도에 전개시켰으나 소백산맥 방어선에서도 북한군을 저지할 수 없었다. 급기야 8월 1일에는 낙동강 방어선으로 물러나게 되었다.

낙동강 방어선은 마산-남지-왜관-낙정리-영덕으로 이어지는 방어선과 동해와 남해로 둘러싸인 직사각형 모양의 지역을 포괄하고 있었다.

낙동강 방어선에서 중동부 및 동부의 산악 지역[3]을 국군 2개 군단 예하 5개 사단(제1·제3·제6·제8·수도사단)이 담당하였고, 중부 및 서부 방면의 비교적 넓은 평야 지대와 교통이 발달한 지역[4]은 미 제8군의 직접 통제를 받는 미군 4개 사단(제1기병·제2·제24·제25사단) 및 미 제1임시해병여단이 맡았다. 이로써 국군과 유엔군은 6·25전쟁이 발발한 이후 처음으로 좌우가 연결된 방어선을 구축하여 북한군과 치열한 교전을 펼칠 수 있었다. 특히 유엔군이 담당하는 마산·왜관 일대와 국군이 담당하는 다부동·기계·포항 일대의 지역에서는 운명을 건 쌍방 간의 공방전이 계속되었다.

치열한 공방전이 계속되는 가운데 9월이 되면서 양측의 전투력 균형은 역전되기 시작했다. 미군을 주축으로 한 자유우방국의 지원 병력이 속속 도착하면서 유엔군의 전투력이 급속히 증강된 것이 주요 요인이었다. 국군의 전

---

3   왜관으로부터 북동쪽으로 낙정리-구미동-청송-영덕을 연결하는 138km 구간.
4   대구 북서쪽 왜관으로부터 남쪽으로 낙동강을 따라 창녕-마산 진동리에 이르기까지 112km 구간.

투력도 빠르게 향상되고 있었다. 이에 지상군 전투력에서 국군과 유엔군은 북한군을 크게 앞서게 되었다. 게다가 제공권을 장악하고 있던 유엔 공군의 끊임없는 후방 차단으로, 북한군은 대부분의 보급을 인력에 의존할 수밖에 없었다. 해상 보급도 제해권을 장악하고 있는 유엔 해군에 의해 차단되었다.

반면 북한군은 가용한 거의 모든 전투력을 낙동강 방어선 돌파에 투입했지만 전략 상의 한계점에 봉착하고 있었다. 전쟁 초기에 막강한 위용을 자랑했던 소련제 T-34 전차도 겨우 100여 대가 남아 있을 뿐이었다.

이 무렵 나온 것이 인천상륙작전이었다. 북한군에 치명적인 일격을 가하기 위한 인천상륙작전안이 구상되기 시작한 것은 전쟁이 발발하고 나서 불과 얼마 되지 않은 7월 15일부터였다. 이 날짜로 유엔군총사령관인 맥아더는 합동참모본부에 인천상륙작전안을 상신하였으나, 이를 위한 군사력의 분산과 인천이 지형상 상륙작전을 하기에는 부적합한 지역이라는 이유로 거부당했고, 오히려 부산 교두보에 증원하는 것이 바람직하다는 의견이 나왔다.

그러나 맥아더는 인천의 조수간만차가 9m나 되지만 6시간은 상륙작전을 위하여 사용 가능하며, 북한군이 부산을 점령하기 위하여 그 지역에 집중적으로 병력을 집결하기 때문에 인천 방어가 소홀하고, 더구나 한국의 수도 서울을 빨리 탈환하는 것은 군인과 민간에게 주는 심리적 영향이 크다는 주장을 굽히지 않았다. 맥아더는 드디어 9월 8일에 대통령의 허가를 받는 데 성공하였다.

1950년 9월 15일 새벽 낙동강 전선에서 총반격을 시작한 것과 때를 같이 하여 미 제1해병사단과 제7사단으로 이루어진 제10군단 및 5,000명에 달하는 한국해병대가 인천 월미도에 기습상륙하고 그 다음날에는 인천을 함락시켰다.

1950년 9월 15일 인천상륙작전에서 함포사격 중인 유엔군

인천상륙작전은 역사상 유사한 사례를 찾아볼 수 없을 정도의 대승리를 거두었다. 이에 따라 낙동강 일대에 투입된 북한군 13개 사단의 주력은 후방이 차단되었다. 낙동강 방어선의 국군과 유엔군이 반격에 나서자 그 사이에 갇힌 북한군은 붕괴되었다. 남침 이후 국군과 유엔군을 계속 공격하여 후퇴를 강요했던 기세등등한 북한군의 모습은 어디에서도 찾아볼 수 없었다. 인천상륙작전의 성공을 계기로 전세는 완전히 뒤집혔다.

미 해병대와 한국군은 서울 탈환을 목적으로 동진하였고, 미 제7사단은 남진하여 북상하는 유엔군과 오산에서 합류함으로써 북한군은 남북으로 단절되었다. 이에 북한군은 한반도의 중부 및 동부 산악지대로 패주하였다.

인천에 상륙한 유엔군은 1950년 9월 26일에는 서울에 진입하였고, 완전히 회복한 뒤인 9월 29일에는 서울수복 기념식을 거행하였다. 수도 서울을 탈환한 유엔군은 동해안과 서해안을 따라 38선에 가깝게 계속 북상하였다. 이 기간 동안 잡힌 북한군 포로는 1만 2,500명에 달하였다.

38선 돌파

국군과 유엔군은 낙동강 방어선에서 반격을 시작한 지 불과 15일 만에 전선을 전쟁 이전의 상태로 회복하는 데 성공했다. 최초 유엔이 결의했던 전쟁 목표를 달성한 것이다. 그러나 한국정부와 국민들의 열망은 남과 북이 합쳐진 통일정부를 수립하는 것이었다. 미국과 유엔 역시 북한군이 남침하기 이전부터 추구해 왔던 한반도 통일정부 수립의 기회를 포기할 수 없었다.

유엔안전보장이사회는 인천상륙작전 이후 전세가 호전됨에 따라 9월 27일, 38선 이북에서의 군사작전도 허가하였다. 다만, 강대국들 간의 전면전쟁을 막기 위해서 지상군 및 공군이 소련이나 중국의 국경을 넘는 것은 엄격히 금하였다.

이에 따라 1950년 10월 1일, 포항에서부터 반격에 나선 동해안 지역의 국군 제3사단이 38도선을 돌파한 후 북진을 시작했다. 그간 유엔군사령관 맥아더 장군은 북한 김일성에게 무조건 항복을 권고하였으나 이는 무시된 채 중국군 참전계획이 진행되었다.

그해 8월 20일에 저우언라이(周恩來)는 유엔사무총장이었던 리(T. Lie)에게 전보를 보내 "조선 문제 해결에 깊은 관심을 가진다"고 하였으며, 9월 30일에는 다시 유엔군의 38선 돌파를 두고 "방관할 수 없는 사태"라고 입장을 밝혔다. 또한, 10월 3일에는 베이징주재 인도대사를 통해, 만약 한국군만이 38선을 넘을 경우에는 중국군 파병은 없을 것이나 유엔군이 38선을 넘어 북진하면 중국군이 파병될 것임을 미국에 전달하도록 했다. 그러나 이러한 저우언라이의 발언은 유엔의 새로운 결의를 막기 위한 압력성 위협인 줄로만

1950년 10월 1일 양양에서 국군 최초로 38도선 돌파 기념표지판을 세우는 제3사단
(정부는 이날을 국군의 날로 지정)

알았다. 이 무렵 한국군은 이미 10월 1일에 38선을 넘어 북상하고 있었고, 유엔에서는 유엔군의 북진에 대한 찬반양론이 펼쳐지고 있었다.

1950년 10월 7일, 유엔총회는 드디어 한반도의 통일과 부흥에 관하여 압도적 다수(찬성 47 : 반대 5 : 기권 7)로 새로운 결의를 채택하기에 이르렀다. 유엔군이 38선을 넘어 진격하는 게 허락되었던 것이다. 이 날짜로 유엔군도 38선을 넘는 북진을 본격화하였다. 다만, 정책적 배려로서 한국군 이외의 유엔군은 소련 및 중국 국경에서부터 240km(150마일) 밖에서만 그 행동이 허용되었다. 이어 10월 9일, 서부 지역의 유엔군도 38도선을 돌파했다. 맥아더는 다시 북한에 항복을 권고하고 그들로 하여금 유엔에 협력하기를 권하였다. 이에 불응할 때에는 유엔의 명령을 이행하기 위하여 필요한 군사 행동을 취할 것을 선언하였다.

　그동안 동해안을 따라 북상하던 국군 제1군단은 10월 10일에는 원산을 점령하였고, 26일에는 미 제10군단이 상륙하여 한국군을 지원하였다.

　한편, 서부전선을 담당하고 있던 미 제8군은 10월 20일에 평양을 점령했다. 유엔군의 공식적인 북진과 북한 영토 점령은 한국 정부가 내세우고 있는 통일정책이 구체화 될 수 있는 계기가 되었다.

　이승만 대통령은 유엔사무총장에게 한국 통일을 위한 4개 조건을 제시하였다. ①남북한을 단일정부 밑에 통일할 것 ②북한군은 즉각 무기를 버리고 항복할 것 ③유엔군은 평화가 확보될 때까지 한반도에 계속 주둔할 것 ④유엔은 한국에 재정원조를 제공할 것 등이었다.

　이러한 문구에 대하여 유엔 한국문제중간위원회는 북한 지역을 한국 정부의 통치 아래 두지 않을 것을 명백히 하였고, 통일 정부를 수립하기 위한 총선거가 행해질 때까지 유엔군사령관의 통치 아래 둘 것을 결의하였다. 또한, 맥아더 사령관에게는 한국 정부의 권한을 38선 이남에 국한시킬 것과 북한에 새로운 민간행정기구를 설치하도록 명하였다.

　한국 정부가 추구하는 통일정책은 계속 유엔과 마찰을 빚기에 이르렀다. 우선 한국 정부는 통치권을 38선 이남에 국한시킨다는 유엔의 결의를 거부하면서 한국 정부가 임명한 이북 5개 도지사를 군부대와 함께 북한 수복지구에 진입시켰다. 그러나 이것이 유엔의 정책에 위배되는 것은 분명하였다. 전쟁이 진행되는 동안 한국 정부의 태도는 철회되어 북한에 진입한 5개 도지사는 모두 개인 자격으로 들어간 것이라고 입장을 바꿨다. 그래서 10월 21일에는 평양과 원산에 각각 미 군정부가 창설되어 시정을 관할하였다.

1950년 10월 25일 국군 제1사단이 평양 시내로 입성하는 모습

이승만 대통령은 10월 29일, 수복된 평양을 방문하여 북한 해방과 통일 의지를 명백히 하고, 한국 정부는 북한 대표의 협력을 얻어 통치권을 전체 한반도에 미치도록 할 것을 바라나 유엔이 한국 권한을 38선 이남에 국한시 키고 있는 상태임을 밝혔다. 또한, 30일 기자회견에서는 유엔 한국중간위원 회가 결의한 남북한 총선거에는 반대하고 한국 국회가 북한을 위하여 유보 하고 있는 100석을 채우기 위한 북한만의 선거를 주장하였다. 그러나 한국 정부의 통일정책은 1차적으로 유엔에 의해 방해를 받고 있던 터에 잠재적인 위협 세력이었던 중국군이 정식으로 개입하면서부터 무산되기 시작하였다.

중국군의 개입
중국이 유엔군의 38선 진격에 대해 경고한 것은 이미 오래 전의 일이었다. 1950년 10월 9일 베이징방송에서는 유엔군의 38선 돌파를 허용한 10월 7일 유엔 결의는 위법이며, 미군의 북한 진입은 중국의 안전에 중대한 위협이고 중국은 이를 방관하지 않을 것이라고 경고하였다. 심지어는 유엔군의 군사 활동을 침략전쟁이라 혹평하였다.

중국의 계속된 경고에 미국은 중국군의 개입 가능성에 대하여 불안해하기는 하였으나, 중국 본토 통일을 이룩한 지 1년밖에 되지 않았고 또한 대만 문제를 안은 중국이 한국전쟁에 개입한다는 것은 현실성이 없는 것으로 보았다. 10월 15일 트루먼 대통령과 맥아더 장군 간에 웨이크회담이 열렸다.

웨이크회담에서 맥아더 장군은 모든 면에서 낙관적이었다. 첫째 북한군의 군사적 저항은 그해 11월 23일 추수감사절까지는 끝이 나리라는 견해였다. 또한 중국군의 개입 가능성은 전혀 없으며, 중국 동북부 지방에 있는 30만 병력 가운데 압록강 연안에 배치되어 있는 건 10만 내지 12만 5,000명이고, 이중에서 오직 5만 내지 6만 명만이 북한을 원조할 수 있으리라고 보았던 것이다. 더구나 중국은 공군력을 보유하지 못하였기 때문에 개입할 때에는 최대의 손실을 볼 것이라고 전망하였다. 그는 소련의 개입 가능성에 대해서도 부정적이었다. 맥아더의 낙관론에 만족한 트루먼은 귀로에 샌프란시스코에서 유엔군은 조만간 전 한반도의 평화를 회복하리라 확신한다고 언명하였다.

중국군이 이른바 '의용군'이라는 명칭 아래 일시에 3개 사단 이상을 한국전쟁에 투입한 것은 웨이크회담 바로 다음 날이었다. 미국이 이 사실을 확인한 건 그로부터 열흘 뒤의 일이었다.

당시는 북한의 서북부 지방에 진격 중이던 국군 제6사단이 압록강 국경 지역인 초산에 도착하였고, 동해안을 따라 진격한 국군 수도사단은 청진까지 수복하고 나서 장진호와 부전호에 진격할 무렵이었다. 그러나 1950년 10월 24일, 국군 제6사단이 청천강 상류에 있는 운산에서 중국군으로 보이는

1950년 10월 26일 압록강 초산에서 수통을 채우는 제6사단 제7연대 병사(국가기록원 소장)

적군에 의하여 포위를 당하였다. 이를 구원하기 위한 미 제1기병사단도 그 달 26일에 포위당해 고전을 면치 못하였다.

중국군 참전이 공식적으로 확인되지 않은 상태에서 유엔군은 보급에 곤란을 겪었고, 미군은 청천강 남쪽까지의 후퇴를 명하였다. 그러나 국군은 북진을 계속하여 11월 21일에는 압록강 연안 혜산에 이르렀다. 유엔군 사령관 맥아더 장군은 중국군의 개입을 우려하면서도 대담한 북진정책을 취하긴 하였으나, 안전을 우선하도록 유념하였다. 그러면서도 압도적으로 우세한 공군력으로 중국군을 견제할 수 있으리라고 믿었다. 평양과 흥남을 연결하는 반도의 좁은 부분을 방어한다는 계획도 구상하기는 하였으나, 압록강을 집중적으로 공격하는 데 우선하였다.

1950년 11월 4일 맥아더 원수는 미합동참모본부에 중국군의 전면적 개입 가능성은 있으나 충분한 증거는 없다고 하면서도, 다음 날인 5일에는 유

1950년 10~12월경 중국군의 이동 모습(국가기록원 소장)

엔안전보장이사회에 올린 특별보고에 유엔군이 중국군과 교전하고 있다고 하였다. 뒤이어 6일에는 중국이 국제적인 불법 행위를 저지르고 있다고 비난하는 특별성명을 발표하고, 미 공군 사령관 스트라이트 마이어(G. E. Strate Meyer) 장군에게 압록강에 가설되어 있는 다리를 B-29 90대로 폭파할 준비를 하도록 명하였다.

맥아더의 움직임에 미국 정부는 유엔 긴급안전보장이사회를 소집하였고, 맥아더에게 중국의 동북부 지방 공격은 사전에 연합국과의 협의 사항이라는 이유를 들어 공격중지를 명하였다. 워싱턴의 명령에 맥아더의 반발은 격렬하였다. 맥아더의 반발에 따라 국경 지대에 대한 공군 활동 금지가 해제되었다. 신의주에 있는 압록강 다리의 남쪽 부분 폭격이 허가된 것이다. 나아가 맥아더는 중국 영토 내까지 계속 추적하게 해 주기를 요구하였으나 유엔 내의 동맹국들 반대에 부딪혀 결국 거부당했다.

중국 참전은 1950년 11월 4일에야 '각 민족당파'의 모임에서 공식 발표되었다. 그 표어가 바로 항미원조보가위국(抗美援助保家衛國)이었다. 즉 미국에 대항해 조선을 돕는 것은 내 집과 나라를 지키는 것이라는 슬로건을 내걸었다. 참전하는 중국군인들에게는 두 개의 주제에 선서하도록 시켰다. 첫째로는 '미제국주의의 죄악'에 대한 학습이었고, 또 하나는 중국 혁명에 '조선인의 역할'을 높이 평가하여 6개 항목에 달하는 "조선 정부를 존중하고, 조선인민을 애호한다."는 원조(援朝)가 특히 강조되었다.

중국군의 개입으로 일시 주춤하였던 연합군은 11월 24일에는 다시 압록강을 향해 본격적으로 진격을 재개하였다. 이날 맥아더는 전쟁이 막바지에 이르렀다는 특별성명을 발표하였다. 그러나 미국 합동참모본부는 압록강 연안 진격은 국군에게만 맡기고 나머지 유엔군은 국경까지는 이르지 말고 북동부 지역은 청진에서 진격을 멈추도록 제안하였으나 맥아더는 듣지 않았다.

유엔군의 진격이 다시 시작된 직후인 1950년 11월 25일과 26일에 중국군이 18개 사단에 이르는 막대한 병력으로 서부전선을 공격해 옴으로써 방어선은 붕괴되었다. 맥아더는 현지 사령관들과 작전회의 끝에 11월 28일에는 '완전히 새로운 전쟁'에 직면했다는 특별성명을 유엔에 보냈다. 즉, 펑더화이(彭德懷)가 이끄는 20만 명이 넘는 중국군이 유엔군을 향해 배치된 사실이 명백해졌다는 것이다. 그간 맥아더가 중국의 의도를 잘못 판단하고 있었다는 것을 처음으로 공식 인정한 것이었다.

유엔군의 총공격은 4일 만에 그쳤으며, 이른바 '12월 후퇴'가 이루어졌다. 미국 국가안전보장회의는 맥아더에게 만주폭격권을 허가할 것인지 여부를 검토하였으나, 소련의 개입을 불러 일으켜 전쟁이 더 커질 위험 앞에서 유럽

6·25전쟁 당시 논의 중인 펑더화이(좌측)와 김일성(우측)

의 미 군사력에 위협이 되리라는 판단 아래 부정되었다.

또한, 맥아더가 제시한 대만의 국부군 5~6만의 병력을 사용하기 위한 교섭권을 요청하였으나 이도 각하되었다. 중국군의 진격 앞에 유엔군은 후퇴를 거듭하고, 12월에는 평양이 다시 북한측의 수중에 들어갔다. 동부전선의 미 제10군단은 원산·흥남선에서, 서부전선의 미 제8군의 후퇴는 30도선 근처에서 머물렀다. 이제 압록강 진격이 문제가 아니라 어떻게 안전하게 후퇴하느냐가 문제였고, 맥아더에 대한 비난은 높아졌다. 특히 합동참모본부의 권고를 무시하고 맥아더가 서부와 동부 전선에 두 개의 독립, 분리된 야전사령부를 운영하게 한 점이 비난의 대상이었다. 유엔군과 국군은 혹한과 고전속에서 12월 24일 흥남 철수를 감행해야 했다.

흥남철수작전에서 민간인 피난민들이 LST로 줄지어 탑승하는 모습

1·4후퇴

중국군의 원조에 힘입은 북한군은 1950년 12월 26일에 다시 38선을 넘어 남진하였다. 1951년 1월 4일에는 다시 수도 서울을 점령하기에 이르렀고, 한국 정부와 많은 민간인은 다시 남하 피난길에 올랐다. 이것이 이른바 '1·4후퇴'이다.

맥아더는 계속 중국의 공업지대 폭격을 포함한 4개 항목에 달하는 전면 대응을 주장하였으나, 본국 정부와의 긴장감만 높아졌을 뿐 수락되지 않았다.

1951년 1월 25일부터 유엔군은 반격을 재개했다. 2월 10일에는 인천과 김포를 탈환하였고, 3월 14일에는 서울을 재탈환하였으며, 1951년 3월 24일에는 38선을 다시 돌파하였다. 한편, 전세가 유리하게 전개되는 상황에서 미

국무성은 국방성 및 합동참모본부와 협의하여 한반도 전쟁을 휴전하자는 내용을 담은 대통령 외교성명의 초안을 작성하여 1951년 3월 19일에 파병국들에게 동의를 구했다. 다음 날에는 맥아더에게도 전달하였다. 중국군의 개입 문제를 놓고 판단오류를 범하였던 맥아더는 계속 중국 동북부인 만주지방을 성역으로 놓아두는 것에 반대하고 폭격을 주장함으로써, 휴전을 모색하는 미국 정부의 입장을 어렵게 하였다. 오히려 맥아더는 3월 24일, 공산측에 위협적인 성명을 발표하며 맞섰다.[5]

본국 정부와 사전협의도 거치지 않았을뿐더러 본국 정부에 대한 최후 통고와 같은 것으로서 워싱턴을 당혹케 했고 파병한 동맹국의 반향도 컸다. 미 국무성은 즉각 맥아더의 월권적 발언을 힐난하는 성명을 발하였고, 합동참모본부는 맥아더에 대하여 1950년 12월 6일에 지시한 대로 군사·외교정책에 관한 발표는 반드시 사전에 국무성이나 국방성의 승인을 얻도록 명령하였다.

이러한 과정에서 한국전쟁의 휴전을 제안하는 외교성명은 발표 시기를 놓쳐 버렸고, 1951년 4월 5일에 마틴 의원은 맥아더가 그에게 보낸 서한을 하원에서 낭독해 버림으로써 트루먼 정부와 맥아더의 대립 관계는 돌이킬 수 없는 결정적 파국에 들어갔다. 드디어 1951년 4월 11일 트루먼은 이례적인 심야 기자회견을 통해 맥아더의 해임을 발표하였고 후임에 리지웨이(M. B. Ridgway) 제8군사령관을 임명하였다.

웨이크회담 이후 지속되었던 군 통수권자인 트루먼 대통령과 현지 사령관이며 제2차 세계대전의 전쟁영웅 맥아더 장군의 갈등은 맥아더가 해임됨

---

5 '유엔이 제한전쟁 목적을 버리고 중공 연안 지역이나 내륙에까지 확대시킬 경우, 중공은 군사적 붕괴의 위험에 빠질 것이고, 유엔의 정치적 목적을 달성하기 위한 모든 군사수단을 찾기 위하여 최선을 다하겠다'는 내용이었다.

으로써 끝이 났다.

1951년 4월에 들어서면서부터 북한측의 춘계 공세는 70만 명에 달하는 대군을 동원한 공격이었다. 이에 대한 역공세가 되풀이되면서 전쟁은 더욱 격렬해졌다. 그러나 미국 정부가 제한전쟁을 목표로 하였기 때문에 전반적 전황은 교착상태에 빠져들었다.

정전협정

간헐적으로 논의되던 휴전 문제는 쌍방의 필요에 따라 다시 구체화되었다. 이번에는 소련 유엔 대표인 말리크(J. Malik)가 1951년 6월 23일 총회 연설에서 제기하였다. 유엔군 내의 동맹국들 사이에서는 제한전쟁으로 휴전 기운이 이미 일고 있었다. 북한군 측에서도 유엔군의 제공권 때문에 막심한 피해를 입었으므로 전쟁에서 승산이 없음을 인식하게 되었고, 경제적인 부담을 감내하기가 어려운 지경에 이르고 있었다.

이러한 쌍방의 분위기 속에서 말리크는 교전제국이 휴전을 위한 토의를 시작하자고 제의하였다. 1주일 후에 리지웨이 유엔군 사령관은 북한의 김일성과 중국군 사령관 펑더화이에게 휴전회담을 제안하였다. 제안을 공산 측이 수락함으로써 1951년 7월 10일부터 개성에서 휴전회담이 열렸다.

회담은 처음에는 비교적 원활히 진행되어 7월 26일에는 의제에 합의하기에 이르렀다. 그러나 이후 일차적인 어려움은 양군의 경계선 책정 문제였다. 이미 38도선을 넘어서 진출하고 있던 미국은 양군의 접촉선에 따라 결정하자고 주장한 반면, 공산 측은 38도선의 원상회복을 고집함으로써 회담은 교착상태에 빠졌다. 1951년 8월 22일에는 공산 측이 회담의 중단성명을 냄으로써 회담이 정지되었다.

회담이 중단되자 전투는 다시 격렬해졌다. '단장의 능선' 탈환 등 제한전쟁 중에도 전과는 컸다. 약 2개월간의 회담 정지 후 유엔군 사령관 리지웨이의 제안에 따라 10월 25일부터 판문점에서 휴전회담이 재개되었다. 공산 측은 접촉선을 군사경계선으로 하자는 유엔군 측의 주장에 양보하고, 11월 27일에는 중립국 감시위원회 설치에도 동의하였다.

그러나 또 다른 어려움이 나타났다. 바로 포로 송환 문제였다. 즉, 포로 강제송환이냐 자유송환이냐에 대한 의견대립이었다. 유엔군 측은 많은 북한군 포로가 전쟁 중 강제징집 된 뒤에 투항하였고, 또한 많은 국군 포로가 북한군에 강제 편입된 사실과 중국군 포로 가운데 중국에 송환되기를 거부하는 이들이 있다는 사실들을 이유로 들었다. 그래서 포로 송환은 개개인의 의사에 따라 한국과 북한 그리고 중국과 대만 등을 선택할 수 있는 자유송환을 주장하였다. 이에 공산 측은 모든 포로는 당연히 원래 소속국으로 송환되어야 한다고 주장하였다. 이와 같은 의견대립 때문에 포로교환문제소위원회는 1952년 2월 27일부터 2개월 가까이 중단되었다.

이 기간 동안 북한에는 전염병이 만연하였고, 북한은 이를 유엔 측의 세균전이라고 비난하면서도 사실조사를 위한 국제적십자 조사위원회의 입북을 거절하였다.

1952년 4월 9일 포로교환문제위원회는 비밀회의로 재개되었다. 공산 측은 포로 전원을 귀환 후에 처벌하지 않겠으며, 각각 면접을 통해 자유의사를 확인한다는 데에 동의하였다. 그러나 유엔 측이 귀국 희망자가 약 8만 3,000명(북한에 7만 6,600명, 중국에 6,400명)이라고 통고하자, 공산 측이 다시 강제송환을 주장하면서 소위원회는 결렬되었다.

4월 28일과 5월 2일에 쌍방에서 다른 문제와 일괄타결을 놓고 의견을 교환했으나, 포로 문제 때문에 회담은 결렬된 채 한국전쟁의 휴전 문제는 국제사회의 정치선전으로 발전되었다. 포로교환 문제로 교착상태에 빠졌던 휴전회담을 더욱 어렵게 만든 것은, 1952년 5월 7일 거제도 포로수용소 반란 사건과 수용소 사령관 돗드(F. T. Dodd) 장군 감금사건이었다. 그곳의 북한군 포로들이 비밀통제조직을 결성하여 송환을 거부하는 반공포로를 위협하고 테러를 가하였던 것이다.

유엔군 사령관 리지웨이 장군은 미국 대통령에 입후보하기 위해 사임하는 아이젠하워(D. D. Eisenhower) 장군의 후임으로 나토 사령관으로 전보되고, 클라크(M. W. Clark) 장군이 유엔군 사령관에 임명되었다. 클라크 장군이 부임하자 회담 재개전략의 일환으로 새로운 공격이 시작되었고, 1952년 6월 22일에는 거의 성역으로 되어 있던 수풍댐까지도 폭격하는 강경책을 택하였다. 또한, 유엔 공군기와 새로이 등장한 공산 측의 미그 15기 공중전이 빈번해졌고 전투는 다시 격화되었다.

한반도에서 일진일퇴의 전투가 계속되는 동안 1952년 11월 미국 대통령 선거가 있었다. 그 결과 공화당의 아이젠하워가 당선되었는데, 그는 당선되면 전쟁을 끝내기 위하여 한국을 방문하겠다고 공약한 바 있었다. 한국전쟁의 정치적 성격을 이해하지 못한 미국인에게는, 전쟁이 장기화함에 따른 불만과 권태로 정전을 약속한 공화당 후보에게 20년 만에 처음으로 정권을 맡긴 것이었다.

약속대로 아이젠하워는 당선 직후 한국전선을 방문하고 귀국 기자회견에서 전쟁을 확대시키지 않을 것을 명백히 함으로써 공산 측에 군사적인 압력을 가하여 휴전회담에 응하게 하려는 클라크를 실망시켰다. 그러나 2차 대전 영웅 아이젠하워와 강경 정책의 대표인 덜레스(J. K. Dulles)가 국무장관으로 취임하자 공산 측에게는 심리적 압박감을 느꼈다.

휴전회담이 교착된 상태에서 전투가 계속되는 동안 두 가지의 중대한 사건이 있었다. 첫째로는 1952년 12월 3일 제7차 유엔총회에서 인도가 제안한 포로송환에 관한 결의안을 압도적 다수결로 통과시켰다. 즉, 체코·폴란드·스웨덴·스위스 등 4개국으로 송환위원회를 구성하여 포로를 120일간 위원회에서 설득하여 가고 싶은 곳으로 송환되게 하자는 것이었다. 그러나 이는 포로의 자유송환이라는 이유로 소련과 중국이 반대하였다.

또 하나의 큰 변화는 1953년 3월 5일에 소련의 스탈린이 사망하였고, 이로 전기를 맞은 것이다. 그러자 1953년 3월 28일에 공산 측은 휴전회담의 재개를 제의하였다. 소련의 새 지도자들과 협의를 마친 중국의 저우언라이 총리는 송환을 희망하지 않는 포로를 중립국에 맡겨 귀국 문제를 정당하게 해결하자는 새로운 제안을 하였다.

1953년 4월 11일에 이르러 상병포로(傷病捕虜) 교환협정이 성립되어 20일부터 교환이 시작되었다. 또한, 4월 26일에는 휴전회담이 재개되어 중립국 감시위원단 구성에 대하여 양쪽은 인도 안(案)에 동의하였다. 그래서 즉시 송환을 원하지 않는 포로를 관리하는 중립국으로 인도를 지정하는 데까지 합의하였다.

1953년 3월 이래 휴전회담이 급속히 진전되는 과정에서 한국 정부의 저항이 또 다른 심각한 문제가 되었다. 많은 인명과 재산의 손실을 가져 온 북한의 침략전쟁을 분단 상태로 마감하려는 데서 한국의 통일정책이 좌절을 겪게 된 것이다. 더구나, 북한군의 점령 치하에서 강제로 의용군에 징집되었다가 포로가 되거나 또 국군 포로로 북한군에 강제 편입되었다가 다시 포로가 된 반공 포로를 공산 측에 양도한다는 것은 이승만 대통령으로서는 도저히 받아들일 수 없는 입장이었다. 이승만은 휴전은 일종의 자살행위이며 필요하다면 한국군만으로 전쟁을 수행하겠다고 공언하였다.

클라크 장군과 브릭스(E. O. Briggs) 주한 미국대사의 설득에도 불구하고 이승만은 휴전회담이 재개되기 이틀 전인 1953년 4월 24일, 아이젠하워에게

귀환을 거부하는 북한 측 포로를 북측 대표들이 설득하는 장면(1954년 2월 16일)

중국군이 북한에 주둔한 상태에서 휴전이 성립된다면 한국을 유엔군 사령
관의 지휘권에서 빼내겠다고 통고하였다. 국민들도 이승만의 통일정책을 지
지하며 휴전을 반대하는 시위를 계속하였다. 5월 12일에는 포로 관리를 위
한 인도 군인의 입국마저도 거부하고 나섰다.

이에 미국은 협상 주역인 클라크로 하여금 공산 측을 설득할 것과 그것
이 안 될 때 확전 여부를 결정하도록 하였다. 또한 인도 정부를 통해 중국을
설득하도록 하였는데, 가장 어려운 점은 한국 정부를 휴전에 동의하게 하는
작업이었다.

그 조건으로 한국에 대한 경제·군사 원조에 관한 아이젠하워의 친서를 이
승만에게 보냈다. 친서의 내용은 휴전에 동의할 것을 종용하는 것이었으나
이승만의 태도는 완강했다. 1953년 5월 30일, 이승만은 아이젠하워에게 한
미상호방위조약의 체결과 모든 외국군의 동시철수를 제안하였다. 이에 대

해 1953년 6월 6일, 아이젠하워는 휴전성립 후에 한미방위조약을 교섭할 용의가 있으며 한국에 대한 군사 및 경제 원조를 계속할 것을 약속하였다. 하지만 1953년 6월 8일, 한국 대표가 불참한 가운데 미국과 공산 양측은 포로송환 협정에 서명하였다. 이제 '반공 포로'의 송환을 놓고 한국 정부의 태도가 가장 중요한 변수로 등장하였다. 한국 정부를 무마하기 위하여 이승만의 미국 방문을 청하였으나 바쁘다는 이유로 이승만은 거절했다. 그리고 1953년 6월 18일 새벽에 이승만은 미국에 사전예고도 없이 한국포로 감시원에게 명하여 2만 7,000명에 달하는 반공포로를 석방시켜 버렸다. 이승만은 이것이 본인의 명령임을 명백히 밝히고 군경에 대하여 석방된 반공포로를 보호하도록 명하였다. 이러한 돌발사태 속에서 공산 측은 미국을 이승만의 공범자라고 맹렬히 비난하였다. 한편, 미국은 이 사건과 관련이 없음을 해명하기에 바빴고 단지 휴전교섭을 파기시키지 말 것을 요구하였다.

미국은 이승만을 설득하기 위해 더욱 구체적인 교섭을 벌이지 않을 수 없게 되자, 1953년 6월 25일 국무차관보 로버트슨(W. S. Robertson)을 대통령 특사로 파견하였다. 16일간이나 서울에 머물면서 이승만의 동의를 얻기 위해 교섭했으나 이승만의 저항은 꺾이지 않았다. 전투는 계속되었고, 특히 한국군의 방어선에 대한 집중 공격이 행해졌다. 경계선을 확정하려는 마당에 오히려 상황이 불리하게 진전되었으므로, 1953년 7월 11일 마침내 이승만은 휴전에 동의하였다.

이로써 1953년 7월 27일에 비로소 휴전협정이 이루어짐으로써 3년 1개월에 걸친 전쟁은 중지되고 휴전이 성립되었다. 아이젠하워 대통령은 휴전협정이 서명되던 바로 그 날 미국 의회에 대하여 대한 경제원조의 확대계획을 제출하여 승인을 받고, 유엔군으로 파병된 16개국은 장래에도 한국에 대한 침략에 대하여는 공동으로 대처하겠다는 공동선언을 하였다.

1953년 7월 27일 판문점에서의 휴전협정 체결 모습

전쟁의 영향

6·25전쟁은 1950년 6월 25일 시작하여 1953년 7월 27일 정전협정이 체결될 때까지 3년 1개월 2일간 진행된 전쟁이었다. 이 전쟁은 제2차 세계대전 종전 후 국제적 냉전 질서 하에서 발발한 국지적 열전으로, 공산 진영의 세력 팽창에 맞선 자유 진영의 방어전쟁 성격을 지녔다.

국내적으로는 수많은 인명손실과 사회적 기반을 뿌리째 뒤흔들어 민족에게 온갖 고초와 고난을 안겨준 전쟁이었다. 당시 약 3,000만 명의 남북한 전체 인구 중 최소한 약 10%에 해당하는 300만 명 이상이 희생당하는 피해를 보았다. 여기에다 개인의 가옥과 재산은 물론, 미미한 수준에 있었던 국가 기간산업시설과 공공시설마저도 송두리째 파괴되었다. 또 남북한 간의 사회·문화적 이질화가 심화되었고 체제경쟁 속에 상호불신을 심화시켜 통일

가능성을 더욱 희박하게 만들었다.

이 전쟁은 세계사적으로도 중대한 의미를 갖는다. 동북아 지역의 한반도에서 시작된 전쟁은 급기야 세계 25개국이 직·간접적으로 참여하는 국제전으로 확대되었고, 특히 동서 양대 진영의 중심축이었던 미국과 소련을 비롯해 초강대국들이 모두 전쟁에 참여했다. 전쟁은 미·소를 중심으로 하는 냉전체제에서 남북한 간에는 군비경쟁의 단초를 제공했다. 또한 핵 위협 속에 치른 제한적·국지전적 성격 때문에 양 진영이 핵 및 재래식 무기의 개발에 박차를 가하는 계기가 되었다.

전쟁은 또 1,000만 명 규모의 방대한 이산가족 그리고 민족 내부의 불신과 적대감을 발생시켰다. 남과 북 모두에서 흑백논리의 사고방식이 크게 자라나 의식 세계가 경직되었으며, 상대방과의 타협과 대화 자체를 죄악시하는 분위기가 자리 잡았다. 그리하여 남과 북 모두에서 중도적인 이념을 추구하는 세력이 성장할 수 없었고, 어느 한쪽으로 편향된 이념과 세력만이 집권하게 되었다.

제2장
포항 6·25전쟁 개관

 6·25전쟁 당시 경북 포항은 항만과 철도, 육로의 모든 교통수단을 이용할 수 있는 동해안 최대의 병참기지일 뿐만 아니라, 포항 남쪽 6km 지점의 영일비행장[6]은 미 제40전투비행대대가 주둔하면서 전쟁기간 중 매일 평균 30~40회 출격하여 공중폭격 등으로 지상부대 작전을 근접 항공 지원하였을 정도로 전략적 요충지이기도 하였다.

 8월 중순 무렵 한반도 서부 지역까지 북한군에 빼앗긴 상황에서, 국군과 유엔군 연합세력은 낙동강을 마지막 보루로 하는 방어선을 동·서부로 나누어 구축하였다. 마산에서 왜관으로 이어지는 서부 방어선은 유엔군이, 왜관에서 포항에 이르는 동부 방어선은 국군이 맡아 북한군의 공세를 막기 위한 치열한 공방전을 벌였다. 대한민국 영토를 끝까지 수호할 수 있을 것인지를 판가름할 낙동강 최후 방어선의 중심 지역이었던 포항 지역 일원에서는 더욱 치열한 전투가 이어졌다. 6·25전쟁 당시 미군의 작전통제선은 종류가 많았다. 구체적으로 8월에 설치된 주요 통제선만 하더라도 최초의 낙동강 방

---

6 오천비행장 또는 연일비행장으로도 불렸던 이 비행장은 일제강점기 시절 일본군이 가미카제특공대원을 양성하기 위해 1943년 9월에 설치한 것이다. 6·25전쟁이 발발한 직후부터 미 제40전투비행대대(P-51전투기 20대)가 1950년 7월 16일부터 이 비행장에서 지상군에 대한 근접지원 임무를 수행하였다.(김기옥, 안강 포항 전투의 재조명-쌍방의 작전기도를 중심으로-, 국방논집 제8호, 1989년 8월, p.139, 주석11에서 인용)

어선인 엑스(X)선(미 제8군 사령관), 마산-밀양-울산을 연결하는 데이비드선 (유엔군 사령관), 최후의 낙동강 저지선인 낙동강-왜관-포항을 잇는 와이(Y)선 (미 제8군 사령관)이 대표적이다.[7] 그중 포항이 포함된 와이선이야말로 대한민국 수호를 위해 수많은 희생자를 내며, 6·25전쟁 초기 역전의 전환점을 마련한 최후의 생명선이었다.

6·25전쟁이 발발하고 불과 보름 정도 지난 시점에는 이미 포항시 북구(당시 영일군)의 죽장 지역에 북한군이 침투하고 있었다. 포항전쟁사에서 첫 전투는 해군 포항경비부가 긴급 편성한 육상전투부대(약칭 육전대)가 맡았다. 7월 11일부터 북한군과 전투를 벌인 이 전투는, 국군과 유엔 연합군이 낙동강 방어선을 구축할 귀중한 시간을 벌어주었다. 바로 죽장지구-구암산 전투였다. 7월 초순부터는 당시 일본에 주둔하였던 미 제1기병사단의 작전명 블루하트(blue heart operation) 즉 포항상륙작전이 추진되었다. 포항시의 경찰, 시민, 국군 등이 적극 협조하여 6·25전쟁사에서 가장 성공적인 모델로 평가받는 상륙작전은 7월 18일부터 진행되었다.

이 작전은 7월 18일부터 5일간에 걸쳐 성공적으로 수행됨으로써 미군 병력의 신속한 중부 전선 투입을 가능하게 하였다. 8월부터는 포항을 둘러싼 전역에서 동시다발적으로 전투가 벌어졌다. 기계·안강 지역 전투, 8월 9일부터 8월 11일 03:00까지 제25연대의 소티재 전투에 이어 당일 04:00부터는 포항여중 전투가 있었다. 이날 포항시가지가 북한군에게 점령당하면서 퇴로가 차단되었던 국군 제3사단의 독석리 해상 철수 작전(8월 17일), 북한군이 함포사격과 공군폭격을 피해 흥해 북쪽으로 후퇴하며 비워둔 포항시가지를 8월 18일 민 부대가 탈환하는 작전도 있었다. 9월부터는 양덕동 불미골, 무

---

7   국방부 군사편찬연구소, 『한미군사관계사 1871-2002』, p.485

1950년 8월 11일 빨갱이(Reds)가 포항을 침탈(smash into)하였다는 톱기사(뉴욕타임스)

당골 등을 거점으로 삿갓봉고지(93고지)를 탈환하기 위한 치열한 공방전이 벌어졌다. 바로 천마산지구 전투였다. 하지만 국군은 북한군의 대대적인 9월 공세로 인해 형산강 이남으로 철수하게 되었다. 이후 벌어진 형산강 방어 전투와 9월 15일 인천상륙작전에 맞추어 진행된 형산강 도하작전과 반격작전은 형산강을 '혈산강'이라 부를 정도로 수많은 국군의 희생이 뒤따랐다. 형산강 전투는 포항전쟁사에 있어 가장 처절한 전투였는지도 모른다.

포항전쟁사에서 절대 빠트릴 수 없는 사실이 있다. 그동안 서울·경기 지역 출신 71명의 학도병들이 중심이 되었던 포항여중 전투(8월 11일)는 영화로 만들어질 정도로 어느 정도는 알려진 상태다. 하지만 이 전투에서 학도병들이 산화하기 이전에 이미 포항에서 자원입대한 지역 출신의 수많은 학도병이 포항을 지키기 위한 전투에서 먼저 목숨을 잃었다는 사실이다. 포항 출신 학도병들은 기계·안강 전투, 삿갓봉고지 전투 등에서 훈련도 제대로 받지 못한 신병으로 전투에 참가하여 무명용사로 산화하였다. 무엇보다도 포항여중 전투에서 71명의 학도병들이 북한군과 저항할 수 있는 경계태세를 갖출 귀중한 시간을 제공한 전투가 있었다. 제3사단 제25연대 제3대대 제9중대가 남하하는 북한군 전초부대와 8월 9일과 8월 10일 자정 즉 8월 11일 00:00부터 03:00경까지 소티재(105고지)에서 격렬한 백병전까지 치른 끝에 15명만 남긴 채 모두 전멸한 소티재 전투였다. 제25연대는 7월 중순경 병력보충을 위해 신규 편성된 연대로서, 현재 기준으로 포항고 300명, 동지고 300명, 해양과학고 200명으로 구성된 약 600~700명의 포항 출신 학도병들이 대부분 편성에 들어간 부대였다.[8] 그들은 중대, 대대 단위로 편성되는 즉시 포항을 사수하는 안강·기계 전투, 천마산지구 전투 등에 순차적으로 투입되었다. 따라서 편성 일주일을 버티지 못하고 해체되고 말았던 제3사단 제25연대 소속의 포항 학도병들에 대한 새로운 평가가 따라야 할 것이다.

또 1951년 1월부터 2월에 걸쳐 미 해병 제1사단과 국군 해병대의 북한군 제10사단 게릴라부대 소탕 작전은 포항지역학연구회가 이번에 새로이 발굴한 포항전쟁사의 한 부분이다. 중국군이 개입한 이후 1950년 12월과 1951년 1·4후퇴로 전선이 혼란스러운 틈을 타 북한군 측에서는 은밀한 움직임이 있었다. 흥남철수작전 이후 북한군 제10사단 게릴라들이 태백산맥을 타고 내려와 후방 지역에서의 혼란을 유도하기 위해 포항으로 남하하고 있었던 것이다. 미 해병 제1사단과 국군 해병대가 포항에 지휘사령부를 두고 안동–영천에 이르는 광범위한 지역에서 소탕전을 펼친 것이 바로 포항 게릴라

---

8 당시 학도병 참전 인원수는 대한민국 학도의용군회 포항지회의 증언에 따른 것이다. 동지고의 6·25전쟁 호국영웅탑에는 124명, 해양과학고의 학도의용군 호국명비탑에는 56명, 포항고의 호국학도 충의탑에는 82명의 호국학도가 새겨져 있다. 이상을 고려할 때 실제 포항지역 출신 학도병은 이 수치에 근접했을 가능성이 높은 것으로 추정된다.

1950년 8월 12일 미 공군의 포항기지 도착 톱기사(뉴욕타임스)

헌트(Pohang Gerrilla Hunt) 작전이었다.

포항은 수많은 작전과 전투를 통해 대한민국을 지켜냈다고 자부할 수 있는 역사를 지닌 애국 충절의 도시인 것이다.

6·25전쟁 당시 포항 지역 일원에서 벌어진 전투(8월 9일~9월 22일)에서 한·미 연합군이 올린 전과는 북한군 15,343명 사살과 3,722명 생포였다. 물론 아군 측의 피해도 컸다. 2,301명이 전사하고 4,040명이나 실종되었으며 부상자도 5,908명에 달하였다.[9]

끝으로 6·25전쟁 특히 포항전쟁사에서 짚고 넘어가야 하는 것은, 전쟁 초기에는 국민보도연맹 사건으로 무고한 민간인 학살이 있었으며 낙동강 방

---

9 영남일보(2020. 2. 2) 기사 [6·25전쟁 70주년 영남일보 특별기획 1부—경북의 전선3] 학도병 활약 빛난 포항 전투에서 발췌 인용하였다.

어선의 치열한 전투 중에 환여동 등 바닷가와 흥해 일원 등의 민간인들이 폭격과 함포사격으로 많은 인명피해를 입었다는 사실이다. 이와 관련한 상세는 제4부에서 다루었다.

한편 포항시의 경우, 주요 전쟁 사료에서 집계된 공식 피해는 포항항의 창고 726㎡, 공사용 선박 12척[10]에 불과하다. 하지만 이는 매우 잘못된 내용이다. 이 책에서 소개된 다양한 사진 자료만 보더라도 당시 포항 시내, 특히 형산강 북쪽 지역의 중심 시가지는 공공·민간을 불문하고 대부분이 폐허로 변하였다. 전쟁으로 인한 인구수 변화는 명확하지 않다. 현재의 행정구역과 달리 중심 시가지만 포항시였고 이를 감싼 지역은 영일군이었다. 전쟁 직전 포항시 인구통계도 불확실하다. 하지만 당시 포항은 이미 시로 승격된 상태였고 영일군과 경주시의 인구 감소 변화를 보면 이와 유사한 정도의 인구 감소 현상이 있었을 것으로 짐작된다.

6·25전쟁 전후 지역 인구의 변화						
지역	1949년			1955년		
	계(명)	남	여	계(명)	남	여
포항시	최소 6~7만 명 (추정)	-	-	52,473	25,575	26,898
영일군	225,943	113,369	112,574	174,354	83,868	90,486
경주시	236,316	118,044	118,272	65,402	32,030	33,372

10 국방부 군사편찬연구소, 『통계로 본 6·25전쟁』, p.274

제2부
전쟁 이전, 전쟁의 기운

제1장
6·25전쟁 전 포항 지역 상황

제1절 영일군 조선건국준비위원회 및 인민위원회의 결성과 활동

시대적 상황

1945년 8월 15일 광복을 맞이하였다. 광복 이후 최초로 우리나라에서 만들어진 정치단체는 조선건국준비위원회(朝鮮建國準備委員會)라는 좌익단체였다. 이를 약칭하여 건준(建準)이라고도 한다.

1945년 8월 초, 일제의 패배가 확실해지자 조선총독 아베 노부유키(阿部信行)는 한국에 있는 일본인들이 패전 이후 한반도에서 안전하게 철수하는 것과 그들의 생명과 재산을 보호해 줄 협상 대상자가 필요했다. 마침 일 년 전부터 일본 패전을 예상하고 비밀리에 독립에 대비하던 사람이 있었다. 바로 온건좌익인 여운형이었다. 여운형은 조선총독에게 조선인 정치범을 석방해 주고, 치안권과 행정권을 이양해 줄 것이며, 건국 사업에 협력만 해 준다면 일본의 청을 들어주겠다고 했다. 조선총독이 여운형의 조건을 따르겠다고 함에 따라 여운형은 1944년 8월 10일 '건국동맹'을 조직하였고, 1945년 8월 15일 광복과 동시에 조선건국준비위원회를 발족하였다. 사무실은 서울 풍문여자중학교에 두었고 위원장에 여운형(呂運亨), 부위원장에 안재홍(安在

鴻)·허헌(許憲), 총무부장에 최근우(崔謹愚), 재무부장에 이규갑(李奎甲), 조직부장에 정백(鄭栢), 선전부장에 조동호(趙東祜), 무경부장에 권태석(權泰錫) 등을 앉혀 진용을 갖추었다.

건준의 설립 목적은 민족의 총역량을 일원화하여 좌익정부를 만드는 데 있었다. 8월 18일 제1차 위원회를 개최하여 건국공작 5개 항을 제시하였고 9월 2일 강령을 발표하였다.[1] 우선 일본 경찰조직을 밀어내고 그 자리에 조직원들을 메워 넣는 등 각 지방으로 조직을 확대시켰다. 이름은 달랐지만 치안대, 보안대 등의 이름으로 전국 145곳에 건준 지부가 결성되었다. 이렇게 건준은 전국적인 조직으로 급성장했다. 우익은 임시정부가 들어오기만을 기다리고 있는 동안, 좌익은 발 빠르게 대중 속으로 파고들었던 것이다.

그러나 통일독립국가 수립을 위한 임시조직이었던 건국준비위원회는 1945년 8월 28일 미군의 '서울 진주설'이 알려지면서 결정적인 변화를 겪었다. 우익 인사들이 조직에서 이탈하여 독자적인 정치세력화를 모색하였고, 대신 재건파공산당 등보다 많은 좌익 세력이 건국준비위원회에 적극적으로 진출하기 시작했다. 1945년 9월 3일에 이루어진 건준 제2차 개편 때의 간부진 구성을 살펴보면, 전체 32명의 간부 중 13명이 공산당 계열 인사였다. 이들은 요직이라 할 수 있는 조직부, 치안부, 기획부를 비롯하여 건설, 조사, 양정(糧政), 재정, 교통부와 서기국 등을 장악하였다.

1945년 9월 6일, 미군 선발대가 들어와 일본과 예비교섭을 시작했다. 총독부로부터 통치권을 이양받아 미군정을 수립하기 위해서였다. 좌익들은 마음이 급했다. 이들은 미군정이 들어서기 전에 기존 정부로 인정받기 위해

---

1   내용은 '①우리는 완전한 독립국가의 건설을 기함 ②기본요구를 실현할 수 있는 민주주의적 정권의 수립을 기함 ③우리는 일시적 과도기에 국내질서를 자주적으로 유지하며 대중생활의 확보를 기함'이라는 3개 항이었다.

이날(1945년 9월 6일) 급히 조선인민공화국 수립을 발표하는 등 좌익주도 정부를 조직하였다. 그들이 목표로 한 인민공화국이 수립되자, 준비 단체였던 건준은 1945년 9월 7일 자동 해체되었다. 이어서 1945년 9월 11일 조선인민공화국 조각을 단행하였다. 이승만, 여운형, 허헌, 김규식(金奎植), 김구(金九), 김성수, 김병로, 안재홍, 이강국, 신익희, 조만식 등 55명의 대표위원과 오세창(吳世昌), 권동진(權東鎭), 김창숙(金昌淑), 이시영(李始榮) 등 12명의 고문위원을 선발하고 조선인민공화국 주석에 이승만, 부주석에 여운형, 총리에 허헌이 각각 추대, 임명되었다.

인민공화국 정부는 산하에 13개의 도 인민위원회, 21개의 시 인민위원회, 218개의 군 인민위원회, 103개의 읍, 2,244개의 면 인민위원회를 두었다. 인민공화국의 인민위원회는 치안과 행정 등 정부 기능을 수행하면서 주민들을 접촉하여 좌익사상을 확산시켰다. 인민공화국 인민위원회는 미군정이 지방행정조직을 완전히 장악하게 된 1946년 초까지 실질적인 지방 자치권을 행사하였다. 이에 미군정은 공산주의 계열의 인민공화국 정부가 실질적인 정부 노릇을 하며, 국민 속에 합법정부 이미지를 심어주고 있는데 대해 매우 우려했다. 그리고 미군정만이 유일한 합법정부임을 밝히고 인민공화국 정부가 공식 정부인 것처럼 행세해서는 안 된다고 경고했다.

처음부터 건준을 반대하고 임시정부의 귀국을 기다리던 김성수(金性洙)·송진우(宋鎭禹)·장덕수(張德秀) 등 우익 진영은 인민공화국 정부조직을 벽상조각(壁上組閣)이라고 비난하였다.

해방 직후 상당 기간 좌익 세력들은 지방행정조직망을 장악하면서 국민들이 자연스럽게 사회주의 사상에 물들게 하였다.[2]

---

2 현대사상연구회, 『반대세의 비밀, 그 일그러진 초상』, 2008, pp.141-143

그 후 해외 독립운동지도자들이 귀국하고 이승만이 조선인민공화국 주석 취임을 거절하는 한편 1945년 10월 10일, 미군정청에서도 조선인민공화국 승인을 거절하는 포고를 발표하자 조선인민공화국은 자연 해체되었다.

그러나 박헌영의 조선공산당, 여운형의 조선인민당 등 좌익정치 세력들은 우익 진영에 대항하기 위해 40여 개의 좌익단체들 연합체인 민전(조선민주주의민족전선)을 결성하는 한편, 각종 폭력투쟁을 전개할 여러 외곽 사회단체들을 결성하였다. 대표적인 단체로는 노동계의 전평(조선노동조합전국평의회), 농민 조직인 전농(전국농민조합총연맹), 청년 조직인 민청(조선민주청년동맹) 등을 들 수 있다. 이러한 상황 아래 좌익 세력은 급속도로 확산되었고 국민들도 좌익 세력들에 대한 인식이 이완되었다. 그때까지 대한민국은 자유민주주의 체제를 한 번도 겪어보지 못했으므로 자유민주주의 체제가 뭔지를 몰랐다. 반면 사회주의는 더 가깝게 접촉할 수 있었다. 해방 이후 온건좌익 여운형이 만든 건준과 이를 승계한 인민공화국 정부의 지방조직이 도·시·군·면·리 단위까지 조직되어 행정·치안 등을 행사했기 때문이었다.

게다가 미군정은 처음에는 자유민주주의 노선에 입각하여 좌·우익 세력 사이에서 중립을 지키고, 좌익들에게도 될 수 있는 한 행동 자유를 보장하였다. 조선공산당도 미군정에 대해 비교적 협조적인 태도를 유지하였다. 그러나 1946년 발생한 조선공산당의 '조선정판사 위조지폐 사건'을 계기로 미군정과 조선공산당은 대립적 관계로 급변하였다. 1946년 5월 조선공산당이 정치자금을 확보할 목적으로 대량 위조지폐를 만들다 경찰에 적발된 것이다. 공산당 세력은 이를 미군정의 허위날조라며 시위를 전개하고 담당 판검사를 협박하며 공판정을 아수라장으로 만들어 버렸다. 이를 계기로 미군정은 조선공산당에 대한 탄압을 본격화하였다. 이에 공산당은 지하로 잠입하여 미군정에 대한 강경투쟁을 시작하였다. 1946년 7월 26일 조선공산당 대표 박헌영은 미군정에 대해 지금까지의 협조적인 관계를 포기하고 테러·파업 등 강경투쟁으로 전환하겠다는 '신전술'을 발표하였다.

영일 지역의 건준과 인민위원회

한편, 1945년 8월 전국 지방마다 건준 조직이 생겨날 때 영일군에도 건준 지부가 조직되었다. 영일군 건준 지부 사무소는 포항금융조합 뒤편에 있는 서본원사(西本願寺) 자리에 두었다. 영일군 건준위원장에는 정학선(鄭學先), 부위원장에는 이재우(李載雨), 이성룡(李成龍), 농민부장에는 이상갑(李相甲) 등이 선출되었다.

영일군 건준은 특정 세력을 배제하지 않은 좌우를 망라한 조직으로서, 결성 당시에는 좌우간의 심각한 대립이나 갈등은 존재하지 않았다. 그러나 간부 구성에서 보는 것처럼 사실상 일제하의 사회주의적인 또는 적어도 비타협적인 민족운동을 지속해 온 좌익계 인물들에 의해 주도되었을 가능성이 크다. 그도 그럴 것이 경북 영일 출신으로 1920년 6월경부터 영일청년회에서 활동하던 정학선은 1924년 일본 도쿄에서 최원택의 권유로 고려공청에 가입하였다. 그는 1925년 10월경 포항에서 고려공청 포항 야체이카(세포조직)를 결성한 후 경북사회운동가동맹에서 집행위원 겸 조사부위원으로 활동했던 전력이 있다. 이상갑 또한 영일청년연맹에서 활동하다가 조선공산당에 입당하여 포항 야체이카에 배속된 이래 1948년 해주에서 열린 남조선인민대회 대표자회의에서 제1기 최고인민위원회 대의원으로 선출된 사람이었다. 이재우 역시 영일군 포항읍 출신으로 고려공산청년회에 가입하고 포항 야체이카에 배속된 이래 1946년 12월 남조선 노동당 중앙위원으로 선임된 전력이 있었다.

이들의 좌익 활동은 세간을 떠들썩하게 했다. 1928년 9월에 전국을 무대로 활동을 펼치던 정학선이 공산당 사건에 연루되어 경기도 경찰부에 체포 구속되었는가 하면, 이듬해인 1929년 1월에는 이상갑이 공산당 사건으로 신문지상에 오르내렸다. 이상갑은 영일청년동맹 위원장이 되어 활동하다가 전국적 규모로 펼쳐졌던 경찰의 공산당 일제 검거망을 피해 중국으로 건너가 장춘(長春)에서 비밀결사를 조직한 후 사회주의운동을 계획했던 인물이었다. 그러나 1929년 5월경 그곳까지 찾아간 포항경찰서 형사들에게 검거되어 포항으로 압송된 적도 있다. 그는 1930년 5월에는 영일 노동조합에서 간사로 활동하기도 하였다.

1930년 10월경에는 이른바 '포항공산당 사건'이란 것도 있었다. 이상갑 (31세, 점원), 이재우(32세, 조선일보 지국장), 김순종(29세, 중외일보 기자), 김화섭 (29세, 중외일보 사원), 하병조(31세), 이말인(31세), 원호이(29세) 등 7명이 공산당 사건에 연루되어 치안유지법 위반으로 처벌받은 것이다. 이처럼 영일군 건준의 핵심 간부들 모두가 일제강점기부터 사회주의적 민족운동과 사회운동을 주도해 온 인물들이었다.

1945년 10월 1일 영일군 건준 지부는 군내 모든 지부를 망라하여 독립축하 시가행진을 거행했다. 각종 단체와 일반군민이 참가한 가운데, 각 부락의 깃발을 비롯하여 '노동자 해방 만세', '인민공화국 수립 만세'라고 쓰인 깃발을 휘날리면서 농악대를 앞세우고 시가를 행진하여 대성황을 이루었다.[3] 시위에 나타난 슬로건에 의해 당시 영일군 건준의 성격이 처음부터 좌파의 세력이 압도적이었다는 것을 다시 한번 확인할 수 있다.

1945년 9월 6일 '조선인민공화국' 수립이 선포된 이후 건준 지방 조직도 군 단위 인민위원회 조직으로 바뀌어 나갔다. 영일군에도 건준의 발전적 해

---

3   민주중보(1945. 10. 9).

경찰이 이재우 등 포항공산당 사건에 연루된 8명을 검거하여
검찰로 송치했다는 내용이다.(동아일보 1930. 11. 9)

체를 통해 영일군 인민위원회가 결성되었다. 인민위원회로 조직개편 과정에서 몇몇 우익 인사들이 이탈하였으나 영일군 건준위원장 정학선이 그대로 영일군 인민위원장직을 계승했고, 영일군 건준부위원장을 지낸 이재우가 포항인민위원장으로서 영일군 인민위 부위원장직을 겸하고 있었다. 건준의 농민부장이었던 이상갑은 포항경찰서장격인 보안대장으로서 영일군 인민위의 부위원을 겸하고 있었으며, 후에 남로당 영일군위원장이 된 정자용이 총무부장직을 맡았다.

영일군인민위원회는 산하에 조선노동자조합전국평의회(이하 '全評'이라 한다), 농민조합, 선원조합, 어민조합, 철도노동조합, 청년동맹, 부녀동맹 등을 포괄하고 있었다. 농민 조직 방면으로는 일본에서 유학한 지주 출신의 서용락(徐龍洛)이 연일면 농민위원장으로서 그리고 일제하에서 영일청년동맹(위원장 이상갑)과 신간회 조직에 참여한 김순종 등이 농민조합을 통해 인민위

원회 강화에 노력했다. 그리고 이화여전 출신의 정영향이 다른 이화여전 출신의 여성 두 명과 부녀동맹을 조직하고 인민위원회 활동을 보조했다.

그밖에 군인민위원회 간부로는 제1차 건국인민위원회대표자대회에 참가한 박순조, 김동욱, 최원암 등이 있는데, 최원암은 청하면 인민위원회 위원장이었고, 박순조 역시 청하면 출신으로 주로 서울에 거주하면서 서울과 지방의 연락을 담당했다.

영일군 인민위원장이 된 정학선은 영일군청을 점령하고 영일군수 행세를 하였으며, 같은 방법으로 이재우는 포항읍장, 이상갑은 포항경찰서장 행세를 하였다. 이상갑은 불량배를 앞세운 소위 '치안대'라는 것을 만들어 완장을 두른 그들에게 협력하지 않은 사람은 친일반민족반역자, 또는 반동분자로 몰아 경찰서 유치장에 투옥시키는 등 갖은 행패를 부렸다. 미군이 진주함과 때를 맞춰 미군정청은 김재열(金在烈)을 포항경찰서장으로 임명하여 치안대로부터 경찰서를 인수토록 했다. 새로운 경찰서장이 부임하자 이상갑을 추종하는 무리들은 김재열 서장을 인정할 수 없다며 소란을 일으키기도 했다.

제2절 우익단체의 조직과 활동

영일군 인민위원회가 지역에서 판을 치며 험악한 분위기를 지속해 나가자 공산당에 승복하지 않은 청년들이 단결하기 시작했다. 먼저 나선 것은 흥해 지역 유지와 청년들이었다. 이들은 1946년 1월, 공산 계열에 대항하고 민족주의를 지향하며 '흥해애국동지회'를 조직하여 사회단체로 등록[4]하고 반공운동을 전개하기 시작했다. 단장에는 정봉섭(鄭俸燮)이 선출되었고, 최태능(崔泰能), 김광재(金光哉), 정원식(鄭元式), 최홍준(崔弘俊) 등이 지도자로 나섰다. 이에 자극을 받아 1946년 2월경 포항에서도 '영일애국동지회'가 조직되었다. 그 멤버들은 이일우(李一雨), 박동주(朴東柱), 한봉문(韓奉文), 이화일(李化日), 김동덕(金東德), 김두하(金斗河), 최원수(崔遠壽), 박일천(朴一天) 등이었다. 그러나 이 조직은 공산 계열의 폭력적 방해에 부딪혀 제대로 활동을 할 수가 없었다.

와중에 모스크바에서 미국·영국·소련의 3개국 외상(外相)이 모여 한반도 신탁통치를 결정했다는 소식이 전해지자 이 지역에서는 좌·우익이 한때 뭉치기도 했다. 이들은 포항극장에서 합동으로 5백여 군중을 모은 가운데 신탁통치반대 영일군민대회를 열고 결의문을 선포하였다. 이어진 시가행진에서는 전 시민들이 성원을 보냈다. 그러나 3일 후에는 돌연 상황이 바뀌었다. 영일군 인민위원회가 단독으로 포항극장에서 영일군인민대회를 다시 열고 갑자기 신탁통치를 지지한다고 나섰던 것이다. 이로 인해 이들은 주민들로부터 불신을 사고 지탄을 받기도 했다.

이처럼 영일군 인민위원회가 불신의 궁지에 몰리면서 중앙 정세도 반공 계열에 유리하게 전개되었다. 이에 1946년 3월, 앞서 영일군애국동지회를 조직한 인사들이 중심이 되어 '포항청년회'를 조직하였다. 그 구성원들은 강주석(姜疇錫), 김판석(金判錫), 박일천(朴一天), 김효문(金孝文), 오실광(吳實光), 김해진(金海辰), 최이봉(崔二鳳), 오종근(吳宗根), 박동근(朴東根), 김해동(金海東), 김여복(金麗復), 김용한(金容漢), 정상탁(鄭相鐸), 김양호(金良鎬), 허활(許活), 김종

4　미군정청 등록 제4호.

성(金種聲), 이종팔(李鐘八), 김상현(金相鉉), 최삼진(崔三辰), 박수영(朴秀榮), 박이만(朴二萬), 전영식(全永植), 김현식(金鉉植), 김중주(金重珠), 김영후(金永厚), 정관영(鄭琯永), 강만호(姜萬浩) 우성규(禹盛奎), 김진일(金珍一), 이국형(李國炯), 김영수(金永守), 김성도(金成道), 김석우(金碩佑) 등 50여 명이었다. 이렇게 구성된 포항청년회가 뒤에 포항광복청년회특별단부 및 대동청년단으로 발전하였다. 이어서 신탁통치 반대라는 공통의 목적으로 뭉친 대한독립촉성국민회(국민회)영일군 지부, 대한노총[5]영일군연맹과 경상북도연맹 등으로 옮겨갔으며, 후에 대한청년단으로 이어졌다.

해방 후 포항·영일 일대는 낮에는 데모로 혼란했고, 밤에는 좌·우익 간의 충돌로 무법천지나 다를 바가 없었다. 때마침 국대안반대운동(國大案反對運動)[6]으로 학원소요까지 겹쳤기 때문에 김주한, 임우식, 편춘생, 한상순, 지동렬 등 지역 좌익학생들 세력은 대단했다. 이에 민족진영의 학생들도 강력한 조직을 만들어 그들을 대항하지 않을 수 없는 상황이었다.

1947년 2월 포항시내에서 좌우익 청년들 간에 일대 유혈 출동 사건이 일어났다. 이때 좌익청년 11명이 희생되었다. 가해자로 몰린 우익 청년 14명이 경찰에 구속된 사실이 있었다. 이 무렵 서울에서 전국학생총연맹이 결성되자 1947년 7월 16일, 영일·포항에서도 경상북도학생연맹이 발족되었다. 이에는 포항독촉국민회 초대지부장 박일천(朴一天), 2대 지부장을 역임한 이화일(李化日) 그리고 당시 대한독청지부장으로 있던 김판석(金判錫) 등의 지원이 컸다. 그해 10월 초순경이 되자 200여 명의 학생이 모여 '전국학련포항특

---

5   1946년 3월 10일 결성된 대한독립촉성노동총연맹이 1948년 8월 26일 개편하여 재발족한 전국적인 노동조합 연합체.

6   1946년에 국립 대학안을 반대하여 일어난 동맹 휴학 사건. 이해 8월 23일 군정령(軍政令)으로 국립 서울대학교 신설을 강행하자, 고등 교육 기관이 축소되고 학교 운영의 자치권이 박탈된다 하여 반대하며 전국 대부분의 대학 및 중학교에서 동맹 휴학에 들어갔는데, 수정 법령의 공포로 반대운동이 가라앉았다.

1949년 3월 29일 대한청년단 구룡포읍단부 제1회 훈련사열식 모습.
이날 사열식에서 1수상자는 제4구단부였다.

별지구연맹'을 결성했다. 사무실은 포항 육거리에 두었다. 이 연맹의 1대 위원장은 김석만(포항중), 2대 위원장은 김경규(포항중), 3대 위원장 이상훈(포항중), 4대 위원장은 장동식(동지중)이었다. 주도 학생으로는 신정수, 정수영, 김종섭, 손종희, 김필중, 윤치오, 장영돈, 최기영, 신병용, 전영수, 김영규, 이영규, 김진영, 김영식, 조업래, 정해영, 김종수, 이동우, 최기연, 최문태, 이두형, 정길식, 김정환, 최홍구, 이진우, 김억만, 박창화, 김태규, 진병락, 최석규, 장동식, 최도기, 최홍존, 최윤용, 정운선, 최부환, 조희중, 정채화, 김정선, 최영철, 장석순(여), 배옥련(여), 김해정(여), 주옥보(여), 박옥난(여), 박내윤(여) 등이었다. 이들은 각 학교마다 분회를 두었으며, 경주, 영덕의 학련조직에 협조하면서 유기적인 활동을 하였다.

한편, 1948년 12월 포항 영일 지역에도 대한청년단이 조직되었다. 이 단체는 좌익계 청년단체의 통합체인 민주청년동맹(民主靑年同盟)에 견줄 수 있는

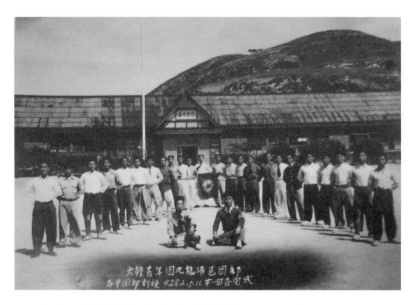

1949년 5월 11일 대한청년단 구룡포읍단부 각 리(里)단부 제1회 사열식의 모습

반공연합체였다. 민주청년동맹이 공산당 계열의 12개 전평(全評)7 산하 각 노동조합을 접수하고 본격적인 투쟁을 전개하자 지역의 대한청년단원들은 이에 맞서 자유민주주의 수호를 위해 최 일선에서 싸웠던 것이다.

특히 영일군 구룡포 대한청년단의 활약이 컸다. 구룡포 용주리 출신의 최장수가 구룡포읍단부 단장이었다. 그리고 구룡포 눌태리 출신인 안호대가 대한청년단 포항중구단장을 맡았다.

광복 후 포항·영일 지역에서 공산당의 테러에 희생된 반공청년들이 130명8에 이른다고 하니 당시의 치열했던 좌·우익 간의 투쟁 상황을 추정해 볼 수 있다.

---

7   조선노동자조합전국평의회(全評).
8   포항시 덕수동 수도산에 있는 반공순국청년동지위령비 내용.

포항시 덕수동 수도산에 있는 반공순국청년동지위령비. 자유민주주의 수호를 위해 용전분투하다 좌익들에게 희생된 포항출신 고 이상현 외 129명의 반공순국청년들을 기리는 비이다.

제3절 전쟁 전의 좌·우익 갈등

좌익들의 활동

1946년 5월 발생한 조선공산당의 '조선정판사 위조지폐 사건'을 계기로 미군정과 조선공산당은 대립적 관계로 급변하였다. 미군정의 조선공산당에 대한 탄압이 본격화되자 박헌영 등은 미군정에 심각한 타격을 주기 위해 노동자들을 이용한 총파업을 단행하였다. 조선공산당이 주도하는 전평(전국노동조합평의회)이라는 좌익 노동단체가 파업을 이끌었다. 1946년 9월 24일 4만여 명의 전국철도노동자들이 파업을 단행하여 순식간에 전국 철도수송을 마비시키는 것을 시작으로, 며칠 사이에 전신·체신·전기·운송·방직·해운 등이 동시에 멈추게 되었다. 25만여 명의 노동자가 참여하는 '9월 총파업'이 단행된 것이다.

미군정은 주동 세력 1,200여 명을 대량 검거하는 등 강경 진압함으로써 한 달 만에 철도가 정상화될 수 있었다.

'9월 총파업'이 일어난 지 1주일 뒤인 1946년 10월 1일 대구 지역에서 좌익들에 의한 이른바 '대구 10·1폭동'이 일어났다. 그 배경에 대해서는 여러 논점이 있으나 경찰청과거사위보고서(2006)에서는 이 사건의 원인에 대해 "근원적으로는 미군정의 식량정책 실패, 좌익의 세 확장 운동과 노조총파업 집회, 경찰의 발포 등이 도화선이 되었고 10월 2일 대구의학전문학교 학생들의 시체데모가 사건의 기폭제 역할을 했다"라고 했다. 당시 식량의 절대 부족 등 사회경제적으로 불안한 상황을 이용한 좌익 세력들의 활동에 대한 경찰의 시위 진압 과정에서 10월 1일 민간인 추정 사망 사건이 발생하였고, 이 사건이 10월 2일 시위 확산의 기폭제가 되었다는 것이다.[9]

사건의 개략은 이렇다. 대구에서는 박헌영의 '9월 총파업' 지시에 따라 1946년 9월 23일 대구전매국에서의 소동을 시발로 대구우체국, 신문사, 한일메리야스공장, 대구 중공업, 조선철공 등이 파업했다.[10] 곳곳에서 적기가 (赤旗歌)[11]가 흘러나오고 농성과 시위로 시내는 공포 분위기가 조성되었다. 파업을 주동한 것은 좌익 단체인 대구노동평의회였다. 이들은 철도파업에 대한 동정파업을 일으키려고 '남조선 총파업 대구시 투쟁위원회'의 간판을 내걸고 각 직장의 파업을 조종·선동하고 나섰다.

---

9   경찰청과거사위 보고서(2006), pp.3~15
10   석정길, 『새벽을 달린 동지들』, 대구 갑인출판사, 1983, p.111
11   북한에서 불리고 있는 혁명가요로, 4분의 4박자의 행진곡풍 투쟁가이다. 북한에서 창작된 가요는 아니고, 독일 민요 〈탄넨바움(Der Tannenbaum)〉에 기원을 두고 있다.

이에 대하여 1946년 9월 30일 제5관구 경찰청(현 경북경찰청)에서는 그 단체가 불법적인 것이라고 규정하고, 동 투쟁위원회가 내건 간판을 떼어 버리고, 파업 조종자의 색출에 나섰다. 1946년 10월 1일, 경찰의 이런 행동에 반발한 수천 명의 공장 근로자들이 적기가를 부르면서 시위를 시작, 금정로에 있는 대구노동평의회 본부로 몰려들기 시작하였다. 시위 대열에는 노동자뿐 아니라 일반 시민, 학생들도 혼합되어 있었다. 경찰은 불법 시위자들을 해산시키려고 공포를 쏘며 제지했다.

이날의 데모는 밤늦게 진압되었지만, 군중은 2일 아침 일찍부터 다시 시위를 시작하였다. 경찰이 이를 진압하는 과정에서 시위대 1명이 사망하였다. 시위대는 그 시신을 높이 쳐들고 시위를 선동하였다. 군중들은 마침내 폭도로 변했다. 경찰서를 습격·점령하고 무기를 탈취하였고, 유치장을 개방하여 갇혀 있던 모든 범죄 혐의자를 석방하는가 하면 경찰관이나 고급관리 및 사회 주요 인사들을 닥치는 대로 학살했다. 부상당해 병원에 실려 온 경찰들은 병원 소속 좌익의사·간호사들에 의해 치료를 거부당하거나 오히려 죽임을 당하기도 했다. 무장을 갖춘 폭도들은 대구경찰서 관내 동촌지서를 비롯해 7개 지서, 중앙파출소를 비롯한 9개 파출소를 점령했다. 좌익 시위대들은 이웃 달성으로 달려가 현풍지서를 비롯한 9개 지서 및 대봉동 파출소를 비롯한 4개 파출소를 점거했다. 이 난동으로 경찰관 여러 명이 살해되었고, 달성군수 등 여러 명이 불에 타 죽었다. 사태가 이에 이르자 당국은 2일 오후 늦게 대구 지방에 계엄령을 선포하고 인근 각지의 경찰 병력을 집결시키는 한편, 미군 부대의 응원을 받아 데모 진압과 치안 회복을 서둘렀다. 폭동의 완전 진압은 다음 날 3일 충청남·북도의 경찰 병력 700여 명이 증파됨으로써 가능하였다.

이 좌익 폭동 사건으로 1,000여 명의 경찰과 우익 인사들이 무참하게 학살당하였다. 미군정은 폭동 사건을 일으킨 주동 세력 7,000여 명을 검거하는 등 철저히 진압하고 추적하였다.

대구폭동 사건을 계기로 경상도·전라도·충청도는 물론이고 제주도까지 연쇄적으로 크고 작은 소요 사건이 계속되었다. 구미(당시 선산군)에서는 1946년 10월 3일 오전 9시경 2,000여 명의 군중에 의해 경찰서가 피습되었으며, 김천에서는 10월 3일 오후 4시경 군중 50여 명이 경찰서로 몰려와 서장에게 경찰서를 내놓으라고 요구하였다. 상주에서는 이안면에서 우익 단체와 시위군중 사이에 충돌이 있었으며, 경찰 70여 명이 타격대를 구성하여 이를 진압하였다. 영천에서는 같은 날 오전 1시경 폭도들이 몰려와 읍내를 포위하였다. 이들은 경찰서를 습격·방화한 뒤 과전동 군수 사택으로 찾아가서 군수 이태수를 끌고 나와 새끼줄로 묶어놓고 때려죽인 뒤 경찰서장 관사 바로 앞 하수구에 시체를 버렸다. 이날 이 군수의 어린 딸 하나가 공포에 질려 집을 나간 것이 고아 아닌 고아가 되었다가, 37년 만인 1983년 KBS의 이산가족 찾기 생방송 때 가족과 극적으로 상봉한 일도 있었다. 포항에서는 10월 3일 청년 700여 명이 시가지를 행진하여 현지 군정 관리에게 요구사항을 담은 서신을 전달하였다. 영덕에서는 '달산 사건'이 있었다. 1946년 10월 4일 달산초등학교 교정에서 일어났던 폭동사태는 대구 10·1폭동 사건의 여파가 영덕군 달산면에까지 미친 것이다. 달산면 인민위원회 회원, 민주청년동맹원, 농민위원회 회원 등이 주동이 되어 면민들의 잔치가 열리는 초등학교 운동회 날을 난장판으로 만들어 버렸다. 운동회가 거의 끝날 무렵인 오후 3시경 운동회를 관람하던 달산면장 신태순이 이들에게 타살되었고, 우익 청년들이 납치되어 행방불명되었다. 면사무소, 지서, 우익 진영 간부급 가옥 20여 채도 파괴되었고, 이들로부터 맞아 중상을 입은 사람도 25명이나 되었다. 영일군 지역에는 기계, 구룡포 등에서 폭동이 일어나 여러 명이 목숨을 잃고 경찰서를 비롯한 여러 건물이 불에 탔다. 동해면 발산지서, 송라면 송라지서, 기계면 기계지서, 죽장면 죽장지서 등이 소위 말하는 공비(共匪)의 습격을 받았고, 각 지서의 무기를 탈취한 그들이 살인·방화·약탈을 자행하여 공비들의 천하가 되었다.

하지만 미군정의 철저한 통제로 세력이 약화된 좌익들은 투쟁역량을 강화하기 위해 좌익정당들의 합당을 추진하였다. 1946년 11월 박헌영의 조선공산당이 중심이 되어 여운형의 조선인민당, 백남운의 남조선신민당 3당이 합당하여 남조선로동당(남로당)이 탄생한 것이다. 새로운 통합 좌익정당인 남로당의 총책은 박헌영이 맡았다. 남로당 총책 박헌영은 미군정에 대항하여 무력투쟁에 더욱 치중하였다. 특히 북한 김일성의 북로당과의 경쟁심이 강경투쟁을 부추긴 측면도 있다.

포항에서는 1947년 11월, 포항 대동청년단 간부 이상현이 좌익세력들의 테러에 의해 살해되었다. 그의 장례식을 치른 후 반공데모가 있었다. 이날 좌우충돌로 좌익 청년 2명이 사망하였고, 쌍방 간에 백여 명이 부상을 입는 사건이 발생했다.

포항에는 1946년 7월경 좌익계 학생 단체에 대항하여 학원의 질서를 바로잡고 반공과 반탁의 학생 운동을 펼치기 위해 결성된 학생 단체인 학련(學聯)이 결성되어 있었다. 당시 학교에서 교사와 학생들이 좌우로 나뉘어 연일 데모에 가담하고 있었다. 이를 보다 못한 학련은 1948년 1월 좌익교사들에 대한 성토대회를 열어 좌익 교사를 교단에서 몰아내려는 시도를 하기도 했다.

1948년 2월 7일 '대구 2·7투쟁 사건'이 일어났다.[12] 포항 학련은 2·7투쟁

---

12 남한만의 단독선거를 막기 위해 남로당을 중심으로 한 반정부 세력들이 대구에서 총파업과 봉기를 한 사건.

을 획책한 남로당의 지령으로 포항에서도 큰 폭동이 일어날 것이라는 정보를 미리 입수하여 경찰에 알리는 한편, 200여 맹원을 긴급 소집했다. 예상대로 좌익청년 수백 명이 포항수협 앞 광장에 모여 있었다. 이날 좌우익 학생들 간에는 큰 충돌이 있었다. 결국 경찰의 긴급출동으로 해산은 되었으나, 이로 인해 신분이 노출된 좌익학생들이 속속 학교를 자퇴함으로써 교내의 주도권을 학련이 장악하게 되었다.

당시 포항 인근의 죽장·기계·기북면과 오천면 일대에는 좌익의 아지트가 있었다. 이들은 밤을 이용하여 시내에 방화하거나 전단을 살포하였고, 우익 인사들의 집을 습격하는 등의 일을 일삼자 학련 맹원도 공비토벌에 적극 협력하였다. 특히 포항학련 조직부장을 역임하다가 육군사관학교 8기로 입교하여 임관된 신정수(申正洙)[13]가 공비를 토벌하고 있었을 때 그는 포항 학련을 물심양면으로 지원해 주었다.

좌익들의 폭력적 투쟁은 그치지 않았다. 정부가 수립된 후 1949년 1월 1일 포항학련 간부인 김진영(金鎭永)을 좌익들이 납치해 가서 영일 오천 오어사 부근에서 살해한 후 시체를 토막 낸 사건은 오랫동안 시민들 사이에 회자되었다.

기북면 성법리 등 산간지역 마을 사람들은 빨갱이들의 등쌀에 못 이겨 마을 전체를 비우고 면 소재지가 있는 거산(율산2리)으로 피난을 가기도 했다. 성법리에서 가난하게 살던 윤○○[14]이 빨갱이 간부가 되어 죽장면 가사리 갈밭에 아지트를 두고 활동하고 있었고, 성법교회의 장로집 머슴으로 있던 이일용도 빨갱이가 되어 기계면장 행세를 하며 다녔다. 1949년 성법교회에

---

13 육군 소장 전역. 재경포항향우회장을 지냈다. 12·12사태 당시 육본 민사군정감으로 있으면서, 육본 벙커에서 수경사 사령관실로 옮겨진 육본 지휘본부에 있다가 쿠데타 세력들에게 무참히 당했으며 이어 전역 조치되었다.(연합뉴스 95. 12. 12)
14 윤○○는 이후 보도연맹에 가입되었다가 6·25전쟁 직후 군경에 의해 사살되었다.

이일용이 불을 질렀는데 교회는 물론이고 이웃에 있던 여러 채의 가옥으로 옮겨붙어 마을이 불바다가 되기도 했다. 이런 일들이 알려지자 포항과 영일의 시민들은 공산당의 잔인성에 또 한 번 분노를 금치 못했다.

1948년 5월 10일 대한민국 정부 수립을 위한 제헌국회를 만들기 위해 국회의원을 선출하는 5·10선거가 다가왔다. 남로당은 5·10선거를 무산시키기 위해 제주 4·3 사건을 일으켰다.

1948년 4월 3일 새벽 2시, 제주 남로당 총 책임자 김달삼이 이끄는 1,500여 명의 좌익세력들이 무장을 하고 관내 15개 경찰지서 중 14개 지서를 습격하는 등 무장폭동을 일으켰다. 13명의 경찰관과 서북청년단, 대동청년단, 독립촉성국민회 등 일부 우익인사들이 살해당하였다. 이들 무장 세력들은 이후 한라산으로 거처를 옮겨 격렬한 저항을 계속하였다. 미군정의 압박이 강화되자, 김달삼 등 주동자 6명은 1948년 8월 월북하고 말았다. 주동자가 사라졌음에도 불구하고 좌익들은 인근 주민들을 빨치산으로 보충하면서 게릴라 투쟁을 지속하였다. 1948년 8월 15일 대한민국 정부가 수립된 이후에도 투쟁은 계속되었다. 한라산 빨치산 세력은 그 규모나 지속성 측면에서 엄청난 것이었다. 결국 육지의 군부대를 동원해서 오랜 토벌작전을 펼친 끝에 발발 일 년 만인 1949년 봄에 겨우 종결지을 수 있었다.

빨치산 투쟁과 그 진압 과정에서 일 만여 명 이상의 사망자를 냈다. 빨치산들에 의해 희생된 군경 및 우익인사, 민간인들도 있었고, 토벌대에 의해 죽은 빨치산들도 많았다. 애석하게도 산간 주민들이 빨치산으로 오해를 받거나, 이들을 후원했을지도 모른다는 막연한 이유로 토벌대에 의해 희생된 민간인들도 많았다.

제주도 빨치산들의 준동을 막기 위해 육지의 군부대를 동원하게 되면서,

1948년 10월 여수·순천 반란 사건(약칭 여순 반란 사건)[15]이 일어났다.

1948년 10월 19일 밤 여수 주둔 14연대 소속 한 대대가 제주 4·3 사건 진압을 위해 출동 명령을 받고 출발을 대기하고 있었다. 이때 지창수 상사, 김지회 중위 등이 비상 나팔을 불게 하여 장병들을 연병장에 모이게 한 뒤 '지금부터 인민해방군으로 행동한다'는 방침을 밝혔다. 이에 반대하는 23명을 현장에서 처단한 후 반란을 일으킨 것이다. 이들은 10월 20일 여수·순천 지역까지 완전히 장악하였는데, 이때 반란군의 수는 3,000여 명이나 되었다. 이들 반란 세력들은 경찰서들을 습격하고 며칠 사이에 경찰관, 공무원 및 그 가족 등 우익인사 800여 명을 대학살 하는 만행을 저질렀다. 당시 여수·순천 지역 일대는 인민공화국 영토가 되어 있었다. 거리 곳곳에는 인공기가 게양되었고, 집집마다 담벼락에는 '인민군이 38선을 돌파하여 서울 점령을 목표로 남진 중에 있다'는 등의 거짓말로 된 선전·선동 벽보가 나붙었다. 이들을 토벌하는 과정에서 많은 사망자가 났다. 토벌작전 가운데 토벌대와 반란군 양측 모두 많은 사망자를 내었지만, 이 가운데서 무고한 양민이 희생된 경우도 많았다. 좌익에 의해 희생된 가족들이 보복하는 사건도 있었다.

정부는 그 지역에 계엄령을 선포하고 7일 만인 1948년 10월 27일 여수·순천 지역을 탈환하였다. 군경은 반란 진압 이후 좌익 혐의자로 3,400명을 검거하였다. 반란 혐의자 색출과 처벌 과정에서 국가에 의한 폭력과 보복이 있었던 것은 안타까운 일이다. 그러나 최초의 가해자는 반란군이었다. 진압 후 반란 주도 세력 1,000여 명은 무장유격투쟁(빨치산 활동)을 위해 지리산으로

---

15 이를 여순봉기, 여순항쟁, 여순군란이라고도 부른다. 제주 4·3사건과 함께 해방정국의 소용돌이 속에서 좌익과 우익의 대립으로 빚어진 민족사의 비극적 사건이다. 이승만 정부는 이 사건을 계기로 국가보안법을 제정하고 강력한 반공 국가를 구축하였다. 흔히 여순 반란 사건이라고 하였으나 해당 지역 주민들이 반란의 주체라고 오인할 소지가 있다고 하여 1995년부터는 '여수·순천 사건' 또는 '여수·순천 10·19사건'이라고 사용한다.

입산하여 빨치산 투쟁을 시작하였다.

여순반란 사건에는 포항 출신 이재복(당시 46세)이 남로당 군사담당 총책을 맡은 지령자였다. 이재복은 포항에서 출생하여 평양신학교와 일본 교토신학대학을 나온 목사였다. 그는 1943년 일본에서 평양 태생의 길공주(吉公珠)라는 여인과 결혼했다. 길공주는 기독교계인 평양 숭의여고를 거쳐 평양신학교를 졸업한 후 일본으로 가서 교토 산파(産婆)학교를 다니면서 이재복과 만났다고 한다. 이재복은 원래 언행이 온화하고 조용한 샌님 풍의 목사였다. 그는 해방을 맞아 아내와 함께 귀국, 경북 영천중앙교회 목사를 맡고 아내는 전도사로 일했다. 그러던 중 어떤 이유인지 좌익계인 인민당에 입당하게 되었고 경북도 인민위원회 보안부장을 맡게 되었다. 나아가 좌익당과 단체들의 연합투쟁조직인 '민전' 경북도위원회 주요 멤버가 되었다. 그 무렵 아내 길공주는 시댁이 있는 포항으로 와서 초등학교 교사로 활동했다.

1946년 대구 10·1폭동 당시 이재복은 주동자의 한 사람으로 지목되어 체포의 눈길을 피해 지하로 잠적해 버렸다. 이후 그의 행적은 전혀 알려지지 않다가 그로부터 약 이 년이 조금 더 지난 1949년 1월 19일 '여수 제14연대 반란 지령자 이재복을 체포했다'라는 국군 제1연대 정보장교 김창룡 대위의 특명조사반 발표가 있음으로 인해 다시 세상에 알려지게 되었다.[16] 이재복이 제주도로 향발하는 14연대 내의 남로당 군사조직책인 지창수 상사에게 반란 행동을 지령하였던 것이다. 조사 결과 그는 대구 폭동, 여순 사건뿐 아니라 '대구 6연대 반란 사건'에도 깊이 관여를 하였다.

대구 6연대 반란 사건은 여순 사건에 이어 1948년 11월 2일부터 1949년 1월까지 3차에 걸쳐 국군 제6연대 병사 400여 명이 반란을 일으킨 것을 말한

---

16 동아일보, 자유신문(1949. 1. 19). 이후 이재복은 1949년 5월 26일 서울 수색에서 총살형에 처해졌다.

다. 이재복은 대구 국군 6연대 세포조직책으로 연대 인사계 선임하사관으로 있던 곽종진을 미리 포섭했다. 1948년 11월 2일 여수·순천 제14연대 반란을 진압하기 위하여 대구 6연대가 출동을 하게 되자 그는 곽종진에게도 반란 지령을 내렸다.

박헌영 지령 하에 대구 폭동과 여순 반란 사건을 주동하고 여순사건에 무기를 제공했던 포항 출신 이재복이 40일 만에 체포되었다는 신문기사(자유신문 1949. 1. 19).

곽종진(郭鍾振)은 부대가 이동된 틈을 타서 정보과 상사(上士) 이정택(李正澤) 등과 함께 병영에 남아 있던 장교 7, 8명을 죽이고 반란을 도모하였으나 실패하고 체포되었다. 이 사건으로 군경 13명이 전사하였고, 민간인 10명이 사망하였다.

한편 육군본부에서는 여수·순천에 출동한 제6연대의 병력 내에도 좌익분자가 있을 것으로 판단하고, 주동자를 색출하기 위해 당시 지리산에서 작전을 수행하고 있던 제1대대 2개 중대 및 하사관(현 부사관) 교육대 340명에 원대복귀를 명했다. 육본의 명령에 따라 이 부대들이 1948년 12월 6일 대구로 이동하던 중 대구 근교에 이르렀을 때 이동백 상사 등 42명의 좌익분자들이 귀대 도중인 장교 7명을 죽이고 2차 반란을 일으켰다. 6연대의 2차 반란이다. 이 반란은 연대본부 잔류 병력과 헌병대, 특수경찰대에 의해 진압되었으나 대부분의 주동자들은 팔공산 방면으로 도주하여 공비들과 합류하였다.

국군 제6연대 오천파견대원들 중 일부가 1949년 1월 30일
반란을 일으켰다는 내용을 담은 기사(부산신문 1949. 2. 1).

6연대의 3차 반란은 1949년 1월 30일 21:30경 포항에 주둔하고 있던 6연대 제1대대 4중대에서 일어났다. 일제가 패망하고 떠난 후 포항 오천에는 영일비행장의 외곽 방어를 위해서 국군 제6연대 오천파견대원들이 주둔하고 있었다. 그들 중 일부가 반란을 일으켰던 것이다. 이 반란은 곽종진 상사의 지령을 받은 재무하사관이 주동하였다. 이에 동조하는 오천파견대원 일부가 오천 근교에 있던 불순분자와 연락하여 중대장과 부관 등을 매수하고 일부 병사와 결탁하여 오천파견대의 대내(隊內)에 침입하여 무기고를 접수하는 한편, 재무관 백(白) 소위 외 2명의 병사를 사살하고 전 대원에게 반란에 참여할 것을 강요하였다. 이때 기회를 엿보고 있던 국군 수 명이 탈주하여 나갔고, 그 외는 부근에 있던 폭도 100여 명과 합류하여 '인민공화국 만세' 를 불렀다. 이들은 경찰의 출동을 예기하고 행방을 감추었다. 경북 경찰 당국에서는 보안과장을 야전지휘관으로 한 토벌대와 국군 제2소대를 지원하여 폭도 포위공격작전을 계속하였다. 군인 50여 명으로 구성된 반란군들은 중기관총 1정, 경기관총 5정, 칼빈 30정, 칼빈 실탄 3,000발, M1소총 30정과 실탄 500발을 탈취하여 경주 천북 방면으로 도주하였다. 포항경찰서에서는 서장인 경감 이봉식 지휘하에 군경에 합류, 이들을 추격하였으나 검거하지는 못했다.[17]

이와 같이 3차례에 걸친 제6연대 반란사건으로 처벌된 병사는 1949년 5월 말까지 372명이나 되었다.[18] 그 진압의 여파 등으로 좌익인사와 반란에 참여한 군인들은 대구 인근 운문산, 팔공산과 영천 보현산 등으로 입산했으며, 이들은 1948년 2·7투쟁 직후 경주·영천·청도·영덕·영일 등을 중심으로 형성된 '무장유격대'와 결합하여 영남 유격지구에서의 빨치산 활동을 적극적으로 주도하였다. 이들이 합류한 빨치산 부대가 활발하게 활동했던 지역에서는 '밤에는 빨치산, 낮에는 경찰 세상'이라는 말이 주민들 사이에 돌 정

---

17 국방부전사편찬위원회, 『한국전쟁요약』, p.90, 경북지방경찰청, 『경북경찰사』.
18 『백골사단 역사』, 1980, pp.109~110

도로 상황이 난장판이었다. 마을 주민들은 양측으로부터 협조를 강요당하였다.

한편, 빨치산 활동을 토벌하기 위해 각 지역 경찰서에서는 토벌대가 구성되었다. 여기에는 호림부대와 같은 육군정보국 소속부대, 대한청년단 등 우익청년단체들도 합세했다. 군내 각 읍면의 우익단체 청년들도 죽창을 들고 치안유지활동에 나섰다. 죽장면 출신 노수범은 빨갱이 간부 짓을 하며 우익과 관공서를 습격하는 등 악랄한 행동을 하다가 국군에게 토벌되었다. 국군들은 그의 머리를 한참 동안 기계면 한복판에 있는 당수나무에 매달아 일벌백계의 효과를 누리기도 했다.

군경토벌에 희생된 사람들

광복 이후부터 6·25전쟁 직전까지 지역에서 일어났던 빨치산들의 활동은 남로당에 의해 조직적으로 발생하였다. 당시 공산주의 세력이 자신들의 정권을 세우기 위해 공작적 차원에서 양민들을 끌어들였고, 이들로 하여금 경찰과 우익들을 살상하게 하고 관공서를 파괴하도록 했다. 그 배경은 남한 땅에 자유민주주의 체제가 들어서는 걸 막기 위해서였다. 이러한 좌익들의 폭동은 '민중항쟁'이나 '독립운동'과는 엄연히 달라서 구별이 되어야 한다. 남로당이 내세운 명분은 오늘날 대한민국의 정통성과 상반되기 때문이다.

그런 배경에서 군경의 토벌작전이 이루어졌다. 진압 와중에 좌익이나 공비가 아님에도 불구하고 억울하게 죽어간 양민들은 당연히 명예회복이 되어야 하며 그러기 위해서는 그들이 죽게 된 경위와 진실을 보다 정확하게 밝힐 필요가 있다.

진실을 밝히는 일은 신중하고도 균형 있게 접근하여야 한다. 공산주의자와 무고한 양민들은 구별되어야 하며 당연히 토벌대의 잘못도 은폐되거나 미화될 수 없다. 아래에 열거하는 사건들에 대한 진상도 감추어져서는 안 되며 반드시 밝혀지길 기대한다.

죽장면 석계리 정진학 사건

죽장면 석계리에서 살던 정진학은 1949년 3월경 마을 주민 정진연, 서씨(명불상)와 함께 군인들에 의해 죽장지서로 연행된 후 3월 23일 경주 안강읍 근계리 건내골로 추정되는 곳에서 희생되었다. 정진연은 끌려간 지 며칠 뒤 풀려나왔으나 정진학 외 한 명은 돌아오지 못했다. 아들인 정연대는 성인이 된 뒤, 정진연으로부터 "함께 끌려간 너의 부친 정진학은 빨갱이 짓을 했는지에 대해 취조를 받을 때 반항을 했다. 그 때문에 고문과 폭행을 더 당했다. 나는 반항을 하지 않고 조용히 있으니까 풀어준 것이다"라는 말을 들었다고 한다.

1960년 제4대 국회 「양민학살사건 진상조사보고서」에 정진학은 "1949년 2월 24일 맹호부대 군인들에 의해 경주군 강서면 칠평리에서 피살당하였다"고 기록되어 있다. 보고서에서는 정진학 외에 정진후(석계리 285), 서용수(석계리 341), 서석기(석계리333)의 희생 사실이 신고되어 있다.

청하면 서정리 이상도 사건

영일군 청하면 서정리에 살던 이상도는 1949년 5월 중순경 같은 마을 김갑도, 성명불상의 명안리 점말 주민 한 명과 함께 황백이골(청하면 유계리 법성사 황암골짜기)에서 국군 백골부대(제3사단)에 의해 총살되었다. 이상도, 김갑도 등 희생자들의 시신은 경찰이 그 위치를 알려주어 수습되었다. 이상도는 당시 남로당 서정리 소년부 부장을 했었는데, 희생 사건 이전에도 경찰서로 끌려가서 여러 달 구금되어 있다가 풀려났던 적이 있었다고 한다. 이외에

서정리 윤오준(남로당 청하면 청년부장), 정한도(남로당 영일군 책임자) 등도 희생
되었다고 한다. 정한도는 백골부대가 그를 벌판에 풀어놓은 다음 총을 쏴서
죽였다고 한다. 한편, 남로당 청하면 전투부장 이○○는 자수한 후 국군 토
벌 당시 길잡이 역할을 하기도 했다. 진실화해위원회는 청하면에 살던 이상
도의 형 이상록도 전쟁 전 포항경찰서에 연행되어 모진 고문을 당했으며, 보
도연맹에 가입되었다가 전쟁이 발발하자 1950년 6월 29일(음력 5월 14일) 연
행되어 엿재고개에서 희생된 사실을 확인하고 진실규명을 결정[19]한 바 있다.

구룡포읍 강사리(현, 호미곶면 강사리) 서병환 사건

1948년경 구룡포읍의 대보리, 강사리, 구만리(이상 현 호미곶면)에서는 남
한단독정부 수립에 반대하는 활동이 다른 어느 지역보다도 활발하였다[20].

유족들에 의해 만들어진 서병환 진실규명 탑
(강사리 소재)

강사리에 살면서 영덕 농림
중학교를 졸업하고 일본 유학
을 준비하던 서병환은, 우익
단체에 가입하지 않는다는 이
유로 1949년 3월 12일 대보지
서 순경과 구룡포에서 온 7~8
명의 청년단원들에게 연행되
었다. 이 소식은 800m 떨어져
살고 있던 그의 부친 서영진
에게 알려졌다. 연행 다음 날

---

19 진실·화해를위한과거사정리위원회, 포항 지역 국민보도연맹사건(2009. 10. 6).
20 「단기 4283년 형공 제22호」 김○○ 등 판결문에 따르면, 1947년과 1948년에 '미소 양군 철
퇴', '공출반대' 활동이 있었으며, 당시 이러한 활동을 한 주민들은 서두완, 김동천, 하두술, 김진
섭, 김○○ 등이었다.

인 3월 13일 그의 동생 서종환은 영일경찰서 대보출장소에 갇혀 나무의자에 앉아 있던 서병환을 목격하였다. 그러나 3월 14일 새벽, 가족들은 집으로 찾아온 청년들로부터 "대보2리 솔백이에 아들이 죽어 있으니까 시체를 찾아가라"는 말을 듣게 되었다. 이 말을 듣고 이웃 주민들과 함께 대보출장소에서 100여 미터 떨어져 있던 솔백이에 가 봤더니, 그곳에는 등과 가슴에 총을 맞고 사망한 서병환의 시신이 있었다. 시신은 수습되어 대보1리 공동묘지에 매장되었다.

1960년 제4대 국회 「양민학살사건 진상조사보고서」[21]에 서병환이 1949년 음력 2월 14일 구룡포읍 대보지서에서 총살되었다는 사실이 기록되어 있다.

구룡포읍 구만리(현, 호미곶면 구만리) 서원석 외 2명 사건

영일군 구룡포읍 구만리와 강사리(이상 현 호미곶면)에서 농사를 지으며 살던 서원석, 이종선, 김상원이 1948년 10월경 남로당에 가입하여 활동했다는 이유로 대보지서로 연행되었다. 그 후 이들은 11월 30일(음력 10월 30일) 대보지서 경찰에 의해 총살되었다. 서원석의 시신은 대보면 뒤 솔밭에서 수습하였다. 서원석은 해방 이후 마을 해상방위대 간부로 활동했다고 한다. 1960년 제4대 국회 「양민학살사건 진상조사보고서」에 서원석, 이종선, 김상원은 "1948년 11월 말경 당시 대보지서 주임 김기섭과 민보단원 황○○ 등이 모의하여 본서에 인치 후 총살시킨 것"이라고 기록되어 있다.

---

21 1960년 제4대 국회에서는 한국전쟁 전후 발생한 민간인 희생 사건과 관련하여 '양민학살사건 진상조사특별위원회'를 구성하여 양민학살사건진상조사보고서를 발간하였다. 이 보고서는 당시 국회에서 경남 반, 경북 반, 전남 반으로 나누어 피해자 신고를 받은 후, 사건 관련자들의 진술을 청취한 것으로 신고된 8,715명 파살자들의 파살 경위, 가해 기관, 파살 시기, 파살 장소 등에 대한 기록이 담겨 있다. 이 기록들은 사건발생 후 10여 년밖에 지나지 않았던 시점에 작성되었으므로 중요한 역사적 자료로 평가된다.

동해면 입암리 이상진 사건

영일군 동해면 입암리에 살던 이상진은 몸이 불편하여 평소에도 먼 곳으로 일을 하러 가지 못하고 집 근처에서 일을 했다. 그는 1949년 6월 17일(음력 5월 21일)경 밭에서 일하던 중 경찰에 의해 잡혀가 근처 산에서 총살되었다. 시신은 3일 뒤 동생 이분택에 의해 수습되었다. 1960년 제4대 국회 「양민학살사건 진상조사보고서」에 이상진은 "1950년 5월 21일 경찰에 의해 입암리 산골짜기에서 살해당했다"라고 기록되어 있다. 이 외에 입암리에서 손창목, 김웅이, 김학용, 이만우가 양민피살자로 신고되어 있는 것이 확인된다.

장기면 계원리 노병환 등 사건

1949년경 노병환은 영일군 장기면 계원리 청년회 감찰부장이었으며, 김한용은 계원리 청년회장이었다. 1949년 10월경부터 장기면 '서바탕골'에 아지트를 두고 있던 빨치산이 장기면 계원리에도 출몰하기 시작했다. 그러자 청년회에서는 빨치산의 마을 출몰 여부를 매일 경찰에 보고하였다.

1949년 11월 18일, 그날은 별일이 없었으므로 청년회에서는 빨치산이 출몰하지 않았다고 경찰에 보고했다. 헌데 그날 밤 윗마을 동생 집에 다녀오던 마을 주민 허○○가 군인이 쏜 총에 어깨를 맞고 잡혔다. 잡힌 허 씨는 "동생 집에 빨갱이가 나타나서 다녀오는 길이다"라고 대답했다. 그러자 경찰은 청년회장 김한용과 감찰부장 노병환이 빨치산 출몰 사실을 알고도 자신들에게 알리지 않았다고 판단하였고, 그들을 빨갱이들과 한 패거리로 몰아 장기 지서로 연행했다.

이들은 장기지서에 갇혀 있다가 다음 날인 1949년 11월 19일(음력 9월 29일) 장기면 하천변에서 제22연대 소속 군인들에게 총살되었다. 총살되던 날은 장이 서던 날이어서 마을 주민들 대부분이 목격하였다. 노병환과 김한용의 시신은 희생 현장에서 수습하여 마을 뒷산에 매장하였다. 당시 장기면에는 국군 22연대가 3개월간 주둔하고 있었다. 1960년 제4대 국회 「양민학살사건 진상조사보고서」에 노병환, 김한용은 "1948년 10월, 22연대 군인들에 의해 피살당하였다"고 기록되어 있다.

송라면 대전리 이형우·임명암 사건

송라면 대전리는 산간 마을로 대개의 가구가 서로 멀리 떨어져 있었는데, 이형우와 임명암은 대전리 안쪽 골짜기에 이웃하여 살고 있었다. 송라면 대전리의 산간 마을은 전쟁 전부터 빨치산들이 자주 드나들던 곳으로 마을 주민들은 군경에 의해 빨치산에게 협력했을 것이라는 의심을 받았다.

송라면 대전리에 살던 이형우와 임명암은 1949년 12월경 빨치산에게 협조했다는 혐의를 받아 영일군 송라지서 경찰에게 연행되었다. 이들은 12월 28일경 포항으로 이송된다면서 트럭에 실린 후 포항 인근 골짜기로 추정되는 곳에서 희생되었다.

이런 사실이 있은 후 1950년 7월경 이형우의 가족들은 국민보도연맹사건으로 송라지서에 검속되었다가 포항에 있던 양곡창고에 감금되었는데, 7월 15일경 다른 가족들은 돌아오고 이형우의 아버지인 이봉춘은 총살되었다.

이형우와 임명암의 제사일은 음력 11월 8일(1949년 12월 27일)로 같은 날이다. 1960년 제4대 국회 「양민학살사건 진상조사보고서」에 이형우는 "1950년 6월 포항경찰서원이 거주지인 본적지에 와서 본인을 연행하여 송라지서에 갔다가 포항경찰서로 연행하였으나 총살인지는 불상임"이라고 기록되어 있다.[22]

---

22 행정안전부, 진실·화해를위한과거사정리위원회 조사활동보고서.(구미·김천·상주·영덕·포항지역 민간인 희생 사건)

제2장
공비들에 의한 피해

포항·영일 지역은 일제강점기 청년운동 시절부터 광복 이후 6·25전쟁 무렵까지 사회주의 운동이 활발했던 지역이었다. 특히 이 지역은 내륙으로 보현산·면봉산·동대산·내연산·운제산 등 낙동정맥과 그와 인접한 산악 지대로 둘러싸여 있는 데다, 동쪽으로는 바다에 접한 항구가 있어서 빨치산 세력의 거점으로 자주 이용되었다. 이 때문에 6·25전쟁 전에는 이 지역에서 군·경의 토벌 작전이 수시로 진행되었다. 지역 경찰에 의해 빨치산들이 사살되는 경우가 있는가 하면, 반대로 지서 등 관공서가 빨치산들의 공격을 받아 피해를 보는 경우도 많았다.

1948년 6월 6일 송라면 광천리에서 빨치산 한 명이 사살되었고, 1949년 2월 16일에는 송라지서가 공비들에게 피격되었다. 1949년 5월 14일에는 장기면 모포지서가 피격되었고, 7월 8일 모포지서 직원이 피격되었다. 9월 26일에는 양포출장소가 피격되었고, 이어서 10월 5일에는 오천지서 경비요원이 실종되었다. 1949년 8월 7일 장기면 죽정리 태봉산 아지트를 습격한 경찰에 의해 빨치산 한 명이 사살되기도 했다. 1949년 11월 2일에는 죽장면 상옥리에서 빨치산과 경찰 간에 교전이 있었고, 1949년 9월 6일 신광면 죽성리에서

빨치산 16명과 경찰이 교전하여 빨치산 4명이 사살되기도 했다.[23]

이런 와중에 1949년 북한 김달삼 부대(제3병단)가 거점을 영양 일월산에서 영일과 영덕의 경계에 있는 동대산 일대로 옮겼다. 보현산과 동대산을 중심으로 활동한 북한의 이 부대를 '태백산 유격지구'라고 불렀고, 당시 450여 명의 공비가 활동했던 것으로 나타나 있다. 김달삼 부대는 그해 8월 4일 영일군 송라면 지경리 해안으로 상륙한 북한 공비들과 합류하여 지역의 관공서와 우익인사들에 대한 공격을 멈추지 않았다.

지역민들이 빨치산에 가담하는 경우도 허다했다. 영일군 구룡포읍 대보리 주민 김복수와 김진섭은 1947년 5월 '미·소 양군 철퇴하라'는 주장의 연판장에 주민들의 도장을 받았으며, '공출을 반대한다'는 내용의 유인물을 살포하다가 잡혀 각 징역 2년 형의 실형을 선고받았다.[24] 이들의 판결문을 통해 남북 분단을 전후하여 포항 대보리 주민들의 사회활동 상황 일부를 알 수 있다.

한기호는 포항우체국에 근무하면서 남로당 영일군 선전부 출판 사무에 종사했다. 그는 유엔위원단 입국 반대 선전물을 배포한 혐의로 1949년 3월 대구지법에서 징역 6개월 형을 선고받고 복역했다.[25] 구룡포읍의 이기수 역시 민주애국청년동맹 소속으로서 '유엔 조선감시위원회 반대', '인민공화국 수립' 등의 선전물을 배포한 혐의로 1948년 징역 6월에 집행유예 2년 형을 선고받은 적이 있다.[26]

1950년 2월에는 영일군 송라면 지경리와 연일읍 택전리에서 공비의 만행

---

23 포항북부경찰서, 「포항경찰연혁사」.
24 김복수 등의 대구지방법원 경주지원 판결문.(단기 4283년 형공제 22호. 1950. 2. 7)
25 한기호의 대구지방법원 형사판결문.
26 이기수의 대구지방법원 형사판결문.

으로 가옥이 소실되고 희생자가 발생하였다.[27]

이처럼 광복 이후 포항 지역에서는 좌익 계열 단체들의 활동이 활발했을 뿐만 아니라 무장투쟁으로까지 확대되었다. 포항경찰서 자료에 따르면 6·25전쟁 발발 당시 포항 지역에 존재했던 좌익 조직들은 인민위원회(1,081명), 자위대(1,069명), 노동당(279명), 민주청년동맹(341명), 토지개혁위원회(226명), 농민위원회(354명), 여성동맹(155명) 등 10여 개에 달했으며, 경찰 측은 포항 지역 좌익단체원이 총 3,817명이라고 했다.[28] 이들의 대표적 사건을 추려 보면 다음과 같다.

구룡포지서 습격 사건

1946년 10월 8일 군중 수십 명이 죽창을 들고 구룡포지서를 습격했다. 경찰관들은 우익 청년단체와 협력하여 경계 중에 있었으므로 피해가 발생하지 않았으나, 군중 측에서는 사망 3명, 부상 3명 등 모두 6명의 사상자가 발생했다.[29]

송라지서 습격 사건

1948년 3월 산에 있던 무장 공비가 한밤중에 송라경찰지서를 습격하고 방화하여 청사를 전소시켰는데 인명피해는 없었다. 급보에 접한 포항경찰서 기동대가 현장에 출동하였을 때는 이미 공비들이 행적을 감추었고 주민들

---

27 동아일보(1950. 2. 27)
28 포항경찰서, 『경찰연혁사』, 발행연도 미상. 「포항경찰서 연혁사」는 정리된 회의일지로 보아 1953년 말경 작성된 것으로 추정된다. 이 문서는 크게 한국전쟁 전 빨치산 토벌상황, 한국전쟁 중 중요 경찰상황, 민심동향으로 구성되어 있다. 포항 경찰의 빨치산 토벌작전 일자, 포항 지역 내 한국전쟁 전개과정, 국군 수복 후 부역자 처리과정 등을 알 수 있다.
29 동아일보(1946. 10. 11), 조선일보(1946. 10. 12)

이 소화 작업 중이었다.[30]

딱밭골 공비만행 사건

1948년 4월 10일 죽장면 매현리(속칭 딱밭골)에 7~8명의 공비가 침투하여 대한청년단 정태학 등과 육박전을 벌였으나, 총을 든 무장공비에 대창으로 대항한 결과는 너무나 비참했다. 단장 정태학과 단원 구원식이 공비들에게 희생되었으며, 대한청년단 죽장면단 훈련부장직을 맡아 청년운동을 주동해온 박봉동 씨도 1948년 4월 20일 할아버지의 기일을 맞아 귀가했다가 공비들에게 납치되어 마을 뒤 구암산에서 총살당하였다.

포항경찰서 및 변전소 습격 사건

1949년 7월 11일 영일군 신광면 비학산을 중심으로 준동하던 무장공비 수십 명이 한밤중에 부대를 이분하여, 한 부대는 포항 수도산 고지를 점령하고 한 부대는 용흥동 포항-대구 간 도로를 차단하였다. 수도산을 점령한

1949년 7월 30일 오전 4시경 포항변전소에 빨치산 공비가 침투하여 사택에 있던 사원들의 금품을 탈취해 간 내용을 보도한 기사(영남일보 1949. 7. 31)

---

30 박일천, 『일월향지』, 1967.

한 부대는 포항경찰서로 향하여 소총을 발사하였고, 용흥동 도로를 점령한 한 부대는 용흥동변전소를 습격하여 방화 전소시켰다. 이로 인해 전 시가는 소등되어 암흑이 되었고 전 시민이 두려움에 떨었다.

당시 포항서장 김두현의 진두지휘 아래 경찰대와 민족진영 일부 청년 등 135명이 응전하자 공비들은 비학산으로 도주해 버렸다.[31]

1949년 7월 30일 오전 4시경 포항변전소에 공비가 침투하여 사택에 있던 사원들의 금품을 탈취해 갔다. 이들은 그해 1949년 8월 4일 오전 1시 30분경 다시 포항변전소에 침투하여 변전소에 불을 질러 전소시켰다.[32]

1949년 8월 4일 오전 1시 30분경 포항변전소에 빨치산 공비들이 침투하여 변전소가 전소되었다는 내용을 보도한 기사(영남일보 1949. 8. 5)

남조선인민유격대 김달삼 부대의 지역 침투

1947년 말경 북한에서는 표문이, 육남오, 강철 등 남로당원이 주축이 되어 남한에서 전개되고 있는 남로당 계열의 활동을 지원할 정치공작대원들

---

31 포항북부경찰서, 「포항경찰연혁 자료」, 박일천, 『일월향지』, 1967.
32 영남일보(1949. 7. 31), 영남일보(1949. 8. 5)

을 양성할 필요성을 느꼈다. 그래서 1948년 1월 1일 평남 강동군 승호면 입성리에 '강동정치학원'을 설립하였다. 본 학원에 입교하는 학생은 모두 남한에서 월북한 자들이었다. 창설 당시에는 대남공작요원 양성이 목적이었으나, 남한에 제주 4·3 항쟁과 여순 사건이 발생하자 유격대 요원 양성도 겸하게 되었다. 교육과정은 유격대 요원을 양성하는 3개월의 군사 단기반과 정치공작요원을 양성하는 6개월의 정치반이 있었다.

교육과목은 소련공산당사를 비롯하여 신민주주의, 정치학, 철학, 경제학, 남로당사 등의 일반학과 사격, 폭파, 지형학, 공병학, 제식훈련과 유격전술 그리고 남한 적화공작에 관한 교육이었으며, 대남사업 담당 책임자인 이승엽이 본 학원에 기거하면서 졸업생들에 대한 남한 침투를 직접 지령하고 있었다. 이들은 '인민유격대'라는 명칭으로 훈련했고, 대남연락소를 통하여 남한으로 침투하였다. 남파된 인원은 1948년 11월부터 1950년 6월까지 무려 10차에 걸쳐 2,385명이었다.[33]

이들은 주로 중동부 산악 지역과 동해안으로 침투하였으며 남한 내의 현지 공비와 합류한 후 지하당을 조직하여 약탈·살인 등 각종 만행을 자행했다. 이들의 침투는 6·25전쟁 하루 전인 1950년 6월 24일까지 지속되었다. 이 인민유격대가 국군의 소탕작전에 의하여 거의 괴멸되어 가는 상태에서 6·25가 발생하게 된 셈이다.

그동안 국군은 인민유격대를 소탕하기 위해서 당시 국군 8개 사단 중 3개

---

[33] 남조선인민유격대의 남파 상황은 다음과 같다. 제1차: 1948년 11월 14일 180명을 오대산 지구로 남파, 제2차 : 1949년 6월 1일, 약 400명을 오대산으로 남파, 제3차 : 1949년 7월 6일, 약 200명을 오대산으로 남파, 제4차 : 1949년 8월 6일, 약 300명을 일월산(경북 영양)으로 남파, 제5차 : 1949년 8월 12일, 선발대 15명을 용문산으로 남파, 제6차 : 1949년 8월 12일 후속 부대 40명 용문산으로 남파, 제7차 : 1949년 9월 20일, 약 360명을 태백산으로 남파, 제8차 : 1949년 9월 28일, 약 50명을 강원도 양양군으로 남파, 제9차 : 1949년 11월 6일, 약 100명을 경북 영일군 송라면 지경리로 남파, 김달삼 부대와 합류, 제10차 : 1950년 3월 28일, 약 700명을 오대산과 방대산으로 남파.

사단(제2사단 대전, 제3사단 대구, 제5사단 광주)을 후방 지역에 분산 배치하여 공비소탕 작전을 전개해야만 했다. 이들로 인해 국군은 계획된 본래의 훈련은 하지 못한 채 공비토벌 작전에 매달려야만 했던 것이다. 특히 6·25전쟁 발발 시 초기에 후방 공비소탕 작전에 투입되었던 3개 사단을 전방으로 집중하지 못했기 때문에, 초전 방어 작전에 패한 원인이 되기도 했다. 따라서 북한이 인민유격대를 남한에 투입시켜 후방을 교란하고 한국군 전력을 약화 시킨다는 목표는 어느 정도 달성한 것으로 평가된다.[34]

남한에서 인민유격대를 이끈 김달삼은 제주 4·3 사건을 주도한 남조선노동당원이었다. 본명은 이승진(李承晉)이다. 그의 고향은 제주도이다. 일본 오사카에 있는 성봉중학교와 도쿄 중앙대학에서 수학하던 중 학병으로 징집되어 일본 후쿠치야마 육군예비사관학교를 나왔다. 일본군 소위로 임관한 그는 1945년 1월 일본에서 강문석[35]의 딸 강영애와 결혼했다. 김달삼이란 이

---

34 장준익, 『북한인민군대사』, 한국발전연구원, 1991.
35 강문석은 강문도(姜文道), 황정(荒井), 산하(山下)라고도 불리었으며, 1906년 제주특별자치도 남제주군 대정읍에서 태어났다. 1948년 4월 3일에 일어난 제주 4·3 사건 때 남로당 제주 총책임자이자 유격대 총사령관이었던 김달삼의 장인이다. 대정공립보통학교를 졸업하였으며, 1925년 4월 모슬포에 한남의숙(漢南義塾)을 설립한 뒤, 모슬포청년회 회원으로 민중계몽운동과 청소년운동을 벌였다. 1928년 4월 도쿄로 건너가 조선인 공산주의자와 교류하였으며, 전일본노동조합전국협의회(약칭 全協)에 가입하여 화학노조 상임위원이 되었다. 같은 해 10월 오사카 히가시나리구의 조선인 노동자와 함께 공장을 습격하였다가 11월 치안유지법 위반으로 체포되었으나, 1931년 8월에 불기소 처분으로 석방되었다. 1931년 9월 상하이로 망명하여 중국 공산당 한인 지부에 입당하였으며, 1932년 박헌영·조봉암(曺奉岩)·김형선(金炯善)·김단야(金丹冶) 등과 함께 상해한인반제동맹(上海韓人反帝同盟)을 결성하여 선전부장이 되었다. 1932년 10월 프랑스 조계(租界) 경찰에 홍남표(洪南杓)·조봉암 등과 함께 체포되어 국내에 투옥되었다가 일본에서의 항일운동 사실이 드러나 오사카공소원에서 징역 5년을 선고받았다. 이후 출옥하여 1939년에 박헌영이 결성한 조선공산당 재건 비밀조직인 경성콤그룹의 일원이 되었으며, 1941년 사상범예방구금령으로 청주형무소에 수감되었다. 1945년 9월 조선공산당 서기국원 겸 선전부장에 선임되었다. 1946년 2월에 결성된 좌익 세력의 통일전선체인 민주주의민족전선 중앙위원에 선출되어 노동문제연구위원으로 활동하였다. 한편, 1946년 조선공산당을 대표하여 일본으로 건너가 한반도 현안 문제에 관해 의논하기 위해 일본공산당 서기장 도쿠다 규이치와 회담하였다. 1946년 11월 남조선신민당·조선인민당·조선공산당의 3당이 합당되어 결성된 남조선노동당 중앙위원에 선임되었다. 1948년 북한의 최고인민회의 대의원에 선출되었으며, 1950년 10월 조선노동당 중앙위원회 사회부장이 되었다. 1953년 8월에 조선노동당 중앙위원회 상무위원에 선출되었으나, 1955년 박헌영의 남조선노동당 종파 사건에 연루되어 숙청

름은 원래 강문석이 쓰던 가명인데 이승진이 이를 이어받아 사용한 것이다.

김달삼은 광복 후인 1946년 10·1 대구 사건에도 관여했다. 1946년 말에는 제주도 대정중학교 사회과 교사로 재직하며 마르크스-레닌주의를 가르쳤다. 그는 교사로 재직 중에 남로당 대정면 조직부장을 맡았으며 1948년 4·3 발발기에는 남로당 제주도당책이자 군사부 책임자가 되었다. 그는 친일파 척결, 외지 경찰 철수, 자주독립 및 남북 통일정부 수립 등을 요구하며, 5·10 총선거를 방해하기 위해 제주도에서 무장봉기를 일으키기도 했다. 이처럼 제주도 4·3 사건[36]의 주모자이기도 했던 그는 마침내 월북을 해서 강동정치학원에서 유격대훈련을 받은 후 정예요원이 되었다. 그는 1949년 8월 6일 인민유격대 태백산 지구 김달삼 부대(제3군단) 유격대원 300명을 이끌고 일월산(경북 영양)으로 침투하였다. 이게 남조선인민유격대의 4차 침투 때이다. 그러나 김달삼 부대는 일월산 이남 내륙으로는 군경 토벌부대의 작전으로 침투하지 못하자, 진로를 해상으로 돌려 경북 영일군과 영덕군으로 내려왔다. 이들은 휴대한 많은 무기를 지방공비들에게 분배하고 세력을 점차로 강화하면서 영덕과 영일 산악지대에 거점을 구축한 다음, 동해여단을 만들어 토착 빨갱이 400여 명과 함께 본격적인 유격전을 전개하였다. 토착 빨갱이 중에는 대구 폭동 이후 산속으로 숨어든 좌익 세력과 제7차[37]로 남파되어 경북 일대에서 악명을 떨친 이호재 부대까지 합류해 있었다.[38]

1949년 11월 6일에는 인민유격대 9차 침투가 있었다. 북한은 그동안 8차

되었다.(두산백과)

36 1948년 4월 3일 남한 만의 단독정부 수립에 반대한 남로당 제주도당의 무장봉기 사건.

37 인민유격대 제7차 침투는 1949년 9월 20일에 있었다. 북한 38경비여단 예하인 양구 주둔의 일부 병력이 관대리에서 신남 지구의 경부부대를 습격한 사건이 발생하였다. 이 기회를 이용하여 강동정치학원장 이호제가 직접 지휘하는 인민유격대 약 360명(이른바 유격대 제1군단)이 태백산으로 침투하였던 것이다. 이들은 국군 토벌대에 의하여 대부분이 격멸되고 100여 명이 영천 보현산 일대에서 김달삼 부대와 합류한 후 경북 일대에서 준동하게 되었던 것이다.

38 채명신 장군 회고록, 「역사를 넘어 시대를 넘어, 태백산지구 공비토벌」, 국방일보.

에 걸친 침투가 계속 실패하자 육로침투가 불가능하다고 판단하고, 인민유격대 약 100여 명을 경북 영일군 송라면 지경리 해상으로 침투시켜 동대산 일대의 김달삼 부대와 합류시켰다. 김달삼 부대로부터 지원을 받은 빨치산들은 1950년 1월 21일 밤 11시경에 영해지서와 창수지서를 동시에 습격하여 살상과 방화를 하기도 했다.

이처럼 북한은 전쟁 전에 인민유격대를 남파함으로써 국군 4개 사단과 경찰 병력의 일부로 하여금 후방 지역에 분산 주둔하면서 대비정규전을 전개하지 않을 수 없게 하여, 38도선 방어력을 약화시키는 전략적 목표를 달성했다. 그들은 남한 사회의 혼란 조성과 대비정규전에 투입된 국군들이 계획적인 교육훈련을 실시할 시간마저 가지지 못하게 하는 부수적인 성과를 노렸던 것이다.

이들 인민유격대의 침투는 산악 지역의 주민들에게도 큰 피해를 입혔다. 산악의 외딴 지역에 거주하던 주민들은, 공비들의 침입으로 거주지를 위협받고 또 지원을 강요받게 되어 차후 군경의 소탕작전 시 공비활동을 지원했다는 누명으로 큰 피해를 당하기도 했던 것이다. 어쩔 수 없는 상황에서 좌익 계열의 조직에 참여했거나 빨치산 등에게 식량 등을 제공했던 지역 사람들 대부분이, 이후 보도연맹에 가입되게 되어 6·25전쟁 발발 후 학살되는 아픔을 겪기도 했다. 이하는 지역에서 이들이 행한 사건을 살펴본 것이다.

영일군 죽장면 주민 이인규 살해

이인규(李仁奎, 남, 당시 25세)는 영일군 죽장면 하옥리에서 대한청년단원으로 활동하였다. 그는 1949년 7월 5일(음력 6. 10)경 빨치산들에게 연행되어 마을 뒷산 계곡에서 희생당했다. 광복 후 죽장면 하옥리는 경찰과 군의 공권력이 미치지 않는 첩첩산중 오지였다. 그래서 밤마다 빨치산들이 출몰하여 주민들의 물건을 약탈하는 일이 자주 발생하였다. 1949년 음력 6월이었다. 이인규와 다른 대한청년단원들은 마을로 내려와 식량을 약탈하려던 빨치산을 발견하고 군부대에 신고했다. 즉시 출동한 군인들은 이들을 체포하였고, 체포한 그들을 통해 인근 야산에 또 다른 빨치산이 있다는 사실을 알아내고 일당을 찾아내어 토벌하였다. 이후 군인에게 생포되었던 빨치산이 도주하여 이 사실을 자신들의 무리에게 알리자, 이에 대한 보복으로 이인규를 살해하였다.

당시 이인규와 함께 밭에서 일하던 마을 주민 김○○도 빨치산에게 끌려갔으나, 다행히 도망쳐 돌아왔다. 이인규는 연행되어 간 후 약 이틀이 지나 죽장면 하옥리 새터 양지마을 뒷산에서 시체로 발견되었다. 김○○은 마을 주민에게 사건 경위를 상세하게 알려주었고, 시신이 발견된 장소 인근에 거주했던 마을주민 임○○가 이인규가 살해당한 사실을 그의 가족에게 알려주어 시신이 수습되었다. 유족들은 그의 사망 일자를 확실히 알 수 없어, 연행되어 갔던 1949년 음력 6월 10일을 기일로 정하여 제사를 지내고 있다.[39]

영일군 송라면 지경리 집단 방화 살해

영일군 송라면 지경리는 영덕군 남정면과 경계를 이루는 지역이며, 오늘날에도 포항시와 영덕군의 경계 지역이다. '지경(地境)'이라는 동네 이름 자체가 영덕과 옛 청하현의 경계가 된다는 뜻에서 붙인 명칭이다. 마을 북쪽은 영덕군과 경계를 이루는 버드내(지경천)가 흐르며, 1리에는 지경(地境), 2리에는 어사터와 염전(鹽田)이란 자연부락이 있는데, 1914년 행정구역 통폐합 시 지경리(地境里)로 통폐합되었다.

---

39 행정안전부. 진실·화해를위한과거사정리위원회 조사활동보고서. 경북지역 적대세력 사건 (2009).

1950년 당시 지경리 마을은 80여 호에 인구 400여 명이 살고 있는 어촌으로서, 대부분의 주민들이 어업에 종사하고 있었다. 마을은 해안선을 따라 종으로 길게 형성되어 있고, 중앙에 도로를 중심으로 도로 위쪽과 아래쪽으로 나누어져 있었다. 이 마을은 포항 송라면 소재지로부터 5.5km 떨어져 있고, 공비들의 활동 무대가 된 동대산(791m) 아래에 있는 마을이었다. 동대산은 영덕군 달산면 옥계리와 포항시 북구 죽장면에 걸쳐 있는 산으로, 이 산줄기를 포항의 지붕이라고들 한다. 즉 죽장면 상옥리와 하옥리 공간을 왼편으로 감싸 안으며, 샘재-매봉산-향로봉-삼지봉-동대산-바디산-텃재-강구목재-삿갓봉(영덕)으로 이어가는 것이다. 낙동정맥에 속하는 이 산줄기 서편에는 포항 죽장면 상옥리와 하옥리, 영덕군 달산면이 자리 잡았고, 동편 땅끝은 동해바다인데, 그 바다와 접한 마을이 바로 송라면 지경리인 것이다. 산줄기와 바다 사이에는 흥해읍 강북 지구 및 청하면·송라면 등 포항 북부지역과, 영덕 남동 지역인 남정면·강구면 등이 분포해 있다. 산줄기 서쪽의 지능선(支稜線)들에서 흘러내리는 물줄기들이 상옥계곡과 하옥계곡으로 흘러들어 영덕군의 대서천으로 합쳐진다. 하옥계곡의 지류라고 할 수 있는 마실골과 경방골, 물침이골 등에도 화전민들이 살았다. 산줄기를 타면 하옥리의 경방골과 마실골, 또는 영덕군 남정면의 쟁암리와 회리 쪽으로 드나들수 있다. 이처럼 동대산은 영천의 보현산과 울진의 일월산과 태백산을 연결하는 종적 통로에 위치하고 있어 빨치산들이 광복 이후 오랫동안 아지트로 활동해 왔다.

또한 지경리의 해안은 수심이 깊어 해안을 통한 물자 수송이 용이하다는 특징이 있다. 그리고 경찰서와 군부대가 멀리 떨어져 있어 공비들이 침투하기에 용이한 지역이었다. 이런 지정학적 특성 때문에 일찍이 동대산 회동(회리) 굉망굴에 빨치산 영일군당부 아지트가 있었다. 여기 있는 빨치산들은 산을 타고 인근 송라면 대전리나 중산리 등으로 내려와 경찰서 등 공공시설 습격과 파괴, 우익인사 납치, 보급투쟁(식량 약탈)을 했으며, 의용경찰과 경찰 기동대가 이들을 추격하곤 했다.[40]

1949년 8~9월경에는 인민유격대 태백산 지구 김달삼 부대가 아지트를 동대산으로 옮기고 영일군과 영덕군 일대에서 야만적 행동을 일삼던 때였다. 이를 저지하기 위해 각 마을마다 우익청년들이 결합하여 마을을 지킬 때 영일군 송라면 지경1리 마을에는 대한청년단원들이 자체 '경비대'를 구성하여 마을 경비에 임하고 있었다.

김달삼이 1950년 3월 20일 태백산 일대(강원도 정선군 심원리)에서 사살되었다는 기사, 노획한 무기와 생포된 공비들의 모습이 보인다. 이들이 영일 동대산 일대에서 만행을 저질렀던 장본인들로 추정된다.(자유신문 1950. 3. 26)

1949년 11월 6일 그날도 대한청년단 지경리 단장 김춘술(당시 33세)과 단

---

40 행정안전부. 진실·화해를위한과거사정리위원회 조사활동보고서, 구미·김천·상주·영덕·포항 지역 민간인 희생 사건(2010 상반기 조사보고서) 중 송라지서 근무, 당시 19세, 구〇〇 씨 진술.

원 10명이 마을을 경비하고 있었다. 그날 밤 10시경 마을을 경비하던 그들은 거동이 수상한 10여 명의 괴한을 발견했다. 그들은 머리에 흰 수건을 두르고 있었다. 그들은 총으로 무장하고 있었는데, 고작 대창으로 대항하던 청년단원들을 단숨에 제압하고 영덕군 남정면 부경리로 갔다. 그곳에서 단원들은 마을 앞 해상에 이상한 선박이 정박하고 있는 것을 목격하게 되었다. 또 공비들이 통비분자로 보이는 신원 미상의 두 사람과 함께 부경리에 정박해 두었던 지경1리 거주 김덕출 소유 선박에 편승, 괴선박 쪽으로 향하고 있는 것도 보았다. 공비 20여 명은 부락민 60여 명을 동원하여 각종 무기들을 동대산 방면으로 나르게 했다.

한편 바닷가로 갈치잡이를 나갔다 돌아오던 지경리 마을 주민 정석이와 우학산은 공비들이 편승한 범선과 마주치자 공비들의 총칼의 위협에 못 이겨 괴선박에 실린 각종 무기를 자신들의 배에 싣고 영덕 고래불까지 운반하는 데 협조할 수밖에 없었다. 무기 운반을 마치고 집으로 돌아온 정석이, 우학산은 귀가하자마자 곧바로 이 사실을 마을 경비단장에게 상세히 알리고 지서에 신고할 수 있는 방법을 의논하였다. 그러나 마을에서 5km 이상 떨어진 영일군 송라면 지서로 가는 육로는 길목 요소요소에 이미 공비들이 경계를 하고 있어 갈 수가 없었다. 할 수 없이 야경단원 윤임산을 시켜 공비들의 경계가 느슨한 영덕군 남정면지서에 신고토록 조치하는 한편, 단장 김춘술외 세 명은 바닷길을 이용하여 전마선을 타고 가서 송라지서에 신고하였다.

1949년 11월 6일 21시 30분경 신고를 받은 경찰은 전두현 포항경찰서장을 필두로 군경 280명으로 토벌대를 편성하고 즉각 군경합동 작전을 전개하였다. 15일 동안 동대산 일대를 수색한 결과 공비 사살 30명, 생포 6명, 99식 소총 300정, 체코식 경기관총 3정, 실탄 30,000발, 수류탄 300개, 대검

350자루를 노획하는 전과를 올렸다.[41]

지경리로 침투한 북한군들은 9차로 남파된 북한 인민유격대원 100명이었다. 이들은 원산항에서에 기동선 2척에 99식 장총 300정과 실탄 30,000발, 수류탄 300발을 싣고 11월 6일 밤에 지경리 항구로 들어왔다. 침투한 이들은 사전에 지경리 항구 뒷산에 잠복 대기 중이던 김달삼 부대원 약 20여 명과 부락민 60여 명을 동원하여 양륙한 무기를 곳곳에 운반한 후 북동대산 방면으로 입산 도주하였다가 주민들의 신고로 군경의 토벌 작전에 걸린 것이었다.

1950년 2월 4일 밤 공비들에 의해서 총 80호 중 52호 61동이 불타고 34명이 살해당하고 65명이 부상당했던 송라면 지경리 원경

---

41 『영일군사』에는 이렇게 적혀 있으나, 포항경찰서에 보관 중인 '제7대 포항경찰서장 총경 전두현 무장공비 섬멸치적' 자료에 의하면, 이 작전에서 공비 사살 350명, 생포 20명, 99식 장총 105정, 실탄 10,188발, 칼빈소총 4정, 실탄 80발, 38식 일본제 장총 5정, 실탄 390발, 수류탄 295발, 일본제 대검 152개를 노획했다고 되어 있다.

토벌 작전이 있은 지 약 3개월이 지난 1950년 2월 4일 밤 8시 40분경이었다. 송라면 지경1리에 무장공비 약 40명이 나타났다. 이들은 작년 11월 9일 주민들의 신고에 앙심을 품은 무리들로 공비총책 박근래가 무장한 공비들을 지휘하고 있었다. 이들은 대한청년단장 김춘술 외 단원들을 일시에 사살한 다음 마을 집집마다 기름을 뿌리고 불을 질렀다. 갑작스러운 불길에 놀라 밖으로 뛰쳐나온 주민들에게는 총, 칼, 창, 수류탄 등으로 닥치는 대로 살상을 했다. 만행은 2시간여에 걸쳐 자행되었다. 밤 12시경 동대산으로 공비들이 사라진 뒤 피신했던 주민들이 마을로 다시 돌아왔을 때는 마을이 온통 생지옥이 되어 있었다. 즐비한 시체들은 누가 누구인지를 분간할 수가 없었다. 불 속에서 미처 피하지 못한 부녀자들이 서로 부둥켜안고 불에 타 사망했기 때문에 시신을 분리할 수조차 없는 경우도 있었다. 이날 지경리 마을은 총 80호 중 52호 61동이 불타고 34명이 살해되었다. 부상당한 자도 65명이나 나왔다.[42] 실로 몸서리쳐지는 공비들의 처절한 복수의 현장이었다.[43]

42 『6·25전쟁 전 민간인 학살 인권피해실태보고서』에 따르면 포항 지경리 학살은 1950년 전후 발생한 것으로 이 사건은 피 학살자 유족들에 의해 폭로되어 세상을 떠들썩하게 하였으나, 현재에는 다른 사건에 비해 잘 알려지지 않고 있으며 진상규명조차 제대로 이루어지지도 않아 정부로부터 보상이 이루어지지 않고 종료되었다.
43 영일군사편찬위원회, 『영일군사』(1990). pp.459~460

제3부
포항 6·25전쟁사

제1장
죽장 지구 구암산 전투 (1950. 7. 11－7. 17)

6·25전쟁이 북한군의 기습남침으로 발발한 지 불과 4일이 지난 6월 29일에는 북한군 제5사단과 경비 제1여단이 강릉을 점령하였다. 북한군 제2사단과 제12사단은 춘천·홍천 지역을 점령한 다음 양평과 횡성 방향으로 병력을 이동시키고 있었다. 전황이 이와 같이 급변하자 해군 묵호기지의 묵호경비부는 LST(Landing Ship Tank; 전차양륙함)[1]를 이용하여 남쪽 포항기지로 철수할 수밖에 없었다.

묵호경비부가 포항으로 철수하는 동안 북한군이 죽변에 침투하였다는 정보를 입수한 포항 해군경비부는, 육상전투부대(이하 '육전대')를 긴급 편성하고 7월 1일 죽변으로 출동시켰다. 육전대는 북한군과의 교전에서 북한군 10명을 사살하는 전과를 올렸으나 육전대원 1명도 전사하였다. 7월 2일 육전대는 다시 울진에서 북한군 척후대를 만나 전투를 벌였다. 이 전투에서는 대원 3명의 부상이 있었지만, 북한군을 27명 사살하고 2명을 생포하는 전과를 올렸다.

그러는 가운데 동해안의 임원진 부근으로 상륙한 3개 대대 규모의 북한군 제766독립보병연대(이하 '제766부대')의 1개 대대가 울진을 거쳐 7월 10일

---

1   제2차 세계대전 중 처음으로 부두나 부두없이 직접 해안으로 탱크, 차량, 화물 및 상륙부대를 실어 수륙양용 선박을 지원하기 위해 개발된 해군함정을 말한다.

포항 북쪽 영해-영덕 일대에 이르렀다. 그리고 7월 11일에는 봉화군 춘양 방면으로 이동하였던 나머지 제766부대의 2개 대대 약 300명이 구암산(808, 포항 서북방 30km) 쪽으로 이동하고 있었다.

이러한 상황에서 포항경비부 사령관(남상휘 중령)은 7월 1일 자로 포항경비부에 배속되어 7월 3일에서 5일 사이에 포항으로 철수한 묵호경비부(사령관 김두찬 중령) 대원들과 기지 근무 장병으로 중대급 육전대를 긴급 편성하여 북한군의 남하를 저지하기로 결정하였다. 육전대는 정창룡 중위가 이끌도록 하여 용호대로 불렀으며, 7월 9일에는 진해로부터 증원 병력이 LST를 이용하여 포항에 도착하자, 강기천 소령이 이끄는 대대급의 전투단(일명 강호대)으로 확대 편성하였다.

7월 11일　봉화군 춘양에서는 북한군 제766부대 300명이 울진으로 이동 중인 가운데, 남쪽 10km 지점에서도 북한군 제5사단 소속의 병력 300명이 전차부대와 함께 전열을 정비하고 있었다. 한편 구암산으로 집결하여 이곳을 거점으로 인근 주변에 출몰하고 있던 게릴라 부대의 일부는, 이날 03:00경 구암산 남쪽 죽장면 감곡리로 이동·집결하였다. 이들은 경주와 포항으로 진출할 기회를 노리면서 죽장과 기계의 마을에서 양곡·농우 등을 약탈하고 부녀자들도 부역시키기 위해 징집하여 갔다. 이들은 보현산을 주요 거점으로 삼고 국군과 대치하다가 북한군 본진이 대거 내려오자 가세하여 후방 교란에 주력하였다.

해군 포항경비부는 이들을 소탕하기 위해 17:00에 정창룡 중위가 이끄는 용호대를 안강 지역으로 출동시켰다.

7월 12일　용호대는 1개 중대 규모의 북한군 게릴라들이 영천군 구룡산 (675)으로 남하하여 잠입하였음을 탐지하고, 16:30경에 경주를 지나 영천 북안면 도유리에 도착하였다. 용호대는 도유리에서 1개 분대 척후대를 파견하여 북한군의 움직임을 정탐하였다. 척후대는 북한군들이 인근 마을에서 노획해 간 송아지가 우는 소리를 듣고, 그들이 잠복한 위치를 확인한 후 도유리 지휘소로 복귀하였다. 이러한 정보를 바탕으로 용호대는 밤새 공격계획을 세웠다.

7월 13일　　용호대는 공격계획을 세운 즉시 04:00경 경주와 영천, 경산의 경계 지역인 구룡산 중턱의 북한군 매복 지역을 향해 일제히 사격하였다. 북한군들은 안심하고 매복 지역에서 잠들어 있던 중 용호대의 기습공격을 받아 정신없이 흩어지며 도주하였다. 용호대는 2시간에 걸친 공격과 추격으로 북한군 8명을 사살하고 60여 명에게 중경상을 입히는 전과를 올렸다. 부상을 입은 북한군 30여 명과 여타 잔여 병력들은 청도 방면으로 퇴각하였다. 용호대는 이날 전투에서 1명의 부상자도 없이 13:00경 포항으로 귀대하였다.

7월 14일　　해군 포항경비부는 산악을 타고 죽장 방면으로 남하하는 북한군을 저지하기 위해 죽장 입암리로 육전대를 출동시켜 북한군을 추격하도록 명령하였다. 이날 육전대의 지휘소에는 영일비행장에 주둔하고 있던 미 공군 제35비행단 소속 제40전투비행대대에서 파견한 2명의 항공지원연락반(장교 1명, 하사관 1명)이 도착하여 육전대의 작전을 지원할 준비를 갖추고 있었다. 일제강점기 시절 일본군 가미카제 특공대의 훈련기지로 건설된 것으로 알려져 있던 영일비행장(영일군 오천면, 미군의 비행장 식별부호 K-3)은, 6·25전쟁 초기에는 전투기의 출격이 가능한 활주로를 갖추지 못하였다. 이에 7월 12일부터 미 공군 제802공병대대 A중대가 활주로 보수공사에 착수하여 7월 14일 완료하였다. 미 공군 제613항공기지사령부가 도착하면서 이곳에 투입된 미 해병대 제40전투비행대대에 대한 지원 태세가 갖추어지게 되었다.

7월 15일　　이날 새벽 육전대는 북한군을 추격하면서 포항 서북방 25km 지점에 위치한 비학산(762)의 중턱에 도착하였다. 육전대는 진지를 구축한 후 정찰 대원 3명을 파견하여 북한군의 정황을 탐지토록 하였다. 정찰 결과 북한군 100여 명이 비학산에 잠복하고 있음을 파악하였다. 포항경비부는 방승도 소위가 이끄는 강호대 제3중대를 파견하여 용호대장의 지휘를 받도록 하였다. 용호대는 날이 저물자 교전이 곤란하다는 판단하에 밤에 기북에 있는 용기국민학교로 이동하였다.

7월 16일　　기북경찰지서와 육전대의 정찰대로부터 북한군 100여 명이 비학산에서 움직이고 있다는 정보를 입수한 육전대는, 06:00경 1개 소대를 출동시켰다. 북한군 측에서도 육전대의 움직임을 감지하고 죽장 북쪽의 산악지대로 도피하자, 육전대는 가사리 방면으로 북한군을 추격하였다. 각자 도피를 하고 있던 북한군들은 합덕리 산악지대에서 서로 합세하였는데, 북한군 병력은 약 500명으로 늘어났다. 그들은 육전대의 추격을 의식하여 산악지대에서 잠복에 들어갔다.

7월 17일　　합덕리 인근 산악 지대에서 일시 잠복하였던 북한군 500여 명은 04:30경 합덕리 방향으로 하산하기 시작하였다. 이날 새벽 기북경찰지서로부터 육전대에게 죽장 합덕리 고지에 잠복하였던 500여 명의 북한군 외에도 남쪽 정자리 방면에도 약 400명의 북한군이 나타났다는 첩보가 들어왔다. 북한군들은 산맥을 타고 남쪽으로 이동하면서 후방교란을 시도하려는 임무를 띤 게릴라 부대였다.

　이에 해군 포항경비부 육전대는 합덕리 고지 일대와 정자리에 집결한 북한군을 격멸하기 위해 40여 명의 경찰 병력과 더불어 영일비행장에서 출격한 미 공군 F-51 전폭기 편대의 지원을 받았다. 합덕리 고지의 전면과 좌우측 3면에서 북한군을 포위한 군경합동부대들은 14:30경부터 일제히 공격을 감행하였다. 경찰 1개 소대를 좌우측에 배치하여 경계를 맡긴 후 육전대는, 제1중대의 3개 소대가 계곡을 따라 공격하였다. 육전대의 제1중대 제1소대는 중화기로 북한군의 우측 정면으로 공격하여 북한군의 전방 가장 가까이에 있는 500m의 작은 고지를 확보하였다. 제2소대는 북한군 좌측의 가장 높은 고지를 급습하여 이를 점령하였다. 한편 제3중대 제1소대는 좌우측의 엄호를 받으면서 미리 설치해 두었던 중화기를 이용하여 북한군 진지 정면을 향해 사격하자 북한군들은 후퇴하기 시작하였다. 이들은 게릴라 부대이기 때문인지 보유한 무기도 빈약하였다. 심지어 일부 병력은 칼이나 도끼 등을 무기로 소지하고 있었다. 14:30경 공격 개시부터 북한군 추격까지 7시간 동안 격렬한 전투가 계속되었다. 해군 포항경비부 육전대는 합덕리 고지 동북방 약 8km 지점에 위치한 북한군의 거점 진지였던 807고지(구암산)를 21:30경 완전 점령에 성공하였다. 해군 포항경비부 육전대는 구암산 전투에서 북한군 생포 4명, 사살 161명이라는 큰 전과를 얻었다. 육전대의 피해는 중상 3명, 경상 2명의 피해에 그쳤다.

이 전투의 공로로 용호대장 중위 정창룡은 대위로, 강호대 제3중대장 소위 박승도는 중위로 1계급 특진하였으며, 이외에도 이기환, 송세준, 유명식 병사 3명이 1계급 특진하였다.

구암산 지구전투가 마무리될 무렵 동해안 전투의 전황이 악화됨에 따라 해군 포항경비부 사령관은 용호대와 강기천 소령이 지휘하는 강호대를 통합하여 7월 20일 자로 육전대를 재편성하였으며 육전대장에는 강기천 소령이 임명되었다.[2] 재편된 육전대는 보현산, 운주산 일대에서 준동하는 북한

---

2   7월 20일 재편성된 육전대의 편성표는 다음과 같다. 육전대장 소령 강기천 총 병력 480명, 본부소대(소위 박수옥; 32명), 제1중대(중위 정창룡; 156명), 제2중대(중위 윤석근; 146명), 제3

군 제766부대와 게릴라들을 토벌하는 임무를 맡았다. 이후 8월 초부터는 제3사단과 연계하여 북한군 제12사단이 죽장에서 기계로 진출하자 북한군을 교란시키는 임무를 수행하였으며, 8월 10일부터는 포항 방어작전에 합류하였다.

중대(소위 박승도; 146명).

제2장
미군 포항상륙작전 (작전명 : 블루하트)
(1950. 7. 18 - 7. 22)

6월 25일 전쟁이 발발한 날 당시 주일 미 해군 극동상륙부대인 제90기동부대 사령관 도일(J. H. Doyle) 소장은 요코스카항에서 자신의 작전지휘 통제 하에 있는 상륙전대 함정에 미군 제24사단 35연대 병력을 태워 사가미만의 지가사키 해안에서 상륙 훈련을 지시하였다. 당시 일본에는 도일 제독의 지휘를 받는 상륙전대에는 상륙함정 외에도 태평양 함대의 상륙전 훈련사령부로부터 항공함포연락중대(ANGLICO)를 포함한 여러 부대가 파견되어 있었다. 6·25전쟁이 발발하기 이전부터 미군의 상륙훈련은 5월부터 실시되고 있었기에 미군의 상륙작전 수행능력은 크게 배양되어 있었다. 이와 같은 상륙전 부대와 전문 요원들로 인해 유엔군은 포항, 인천, 원산 등의 상륙작전과 흥남철수작전을 차질 없이 수행할 수 있었다.

전쟁 개시 이후 7월 초까지 미군 15,000명의 병력과 1,700대의 차량 등 군수지원물자가 일본에서 부산으로 긴급 투입되었으나, 북한군의 대대적인 총공세로 지상 전황은 계속 불리해졌다. 7월 5일이 되자 일본 기지에서 공수한 미 제24사단 병력은 불과 700명뿐이었다. 맥아더 원수는 "당면한 긴급문제는 한반도 전 지역에서 남진하고 있는 북한 지상군의 진로를 차단하는 것이다. T-34 전차의 지원을 받는 북한 지상군은 모두 9개 사단으로 추정된다.

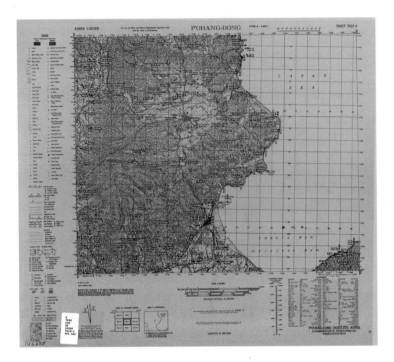

1927년 측도한 일본군사 지도. 이 지도를 이용하여 만든 미군작전지도에는, 현재의 포항시를 '포항동(pohang-dong)'으로 표기하고 있다. 그래서 작전명도 '포항상륙작전'으로 명명하였다.

현재 우리가 어떠한 조치를 하더라도 승리에 도취한 북한군들의 기세를 꺾기에는 충분하지 못하다"며 불리한 상황을 언급하기도 하였다.

7월 6~9일   전황의 돌파구를 마련하기 위해 맥아더 사령관은 7월 6일 도일 소장과 그의 참모진 7명을 도쿄로 소집하여, 제1기병사단을 인천이나 군산으로 상륙시킬 수 있는 작전계획을 수립하라는 지시를 내렸다. 이 회의는 7월 9일까지 3일간 계속되었는데, 당시 도일 제독의 작전계획담당관 노엘(Noel) 소령은 인천을 상륙목표지점으로 꼽고 있었다. 그러나 대전 지구의 전황이 빠르게 악화되자, 제1기병사단을 북한군의 측면에 투입하는 것보다는 교두보 확보를 위해 병력을 빠르게 대전 이남으로 상륙시킬 필요가 있었다. 부산으로 직접 투입하는 것이 안전하기는 하였지만, 포화 상태인 부산항을 제외[3]한 지역에 투입하여야만 하였다. 게다가 당시의 전황에서는 남해안이나 남동해안을 상륙목표 지역으로 설정할 필요가 있었다. 도일 제독은 가능한 한 전선에 더 가까운 지역이고 부산에서 65마일 정도 북쪽에 있는 포항을 최종상륙목표 지역으로 제시하였다.

7월 10일 도일 제독의 포항상륙작전 계획은 7월 10일 맥아더 장군의 승인을 받았다. 이때까지 포항은 유엔 해군의 동해안 함포사격지원에 힘입어 아직 최전선으로부터 안전한 거리를 유지하고 있었다. 그리고 포항에는 사용 가능한 비행장과 양호한 정박 환경, 상륙하기 쉬운 1,000야드 이상의 해안선이 있었다. 게다가 포항역에서 대구를 거쳐 대전으로 이어진 철로까지 이용할 수 있어, 상륙군을 중부 전선으로 빠르게 이동 투입할 수 있다는 장점까지 갖추고 있었다. 포항상륙작전의 계획 수립과 준비는 즉각적이고도 신속하게 진행되었다. 포항을 상륙목표로 하는 상륙작전을 맥아더 장군이 승인한 이날, LST로 포항에 도착한 제5공군의 항공기술자들은 영일비행장의 활주로시설 확장 보수공사를 바로 시작하였다.

7월 11일 도쿄에서 항공편으로 상륙작전에 필요한 해안정보를 수집하기 위해 제1상륙전대(해군장교 3명)와 제1기병사단의 참모(정보장교 2명)들이 포항 영일비행장에 도착하였다. 이들은 포항의 항만과 상륙 해안에 대한 시설·수심·장애물 등에 대한 상세한 정보를 포항 상공에서 정찰하면서 수집하기 시작하였다.

---

3   7월 6일 당시 부산항에는 55척의 함선이 정박하고 있었으며, 더 많은 함선이 부산항에 입항할 계획이 있었기 때문에 부산항의 정박 시설로는 제1기병사단을 수용하기에는 어려운 상황이었다.

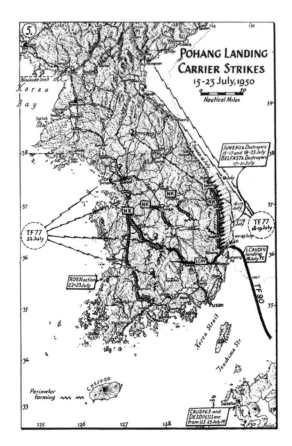

포항상륙작전지도(미 해군)

7월 12일　　미 극동 해군사령관 작전명령 9-50호가 시달됨에 따라 포항상
륙작전이 공식화되었고, 작전명은 당초의 서해안 상륙작전에 사용할 계획
이었던 '블루하트작전(Operation Bluehearts Plan)'이 부여되었다. 일본 요코하마
에 주둔 중에 있던 미 제1기병사단은 한국으로 출동하라는 명령을 받고 제
5기병연대, 제8기병연대를 포함한 제1차 상륙부대의 병사들은 이날부터 이
틀에 걸쳐 승선을 완료하였다.

7월 13일　　포항 시내 공중 정찰을 통해 상륙작전에 필요한 다양한 정보를 수집한 미 해군 장교 3명과 정보장교 2명은 도쿄로 즉시 복귀하였다.

7월 14일　　도쿄만을 출발한 포항상륙작전의 선발 수송 선단의 도착에 대비하여 이날부터 총 7척⁴의 소해정(YMS; Auxiliary motor minesweepers)이 포항 영일만 바다에 대한 소해⁵ 작업을 시작하였다.⁶ 이처럼 당시 동해안에 배치된 한국 함정들은 미 해군의 대형전투함이 수행하기 어려운 연안 경비와 소해 작전 그리고 의심 선박의 검색 식별에 매우 큰 활약을 하였다.

1950년 7월 현 포항여객선터미널(학산방파제)에서 이루어진 미군의 포항 상륙

4　한국의 YMS-506 등 6척과 미 해군 소해함 1척.
5　수중에 부설된 기뢰를 제거하는 등 함정의 안전한 통행을 확보하기 위한 해군의 제반 작전 행위.
6　국방부 군사편찬연구소, 『6·25전쟁사 4 금강-소백산맥선 지연작전』, p.583

1950년 7월 포항에 상륙한 일본인이 조정하였던 LST 2척

7월 15일　　상륙작전 지휘부가 북한군의 정세에 대한 최신 정보를 획득하면서 완벽하게 적의 저항이 없는 상태로 이루어지는 행정상륙을 실현시키기 위해 관련 준비를 마무리 짓도록 파견한 마지막 선발대가 포항에 도착하였다. 무저항의 행정상륙이 가능할지를 검토하기 위한 마지막 정찰비행의 결과도 포항상륙작전이 행정상륙 가능하다는 확신을 얻게 되었다. 이 무렵 중부전선에서는 열세였던 한·미 연합지상군이 대전 근교에 진지를 구축하였으나, 122㎜ 야포와 T-34 전차의 지원을 받는 북한군 4개 사단이 금강을 건너 미 제24사단을 공격하는 등 대전시를 포위할 기세여서 대전이 위기상황에 놓이게 되었다. 전황이 빠르게 변하자 기동력을 갖춘 미 지상군의 상륙이 시급해졌다. 그런데 미 제1기병사단을 짧은 시일 내에 한국 전선으로투입하기 위한 장해요인이 적지 않았다. 먼저, 상륙돌격함정(AKA)의 부족이

었다. 이에 따라 미국 본토에서 해상수송지원부대(MSTS: Military Sea Transport Service)[7] 소속의 AKA함 2척을 요코스카항으로 불러 상륙작전에 필요한 제반 장비를 서둘러 보수하였다. 부족한 LSU(Landing ship utility; 다목적 상륙정)[8] 6척을 요코스카항에서 재취역시키고 AKA운송함 4척도 추가로 확보하였다. 이 외에 부족한 LST와 선박은 일본 선박통제국의 지원을 받아 운용하기로 하였다.

모든 상륙부대가 21척의 LST에 서둘러 탑승하는 동안, 무기와 장비도 AKA와 LST에 적재하였다. 또 다른 문제는 전문 인력의 부족이었다. 특히 LSU 등의 주정을 운용할 수 있는 정장·기관장·갑판 및 통신을 담당할 병력이 부족하였다. 결국, 부족한 인력은 미국 캘리포니아주의 기지에서 항공편

영일만에 상륙 대기 중인 LST

---

7   MSTS(군사해상수송부대)는 Military Sea Transportation Service의 약칭으로, 1949년 10월에 정식으로 설립되었다.

8   LST와 유사한 기능을 수행하는 것으로 LCT(Landing Craft Utility)로도 불리며, 상륙작전 시에 병력만이 아니라 차량, 탱크 등도 운반 가능한 다목적 상륙정을 말한다.

으로 급파시켜 해결하였다. 모든 준비를 마친 포항상륙기동부대는 7월 15일 요코스카항을 출항하였다. 상륙기동부대가 포항으로 항진하는 동안 기함 마운트 맥킨리(Mount Mckinley)함으로 전해지는 전선 상황은, 포항에서 불과 24마일 떨어진 북쪽의 영덕 지구에서 북한군과 국군 간 치열한 전투가 전개되고 있다는 것이었다. 미 제1기병사단이 상륙할 때까지 과연 국군 제3사단이 방어선을 유지할 수 있을지도 우려되었다. 한편, 이 무렵 필리핀 북쪽 해상에서 태풍 그레이스가 북상하고 있었으나 태풍 영향권은 다행히 한국까지는 미치지 않고 있었다.

7월 17일   총 4일간의 포항해역 접근로와 영일만 안쪽 바다에 대한 소해 작전을 실시한 결과, 상륙작전에 위험한 기뢰는 전혀 없는 것으로 판명되었다.

7월 18일   상륙함대는 05:00에 드디어 포항 영일만 해역에 도착하였다, 전선은 아직 포항 북쪽 지역에 머무르고 있었으나, 북한군 제5사단이 제12사

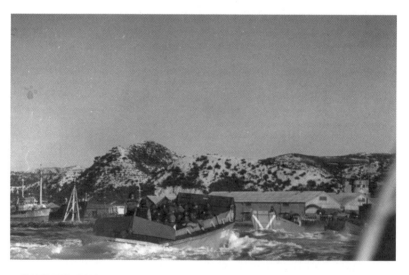

포항 접안 중인 상륙정

단과 합세하며 공세를 강화하고 있었다. 도일 제독은 05:58분 '상륙군 상륙'이라는 상륙개시 명령을 하달하였다. 이에 따라 가장 먼저 기병사단의 중장비가 양륙되었다. 07:15경부터는 상륙단정(LCM)을 이용하여 병력들이 해안으로 집결하였다. 09:30경부터는 군수지원물자가 2,000대의 차량들과 같이 양륙되었다. 이처럼 미군의 제반장비와 상륙병력이 신속하게 양륙되었다. 미 제1기병사단의 제1차 상륙부대가 포항상륙작전을 수행하는 동안, 동해안의 경비 함정들은 포항 근해를 호위하였다. 미 극동공군 사령관과 미 제7함대 사령관이 합의하여 작전계획을 변경함에 따라, 당초 공습예정 지역에서 더욱 북상한 제77기동함대 함재기들은 북한의 원산정유공장을 비롯하여 평강·원산·흥남 일대의 철도·공장·비행장 등을 표적으로 삼아 공격하였다. 미군 밸리포지 항모 함재기들의 원산정유공장 폭격으로 연산 170만 배럴의 정유공장이 소실됨으로써 북한의 초기 군사작전과 보급 기반이 큰 타격을 받았다. 특히 비행장에 계류 중에 있던 항공기 50대 중 절반 가까이 파괴함으로써 북한군의 공군력까지 약화시키는 일석이조의 효과도 함께 거두었다.

7월 19일   미 육군 제1기병사단의 포항상륙작전에 동원되었던 총 15척의 LST는, 이날 15:00경 양륙 작업을 완료한 후 19:00경 구룡포로 입항하였다. 미 제1기병사단은 포항에 상륙하여 미 제8군 사령관 월턴 워커(W. H. Walker) 중장의 환영을 받은 다음 포항역에서 대기하고 있던 수송열차와 차량에 탑승하여 중부전선으로 이동하였다. 그리고 게이(Hobart, Gay) 육군 소장은 이날 12:00를 기해 워커 중장으로부터 상륙군에 대한

미8군 사령관 워커 중장

1950년 7월 18일 미 제1기병사단의 포항 상륙(트루먼 박물관 소장)

작전지휘권을 인수받았다. 게이 소장은 제7기병연대 제1대대를 포항에 잔류시킨 다음, 이날 18:00경 영덕 방면을 방어하고 있는 국군의 해안방어작전을 지원하도록 일부 병력을 투입하였다.

영동 지역 이동을 위해 포항역으로 향하는 미 제1기병사단 병력

차량으로 이동하는 병력(제7기병연대 1대대로 추정)

7월 20일　　제8기병연대는 13:00경에 포항역에서 열차를 타고 그날 밤늦은 시각에 영동 일대에 도착한 후, 다음 날 21일 오전 대전 남동쪽인 영동 서쪽 부근에서 딘 소장이 이끄는 미 제24사단 제21연대와 방어 임무를 교대하였다. 한편 7월 19일 포항에서 먼저 출발하였던 제5기병 연대는 20일 오전 9시에 김천 일대에 도착하였다.

7월 21일　　이날 영일만에는 시속 50노트(Knots)의 태풍 그레이스가 내습하였다. 이에 따라 이날 도착이 예정되었던 MSTS소속 상륙수송선단의 제7기병연대를 포함한 제2차 상륙부대는, 7월 17일 선적과 승선을 완료하였음에도 출항을 미루다가 7월 22일에야 포항항에 도착하게 되었다.

7월 22일　　그러는 동안 이미 상륙하였던 제1기병사단 병력들은 순차적으로 전선으로 계속 투입되었다. 이날 포항에 뒤늦게 상륙한 제2차 상륙부대는, 당일 중 모든 하역작업을 끝내고 7월 23일부터 사단사령부가 있는 김천 방면으로 이동하기 시작하였다. 이때 제7기병연대 본부와 제2대대는 18:30

상륙작전을 돕는 포항시민

경 포항역에서 열차 편으로 출발하여 7월 24일 14:20경 충북 영동군 황간면 지역에 도착하였다.

1950년 7월 18일 상륙을 위해 영일만항에 모인 선단

1950년 8월 5일 자 포항상륙작전 주요 장면(The Ilustrated London News, 우측 하단 사진은 뉴욕타임스에도 실림)

6·25전쟁의 초기 한반도 전역이 북한군에게 점령당할지도 모르는 긴박한 전황에서, 전기를 마련하기 위해 미군이 수행한 한반도 상륙작전은 작전명 '블루하트오퍼레이션' 즉 '포항상륙작전'이 최초였다.[9] 이 포항상륙작전은 이후 작전명 '크로마이트' 즉 '인천상륙작전'의 롤 모델이 되기도 하였다. 포항상륙작전은 6·25전쟁 최초의 유엔군 상륙작전이며, 소규모의 상륙작전이었지만 계획·준비·실시 단계에서 완벽한 상륙작전의 표본이었다. 그리고 단시일 내에 완수한 기록적인 작전이었다. 조이(C. Turner Joy) 제독은 훗날 "제1기병사단의 포항상륙작전이 없었다면 부산 주변을 북한군에게 넘겨주는 위험을 초래하였을 것이다"라고 술회하였다. 그만큼 이 작전은 부산지역 방어와 인천상륙작전 등에 많은 영향을 끼쳤다.

포항 상륙작전을 감행한 미 제1기병사단은 기병이라는 이름이 붙어있기는 하지만 실제로는 보병부대였다. 이후 이들은 7월 지연전부터 9월 낙동강 방어전투를 거쳐 북진에 참가하기도 하였다. 포항상륙작전에는 적지 않은 구 일본군 전역자가 LST의 조정을 맡아 상륙작전 지원부대로 참여하였다. 뿐만 아니라 제1기병사단 제5기병연대 박격포대대에 고용되었던 일본인 만조(Honda Manzo, 당시 36세)는 자원하여 7월 25일 포항에 도착, 종군 잡역을 수행하기도 하였다. 이후 그가 속해 있던 중대장은 만조에게 규정과 법에 저촉될 수 있어 갈 수 없다고 했으나, 중대 병사들이 몰래 그를 탑승시켰던 것으로 진술하였다.[10]

---

9   6·25전쟁사에서 가장 극적인 사건 중 하나가 미군 상륙작전이다. 제2차 세계대전에서 승리한 승전국 자격으로 일본 조선총독부에게 항복문서 조인을 받기 위해 인천에 상륙한 것이 미군의 한반도 최초 상륙이기는 하다. 하지만 이 상륙은 전쟁 수행과정에서 국면 전환을 위한 군사 작전이 아닌 승전국의 점령절차로 안전하게 이루어졌다는 점에서, 전쟁사의 역사적 사건이라 보기는 어렵다.

10 양영조, 주일미군기지 일본인노무자의 6·25전쟁 종군활동과 귀환, journal of millitary history 2019. No. 111, p.59

한편 포항상륙작전은 당시 뉴욕·런던 등 많은 외국의 언론에서도 주목하여 대서특필하였다. 7월 19일 자 AP통신에서는 도쿄 발로 미 제1기병사단의 포항상륙 직후 당시 포항에서 미군을 환영하기 위해 시내 전신주에 걸어 두었던 "WELLCOME U. S. ARMY"라는 현수막 사진을, '예상하지 않은 환영'이라는 제목과 함께 설명을 달아 타전하였다.[11] "한국 포항의 교두보에 도착한 미국의 제1기병 사단이 기대치도 않았던 환영을 맞이하였다. 아무도 철자가 틀린 표지판이 극비수륙양용작전 직전에 세워진 것인지, 그 이전 시내로 진입한 미군부대 환영을 위하였던 것이 남아 있는 것인지 인식하지 못했다"

1950년 7월 19일 자.(도쿄 발, AP WIRE PHOTO)

---

11 이 사진은 1980년 KTV에서 제작한 "다시 보는 문화영화 한국전쟁" 제1부의 일부 영상화면에도 같은 장면이 나오고 있어, 당시 미군 종군기자 영상에서 캡처한 사진일 가능성도 큰 것으로 보인다. 다만 이 한국전쟁 제1부 영상물에서는 대전 지역으로 방어를 위해 미군이 집결하는 설명에 포항상륙작전으로 포항시내로 진입하는 영상물을 사용하고 있으나 포항지역학연구회 필진들이 자료조사 과정에서 잘못 사용하고 있음을 밝혀내었다.

제3장
죽장 보현산 수석봉 전투, 기계 전투
(1950. 8. 5-8. 19)

포항·청송·영천의 3개 지역과 맞닿은 보현산 일대를 포함한 동부전선은 국군 제3사단의 작전 지역이었다. 하지만 동해안 도로상 전략적 요충지인 포항 북방 43km의 영덕 지역 전황이 긴박해지면서, 제3사단은 전 병력을 그곳에 투입하여 북한군 제5사단과 치열하게 전투 중이었다. 이에 따라 보현산과 그 북방 청송 구산리·도평리 그리고 포항 죽장 일대에는 전투부대를 배치할 수 없었기에 사실상 무방비 상태로 방치되어 있었다. 보현산 일대는 태백산맥 남단의 청송·영천·포항(당시 영일군)이 포함되어 해발 300~1,100여 미터의 크고 작은 고지와 계곡들이 얽혀 있는 험준한 산악지대이다. 작전지역 내에는 높이 1,124m 보현산을 중심으로 동쪽으로는 노고령(502)-751고지, 서쪽으로는 838고지에서 수석봉(821)을 거쳐 봉화봉(650)으로 연결된 21km에 달하는 산줄기가 북쪽을 향하여 횡격실을 이루고 있을 뿐만 아니라, 남쪽에는 종심 깊은 방어진지를 준비할 수 있는 기룡산(961)이 있어 방어작전에 매우 유리한 지형이다.

안강 북쪽 85km 지점인 포항시 북구 기계면은 성법령에서 발원하여 형산강으로 흘러드는 달성천 유역에 형성된 너비 1~2km의 회랑 안에 있는 마을로, 죽장-포항 도로(31번)가 동서로 이어진 전술적인 요충지였다. 당시 영일군 기계면 면사무소 소재지인 마을(현내리) 남쪽에는 아홉 개의 봉우리로 연결된 고지군(일명 구련봉)이 북쪽을 향하여 펼쳐져 있어 방어하기 유리한 지역이고 안강-경주 지역 방어를 위한 전초 지역으로 매우 중요시되는 지역이었다.

7월 9일을 전후하여 영천의 현동, 포항의 죽장 부근 산악 지대에 출몰하기 시작한 북한군 766부대(부대장 오진우 대좌)는 보현산과 죽장 구암산 일대에 거점을 설치하고 후방교란 등 게릴라 임무 수행에 나섰다. 그러나 해군 포항경비부가 편성한 육전대의 연이은 토벌 작전과 경계, 현지 경찰의 첩보 제보로 점차 그 활동 범위는 위축될 수밖에 없었다.[12] 이에 북한군 제766부대는 행동반경이 축소되면서 그들에게 주어진 본연의 임무 수행이 어렵게 되자, 양동작전을 펼치게 되었다.

1950년 7월 중순 강원도경 비상경비사령부 소속 전투경찰 제3대대와 제6대대가, 청송과 도평리 일대에서 청송-기계 및 의성-기계로 통하는 도로교차점인 도평리를 점령하고 국군 전방부대 주 보급로를 차단하고 있는 북한군 제766부대와 격전을 치렀다. 이 전투에서 승리한 전투경찰 제3대대가 도평리를 탈환하자, 잔당 일부는 보현산 북쪽 산악지대에 거점을 확보하고 유격전을 전개하였다. 이에 따라 구산리에 증원된 제1201건설공병단은 전투경찰 제3대대, 제6대대와 함께 보현산과 그 주변 산악지대에 출몰하는 북한군 제766부대 잔당에 대한 소탕작전을 전개하였다.

한편 미 제8군은 당시 북한군 제766부대가 비정규전 일변도의 소규모 게릴라식 접전만 반복하는 것으로 볼 때 정규군 작전 수행에는 큰 영향이 없을 것으로 판단하였다. 이 무렵 북한군 제766부대는 국군과의 정면충돌을

---

12 상세한 내용은 제1장 죽장지구 구암산 전투를 참조.

피해 북한군 제12사단(사단장 최인두 소장)과 합세하여 기계로 진출할 준비를 하고 있었다. 의성에 있던 국군 제1군단은 그러한 북한군의 움직임을 파악하지 못하고 안동·의성·신녕으로 이어진 방어선으로 남하하는 북한군 제8사단을 저지하기 위한 대책에만 주목하고 있었다.

8월 4일을 전후하여 낙동강 방어선의 왜관-낙동리-의성-길안-청송-영덕까지 약 120km 구간에 배치된 국군 5개 사단은, 북한군 주력과 대치하며 힘겨운 전투를 계속하고 있었다. 북한군 제12사단이 길안(청송 서쪽 15.5km) 일대에 배치되어 있던 국군 수도사단 지휘소를 기습공격하고 청송 부근의 국군 제18연대(연대장 임충식 대령)와 독립기갑연대(연대장 백남권 대령)를 포위하자, 국군 수도사단은 8월 5일 의성 방향으로 철수하게 되었다.

8월 4일 육본 직할 독립 제1유격대대는 영천군 자천동으로 이동하여 제1201건설공병단의 임무를 인수하고 이틀 뒤인 8월 6일에는 보현산 정상을 점령하였다. 이때 보현산 북쪽 산악지대로 퇴각한 북한군 제766부대는, 청송-도평리-포항 죽장-포항 기계로 연결되는 도로 주변의 주요지형을 점령하고 청송 부근에서 남하하는 북한군 제12사단 선발대와 연결하였으며, 북한군 제12사단 주력부대는 죽장을 경유하여 기계로 진출하였다.

8월 5일　　수도사단의 이동으로, 이날 이후 청송군 일대에는 광대한 공백지대가 형성되었다. 청송-기계를 잇는 방어선에는 국군병력이 거의 배치되지 않는 무방비 상태에 놓인 것이다. 이는 미 제8군 사령부와 육군본부가, 청송에서 기계에 이르는 31번 도로가 험준한 산악으로 형성되어 있어 북한군의 대부대가 기동하지 못할 것으로 판단하고 심각하게 생각하지 않았기 때문이었다. 당시 이 지역을 방어하던 국군 제1군단 역시 청송-기계 사이의 31번 도로에 대한 대비책은 세우지 않았다. 이때 북한군 제12사단 소속 1개 연대 규모의 병력이 청송·죽장 입암리를 거쳐 기계 북쪽으로 남하하는 한편, 일부 병력으로 하여금 수도사단 측방에 압력을 가해 국군의 관심을 의성 지구로 모으고 있었다.

8월 7일 　국군 방어선의 취약점을 간파한 북한군 제12사단은, 국군이 배치되지 않은 산악지역을 통과하여 이날 오후에는 이미 청송 도평리(기계 북방 40km)를 점령하였다. 그때까지도 국군과 미 제8군 사령부에서는 북한군 제12사단의 의도를 전혀 모르고 있었다.

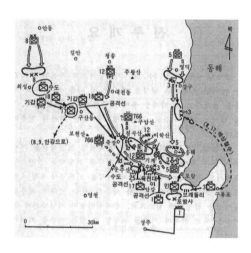

기계 포항 전투 상황(한국전쟁전투사 안강포항 전투 요도 1)

8월 8일 　북한군 제12사단은 15:00경에 죽장(기계 북방 20km)에 도달하였다. 북한군이 죽장으로 남하한 이후에야 상황을 확인한 국군 제1군단은, 그때에야 북한군의 목표가 기계-안강-경주로 이어지는 진입선에 있다는 것을 알게 되었다. 기계-안강-경주가 그들의 공격목표임을 알고 대책 마련에 나섰으나, 북한군을 저지할 시간적 여유가 없어 육군본부는 당황할 수밖에 없었다.

8월 9일　　육군본부는 포항지구 전투사령부를 편성(사령관 이성일 대령, 후에 개명 이성가)하여 기계 포항지구를 방어하라는 임무를 부여하였다. 당시 포항지구 전투사령부에는 제17, 제25, 제26연대, 해군 육전대 포항지구대, 육군본부 직할 독립 제1, 제2 유격대대, 미 제18 야전포병대대 C포대(75㎜ 곡사포)가 배속되어 있었다.[13] 하지만 이때 편성된 포항지구전투사령부는 제17연대와 해군 육전대[14]를 제외하고는 대부분 훈련이 제대로 되지 않은 학도병, 대한청년단원 그리고 신병들로 구성된 급조된 부대였다. 가용 병력이 없었던 육군본부는 궁여지책으로 대구에서 창설된 지 이틀밖에 되지 않은 제25연대를 제3사단에 배속하고 급파하였다. 그러나 병력 수송용 차량과 열차가 부족한 데다 당시 제25연대는 미처 편성조차 마치지 못한 대대까지 있었다. 결국, 병력이 모여 부대 단위로 편성되는 즉시 순차적인 투입이 불가피해진 제25연대장(유해준 중령)은, 전황이 위급함을 고려하여 우선 출동 준비를 갖춘 제1대대와 연대 지휘부를 직접 지휘하여 안강으로 차량 행군을 실시하였다. 이후 달성동 남쪽 140고지에 연대 관측소를 설치하고 전투정찰대를 편성, 기계 부근에 투입하였으나 별다른 성과를 거두지 못하였다. 제1대대의 전투정찰대가 출발할 즈음, 열차 편을 이용하여 포항에 도착한 제25연대 제3대대는 포항역에서 마주친 연대장의 명령에 따라 대대 본부와 제9중대를 포항 북쪽 소티재(105고지)에 배치하고 제10중대를 대대 예비로 효자역에 집결 대기시켰으며, 제11중대와 제12중대는 안강으로 이동하게 되었다.

13　육군작전명령 제116호.(1950. 8. 10)

14　당초 해군육전대 포항지구대는, 북한군 제766부대와 공비 토벌 임무를 가지고 구암산 지구를 중심으로 하는 전투에 투입되었다. 그러나 북한군 제12사단을 만나 지연전을 펼치다, 8월 9일 이른 아침 북한군 제12사단이 기계를 점령하고 대구에서 급편성된 제25연대가 현지에 도착하자 8월 10일 포항지구 전투사령부에 배속되었다.

이러한 상황에서 이날 오후 제25연대장이 병력증원 요청을 위해 포항의 제3사단 사령부로 떠난 사이 제25연대 관측소가 북한군의 피습을 받았고, 그날 밤 445고지(기계 남쪽 3.2km, 현재의 범박지미(410) 근처 제1전망대(440봉) 자리로 추정) 북쪽에 배치된 제1대대(대대장 유정택 소령) 역시 기습을 받아 분산되고 말았다.[15]

8월 10일   국군 제1군단이 급박한 전황 변화에 대처하지 못하는 동안, 북

1950년 8월 12일 자 포항 폭격 관련 기사(뉴욕데일리뉴스)

---

15 대한민국학도의용군회 포항지회에 따르면, 1950년 7월 10일을 전후하여 당시 포항의 동지중 300여 명, 포항중 300여 명, 수산고 200여 명 총 600~700명이 학도지원병으로 대구로 가서 정규군으로 입대하였다. 약 한 달간의 교육을 받은 후 병력 부족에 따라 제3사단 제25연대로 편성된 3개 대대가 8월 12일 포항역에 도착하여 야영하던 중, 제1, 제2대대(소총부대)가 먼저 안강으로 출발하고 군용트럭이 지원(중화기)대대인 3대대를 데리러 올 예정이었으나 오지 않아 나중에 이동하였다고 한다. 전투사에서의 일자(8월 9일)와 증언의 기억에 따른 일자(8월 12일)는 다소 차이가 나지만, 제25연대가 편성될 때 포항 지역 출신 학도병들이 다수 포함되었던 것만은 분명하다.

한군 제12사단은 파죽지세로 남하하여 8월 10일 기계까지 도달하였다. 육군본부는 기계를 점령한 북한군이 안강–경주 방향으로 침투할 경우, 국군의 방어선은 2개로 분리되면서 대구와 포항의 후방 지역이 차단될 뿐만 아니라 부산 방어를 위한 차후의 방어선도 편성하기 어려운 위기에 빠질 수 있는 상황임을 깨달았다. 한편, 제25연대장은 안강에 도착한 제11중대와 제12중대를 512고지에, 효자역에서 대기 중인 제10중대를 144고지로 배치하고 전날 흩어졌던 제1대대 낙오병을 수습하여 북한군이 동남쪽으로 해군육전대를 압력하면서 주력을 기계로 집결시키기 위해 방치하고 떠난 445고지에 재배치하였다. 그러나 첫 전투에서 패배하여 전의를 상실한 전투 병력들은 철수하기에 급급하였다.

8월 11일 　육군본부는 이날 오후 제1군단에 육군작전명령 제134호(1950. 8. 15, 14:30)를 하달하였다. 내용은 동부전선에 배치된 3개 사단을 비롯한 모든 부대를 통합 지휘하여 북한군을 격멸할 수 있도록 작전 지역을 재조정하는 것이었다. 이 작전 명령(구두 명령은 이미 사전에 하달이 완료)에 따라 제8사단은 보현산을, 수도사단은 안강·기계 지구를 담당하게 되었다. 초전에서 연전연패를 거듭한 제25연대장은 이날 경질(후임 이기건 대령)되었다. 승기를 잡은 북한군 제12사단은 공격 방향을 포항으로 돌림으로써, 아군은 경주를 잃어버릴 위기에서 벗어나게 되었다. 이에 따라 시간적 여유를 가지게 된 국군 제17연대는, 안강에 도착하자마자 제3대대로 하여금 해군육전대와 협동으로 안락천 동안의 236고지 남측을 확보하도록 하고 제1대대로 하여금 양동리 북측의 165고지를 확보하도록 했다.

8월 12일 　그러나 북한군에게 다시 445고지가 탈취당하는 과정에서 제25연대는 괴멸되고 말았다. 이에 제17연대의 주력부대가 대신하게 되었다. 국군의 방어가 열어져 북한군의 총공격이 시작되자, 언제 붕괴될지도 모르는 심각한 사태임을 인식한 국군 제1군단장(김홍일 소장)은 수세 일변도의 작전만으로는 난관을 타개하기 어렵다고 판단하고 기계 일대로 진출한 북한군을 역포위한다는 작전을 구상하였다. 종합적인 분석 결과 기계·포항 지역에 진출한 북한군의 공격 지속능력은 한계에 달한 것으로 판단되었다. 이에 육군총참모장(정일권)과 제1군단장은 고심 끝에 제17연대와 의성에 배치되어 있는 수도사단을 전환하기로 하고, 8월 12일 오후 이동 명령을 하달하였다. 제17연대와 수도사단 제1연대가 안강에서 북한군의 공격을 차단하고, 수도사단 제18연대가 기계 후방 지역으로 공격함으로써 안강-기계 일대에서 북한군 제12사단을 섬멸하기로 하였다. 국군 제1군단은 북한군의 남하를 저지하여 기계-포항선 일대에 고착시키기 위한 포위 작전의 하나로 수도사단 제1연대를 안강지구로 이동시켰다. 그리고 제17연대를 수도사단에 배속시켜 안강·기계 지구 작전을 수도사단이 주도하도록 조치하였다.

수도사단의 작전통제지휘를 받는 제18연대와 독립기갑연대를 청송 현서-청송 현동으로 보내, 북한군 제12사단의 주요보급선을 차단하면서 북에서 남으로 진격하여 기계지구에 있는 북한군을 남북으로 포위공격하는 역포위작전을 계획하였다. 이에 따라 제1군단장은 제8사단을 보현산 지구로 이동시켜 청송 현서 구산리-청송 현동 도평리에 이르는 임시방어선을 편성함으로써, 제18연대와 독립기갑연대가 공격할 때 엄호 지원하도록 하였다. 이 계획에 따라 구산리를 거쳐 청송 안덕 장전리의 실곡에 집결한 수도사단 제18연대는, 독립기갑연대의 협조를 받아 공격을 준비하였다. 결국, 제17연대와 수도사단이 안강에 빠르게 도착할 것인지 아니면 북한군이 경주 또는 포항에 더 일찍 도착할 것인지에 대한 시간 싸움이었다. 이때 전황이 바뀌는 계기가 발생하였다. 8월 10일 기계까지 파죽지세로 내려왔던 북한군 제12사단이, 후속 부대의 도착 지연과 보급 부진으로 진격을 멈추었기 때문이었다. 이는 유엔군 해군과 공군의 지속적인 북한군 후방 지역에 대한 공중폭격과 함포사격의 효과였다. 북한군이 주춤하는 동안 제17연대가 먼저 안강에 도착하여 8월 12일 안강-포항 사이의 도로를 먼저 차단하는 데 성공하였다.

8월 12일　　육군본부와 국군 제1군단은 기계·안강이 함락되어 포항·경주·영천이 동시에 위협받게 된 상황을 타개하기 위해, 수도사단 기갑연대와 제18연대를 청송 도평리와 포항 죽장에 투입하여 포항 기계 경주 안강에 진출한 북한군을 북쪽에서 공격하게 하였다. 의성 전투를 종료하고 보현산 지역으로 이동한 국군 제8사단은, 이 일대에서 작전 중인 제1유격대대, 제2유격대대 그리고 전투경찰 2개 대대를 통합지휘하면서 매봉-노고령-보현산-봉화봉을 연결하는 선에 주저항선을 설치하였다.

주저항선에 방어진지를 편성한 국군 제8사단은, 북한군을 진전에서 저지하고 있었다. 그러나 좌측방의 국군 제6사단이 화산-갑령-370고지 선으로 철수하고, 우측방의 국군 수도사단 또한 북한군 제12사단의 기습적인 공격으로 다시 기계가 북한군에게 점령당하자 안강으로 후퇴하였다. 이에 따라 국군 제8사단은 방어지역 좌우 양측방이 노출된 상태가 되었다. 이러한 상황 하에서 국군 제8사단은 고모산, 봉화봉에서 공방전 끝에 이 고지들을 북한군 제15사단에게 빼앗기고 말았다.

8월 13일　　정일권 참모총장은 군위 정면에서 방어 중인 제6사단(사단장 김종오 준장)을 의성 정면의 제8사단으로 후퇴시키고, 제8사단이 수도군단의 정면을 대신 맡도록 하였다. 그럼으로써 수도사단을 안강리 정면으로 전용하여 기계에 집결한 북한군을 막도록 하였다. 이날 오후, 제1군단에서 작전 회의가 열렸다. 핵심은 어떻게 수도사단을 신속하게 교대시킬 것인가였다. 수송 수단은 철도 수송이었지만 수송력은 1개 연대가 최대치였고, 사단 전력이 집결을 마치기도 전에 북한군이 총공격을 개시한다면 안강 방어선이 무너질 위험이 있었다. 백인엽 사단장이 제18연대를 북한군의 배후로 투입시키자는 안을 제안하자 김홍일 군단장은 남북에서 협격하기로 결심하였다.

당시 작전 지도요령
제8사단은 일부를 선견하여 보현산에 침투하였던 적 유격대를 토벌함과 동시에, 주력은 축차 동남방으로 옮기며 구산리-도평리 선을 확보한다.
수도사단(제18연대는 없음)은 재빨리 안강으로 전진하여, 제26연대 등과 합쳐 지휘하여 기계에 침입한 적을 공격한다.
제18연대 전투단과 기갑연대는 도평리에서 입암리를 거쳐 동남진하고, 기계를 향해 공격한다.

제18연대장은 기계에서 협공을 개시하고자 출발하기에 앞서 전 장병들로부터 머리카락과 손톱, 유서를 모아줄 것을 사령부에 부탁하였다. 결사의 각오였다. 제1군단 사령부와 수도사단 사령부가 경주로 이동하고, 제1연대와 제26연대(연대장 이백우 중령)도 도착하였다. 백인엽 사단장이 안강 일대의 작전을 통제하게 되어 제1연대와 제26연대를 투입하고, 고지 쟁탈전을 벌이고 있는 제17연대와 제25연대를 지원하였다. 도평리를 출발한 제18연대와 기갑연대는 북한군의 보급부대를 포착하면서 남하하였다.

8월 13일　이날 기계 지구에 투입된 제17연대 제1대대와 제2대대는 12일 저녁에 공격 준비를 마치고 445고지와 노당재를 목표로 공격을 개시하였다. 미 제18포병대대 C포대와 연대 57mm대전차포중대의 근접지원을 받으며 8부 능선까지는 순조롭게 전진하였으나, 북한군의 완강한 저항에 부딪혀 많은 병력 손실만 입고 공격은 실패로 끝났다. 145고지에 방어진지를 편성하였던 제3대대도 전날 밤부터 역습에 나선 북한군을 저지하고 있었으나 탄약이 떨어져 철수하고 말았다. 제3대대는 이날 오후 양동 북쪽 165고지 일대에서 마침 증원된 수도사단 제1연대와 임무를 교대하고 안강에 집결하였다. 제17연대는 악전고투를 거듭한 끝에 16일에야 115고지를 탈환하게 되었다. 한편 8월 12일 오후 의성을 떠난 수도사단 제1연대와 제26연대도 13일 안강에 도착하여 북한군의 경주 진출을 차단하였다. 기계 북쪽에서는 수도사단 제18연대와 독립기갑연대가 북한군의 후방을 차단하고 북한군을 압박하기 시작하였다. 이에 따라 국군 제17연대와 수도사단은 기계 지구의 북한군 제12사단을 반대로 남쪽에서 포위하는 태세를 갖출 수 있게 되었다.

8월 14일　　이날 아침 제1연대 정면으로 북한군 제766연대가 공격해왔으나 공군의 지원을 받아 격퇴하였다. 제17연대는 445고지를 탈환하기 위한 전투를 치르고 있었다. 제26연대는 제25연대의 잔여 병력을 흡수하고 진지를 확보하였다. 작전 개시가 다소 지체되었으나, 제18연대는 361고지-자초산-520고지-죽장-기계를 연결하는 방어선에 2개 대대를 공격부대로 투입하고 1개 대대를 예비로 두었다. 기갑연대는 475고지-847고지-441고지-운주산(영천 임고면, 포항 기계면 경계)으로 이어지는 방어선에 1개 대대를 공격부대로, 1개 대대를 예비로 두고 공격작전을 펼쳤다. 한동안 방어와 후퇴를 거듭하던 국군 병사들은 공격이 순조롭게 진전되자 사기가 크게 올랐다. 국군 제18연대와 독립기갑연대는 죽장면 입암리로 집결하여 보급을 기다리던 북한군 약 1개 연대를 남북에서 협격하였다. 북한군은 도주하기에 바빠 거의 교전이 없는 상태에서 31번 도로를 중심으로 보현산 북쪽과 구암산 서편의 산악지대를 따라 20여 km를 남하하면서 퇴각하였다. 이제 아군은 죽장은 물론 봉화봉과 538고지까지 탈환하였다. 이에 따라 죽장에 있던 북한군 제12사단 2개 대대와 후방지원부대는 크게 당황하여 비학산 방향으로 후퇴하였다.

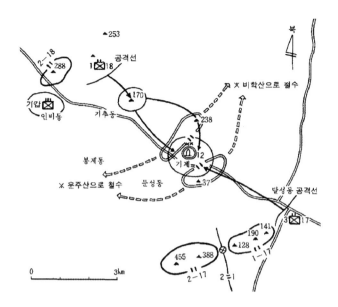

기계 탈환 상황(한국전쟁전투사 안강포항 전투 요도 6)

8월 15일 국군 제1군단은 죽장을 탈환한 이후 제18연대를 주된 공격대로 삼아 이날 기계 방향으로 남진할 준비를 하였으며, 기갑연대는 흩어진 북한군의 잔당 소탕과 측방에 대한 엄호 임무를 맡았다. 이때 북한군 제12사단은 남쪽에서 북상하는 국군 제17연대, 제1연대의 저지에 주력하고 있었다. 국군 제18연대 1대대는 연대 좌측 최일선 대대로서, 이날 새벽 북상하는 10여 대의 북한군 차량대열을 포착하여 10여 분 만에 격멸하고 그 여세를 몰아 공격개시선을 넘어 기계로 진격하였다. 이어 방어진지도 편성하지 못하고 있던 북한군을 물리치고 340고지를 점령하였다. 이 전투로 기북 대곡리에 배치되었던 북한군은 대부분 섬멸되었다. 이런 상황에서 북한군 제12사단은 역포위 되어 배후에서 위협을 받게 되자 크게 당황하였다. 이날 기계지구로 남하하였던 북한군 제12사단은 배후에서 공격하는 국군 제18연대와 격렬한 전투를 벌이는 동안 지휘체계가 무너지면서 소부대 단위로 흩어져 비학산으로 철수하였으며, 이후부터는 산발적인 저항만 계속하였다. 한편 제18연대 우측 일선을 맡았던 제2대대는 중간목표인 한티재(한티터널 고지)를 탈취하고 동쪽 350고지를 점령하였다.

8월 16일　　국군 제18연대는 완강히 저항하는 북한군 제12사단 1개 연대와 육박전을 거듭하며 치열한 공방전을 펼쳤으나 목표를 탈취하지는 못했다. 북한군 제12사단은 445고지 일원 방어를 하는 것만으로도 힘에 겨웠으나, 배후에서 공격해 오는 국군 2개 연대를 저지하기 위해서는 후방에도 병력을 배치할 수밖에 없었다. 결국, 국군은 445고지 일원의 방어병력이 축소된 틈을 타 북한군이 차지하고 있던 고지를 다시 탈환하였다. 한편, 국군 제1연대는 북한군 제12사단의 1개 연대 규모의 병력이 기계 방어에 급급하면서도 남쪽으로 진출하려는 의도가 있다는 판단하에, 이들의 움직임에 대한 경계도 강화하고 있었다.

8월 17일　　결국 북한군은 이날 모든 전투 병력을 집중한 공세에 나섰다. 이후 북한군의 공격력이 약화되는 호기를 포착한 제1연대장(한신 중령)은 즉시 08:00경 제1대대, 제2대대에게 반격하라는 명령을 내렸다. 국군 제1연대는 백병전까지 벌이며 북한군을 격퇴하고, 목표 고지를 점령하는 데 성공한후 그 일대의 북한군 잔당을 토벌하기 위한 수색에 나섰다. 하지만 제1연대가 추격 작전을 벌이는 과정에서 북한군이 철수하면서 설치한 부비트랩에 걸려 여러 곳에서 사상자가 발생하였다. 북한군은 기계 남측의 고지를 탈환하려고 하였으나 실패하고 17:00경 기계 북방으로 후퇴하였다. 제18연대도 북한군 대대 규모 병력의 공격을 받았으나 성공적으로 격퇴하였다. 북한군은 200여 명의 사체를 버려두고 비학산 방면으로 도주하였다. 한편 제3대대는 16일 포항 자명리 제산을 점령하였던 북한군을 공격하여 고립되어 있던 미 브래들리 특수임무부대 소속 미군 병사 3명을 구출하고, 20:00경 연대 명령에 따라 민 부대에게 고지를 인계하였다. 기계 부근에서 대항하던 북한군 제12사단은 기계의 마지막 방어선이 무너지자 전투 기능을 완전히 상실한 채 소부대로 흩어져 일부 패잔 병력만이 비학산으로 퇴각하였다. 이날 국군에 사로잡힌 북한군 병사들은 30대의 중국 팔로군 출신들이 많았다.[16]

8월 18일 국군은 기계 일대에서 총공격을 개시하였다. 제18연대는 작전 방침을 전과 확대 방향으로 전환, 기계 북쪽의 무명고지와 238고지 일대에 배치된 북한군을 격멸한 후 기계로 돌입하여 산발적으로 저항하던 북한군을 소탕하였다. 기계 남쪽의 445고지와 190고지를 장악하고 있던 제17연대도 제18연대가 공격하는 시간에 맞추어 연대 예비부대인 제1대대를 기계 남쪽으로 보내 협공하였다. 북한군은 탄약을 다 소진했음에도 불구하고 죽음을 불사하고 저항하였지만, 13:00경 제18연대가 기계로 돌입하면서 후방이 차단되자 중장비를 버리며 혼비백산하여 흩어져 후퇴하였다. 식량과 탄약 부족으로 전투 의욕이 상실된 북한군은, 기계 부근의 병력이 대부분 사살됨에 따라 많은 전사자를 남겨둔 채 일부 병력만 포위망을 뚫고 북쪽으로 후퇴하였다. 수도사단은 이 전투에서 북한군 1,245명을 사살하고 포로 17명, 무기 탄약 다수를 노획하는 전과를 올렸다. 아군도 전사 92명, 부상 171명, 실종 500여 명이라는 적지 않은 피해를 입었다.

8월 19일 수도사단은 비학산 방면으로 도망친 북한군을 추격할 준비에 나섰다. 제1연대는 후퇴하는 북한군을 추격하여 제1대대는 도음산에, 제2대대는 341고지에 배치하고 제3대대는 연대 예비로 양동리에 집결시켰다.

---

16 북한군 제12사단은 1950년 5월 초순경 북한으로 들어온 중국군 제20사단의 조선인의용군 10,000여 명을 모체로 창설되었다. 창설 당시 사단명은 제7사단이었으나, 이후 홍천 전투에서 패한 후 사단 명칭이 제12사단으로 변경되었다.(국방부 전사편찬위원회, 『한국전쟁전투사 안강·포항 전투』, 1986, p.17 주석 설명 인용)

기계를 탈환했다는 보고를 받은 신성모 국방부장관은 제1군단장에게 격려 전문을 보내는 동시에 당일 직접 제1군단을 방문하여 장병들의 노고를 치하하였으며, 미군 사령부도 성공적인 기계 탈환 작전을 축하하였다. 한편 비학산으로 철수하였던 북한군 제12사단은 군단 명령에 따라 제766부대의 잔여 병력을 흡수하고, 신병 2,000명 정도를 보충하여 재편성에 나섰으나 총병력은 5,000명에 지나지 않았다. 결국, 이 전투로 후방교란 등 게릴라전으로 끈질기게 괴롭혀 왔던 북한군 제766부대는 해체되었다.

8월 28일　죽장면 수석봉 마저도 북한군에게 빼앗기며 주저항선이 붕괴되었다. 국군 제6사단에서 배속이 해제된 제5연대가 다시 제8사단에 배속되어 영천·자양 지역에 투입되었으며, 제8사단 제3연대 제1대대는 기룡산에 투입되어 북한군을 저지하였으나 북한군의 공격으로 많은 피해를 입고 영천으로 철수하였다. 북한군 제15사단은 운주산과 봉화봉 사이에 형성된 공백지대를 최대로 이용하면서, 포항 죽장–자양–영천 선상에 전투력을 집중 투입하였다.

죽장 보현산 전투의 주 무대인 작은 보현산과 수석봉 일대(사진 : 이상준)

9월 2일 　　이날 저녁에 북한군 제15사단은 보현산 일대를 공격하여 돌파구를 형성한 후 계속 공격하여 영천 북방 16km 지점의 자양을 점령하면서 영천을 위협했다.

　보현산 일대로 이동한 국군 제8사단은 북한군 제15사단을 견제하는 데 성공하였다. 보현산 전투는 영천 전투를 위한 전초전으로 수세에서 공세로 전환하기 위한 준비단계의 전투였다.

제4장
학도병들이 산화한 포항 실함 직전 전투
(1950. 8. 9-8. 11)

제1절 포항 출신 학도병이 산화한 소티재 전투(50. 8. 9-11)

국군 제3사단이 포항 북쪽에서 치열한 전투를 계속하는 가운데, 기계·안강 지역에서 병력 소모가 커짐에 따라 이곳에 투입할 병력 부족 사태가 심각해졌다. 이에 육군본부에서는 제25연대를 급히 편성하여, 전투력이 미처 갖추어지지 않았더라도 대대 단위로 부대가 편성되는 대로 병력을 투입하게 되었다. 한편 6·25전쟁이 발발하자 7월 초순 무렵 당시 포항에 재학 중이던 현재 기준 포항고 출신 300여 명, 동지고 출신 300여 명 그리고 해양과학고 출신 200여 명 등 약 600~700여 명이 학도병으로 자원입대하였다. 포항 출신 학도병들은 7월 중순 대구로 이동하여 훈련을 받으며 부대로 편성되고 있었다. 그들 대부분이 긴급하게 신규 편성하고 있던 제25연대에 소속되어 대대별로 편제되는 즉시, 훈련도 제대로 받지 못한 채 포항으로 이동하여 바로 전투에 투입되었다.

8월 9일   제25연대 제3대대는 장비 부족 등으로 비교적 투입이 늦어진 8월

9일 열차 편으로 대구에서 출발하여 09:00경 포항역에 도착하였다. 제3대대가 약 1시간 정도 포항역에서 대기하던 중 10:00경 제25연대장(유해준 중령)이 찾아왔다. 마침 제3사단 사령부를 방문하였다가 기계로 복귀하던 도중 포항역에 집결한 것을 본 것이다. 제25연대장은 제3대대장(이방우 소령)에게 포항을 방어하라는 임무를 맡겼다. 다만, 기계 지구의 상황이 위급하므로 제3대대의 제11중대와 제12중대를 안강으로 이동시키고 1개 중대는 연대 예비부대로 효자역에 대기시키도록 명령하였다. 결국 제3대대장 이방우 소령은 제10중대(중대장 유동인 중위)[17]를 대대 예비 병력으로 효자역에 남겨두고 대대 전술지휘소 요원과 유일한 가용병력인 제9중대 병력을 데리고 소티재(牛峴)로 진출하였다. 이때, 제25연대 제3대대는 통신장비조차 미처 갖추지 못한 상태였기에 제3사단 사령부와도 통신 연락은 불가능한 상황이었다. 포항 시내에서 북서쪽 2km 지점에 있는 소티재는, 흥해에서 포항 시내로 들어오는 길목으로 포항 방어의 마지막 보루가 되는 중요지형이었다.

제9중대장(문일수 중위)은 소티재에서 7번 도로를 감시하는 데 가장 유리한 105고지(현 포항해양경찰서가 자리한 야산으로 추정, 이하 소티재 고지)에 방어진지를 편성하고 대대 관측소도 제9중대 방어진지 안에 설치하였다. 국군 제25연대의 구성 요원 대다수가 그러하였듯이, 제9중대도 마찬가지로 총원 180여 명 가운데 전투 경험이 있는 고참 병사는 극소수이고 장교는 중대장을 포함한 3명밖에 없었고, 나머지는 모두 학도병(포항 출신 학도병이 다수 포함되었을 것으로 추정)이었다. 이날 밤 정찰대로 보이는 인원수 미상의 북한군과 가벼운 교전이 있었을 뿐 별다른 상황은 발생하지 않고 지났다.

8월 10일　　　이날 자정까지 북한군의 특별한 움직임은 감지되지 않았다.

17　제10중대는 8월 9일 저녁 연대장 명령으로 어래산으로 이동 중 방향을 잘못 잡아 144고지로 진출하게 되어 고립되었으나, 다음 날 밤 포위망을 뚫고 탈출하였다.

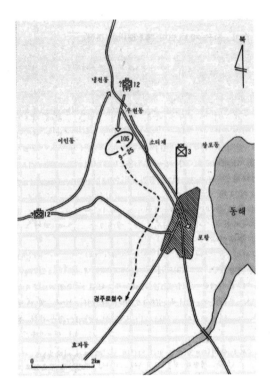

제25연대 제9중대의 소티재 방어 상황(한국전쟁전투사 안강포항 전투 요도 12)

8월 11일   8월 10일 자정이 지난 무렵 즉 8월 11일 00:00경 북한군 1개 중대 규모로 늘어난 병력이 소티재 고지(105) 북쪽 기슭에 나타났다.[18] 그들은 첨병 중대인 듯 보였으나 별다른 경계 조치도 하지 않은 채 도로로 접근하

---

18 일부 전사 자료에서는 소티재 전투가 8월 10일 자정으로 나오는데 이것은 오류다. 『한국전쟁전투사 안강·포항 전투』 101쪽에서는 8월 9일 첫 접전이 있은 후 하룻밤이 지나고, 그 이튿날의 자정이 지날 무렵이라고 나온다. 결국, 8월 9일의 이튿날 밤이면 8월 10일 밤이고 자정이면 결국 8월 11일 00:00가 되는 것이 마땅하다. 북한군이 소티재 고지의 국군 병력을 제대로 파악하지 못함에 따라 하루를 허비하여, 전력을 갖춘 다음 다시 포항 시내로 8월 11일 00:00경 진출을 시도하였고 2시간 남짓한 치열한 교전으로 인한 총소리는 포항여중(후방지휘소)까지 들려 학도병 71명이 경계태세를 갖출 귀중한 시간을 벌어주었다.

고 있어 국군 제9중대는 기습적인 사격을 하였으나, 북한군은 잠시 흩어졌다가 다시 전열을 가다듬고 공격해 옴에 따라 이때부터 약 2시간에 걸쳐 치열한 교전을 하였다. 이 전투에서 제9중대 병력은 절반가량의 피해를 입었다. 제9중대장은 곧 대대관측소 부근에 대기시켜 두었던 중대 예비인 제3소대를 일선에 배치하고 방어 진지를 재조정하였다. 이러는 사이 북한군 주력이 제9중대 방어진지 전방에 출현하였다. 그들은 이미 첨병 중대에게 상황 보고를 받은 듯 곧장 소티재 고지를 향해 사격하면서 다가오기 시작하였다. 이때부터 처절한 근접전이 전개되다가 끝내는 진지 내에서 백병전이 전개되었다. 소티재 고지를 공격하던 북한군은 국군 방어병력이 소수라는 것을 확인한 듯 진지 내에서 한 차례 육박전을 벌인 직후에는, 이 고지에서 물러나 포항 시내 쪽으로 남하하기 시작하였다.

북한군이 물러난 후 정신을 가다듬은 9중대장이 잔여 병력을 파악한 결과, 제1소대장(유동준 소위)을 비롯한 각 소대장 전원과 대다수 중대원이 전사 또는 실종되어 방어진지에 남아있는 장병은 중대장을 포함한 15명뿐이었고 대대장과 대대 지휘부 요원을 합쳐도 불과 20여 명에 불과하였다. 중대 소속 학도병들은 전원 전사하였다. 너무 처참한 정경에 충격을 받은 제3대대장 이하 생존자들은 넋을 잃은 듯이 두리번거리고 있을 무렵, 포항 시내 방향에서 총소리가 울려 퍼졌다. 포항여중에서 첫 전투가 벌어진 것이다. 전투 상황은 물론 통신으로 제3사단 사령부와도 연락이 불가능하다는 점을 인식한 제3대대장은, 포항 출신으로 이 지역 지리에 정통한 제9중대장에게 경주로 철수할 수 있는 이동로를 개척하도록 명령하고 잔존병력을 이끌고 이날 오후 경주에 도착하였다. 제25연대 9중대가 이후 산악 지역을 통과하여 경주로 이동하기까지는 무전 미비 등으로 인해 포항여중 전투에 가담할 잔여 병력도 없었지만 정확한 전투 지점과 전투 상황을 알 수 없었기 때문에 철수하였을 것으로 보는 것이 타당할 것이다.

제2절 3사단장을 따라왔던 학도병들의 포항여중 전투(50. 8. 11)

7월 7일　이날 수도사단장으로 부임한 김석원 장군이 학도병을 모집하자, 진천지구 전투 중 학도병을 출전시켰던 적이 있었기에 학생들의 호응이 높았다. 1차로 지원한 학도병 47명은 7월 27일 밤 대구역에서 출발하여 7월 28일 새벽 안동역에 도착하였다. 이후 안동시장 근처 교회에서 2일 동안 소총 분해조립과 사격술, 수류탄 사용법 등을 배웠다. 당시 학도병에게는 M1 소총 또는 99식 장총[19](일본군이 사용하던 소총)의 두 종류가 지급되었다.

7월 31일　18:00 수도사단 후방지휘소 장교가 북한군이 다가오자 학도병들에게 실탄 50발씩을 지급하였다. 하지만 이미 17:00경 유엔군사령부에서 제1군단에게 24:00까지 낙동강 남안으로 철수하라는 명령서를 경비행기를 통해 낙하시켰으나 영문명령서를 번역하는 데 3시간, 작전참모 회의에서 4시간이 걸려 철수 명령 하달이 지체되었다. 결국, 8월 1일 04:00경부터 철수가 시작되었다.

8월 2일　15:00경 기존에 군사훈련 중이던 학도병에 제2기 학도병 40명이 대구에서 출발하여 합류하여, 수도사단 소속 학도병은 87명으로 늘어 중대급 규모가 되었다.

---

19 이 당시 99식 소총은 국군의 무기가 부족하자 미군의 M1소총의 총알을 수용할 수 있도록 개조한 것이 많았는데, 그로 인해 강력한 M1소총의 총탄을 견디지 못한 99식 소총 폭발사고도 많이 발생하였다.

8월 8일　　이날 새로이 부임한 백인엽 수도사단장이 학도병을 소집, 학도병 중대를 인정하지 않고 입대를 권유하였다. 지원자가 없자 사단 참모는 '지금 입대하면 대학생은 일등중사, 중학생은 이등중사 계급을 준다'고 설득함에 따라 87명 중 16명은 현지입대를 선택하였다. 하지만 나머지 71명이 끝까지 학도병 중대로 남겠다고 하자, 수도사단장은 무기를 회수하고는 귀향하도록 조치하였다.

8월 9일　　수도사단에서 무장해제된 71명의 학도병은 의성역에서 제3사단장으로 부임한 김석원 장군을 따라 포항으로 가기로 결의, 운임 대신 열차의 상차작업을 도운 후 철도로 8월 9일 13:00경 경주역에 도착하였다. 하지만 이들이 학도병임을 증명할 길이 없어 수송관은 포항으로의 이동을 허락하지 않았다. 이에 김용섭이 학도병 대표 자격으로 제3사단 후방지휘소의 인사참모(김재규 소령)와 통화하여 그의 신원보증으로 경주역에서 기차로 이동, 17:00경 포항역에 도착하였다. 학도병들은 포항역에서 북쪽 3km 정도 떨어진 제3사단 후방지휘소가 자리 잡은 포항여중(현재 포항여고)으로 찾아가 제3사단 작전처 보좌관(김치련 대위)을 만났다. 원래는 학도병 360명이 올 예정이라 알고 있었던 김치련 대위는, 71명만 비무장으로 나타나자 학교 근처 포항국민학교로 데려가 숙소를 배정해주고 쉬도록 했다. 이후 학도병들은 김치련 대위에게 현재 전황에 대한 설명을 들었다. 학도병들은 그제야 자유시간이 주어져 휴식과 목욕, 내의세탁 등을 하면서 지휘소에서 보내준 밥과 콩나물국으로 식사를 하였다. 하지만, 당시 포항시의 경비는 경찰이 외곽을 담당하고 있었으나 포항의 군부대에서는 8월 10일까지도 북한군이 포항 북쪽에 진출 중이라는 정보를 얻지 못하였기에 별다른 대책을 마련하지는 않았다. 제25연대 제9중대가 소티재 고지에 있었으나 통신장비가 없기에 연락할 수 없었기 때문이었다.

8월 초순, 제3사단은 포항여중에 후방지휘소를 두고 있었지만, 당시 북한군과 교전 중이었기 때문에 후방지휘소에 전투병력을 배치할 여유는 없었다. 김석원 준장은 수도사단장에서 제3사단장으로 8월 7일 자로 교체되어 부임하는 도중 제3사단 후방지휘소에 들러, 구두로 군수참모인 유원식 소령을 포항지구 방위사령관으로 임명한 후 강구로 이동하여 이준식 준장과 8월 8일 사단장직을 교대하였다. 당시 후방지휘소(현재의 포항여고, 당시 포항여중)의 병력은 해군경비부 본부 요원 300여 명과 공군 포항지부대 1개 중대, 경찰과 청년방위대, 군악대, 각지에서 피난해온 경관 등 약 4,000명이 있었다. 무기는 학도병 360명이 오기로 예정되었기 때문에, 해당 수량의 소총을 미군에게 인계받았다. 이때 북한군 제766부대는 태백산맥을 따라 강행군으로 8월 8일에는 포항 북방 40km 지점인 보현산까지 내려와 포항 공격을 위해 대기 중인 상황이었다.

8월 10일 국군 제3사단 전방지휘소는 북한군 포병 화력의 사정권에서 벗어나기 위해 영덕 남정면 장사리로 이동하였다. 이후 북한군 제5사단이 포항 흥해를 점령했다는 소식이 전해지자 포항시민들은 피난을 서둘렀다. 이처럼 전선의 상황이 긴박하게 전개되자, 포항국민학교에서 쉬고 있던 학도병들에게도 후방지휘소로부터 집합하라는 연락이 왔다.

8월 10일 17:00경 포항여중 학교운동장을 지나 강당으로 숙소를 옮긴 71명의 학도병들은, 부대를 재편성하면서 학생들이 투표로 간부를 선출하였다. 중대장에는 김용섭, 제1소대장에는 유명욱, 제2소대장에는 김일호가 선발되었다. 중대 연락병에는 당시 가장 나이가 어렸던 김만규가 지명되었고 분대별 분대장도 임명하였다. 이날 저녁 김치련 대위는 학도병들에게 영일비행장에 주둔 중인 미 해병대에서 받아온 기름칠 상태가 그대로인 M1소총

신품과 탄약 250발, 수류탄 2발씩을 나누어 주었다. 학도병들은 각자 병기를 점검하고 향후 대책을 논의하느라 자정 무렵 잠자리에 들었다.

8월 11일 　 03:00경 포항여중 인근에서 총소리가 들렸다. 소티재 고지에서 제25연대 제9중대가 북한군과 교전을 벌였기 때문이었다. 포항 출신 학도병들이 먼저 산화한 소티재 전투가 후방지휘소의 경계를 맡은 학도병들의 전투 준비 시간과 최소한 마음가짐을 다지는 귀중한 시간을 벌게 해 준 셈이다. 불침번이 학도병들을 깨우는 동안 김용섭 학도병 중대장은 사단 후방지휘소 본부로 김만규 연락병을 보냈으나, 너무 늦어져 직접 후방지휘소 본부로 뛰어갔다. 지휘소 본부에서는 행정병과 군악대원까지 이미 완전군장을 꾸린 상태였고, 통신병은 장사리에서 교전하고 있는 제3사단 사령부와 통화를 시도하였으나 연결되지는 않았다. 이때 포항 시내로 정찰을 나갔던 김치련 대위가 돌아와 수 미상의 북한군이 침입하여 교란작전을 벌이고 있다고 보고하였다. 후방지휘소를 맡았던 김재규 소령은 학도병들을 학교 울타리에서 경계를 서도록 지시하는 한편 김치련 대위에게는 기밀문서와 보급품 수송을 준비하도록 명령하고, 행정병과 군악대원 등 60여 명을 이끌고 포항여중 뒷산 쪽으로 이동하였다. 김용섭 학도병 중대장은 제자리로 돌아와 제1소대는 학교 정문 좌측, 제2소대는 우측을 맡아 경계하도록 지시하였다. 학도병들은 전투에 대비하여 소총을 점검하면서 각자가 속한 소대장을 따라 강당을 빠져나갔다. 학교 정문은 남향이었고 학교 북쪽에는 낮은 야산이 있었는데, 김재규 소령이 병력을 이끌고 이동한 그 야산에서는 흥해에서 포항 시내로 넘어오는 소티재와 진입로를 눈으로 볼 수 있어 침입자를 감시 통제하기 좋은 곳이었다. 당시 포항여중에는 울타리 대신 상록수가 심어져 있었고 50cm쯤 되는 둔덕이 울타리를 타고 길게 자리잡고 있었기에 자연 엄폐물이 되었다. 학교 옆에는 동해남부선 철로가 학산역으로 이어지고 있었고 철로 옆에는 냇가가 있었다. 철로 건너편 논밭에는 벼 이삭이 이미 폈고 밭의 콩도 잘 자라고 있었다. 학교 울타리가 논밭보다는 조금 높아 전방을 관찰하기에는 좋았다. 잠시 시간이 지나자 서남쪽에서 신호탄이 터졌다. 제3사단 후방지휘소의 뒷산에서 04:00경 6발의 예광 신호탄이 올라가면서 일제히 울린 따발총 소리는, 포항 시내 군경과 시민들을 불안 속에 몰아넣었다.

8월 11일　04:00경 학도병들이 긴장 상태로 대기하던 어느 순간, 소티재 고지에서 제25연대 9중대를 거의 섬멸한 제766부대를 포함한 북한군 주력부대 약 300여 명의 병력과 일부 기갑부대가 포항여중으로 서서히 다가왔다. 북한군들은 따발총을 목에 걸고 허리를 굽힌 채 천천히 전진하며, 학교 앞 30m 전방까지 다가왔다. 그중 20명쯤 되는 북한군은 안심해도 된다는 듯 허리를 펴고 학교 쪽을 향해 걸어왔다. 이들의 접근을 미리 감지하고 있던 학도병들은, 북한군이 근접할 때까지 기다렸다가 한순간 10분도 되지 않은 교전이 벌어졌으며 가까이 왔던 북한군은 모두 쓰러졌다. 이 첫 번째 전투에서 학도병들은 북한군 20여 명을 사살하는 전과를 올렸다. 너무 근접한 거리여서 한 명도 피하지 못한 것이다. 이후 서서히 날이 밝기 시작하며 2시간이 지나는 동안 북한군 측에서는 아무런 움직임도 없었다.

8월 11일　06:00경 날이 밝자 북한군들이 200m 전방에서 움직이기 시작하였다. 북한군이 사격권 안으로 들어서자, 김용섭 중대장의 신호로 학도병들은 선제사격을 감행하였다. 학도병 중대의 공격으로 시작된 1시간 정도에 걸친 교전에서 북한군은 많은 인명 피해를 내자 일단 후퇴하기 시작하였다.

8월 11일　07:00경 북한군의 보병 병력이 물러난 직후 곧바로 북한군의 포격이 재개되었다. 07:00가 지난 직후 후방지휘소에서 하사관 2명이 전투 지도를 위해 학도병들을 찾아왔다. 비상식량으로 건빵을 나누어주고 실탄도

100발씩 추가로 지급해 주었다. 마른 건빵으로 끼니를 때우고 있을 때 북한 군의 포탄이 날아왔다. 북한군의 포탄이 정확하게 학교 건물로 떨어졌다. 포탄이 계속 날아들자 학교 건물은 부서지면서 불에 타기 시작하였다. 이때 김재규 소령이 병력을 이끌고 사단 후방지휘소로 돌아왔다. 북한군의 대규 모 병력이 학교 정문으로 돌입하자, 기밀문서와 보급품을 후방으로 철수해 야 한다고 판단하였기 때문이다. 김재규 소령이 건물 안에서 철수준비를 하 는 동안에도 포탄이 계속 떨어졌는데, 김재규 소령은 지붕이 무너지면서 그 곳에 갇히게 되었다. 얼마 후 이종도 하사관이 실신한 김재규 소령을 업고 건물더미에서 나와 곧바로 철수 예정지인 감포를 향해 뛰어갔다.

8월 11일   12:00경 학도병들은 뜨거운 태양을 맞으며 북한군과 대치하면 서 사단 본부에서 병력을 지원한다는 소식만 기다리고 있었다. 그런데 어렵 게 연결된 사단 사령부와의 통화는 '지금 사단 본부 정면에 출현하여 공격 하는 부대는 적군이니 반격하라! 현재 영덕 방면에서 아군이 남하하고 있으 니 염려 말라! 사단 본부를 사수하라! 사수하라'는 것이었다. 여기까지 전달 된 다음 통신이 바로 끊겨버려 상세한 내용을 파악할 수는 없었다. 결국, 학 도병 중대는 사단 본부와 후방부대와도 연락이 두절된 고립무원의 상태에 빠졌다.

그 사이 북한군의 세 번째 공격이 시작되었다. 계속되는 교전에도 불구하 고, 북한군은 학도병들의 저항선을 뚫지 못하고 논밭에 많은 시체를 남긴 채 퇴각하였다. 한여름의 정오를 지난 시간이어서 학도병들은 배도 고프고 목이 말랐다. 이우근 학도병이 우물에서 물을 길어와 마시라고 나누어주었 다. 북한군은 학교 정문 공격이 무산되자 우회로를 찾았다. 일부 병력이 학 교 뒤쪽으로, 일부 병력은 강당이 있는 측면으로 다가오고 있었다. 이제는 삼면에서 공격당하게 되었다. 정문 좌우에는 후방지휘소의 행정병들이 배치되었으나 마음을 놓을 수는 없었다. 그 시각 학도병 제1소대장 유명욱은 미군 고문관이 버리고 간 지프차를 타고 지휘소의 옆에 있던 탄약창고로 갔다. 창고 안에는 미처 철수하지 못한 보급물자가 많이 있었다. 유명욱 제1소대장은 몇 상자밖에 남지 않았던 탄약을 찾았고, 건빵과 담요를 챙겨 정문으로 돌아왔다. 김용섭 학도병 중대장은 탄약을 나누어 주며 실탄을 아끼라고 신신당부를 하였다. 학도병들은 축축한 땅바닥에 담요를 깔고 건빵을 먹었다. 얼마 후 행정병들이 맡고 있던 우측에서 총소리가 났다. 우회하여 침투하던 북한군과 교전이 벌어져 비전투요원이었던 행정병들은 약 30여 명의 사상자를 내고 후퇴하였다. 이때 학도병들은 뒷산에 붉은색 인공기가 올라간 것을 보았다. 북한군이 포항여중 뒷산을 점령한 이후 다시 조용해졌다. 학도병들은 세 번씩이나 공격을 막는 동안 몹시 지쳐 있었다.

8월 11일　　14:00경 북한군의 3차 공격이 그친 후 2시간이 흘렀다. 세 번째 공격까지는 막았으나 북한군이 네 차례 연속 공격해 들어오자, 이전의 세 차례 전투와는 전혀 다른 상황이 전개되었다. 무엇보다도 이전 전투까지는 국군의 잔존병력이 학도병 중대와 양 측방에서 분전하면서 방어선을 지탱

포항이 북한군에게 점령당하기 직전 포항여중 뒷산에서 바라본 포항시내 전경
(출처 : 『한국전쟁전투사』 p.98)

하는 큰 힘이 되어 주었으나, 네 번째 전투는 오직 학도병들만으로 북한군과 전투를 벌여야 했기 때문이었다. 북한군 한 명이 둑에 올라와 백기를 흔들자, 학도병들이 일제히 사격하여 사살하였다. 그러자 확성기로 '우리는 북한군 제5사단 2연대인데, 국방군 동무들을 해방시켜 주겠다. 30분 여유를 줄 테니 잘 생각해 보라' 하고는 사격을 딱 멈추었다. 학도병은 '동무들이나 항복해라. 그래 포항에는 어떻게 들어왔나'라며 큰소리로 대응하였다. 북한군 진영에서는 '어젯밤에 국방군 암호를 대고 안강을 거쳐 들어왔다. 암호는 달과 별이더라'라고 대답하였다. 그리고, '한 명만 나와 보라, 환영의 모범을 보여주겠다'고 하였다. 이때 학도병 1명(길안영)이 총을 놓고 걸어 나갔는데, 몇 발짝 떼기도 전에 북한군이 총을 쏘아대기 시작하였다. 결국, 이것을 신호로 교전이 재개되었다. 포항여중을 포위한 북한군은 전방뿐만 아니라 후방의 학교 뒷산에서도 공격해 왔다. 불과 71명의 학도병들이 학교 울타리 밑에서 네 차례나 북한군의 파상공격을 막아내고 있었다. 네 차례 전투를 펼치는 동안 실탄은 바닥났으며 학도병들은 손에 몇 개의 수류탄만 쥐고 최후의 결전을 준비하였다. 이윽고 북한군이 학도병 중대의 방어선 정면으로 접근하자, 학도병들은 눈앞까지 접근해 온 북한군을 향해 수류탄을 던진 후 백병전이 시작되었다. 이 마지막 전투에서 학도병 71명 중 김춘식, 이상현, 윤정한, 김영환, 이상헌, 김언구, 윤재정, 금병선, 이우근, 길안영, 서성룡, 정문호, 윤학 등 48명이 전사하였고, 행방불명자 4명, 포로 13명, 부상으로 인한 후송은 6명이었다. 후송자를 포함하여 살아서 포항여중을 빠져나온 사람은 김용섭, 김일호, 김호경, 김탄, 유명욱, 이병균, 조성태, 주정만, 황기태 외 5명뿐이었다. 초전에 총상을 입었던 6명은 부두 방면으로 후송되었다. 하지만 나머지 학도병들은 포항여중 방어선을 고수하면서 모두 쓰러질 때까지 버티고 싸웠다. 총성이 멎고 전투에서 부상으로 실신하였던 13명은 북한군에게 포로로 잡혔다. 포로로 끌려가던 학도병 중 2명은 탈출하였으나, 나머지 10명은 그대로 북한군에게 끌려가고 말았다. 포로로 잡혔던 김만규, 황재호 2명의 학도병은 약 10일 동안 기계면의 북한군 포로수용소에 있다가 10여 일 지난 후 구사일생으로 탈출에 성공하였다.[20]

8월 11일　18:00경 북한군은 장갑차량부대를 진입시키고 있었고, 포항 시내 주민들은 영일만에 정박해 있던 700여 척의 어선 등을 통해 피난하고 있었다. 북한군 제12사단의 일부 병력에 의해 포항이 완전 점령되었다.

포항이 함락되었다는 보고를 받은 미 제8군 사령관 워커 중장은 제9연대의 1개 전차 소대를 영일비행장에 파견하여 브래들리 지대를 증강하였다. 병참부는 군수품을 대부분 민간선박에 싣고 있었던 관계로 피해 없이 철수할 수 있었다. 병기부는 당시 보유하고 있던 노획 무기 일부는 땅에 묻고 나머지는 휴대하여 구룡포로 후퇴하였다. 후방지휘소는 군수품을 구룡포로 후송하였고, 후방지휘소 감찰참모인 손창규 소령은 형산교에서 철수하고 있는 국군 병력을 수습하여 전투 중대를 편성한 후 형산강 제방에 배치하여 북한군의 도하에 대비하기도 하였다. 해군기지사령부 요원과 경찰관 그리고 미 군수지원부대의 일부 병력도 영일만에서 감포로 무사히 철수할 수 있었다. 한편, 미 제8군은 영일만에 접근 중이던 군함 헤레나호에서 함재기가

20　이 전투에서 북한군에게 포로로 잡힌 학도병 10명이 끌려간 곳은 기계면 북한군의 후방 지휘부 인근 포로수용소였다. 당시 이곳에는 국군과 미군을 포함한 포로 150여 명이 수용되어 있었다. 북한군은 포로들에게 여러 감언이설로 회유 선동하였다. 찬동하지 않은 포로에게는 밥을 주지 않았고, 서명날인하면 겨우 소금 바른 주먹밥을 주었다. 그리고 해방 전사라는 이름으로 총알받이 삼아 최전선에서 북한군의 제물로 삼았다. 포로수용소에서 10여 일간 학도병들은 회유당하지 않았다. 때마침 아군 항공기가 공습하여 대피 소동이 일어나는 혼란이 발생한 틈을 이용하여, 일부 포로들은 결사의 탈출을 감행하였다. 학도병 중 김만규와 황재호는 이때 극적으로 탈출에 성공하여 포항에 주둔하였던 제3사단으로 복귀할 수 있었다. 하지만 나머지 총 10명의 학도병 중 8명은 이후로도 행방을 확인할 수 없었다.

출동하여 공중폭격과 함포사격으로 북한군을 공격하였다. 치열한 함포사격
과 공중폭격에 견디지 못한 북한군은 포항을 점령한 지 불과 3시간 만에 포
항을 버리고 퇴각하기 시작하였다.

북한군 점령 이후 미군 폭격으로 손상된 제3사단지휘소(당시 포항여중)
(촬영 : 1950년 9월 3일, 트루먼 박물관 소장)

포항 탈환의 임무를 받고 포항 시내로 진격한 제3사단장 김석원 장군은,
학도병들의 시신을 수습하도록 지시하였다. 이 지시를 받은 남상선 소위와
소진혁 상사, 임노철 중사 그리고 민간인 5명은 8월 14일 14:00경 포항여중
에 도착하여 학도병 시신 48구를 발견하고 약 5시간에 걸쳐 시신을 모아 가
매장한 후 다음과 같은 표지를 세웠다.

여기 장렬히 싸우다 잠든 48구의 학도병이 있음. 후일 다시 찾을 때까지 누구
도 손을 대지 말 것. - 국군 제3사단장 백 -

한편 당시 제3사단에는 여자학도의용군도 참전하였다. 강릉여고 재학 중이던 엄영순 등 여자 학도병 20여 명은 제3사단의 포항지구 전투부터 참전, 이후 원산·함흥까지 함께 이동하였다. 이들은 부상병 치료와 밥 나르기, 총기를 모아 군인에게 갖다주기 등의 임무를 수행하였다.

9월 초 어느 날 본인이 소속된 1, 2소대는 포항 북방 안강 근교 효자동 뒷산 전선에 투입되었다. 잔여 3, 4소대는 남상선 소위의 지휘로 효자동 채 못 미치는 후방에 배치되어 임전 태세를 갖추고 있었다. 얼마 후 우리가 배치된 고지 전면의 산 능선에서 적의 포격 공세가 시작되었는데, 우리는 목표물을 보지 않은 채 사격하면서 응전하였고 만 2일 동안 격전을 계속, 식사는커녕 일체의 보급마저 끊어진 채 최후의 저항선을 지켰다.(중략) 사단 공병대의 무전기 소리에 놀라 돌아보니 공병대 병사의 외치는 소리는 학도병 전원 철수라는 한마디였다. 다음 날 동틀 무렵 겨우 후방에 배치되어 있던 3, 4소대와 합류하였다. 우리는 대오를 정비하여 적의 기습에 대비하며 오천비행장까지 후퇴하였고, 이곳에서 부대정비와 휴식을 취한 후 포항 시가지 탈환준비에 임하였다. 그곳에서 재정비한 우리는 남상선 소위 지휘로 수복된 포항에서 북진대열을 정비하는 한편, 앞서 효자동 전투에서 산화한 학우들의 시체를 수습하여 포항여고 교정에 가매장한 고 김춘식 외 48주의 가무덤에 함께 합장하였다.[21](이하 생략)

21 체험담 6·25와 나, 대한민국 학도의용군회 부의장 홍수용 증언, 국방부 군사편찬연구소. 『6·25 전쟁 학도의용군 연구 자료집』, pp.199-209에서 발췌

포항여중 귀퉁이에 있던 학도병 전사자의 묘지, 8월 14일 김석원 사단장의 표지판 이후에 아마도 효자동 전투 학도병들과 합장한 후 세워졌을 것으로 추정된다.

제4장 학도병들이 산화한 포항 실함 직전 전투

제5장
송라 독석리의 3사단 철수작전
(1950. 8. 10 - 8. 17)

국군 제3사단 지휘부는 8월 9일 아침 오십천교(강구교)가 폭파되고 북한 군의 포탄이 떨어지기 시작하자, 이날 오후 영덕 남정면 장사리로 이동하게 되었다. 8월 2일 영덕에서 철수하였던 북한군 제5사단이 청송-기계로 이어 진 제12사단의 공세와 보조를 맞추어 영덕-포항 방향으로 대규모 공격에 나섰기 때문이었다. 이때 영덕을 방어하던 국군 제3사단(제22, 제23연대)은 치 열한 근접전을 계속하던 중 제23연대 일부 진지가 돌파되면서 방어선이 무 너지기 시작하였다. 전투력이 저하된 국군 제3사단은 역습과 후퇴를 반복하 면서 영덕 남쪽 강구를 거쳐 8월 10일 남정면 장사리로 철수하게 된 것이다. 북한군 제5사단이 강구에 진입한 이 날은 북한군 제12사단이 강구 남서쪽 30km 지점의 포항 북구 기계를 점령한 날이기도 하였다. 포항과 안강으로 이어지는 교통 요지였던 기계의 상실은, 곧 포항의 위기로 직결되었다. 이러 한 상황에서 국군 제3사단은 영덕 강구 오포리의 오십천 하구 남안에 제23 연대를 재배치하여 제22연대를 엄호하게 하면서, 영덕 남정면 남호리로 철 수시켜 부대를 재정비하였다.

같은 날(8월 10일) 북한군 제5사단의 일부 병력이 흥해 남쪽 3.8km 지점의 성곡리 냉천 일대까지 점령하여 흥해를 차단함으로써, 국군 제3사단은 퇴로가 차단되어 영덕 남정면 구계리, 포항 청하면 월포리 일대에 고립되며 북한군에게 포위되었다. 제3사단장은 사태의 심각성을 직감하고 제23연대를 봉황산-구계리 방어선에 재배치하고, 제22연대를 포항 송라면 하송리로 집결·대기시키는 한편, 사단 전술지휘소를 청하 월포리로 이동시켜 포항으로 내려갈 준비를 하였다. 그러나 포위를 당한 국군 제3사단 단독으로는 흥해 일대에 배치된 북한군 제12사단이 증강시킨 1개 연대 규모를 공격하기도 힘겨운 실정이었다. 더구나 국군 제3사단이 포항으로 내려가면 강구에서 남하 태세를 갖추고 있는 북한군 제5사단이 배후에서 계속 위협하는 상황에 처할 것을 고려하여, 제3사단장(김석원 준장)은 북한군의 포위망 돌파 계획을 잠시 보류하였다.

그러한 상황에서 보고를 받은 미 제8군 사령관 워커 중장은 이날 국군 제3사단의 미 고문관 에머리치(Emmerich) 중령을 영일비행장으로 불러, 국군 제3사단은 장사리를 사수하면서 포항으로 남하하는 북한군 제5사단의 전차와 포병 이동을 영덕 남정 일대에서 저지하라는 명령을 내렸다. 에머리치 중령은 즉시 장사리로 복귀하여 제3사단장에게 워커 중장의 명령을 전달하였다. 결국, 제3사단은 강구 남단에서 장사리 남쪽 11km 지점에 이르는 해안선을 따라 462고지-봉황산-구계리로 이어지는 방어선에 진지를 편성하여 북한군의 남진에 맞서게 되었다.

8월 11~2일   8월 11일 아침 제3사단장은 포항의 후방지휘소가 기습을 받았고 포항 시내도 점령당했다는 소식에 충격을 받았다. 제3사단장이 참모장(공국진 중령)에게 예비부대가 어느 정도 되는지를 물었으나 전무하다는 답변을 들었다. 제3사단은 1개 연대와 2개 75mm 포대로 포항의 북한군에게 공격할 것을 결심하고 준비 명령을 내렸다. 하지만 사단장을 살피고 있던 미 고문관은 참모장으로부터 제3사단장의 의도를 확인한 후, 전면의 북한군을 저지하기도 역부족인 상황에서 병력을 빼내어 후방의 북한군을 공격하는 것은 무모하다고 주장하였다. 이러한 의견 차이로 30분 동안 논란을 거듭하였으나, 결국 워커 중장의 진지 사수 명령도 있었기에 제3사단장은 장사리에서 방어전을 계속하게 되었다. 이 무렵 북한군 제5사단은 국군 제3사단이 고립되었음을 인지하고 더욱 강력하게 압박하고 있었다. 이때 국군은 미 순양함 헤레나(Helena) 호와 3척의 구축함 그리고 미 전폭기의 지원을 받고 있었으며, 전술 항공통제반과 야포 관측장교가 폭격과 사격지점을 조정하고 있었다. 또 2대의 헬리콥터가 헤레나호에서 부상자용 약품 등을 보급하고 있었다. 북한군은 주로 야간을 이용하여 국군 진지를 향해 맹렬한 공세를 펼쳤기 때문에, 국군의 방어선이 편성된 진지는 점차 축소되어 갔다.

8월 13~4일　13일 아침 국군 제3사단은 청하 하송리에서 부대정비를 마친 제22연대의 2개 대대를 제23연대 방어 지역 좌측에 있는 462고지 일대에 배치하고, 1개 대대는 사단 예비부대로 하송리에 집결·대기시켰다. 제3사단장은 모든 보급을 선박 수송에 의존하고 있는 어려움, 북한군이 제3사단 방어지역을 남북 양측에서 협공하려는 징후가 포착되고 있는 점 등을 고려할 때 해상철수를 시도할 시기가 임박했다고 판단하였다. 이에 대비하여 제3사단장은 참모진을 동원하여 해안선을 답사한 결과, 송라면 독석리와 조사리 사이의 1km에 이르는 해안선이 선박 접안에 적합하고 승선을 위한 해두보(海頭堡)[22] 확보에 유리하다는 것을 확인하였다. 최대한 지역에서 이용할 수 있는 어선을 은밀하게 수배하여 우발적인 사태가 발생하더라도 대비할 방안을 마련하였다. 이러한 상황에서도 462고지 봉황산, 구계리의 방어선에서는

---

22 부대 및 물자를 계속 상륙할 수 있고 지상 작전에 필요한 기동 공간을 제공할 수 있는 적 해안에 설정되는 작전 지역을 말한다.(네이버 지식백과 군사용어사전, 국방과학기술용어사전 참조)

1950년 8월 12일 국군의 피난명령에 따라 포항 남쪽으로 이동하는 피난민(트루먼 박물관 소장)

북한군과의 교전이 계속되고 있었다.

제3사단은 13일 06:00에 장사리 남쪽 진지로 병력을 이동하였다. 이날 국군 부상자 313명은 장사리 해안에서 대기하던 선박이 암초에 부딪혀 선체에 큰 구멍이 생기자 파도가 심한 가운데 해상에 가설한 도보교를 건너 LST(Landing Ship Tank; 전차양륙함)로 바꾸어 탔으며, 중상자 86명은 수륙양용 차량편으로 부근의 국군 병원선으로 이송되어 부산으로 급히 후송되었다. 이날 제3사단의 주력 부대인 제22연대는 송라면 지경리에서 대전리 산령으로 이어지는 5km 정면을 점령하고 있었고, 제23연대는 618고지에서 291고지로 이어지는 방어선에 진지를 구축하였다. 그 남쪽에는 독립 제2대대(이소동 소령)가 291고지 부근에서 송라면 광천리 능선 지대를 점령하였고, 제22

연대 전방에는 강원 경찰대대가 경계 임무를 띠고 배치되어 교두보로 삼을 진지를 편성하고 있었으나, 보급이 순조롭지 못한 데다 탄약마저 떨어져 교두보 확보는 점차 어려운 상태가 되었다. 제3사단장은 제22연대와 제23연대가 정면에서 북한군의 압력을 받고 있었기 때문에, 2개 연대가 지연전을 펼치면서 포항으로 이동하기에는 적지 않은 피해가 발생할 것이 우려되었다. 이때에도 미군 수송기가 폭탄과 의약품 등을 투하해주고 있었지만, 충분한 식량은 보급되지 않고 있었다.

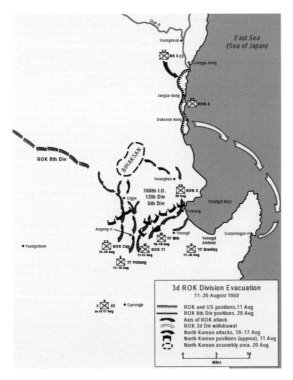

3사단 독석동철수작전 지도
(Over the Beach U. S. Army Amphibious operations in the Korean war, p.131)

8월 15일 　　육군본부는 포항 기계지구에서 좀처럼 전황이 호전될 기미가 보이지 않는 데다, 구계리·월포리 등지에 고립된 국군 제3사단이 점차 위험해지자 미 제8군과 협조하여 제3사단에 해상철수 명령(육군본부 작전명령 제134호: 1950. 8. 15 14:30)을 하달하였다. 제3사단은 이날 저녁 제23연대를 송라면 지경리·화진리에 재배치하고 그들의 엄호를 받으면서 제22연대를 화진리·독석리로 철수시켜 배치하였다.

8월 16일 　　이날 아침 경비행기를 통해 사단지휘소로 통신문이 투하되었다. 통신문은 '오늘 밤 LST를 보낼 것이므로 철수 지점과 LST의 기착 지점을 알려 달라. 30분 뒤 다시 오겠다'는 내용이었다. 이후 경비행기가 왔을 때 철수 지점을 알리자 '오늘 밤 21:00에 LST 4척이 해안선에 도착할 예정이니 필요한 준비를 하라'고 응답하고 돌아갔다.

3사단 해상철수작전을 설명하는 김석원 사단장(1950년 8월 16일 추정)
(출처 : 『한국전쟁전투사』, p.115)

제3사단장은 북한군과 교전 중인 상황에서 해상철수라는 어려운 작전의 성공 여부는, 얼마나 의도를 감추고 비밀리에 진행하는지에 달려 있다고 판단하였다. 제3사단장은 이후 해상철수를 극비로 부치고 특히 피난민들의 동태를 살피도록 지시하였다. 당시 피난민 속에는 북한군 편의대(便衣隊)[23]와 첩자들이 끼어들고 있었다. 그러하기에 제3사단의 작전 기도가 누설될 경우 치명적인 타격을 받게 될 것이므로 예방적인 조치를 한 것이었다. 이러한 일련의 대책을 마련한 다음 제3사단장은 각 연대장과 참모들을 소집하여 해상철수 작전에 대한 구상을 설명한 후 해안지대까지의 철수계획을 하달하였다.

〈 국군 제3사단 해상철수계획 〉

각 연대는 각 대대별로 1개 중대의 잔류접촉분견대를 편성한 후 8월 16일 21:00에 일제히 공격을 가하여 대치 중인 북한군을 격퇴한 직후 지정된 해안지대로 철수한다. 잔류접촉분견대는 17일 04:00 약정된 신호탄이 발사되면 지체 없이 철수한다. 기타 병력과 장비는 일선 연대가 승선하기 이전에 병력 승선과 장비 탑재를 마친다. 기만 대책으로는 트럭 6대를 동원하여 17일 자정부터 1시간 30분 동안 독석동 방화동간 2km 구간을 왕복운행하면서 국군 증원병력이 상륙한 것처럼 가장한다. 제11야전포병부대의 1개 중대는 잔류접촉분견대가 철수할 때까지 독석동 해안에서 요란사격을 계속한다.

8월 17일   제3사단장의 주도면밀한 철수계획은 북한군에게 국군의 움

---

23 책임 지역 내에 침투하는 적을 탐지·색출하기 위해 그 지역 환경에 맞도록 농민, 약초 채취꾼, 행상, 나무꾼 등으로 가장하여 주민과 동일한 행동을 하는 후방교란 목적의 비무장 비정규군 부대를 말하며 중국에서 당시 평상복을 편의라고 불러 북한군은 편의대라고 불렀다.(국방과학기술용어사전, 두산백과 등)

직임을 노출하지 않고 순조롭게 병력 승선과 장비 탑재가 진행되었다. 이 날 06:00경에는 부상자 125명을 포함한 제3사단 병력 9,000여 명, 경찰대원 1,200명, 지방 공무원과 반공투사, 노무자와 피난민 등 1,000여 명이 대기하던 LST에 승선 완료하였으며 모든 차량과 포, 각종 장비는 물론 심지어 피난민의 송아지까지도 실었다.

한편 북한군은 국군의 철수 작전이 진행되는 것을 전혀 모르고 있다가, 날이 밝아 오면서 LST가 해안 백사장에 접안한 것을 보고 06:00가 조금 지난 때부터 독석리 뒷산에서 박격포와 기관총으로 사격하기 시작하였다. 이 때는 이미 3척의 LST는 해안을 떠나는 중이었고 마지막 1척은 제3사단장 이하 참모들이 잔류접촉분견대의 승선을 확인하느라 출발하지 못한 상황이라 대기하던 중이었는데, 박격포탄이 떨어지기 시작하자 LST의 일본인[24] 선장은 서둘러 해안을 벗어나기 시작하였다. 이에 참모장이 헌병들을 수영으로 LST로 보내 선장을 설득[25]하여 해안으로 되돌아오게 함으로써, 마지막 철수병력과 함께 사단장과 참모진 등이 모두 07:00경에는 극적으로 승선을 완료할 수 있었다. 철수 작전이 진행되는 동안 미군 함정들은 함포사격으로 북한군 진지를 강타하였으며 LST가 해안을 떠날 무렵에는 함재기가 공중에서 기총소사를 계속함에 따라, 북한군은 해안선으로 접근할 엄두도 내지 못

---

24 이시마루 야스조(石丸安藏) 등에 따르면, 미군이 2차 대전 이후 일본 정부에 양여하였던 LST 선 등을 6·25전쟁 발발 이후 부족한 해상수송에 활용하고 있다. 1950년 7월 10일 일본선박의 전세척수는 29척, 74,000용적톤이었지만 5일 후에는 40척으로 증가하였다. 제1기병사단의 수송에는 도일(James. H. Doyle) 소장이 지휘하는 양용전부대가 사용되었지만, 동 부대에는 MSTS 소속 공격형화물선 2척, 병원수송선 3척, 항양예선 1척, LST 5척과 4척의 일본상선이 배선되었다. 또한 오키나와에서 제29보병연대의 2개 대대가 한반도로 이동되었지만 MSTS는 이 병력 수송을 위해 일본 여객선 2척과 화물선 1척을 용선하였다. 결국 당시 선장부터 LST선을 운용하는 승무원이 모두 일본인으로 구성된 LST이 이 당시 작전에 활용되고 있었음을 의미한다. 이시마루에 따르면 인천상륙작전 당시 미군이 승선한 정규 LST은 17척이었으나, 일본인 선원으로 편성된 LST는 30척에 이르렀다고 주장한다.
25 일부 자료에서는 이미 LST에 타고 있던 사단 헌병이 설득하였다고도 한다.

하였다. 마지막 LST가 07:00에 독석리 해변을 떠난 즉시 제3사단장은 무전으로 철수작전의 완료를 육군본부에 보고하였다.

LST선단은 순양함 헤레나호와 구축함 4척의 호송을 받으며 영일만을 우회하여 이날 10:30경 목적지인 구룡포에 무사히 상륙하여 다음 작전에 대비하게 되었다. 독석리 철수작전은 치밀한 계획 하에 빈틈없이 수행된 완벽한 작전이었다.

병력 승선계획 수립 당시 제3사단장은 경찰과 지방공무원, 반공투사들을 반드시 탑승시켜야 한다고 역설하고 이를 실행하였다. 제3사단장이 사단 병력을 철수하기도 힘든 상황에서 경찰과 민간인까지 승선시켜야 한다고 주장한 이유는, 국군이 작전할 때마다 늘 그들에게 많은 협조를 요청하고 도움을 받으면서도 위급할 때는 군인만 철수한다면 군에 대한 그들의 신뢰감을 저버리게 되어 결국 군관민의 화합을 기대할 수 없게 될 것이므로 이를 예방하기 위함이었다.

1950년 8월 포항에서 물건들을 챙겨 피난하는 남한 피난민(로이터)

제6장
민 부대의 포항 탈환 작전(1950. 8. 15-8. 20)

8월 초 북한군 제12사단은 안동 동남쪽 산악지대를 이용하여 기계·안강 지구로 침투하고 있었고, 북한군 제766부대도 영덕에서 안강 지구를 향해 서남쪽으로 진출하고 있었다. 그리고 북한군 제5사단은 영덕 해안지대를 따라 계속 남진을 노리고 있었다. 동해안에서 북한군의 남하를 저지해 오던 국군 제3사단은, 영덕 지역에서 남쪽 10km 지점의 장사리 일대로 이동하여 북한군 제5사단과 대치하고 있었다. 하지만 8월 11일 북한군의 일부 병력이 포항을 점령함으로써, 제3사단은 후방이 차단되었고 측면에서 북한군의 공격을 받을 위험을 맞이하게 되었다. 상황이 긴박해지자 8월 13일 미군 제40 전투비행대대와 지원 공군부대는 지상군과의 사전조정도 없이 일본으로 철수하였다. 이 무렵의 북한군 정세는 8월 11일 포항 시내를 일시 점령하였으나, 해상 함포사격과 공습에 못 견디고 이날 포항 시가지에서 일단 철수하였다가 13일 1개 연대가 다시 침투하기 시작하였다. 북한군 제5사단의 일부 병력도 포항 북쪽에 있다가, 8월 15일에는 1개 연대의 북한군 병력이 포항에 진입하자 북한군 제12사단의 1개 연대도 포항 서쪽으로 이동하게 되었다. 이에 따라 북한군은 포항과 안강 사이의 북방 지대를 장악하게 되었다.

8월 15일 기계와 포항 지구에 침공하였던 북한 제12사단과 제766부대는 포항지구전투사령부[26] 예하 제25연대와 제17연대 그리고 해군 육전대의 반격으로 일시 북쪽으로 퇴각하고 있었다. 북한군 제12사단의 일부 병력은 양동 북쪽 3km 지점인 165고지에서 국군 제17연대의 반격을 받고 이 지역 동북방 236고지와 '철도터널고지'로 퇴각하여 양동지역 북쪽과 포항으로 이동 중이었다. 육군본부는 이날 군 예비대로 확보 중이던 영천의 민기식 부대[27]를 포항으로 보내어 포항 탈환을 명령하였다.

8월 15일　민 부대의 부대장 민기식 대령은 15일 영천과 경주를 거쳐 동북쪽 12km 지점에 있는 화산리에 도착하자 그곳에 지휘소를 설치하였다. 그리고 민 부대장은 제2대대는 터널고지가 있는 형산강 남쪽의 256고지로, 제1대대는 대각리에 이르는 지역에 배치하여 언제든지 포항을 탈환할 수 있는 태세를 갖추고 있었다.

8월 16일　민 부대는 대기 중 진지를 보강하여 방어태세도 함께 갖추고 있었는데, 부대 동쪽 영일비행장에서도 브래들리 특수임무부대가 비행장과 형산강 남쪽 언덕에서 북한군의 침공에 대비하고 있었다.

8월 17일　민 부대의 제2대대장(이창범 대위)은 포항 시내의 북한군 정세를 탐색하기 위하여 14명으로 정찰대를 편성하였다. 정찰대원들은 피난민으로 가장하여 주간에 포항 시가지로 침투하여 무사히 귀대하였다. 정찰대원들

---

26 육군본부 작전명령 116호에 따라 8월 10일 포항·기계·안강 일대에서 북한군의 공격을 저지하기 위해 설치되었다. 사령관에는 이정일(개명 이성가) 대령이 임명되었다. 여기에는 제25연대 (유해준 중령), 제17연대(김희준 중령), 제1유격대대(정진 소령), 제2유격대대(김용주 중령), 해군육전대(강기천 소령)과 경찰부대 및 75㎜ 곡사포 1개 중대가 배속되었다. 그리고 8월 11일 대구에서 새로 편성된 제26연대(이백우 중령)도 이 사령부의 지휘하에 들게 되었다.

27 8월 11일 킨(Kean) 특수임무부대에서 배속 해제된 민기식 부대. 이영규 부대, 오덕준 부대, 이창범 부대는 8월 12일에 대구를 거쳐 금호에 도착하여 민기식 부대로 통합·흡수되어 육군본부의 예비대가 되었다. 그 편성은 부대장 민기식 대령, 참모장 이영규 중령, 정보참모 박영석 대위, 작전참모 이용 소령, 제1대대장 손관도 소령, 제2대대장 이창범 대위 등이었다.

1950년 8월 16일 미 해군통제반이 촬영한 북한군 점령지 포항 시내 상공
(사진 윗부분은 동빈내항, 우측의 하천은 칠성천. 트루먼 박물관 소장)

은 포항 시가지에 있던 북한군이 이미 포항 외곽으로 철수하였고, 시가지는 함포사격과 폭격으로 인해 폐허가 된 무인지대의 상태임을 확인하였다. 그리고 흥해국민학교 교정에서 약 3,000정으로 추산되는 M1소총이 상자째로 담긴 상태에 있는 것을 확인하였다고 보고하였다.

8월 18일　　이창범 민 부대 제2대대장은 이날 새벽, 제2대대 단독으로 포항을 탈환하기로 결심하였다. 제2대대장은 일단 256고지에는 1개 소대만을 잔류시킨 후 나머지 주력부대원을 이끌고 04:00경에 형산강을 건너 도로를 따라 포항 시가지로 전진하였다. 민 부대의 민기식 부대장은 부대 순찰 도중 제2대대의 대대본부에는 부대 병력이 없는 데다 고지에도 1개 소대만 남아 있음을 발견하였다. 소대장은 날이 밝기 전 제2대대장이 병력을 이끌고

포항 시내로 들어갔다고 보고하였다. 이에 부대장은 제2대대장이 기회를
포착하여 포항 탈환을 위해 진격하였다는 것을 간파하고, 즉시 제1대대로
하여금 차량으로 제2대대의 뒤를 따라가도록 명령하였다.

1950년 8월 19일 자 포항완전탈환을 보도한 마산일보

이 무렵 포항동 2km 서쪽까지 진격하였던 제2대대는, 마침 주먹밥을 먹
고 휴식하고 있던 차에 제1대대 병력이 합류하였다. 부대장은 제2대대장의
사후보고를 받는 즉시 제1대대는 포항시가지를 향해 돌입하고, 제2대대는
시가지의 능선 지대로 진출하라는 작전명령을 내렸다. 시가지로 진격하라
는 명령을 받은 민 부대 제1대대는 별다른 교전도 없이 포항시가지로 돌입
할 수 있었다. 이와 때를 맞추어 진출하기 시작한 제2대대는 능선 지대에서
소수의 북한군을 만나 그들을 소탕하면서 시가지로 진입하였다. 이때 포항
시가지는 폭격과 포격으로 폐허가 되고, 건물들도 앙상하게 자취만 남긴 상

태임을 확인하였다. 포항시가지를 거의 무혈 탈환한 민 부대는, 즉시 북쪽으로 퇴각하고 있는 북한군의 추격에 나섰다. 삿갓봉고지(93고지)를 목표로 전진을 계속하던 중, 날이 저물어 이인리와 동쪽 두호동을 연결하는 지점을 점령한 후 부근의 능선 일대에 각 대대를 배치하였다. 민 부대가 진격하고 있는 동안 미 브래들리 특수임무부대의 전차부대도 포항 북쪽 고지에서 지원전을 계속하고 있었다. 한편 민 부대 좌측에는 포항지구전투사령부로 소속되어 있던 제26연대가 기계 부근에서 221고지를 공격하며 진격하고 있었다.

8월 19일   민 부대는 이인리–두호동 방어선에서 북한군 정찰대와 경미한 교전을 계속하고 있었다. 221고지를 공격하던 제26연대도 북한군의 완강한 저항에 막혀 고전하고 있었다. 국군 제3사단이 독석리에서 해상철수함에 따라, 계속 남하한 북한군 제5사단은 흥해에 주력을 집결하고 있었다. 북한군 제5사단의 목표는 포항을 다시 점령할 태세를 갖추고 있는 것으로 판단되었다.

육군본부는 이날 22:00경 육본작명 제140호로 민 부대와 제3사단이 임무를 교대할 것을 명령하였다. 이에 따라 제3사단은 독석리 철수작전 이후 전열을 가다듬고 있던 동해면 도구리에서 출발하여 포항 시가지로 진출한 후 사단사령부를 포항에 설치하였다. 제3사단 제23연대는 민 부대가 펼치고 있던 방어선의 진지를 인수하고, 제22연대는 예비부대로 포항에 잔류하여 대기하고 있었다. 한편, 민 부대는 포항탈환 작전을 수행하는 동안 포로 180명, 야포 및 박격포[28] 53문, 기관총 160정, 소총 940정을 노획하는 전과를 거두었다.

방어진지를 제3사단 제23연대에 넘긴 민 부대는 신녕 지구로 이동하였다.

---

28 박격포는 포탄처럼 추진약이 폭발하는 힘에 의해 포물선을 그리며 자유비행을 하다가 탄두가 폭발하는 파편으로 인명살상을 주로 하는 보병의 휴대용 무기다.

이후 민 부대는 8월 20일 자로 제5연대로 개편되었는데, 부대장 민기식 대령은 육군본부로 전출되고 참모장 이영규 중령이 개편된 제5연대장으로 임명되었다.

8월 22일 제3사단은 북한군과의 격전 끝에 삿갓봉고지[29]를 점령함으로써 흥해 평지를 내려 볼 수 있는 중요 지역을 확보하였다. 하루 이틀 정도의 소강상태를 거친 후 24일부터는 다시 북한군 제5사단이 공세를 강화하기 시작하면서 포항 북방 지역에서의 전선은 더욱 격화되었다.

---

29 상세는 제8장 천마산지구 삿갓봉고지 전투를 참조.

제7장
기북 지구 비학산 전투(1950. 8. 18~8. 26)

북한군 제12사단은 8월 14일부터 국군 제1군단과 기계 지구 전투를 치르는 과정에서 막대한 피해를 입은 채 비학산 지역으로 후퇴하였다. 국군 수도사단은 기계 탈환 전투에서 치명적인 타격을 입은 북한군 제12사단이 앞으로는 능동적인 작전을 전개하지 못할 것으로 판단하였다. 이에 북한군 제12사단이 거점을 두고 있는 비학산을 목표로 삼아 일제히 공격을 감행할 것을 결정하였다.

이 무렵 북한군 제12사단 전술지휘소가 있었던 운주산에는 기계에서 철수한 북한군 전방부대의 일부 병력이 집결하고 있었다. 이러한 북한군의 정황을 파악한 국군 제1군단은 운주산의 북한군을 일망타진할 목적으로 국군 제8사단 제10연대와 독립 제1유격대대, 제2유격대대를 운주산 포위부대로 확보한 후 8월 17일 이른 새벽 운주산 주변으로 투입하였다. 그러나 북한군은 공격 당일을 전후하여 이미 비학산으로 모두 탈출한 상태였기에 작전을 수행할 필요성이 없어졌다.

8월 18일   국군 수도사단이 기계를 탈환한 후 국군 제1군단장은 기계·포항 지구로 남하한 북한군 2개 사단이 도주한 상황임을 확인하자, 전과 확대와 차기 작전의 발판을 확보할 목적으로 제1군단 작전명령 제64호(50. 8. 18)

로 비학산으로 후퇴한 북한군에 대한 반격 명령을 내렸다.

8월 19일　　기계 지구에서의 포위 작전이 종반으로 접어들자 국군 제1군단은 사령부를 영천에서 경주로 이동시켰으며, 수도사단 전술지휘소도 안강으로 이동하였다.

8월 20일　　06:00경 국군 수도사단은 제18연대를 좌일선, 제17연대를 우일선으로 두고 제1연대를 예비로 편성한 다음 비학산 공략을 위해 북한군을 향한 공격을 개시하였다. 제18연대는 516고지-538고지-492고지 선으로 순조롭게 진격하였다. 하지만, 제17연대는 공격 초기부터 방어에 유리한 중요 지형을 발판으로 완강하게 저항하는 북한군에 의해 많은 병력손실이 발생하여, 수도사단 좌일선에서 공격하던 제18연대보다 지체됨에 따라 측방이 노출되었다. 수도사단 예비부대인 제1연대도 경주 강동 단구리 부근의 비학산 지맥인 도음산으로 공격하였으나 실패하고, 국군 제3사단 제26연대와 임무를 교대하고 기계 화봉리 일대에 집결하였다.

8월 22일　　치열한 교전이 계속되는 가운데 수도사단 제17연대는 공격 개시 3일 만인 22일에야 3km 정도 전진하여 공격 발판으로 삼을 수 있는 비학산 남사면의 352고지-652고지-385고지의 공격선 확보에 성공하였다. 그러나 좌측에서 공격하던 제18연대가 진출한 공격선보다 약 4km나 뒤처진 상태여서 노출된 측방으로 북한군이 침투할 위험부담을 지닌 채 전투를 계속할 수밖에 없었다. 국군 제1군단은 비학산을 점령할 때까지 공격을 계속할 계획이었다. 하지만 전투력 대부분을 상실하였을 것으로 판단하였던 북한군 제12사단의 저항이 예상외로 완강하였다. 비학산을 목표로 공격하고 있던 제17연대의 피해가 늘어나자, 장병들의 사기 저하와 전투력 약화 등을 고려한 끝에 8월 22일 좌우 인접 부대들이 연결되는 방어선에 진지를 편성함으로써 수도사단 동부전선의 주저항선이 비로소 형성되었다.

〈 국군 수도사단의 주저항선 〉

사단 전술지휘소(안강국민학교)

좌전방 제18연대(연대 전술지휘소 죽장 정자리)

제1대대 죽장 입암리 봉화봉 538고지, 제2대대 죽장 침곡산 492고지, 제3대대

연대 예비, 정자리에 집결 대기

우전방 제17연대(전술지휘소 기북 용기리)

제2대대 352고지 484고지, 제3대대 625고지, 제1대대 385고지 425고지

사단예비 제1연대 기계 화대리 일대에 집결 대기(제1연대 제3대대는 8월 23일 374

고지를 확보하여 우인접 제26연대와 연결)

좌인접부대; 제8사단 제16연대, 죽장 일광리 보현산 수석봉에 주저항선 설치
우인접부대 제3사단 제26연대, 흥해 학천리 도음산에 주저항선 설치

8월 23일　　이 무렵 심한 타격을 입어 괴멸 상태에 놓였던 북한군 제12사단
은, 제2군단장의 명령에 따라 제766부대를 해체하고 잔여 병력 1,500여 명
을 각 부대로 분산 수용한 후 신병 2,000명을 보충받아 총 병력 5,000명의
전투부대로 사단을 재편성하였다. 그리고 좌인접 부대(북한군의 남침 공격 방
향 기준이므로 국군 기준으로는 우인접 부대)인 북한군 제5사단으로부터 장비와
탄약을 보급받았다. 국군 수도사단 제17연대는 많은 병력손실에도 불구하
고 다시 비학산을 공격하였으나, 북한군의 완강한 저항으로 다시 실패하였
다. 결국, 제17연대는 제18연대와 전선을 유지하기 위해 기계 북쪽 2km 지
점의 345고지까지 후퇴하여 새로운 방어진지를 편성하였다. 제18연대는 북
한군의 압력이 강화되자 전선 남쪽 약 2km 지점까지 후퇴하여 북한군의 남
하에 대비하였다. 그러나 북한군의 강한 공세로 제18연대의 방어선이 무너
져 350고지-369고지-기북 대곡리로 이어지는 방어선까지 후퇴하여 진지를

급하게 구축하였다.

8월 24일　당초 예정보다 빠르게 부대 재편성을 완료한 북한군 제12사단은 8월 24일부터 그동안의 수세에서 국지적인 공세로 작전을 전환하였다.

8월 25일　국군 수도사단의 주저항선 우인접 부대인 제3사단 제26연대도 도음산 전방에 방어진지를 편성하였으나, 북한군의 공세를 막지 못하고 후퇴하여 도음산 정상을 중심으로 8부 능선에 방어진지를 편성하였다. 결국, 북한군 제12사단이 예상외로 완강한 저항을 계속하고 있는 데다 비학산을 목표로 공격하고 있는 수도사단 제17연대의 피해가 커지자, 국군 제1군단은 좌우 인접 부대 사이를 연결시키는 방어진지를 편성하도록 하였다. 이에 따라 수도사단의 비학산 공격은 답보 상태에 머물고 있었다.

8월 26일　북한군 제12사단은 이날 밤 대규모 공세에 나서 다음 날 27일 새벽 무렵에는 기계를 다시 점령하였다. 이에 따라 다시 전선은 기계 단구리-죽장 현내리-기계 인비리-기계 지가리 방어선까지 내려가게 되었다.

이후 이 지역에서는 기계를 재탈환하려는 국군 수도사단과 안강을 거쳐 경주로 진입하려는 북한군 제12사단 간에 치열한 공방전이 계속되었다. 이로써 국군이 본래 계획했던 비학산 점령을 위한 작전은 실패로 끝났다.

제8장
천마산지구 삿갓봉고지(93고지) 전투
(1950. 8. 17 - 9. 5)

국군 제3사단은 8월 17일 독석리 해상철수작전을 성공적으로 수행한 이후 독립 제2대대를 제22연대에 편성시키는 등, 부대 재편성과 부대정비에 분망하고 있었다.

그 무렵 포항 시내를 점령하였던 북한군 제5사단 일부 병력들은, 유엔군 해군 함포의 집중사격으로 많은 인명피해를 입고 포항 외곽 야산 지대로 철수하게 되었다. 이에 따라 민 부대 제2대대장은 8월 18일 04:00경 제2대대 단독으로 포항 시내로 진입하였다. 차후 이 보고를 접한 민 부대장(민기식 대령)도 제1대대(대대장 손관도 소령)를 이끌고 차량 행군으로 제2대대 뒤를 이어 소티재, 창포동, 두호동 선까지 진출하였다. 제3사단 제23연대는 구룡포를 출발하여 11:00경에 동해면 도구리로 진출하여 자체 경계임무에 나섰다. 부산에서 새로 도착한 신병 500명과 영등포학원 소속 학도병 394명, 장교 25명을 보충받아 부대 병력을 보강하였다. 제23연대를 따라 제22연대와 제3사단 사령부도 도구리 일대로 집결하여 부대정비를 계속하고 있었다. 국군 제3사단은 8월 19일 민 부대와 포항 방어 임무를 교대하였다. 그리고 이날 제22연대장(강태민 중령)은 독석리 철수작전 전 영덕 지구 전투에서 오십천교를 너무 빨리 폭파하였다는 작전실패의 문책을 받아 군법회의에 회부되었고, 김응조 중령이 후임 제22연대장으로 임명되었다.

8월 20일　도음산에 배치되어 수도사단과 비학산의 북한군 소탕작전에 참여하고 있던 제3사단 제26연대가 제3사단으로 복귀함으로써, 제3사단은 그제야 비로소 3개 연대를 갖춘 사단급 규모를 갖추게 되었다. 이날 새벽 제23연대 제1대대(김우영 소령)와 제3대대(박종병 대위)는 동해 도구리 북쪽 약 2km 지점인 오천읍 갈평리의 냉천과 장흥동을 연결하는 선으로 진출하였다. 그리고 제26연대는 221고지를 확보하고 정면의 북한군과 교전을 계속하였으나, 많이 전진하지는 못하였다.

8월 21일　국군 제3사단은 8월 21일부터 북한군의 국부적인 반격이 시작되자 인접한 수도사단과 보조를 맞추면서 184고지, 149고지, 삿갓봉고지(93고지)를 연결하는 주저항선을 형성하였다. 제23연대는 삿갓봉고지 일대에 침입한 북한군 2개 대대 규모의 병력을 향해 공격을 개시하였다. 221고지를 확보하고 있던 제26연대도 계속 진격하여 295고지를 탈환한 다음 천곡사(泉谷寺, 흥해읍 학천리)가 있는 도음산 385고지를 향해 공격을 계속하였다. 한편 예비부대로 있던 제22연대는 06:00경부터 제3사단이 펼치고 있는 중앙 부분으로 전진하여, 제1대대는 학천리로 진출하고 제2대대는 128고지를 확보하며 북한군을 북쪽으로 밀어내고 있었다.

8월 22일　국군 제3사단 제26연대는 이날 도음산 전방에 방어진지를 편성하였으나, 다음 날 북한군의 야간공격으로 약 15km 후퇴하여 도음산 정상에서 8부 능선이 되는 지점에 새로운 방어진지를 편성하였다.

　학도병으로 신규 편제된 지 얼마 되지 않은 제26연대가 4km에 달하는 산악 지대의 방어 임무를 수행하기는 역부족이었다. 이후 제26연대는 385고지에서 북한군 약 1개 대대 규모의 병력을 격파하고, 우측에서 공격하고 있는

1950년 8월 22일 포항으로 귀향하는 여인들에게 무엇인가를 설명하는 국군(국사편찬위원회 소장)

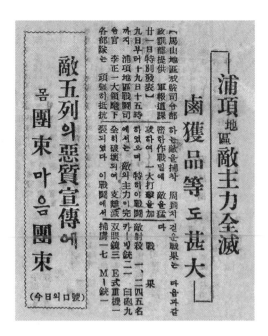

1950년 8월 22일 자 포항 지구의 적 주력부대가 전멸했다는 마산일보 기사

제22연대 정면의 북한군을 측방에서 지원하였다. 다만, 제26연대는 제3사단 사령부와의 통신이 원활하지 못해 사단 사령부로부터 별도의 지원을 받지 못한 채 독자적으로 작전을 수행할 수밖에 없었다. 제23연대는 21일에 이어 삿갓봉고지를 공격하여 결국 점령하는 데 성공하였다. 이날 제1군단장은 제3사단의 반격작전이 순조롭게 진행되자, 제3사단장에게 현 진출선을 주저항선으로 확보하고 방어진지를 구축하라는 명령을 하달하였다.

국군 제3사단 주저항선 배치 상황	
전술지휘소 : 포항여자중학교 좌전방 : 제26연대(전술지휘소 경주 강동 단구리) - 제2대대 184고지 - 제3대대 제2대대 우측 무명고지 - 연대예비, 제1대대 단구리에 집결 대기 - 중앙전방 제22연대(전술지휘소 우현동) - 제1대대 149고지 - 제2대대 흥해 옥성리 남쪽 능선 - 연대예비 제3대대 흥해 성곡리(냉천)에 집결 대기	우전방 제23연대 (전술지휘소 우현동) - 제1대대 93고지(삿갓봉) - 제3대대 양덕동 북쪽 무명고지(88고지, 현 법원 뒷산) - 연대예비, 제2대대 창포동에 집결 대기 - 좌인접 부대 수도사단 제17연대

8월 23일　　국군 제3사단과 대치하고 있던 북한군 제5사단은 이날 야음을 틈타 삿갓봉고지에 대한 야간공격을 감행하여, 격전 끝에 제3사단 제1대대는 24일 00:00경 삿갓봉고지에서 후퇴하게 되었다. 이 작은 삿갓봉고지에서는 이후로도 낮에는 국군이 밤에는 북한군이 점령하는 공방전을 반복하게 되었다. 당시에 일명 천마산으로 불렸던 삿갓봉은, 비록 표고는 낮았으나 주변 일대의 야산 지대와 개활지를 감시·통제할 수 있고 흥해–창포동–포항으로 이어지는 접근로를 모두 파악할 수 있는 중요 지형이었다. 이런 이유로 인해 북한군 제5사단은 삿갓봉고지를 확보한 다음 포항을 재점령하기

위해 모든 노력을 기울인 것이다. 제22연대는 187고지와 흥해 남쪽 1km 지
점의 능선을 각각 점령한 다음 일부 병력이 흥해로 돌입하였으나, 어두워지
면서 북한군이 반격하기 시작하자 원래 지점으로 돌아오게 되었다. 제26연
대는 385고지 전방 2km 지점까지 전진하여 제22연대와 연결을 유지하면서,
북한군의 반격에 대비하고 있었다. 결국, 삿갓봉고지를 제외한 그 밖의 지역
에서는 간간이 소규모의 정찰전이 벌어지는 정도의 소강상태가 유지되었으
며, 주저항선을 사이에 끼고 대치한 쌍방은 부대를 정비하면서 다음 작전에
대비하게 되었다.

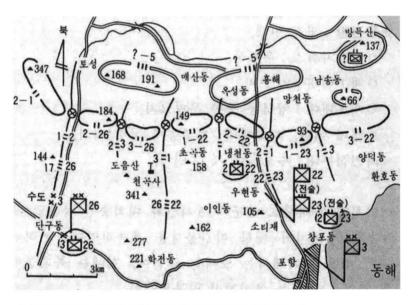

제3사단 방어 편성 주저항선 상황(한국전쟁전투사 안강포항 전투 요도 14)

8월 24일   제3사단 제23연대 제1대대와 제3대대는 삿갓봉고지를 탈환하
려고 온종일 북한군과 격전을 치르고 있었다. 제22연대는 이날 03:50경 제
26연대와의 연결 지점에 북한군이 침투하자 제1대대 진지가 돌파당할 위기

를 맞이하였으나, 과감하게 역습하여 북한군을 격퇴하였다. 하지만 북한군 일부 병력이 국군 후방으로 계속 침투해 들어옴에 따라, 제22연대 제1대대는 초곡리 후방 능선으로 이동하여 병력을 수습하게 되었다. 제26연대도 이 날 밤 385고지 좌우 능선으로 이동하여 북한군의 남하를 막아내고 있었다. 국군 제1군단 사령부에서는 이러한 결과는 전투 정면이 너무 넓게 펼쳐졌기 때문이라 판단하고, 수도사단과 제3사단의 전투지경선[30]을 조정하는 동시에 수도사단 제1연대 병력을 제26연대 좌측으로 보내어 방어선을 연결하라고 명령하였다. 국군 제1군단은 작전명령 제72호(50. 8. 24)로 제7사단, 수도사단, 제3사단의 전투 지역을 재조정하고, 제3사단 제26연대를 수도사단으로 다시 배속시켰다. 이 무렵 수도사단 제17연대는 사단 작전명령에 따라 주저항선을 형성하기 이전인 22일부터 비학산 전투를 개시하였다. 그러나 384고지-625고지-425고지에 배치된 북한군의 완강한 저항으로 백병전을 되풀이하는 과정에서 공격은 답보한 상태로 피해만 가중되었다. 이와 대조적으로 침곡산 일대에 배치된 국군 제18연대 정면에서는 8월 22일 이후 소강상태가 계속되고 있었다.

이러한 상황에서 8월 24일, 방어진지를 재편성한 제18연대장은 638고지에 배치된 제3대대에 우측 제17연대와의 전투경계선 일대에 생긴 간격에 대한 경계 강화를 지시하였다.

---

30 각 부대가 원활한 작전 수행을 위해 인접 부대와 지역이나 대형 등을 구분하여 반드시 상급 부대의 명령이나 인접 부대의 협조가 없이는 상호 간의 작전 영역을 침범하지 못하도록 그어놓은 전투경계선을 말한다.(국방과학기술용어사전 등 참조)

〈 국군 제1군단의 전투지대 재조정 〉

- 국군 제8사단과 수도사단의 전투경계선: 죽장 바느실(침곡리), 죽장 감곡리,
  죽장 상사리 점말 282고지 (이로써 봉화봉은 제8사단 방어 지역에 포함되어 사단
  방어 정면은 5km 확장되었다.)

- 국군 수도사단과 제3사단의 전투경계선: 정수장 157고지 경주 강동 유금리
  (이로써 제3사단 방어 지역은 4km 축소되었다.)

- 이에 따라 국군 수도사단과 제3사단은 8월 24일 방어진지를 자체 조정하였
  다.

국군수도사단 및 제3사단의 배치 상황

〈 국군수도사단의 배치 상황 〉

- 제18연대 제3대대 침곡산

- 제18연대 제2대대 638고지

- 제18연대 제1대대 좌인접 제8사단 제16연대 제1대대에 봉화봉 방어진지 인
  계 후, 연대예비로 인비리 집결

- 제17연대 및 제1연대 8월 22일 배치 상황과 동일

- 제17연대는 우인접 제26연대와의 경계선에 생긴 간격에 연대 수색 중대를
  배치하여 북한군에 대비

- 제26연대 제1대대 신광면 냉수리 도음산 정상 서쪽 8부 능선

- 제26연대 제2대대 도음산 정상 천곡사(泉谷寺, 흥해읍 학천리)

- 제26연대는 8월 22일 배치선에서 15km 후퇴하여 도음산 정상을 중심으로
  새 방어진지를 편성

- 제26연대 제3대대 연대 예비, 단구리에 집결 대기

〈 국군 제3사단 배치 상황 〉

- 제22연대 제1대대; 158고지

- 제22연대 제2대대; 냉천동(현재의 흥해 성곡리)

- 제22연대 제3대대 연대 예비, 우현동에 집결 대기

- 제22연대는 좌인접 제26연대가 후퇴하자 방어선 연결을 위해 8월 22일 배치
  선에서 1km 후퇴 진지 편성

- 제23연대(8월 22일 배치 상황과 동일)

이에 제18연대 제3대대장(박철용 소령)은 제3대대 방어진지 전방에 있는 기북면 오덕리에 인원을 알 수 없는 북한군이 빈번하게 출몰하고 있는 것을 확인하고, 오덕리를 감시할 수 있는 무명고지(표고 330)를 야간에 공격하여 확보한다는 계획을 세웠다. 이 임무를 맡은 제3대대 제9중대(중대장 김상덕 대위)는 이날 22:00부터 움직여 네 차례의 교전 끝에 목표고지를 점령하였다. 제9중대가 무명고지를 공격하는 동안, 제3대대 관측소에서는 MG50 중기관총(당시에는 갤리버 50, 구경 50기관총 등으로 불렀음)으로 공격에 나선 제9중대를 화력으로 지원하고 있었다. 이로 인해 제3대대의 전술지휘소 위치가 북한군에게 노출되고 말았다.

8월 25일　제9중대의 공격이 개시된 지 약 3시간이 지난 25일 01:00경에 제18연대 제3대대의 대대 관측소 외곽에 국군 복장의 1개 분대 규모의 병력이 나타났다. 그들은 '사단 수색중대원이다. 급히 대대장에게 보고할 사항이 있으니 안내하라'고 하였다. 그러자 전투 경험이 전혀 없었던 경계병(아마도 학도병이었을 것임)은 이들의 정체를 확인도 하지 않고 대대장에게 바로 안내하였다. 잠시 후 대대장을 만나는 순간 그들은 갑자기 사격하면서 대대장(박철용 소령)을 납치해 갔다. 이와 거의 동시에 제3대대의 대대관측소 전방

으로, 총소리를 신호로 은밀하게 접근한 1개 중대 규모의 북한군이 일제히 수류탄을 던지며 돌격하여 638고지 정상을 빼앗는 사태가 벌어졌다. 갑작스레 대대장을 잃어버린 제3대대 부대원들은, 지휘체계가 통하지 않는 상태에서 진지 내에서 백병전에 돌입하였다. 이때부터 시간이 지날수록 북한군의 병력은 늘어나는 반면, 제3대대 병사들은 조직적으로 저항하는 것이 불가능해지면서 결국 흩어져 소대·분대 단위로 후퇴할 수밖에 없었다. 이러한 혼란 속에서도 제3대대 우전방에 배치되었던 제10중대장(김봉준 중위)은 침착하게 대응하면서 북한군의 동정을 살피다가, 637고지 정상을 점령한 북한군이 부대 재편성을 위해 경계가 소홀한 틈을 타 역습을 감행하여 다시 고지를 탈환하였다. 그러나 그 무렵 침곡산을 방어하던 제18연대 제2대대도 북한군의 기습공격을 받아 철수하고 있었고, 제10중대가 제3대대 관측소를 탈환한 지 얼마 지나지 않아 북한군의 증강된 1개 대대가 다시 637고지 정상으로 쇄도해 옴에 따라 제18연대의 방어선은 무너지고 말았다. 결국, 국군 제18연대는 이날 밤 350고지, 369고지, 기북 대곡리로 이어지는 선까지 후퇴하여 방어진지를 급히 편성하고 북한군을 저지하였다. 한편 제22연대 제1대대는 하루 전 북한군에게 빼앗긴 고지를 다시 점령하기 위한 설욕전을 위해 12명의 특공대를 조직하고, 고지를 향해 공격을 감행하였다. 특공대원들은 배낭에 수류탄을 지고 올라간 후 북한군 진지를 향해 수류탄을 던지며 돌진하였다. 특공대를 따라 제1대대장이 대대 병력과 함께 돌격하여 마침내 북한군이 차지하였던 고지를 탈환하였다. 다만, 이 전투에서 특공대원 8명이 전사하였다. 도음산에 배치되었던 국군 제26연대는 이날 밤 북한군 제5사단의 기습공격을 막지 못해 주저항선이 무너져 병력이 흩어짐에 따라, 수습하기 곤란한 혼란에 빠졌다. 이때 제17연대는 좌측방 제18연대가 하룻밤 사이에 4km나 남쪽으로 후퇴하여 측방이 노출됨에 따라, 제2

대대와 제3대대를 546고지 일대로 철수시키고 방어진지를 재편성하였다.

8월 26일　06:00경 제26연대 정면의 천곡사(흥해 학천리) 좌측 1km 지점에 북한군 1개 중대 규모의 병력이 나타났다. 제26연대 제3대대 일부 병력은 이들과 교전을 개시하였으며, 같은 시간 제22연대의 각 대대도 북한군 1개 연대 규모의 병력과 대치 상태에 들어가고 있었다. 북한군은 그동안 공세를 강화할 준비를 마치고 있었다.

8월 27일　북한군 제13사단은 국군 수도사단의 주저항선 좌측 일대를 돌파한 기세를 몰아 국군이 재편성할 여유를 주지 않고 공세를 지속하였다. 결국, 27일 이른 새벽에는 북한군이 다시 기계를 점령하였다. 국군 수도사단은 사단 주저항선의 우전방 방어진지마저 무너지자, 사단 예비부대인 제1연대를 도음산으로 급파하여 북한군 제5사단의 진출을 막도록 하였다. 그리고 27일 아침에는 인비리 445고지-277고지를 연결하는 지점에 새로운 방어진지를 편성하였다. 수도사단이 새로운 방어선을 편성하여 일단 북한군의 전진을 막기는 하였으나, 수도사단의 병력 손실이 너무 커져 새로운 병력을 증원하지 않는다면 제대로 된 전투력을 발휘할 수 없는 상태에 빠졌다. 한편 제18연대 좌측방의 국군 제8사단 제16연대 제1대대는 이날 03:00경 북한군 제15사단의 1개 대대로부터 기습공격을 받아 봉화봉에서 후퇴하게 되었다. 이에 따라 국군 제8사단과 수도사단 방어지역 사이에 공백 지대가 형성되고 말았다.

8월 28일　북한군은 제3사단 제26연대, 제22연대, 제23연대 정면에서 전면적인 공격을 동시에 감행하였다. 이에 제22연대와 제23연대가 북한군의 공세를 전력으로 저지하고 있었으나, 좌측 산악 지대를 담당하였던 제26연대의 방어선이 무너져 북한군 선봉 부대가 295고지를 탈취함에 따라 제26연대는 형산강 북쪽 효자동에서 병력을 수습하며 재편성하고 있었다. 북한군이 제3사단의 좌측 전선을 돌파하게 되자 중앙부대인 제22연대는 배후로 진출하는 북한군의 압력을 받아 연대지휘소가 설치된 128고지로 이동하였다. 제23연대도 삿갓봉고지를 다시 확보하지 못하고, 두호동 북쪽 1km 지점까지 후퇴하여 새로운 진지를 구축하게 되었다. 제1군단장은 제26연대의 진지가 돌파당하자, 제1연대로 하여금 돌파구를 마련하도록 함과 동시에 제1연대와 제22연대의 간격을 연결하기 위해 제1군단에 배속된 제8연대 제1대대를 16:00경 연일 자명리 북쪽에 투입하였다. 제22연대와 23연대는 27일 배치된 방어선에서 남하하는 북한군을 막고 있었고, 서쪽 제1연대도 북한군의 강력한 압박을 받으면서도 완강하게 저지하고 있었다. 제3사단에 배속된 제8연대 제1대대는 자명리 북쪽 145고지에서 북한군 1개 중대 규모의 병력과 교전하고 있었으나, 06:00경에 북한군 1개 연대 규모의 병력이 파상적인 공세를 강화하기 시작하여 전세를 낙관할 수 없게 되었다. 이에 제3

과거 치열했던 천마산지구 전투가 벌어졌던 88고지(사진 : 이상준)

사단장은 효자동에 집결하고 있는 제26연대 1개 대대를 학천리 우측 능선으로 진출시켜, 우측의 제8연대 제1대대와 협력하여 북한군의 남하에 대비하도록 하였다. 제1군단장은 이날 13:00경에 북한군이 연일 자명리 부근으로 진출함에 따라 발생한 수도사단 제1연대와 제3사단의 공백을 연결하기 위해, 제8연대 제1대대를 송학동까지 진출시키고 연락장교에게 확인할 것을 지시하였다.

천마산지구 전투 당시의 치열한 공방전이 벌어졌던 삿갓봉고지(93고지) (사진 : 이상준)

8월 29일　　제1군단은 09:00를 기하여 미 공군의 근접지원과 포병 그리고 전차 1개 소대의 지원을 받아 정면의 북한군을 강타하였다. 이때 북한군은 막대한 손실을 받으면서도 계속해서 저항하였다. 한편 국군 제1군단은 북한군 제5사단이 포항-울산 간 해안선으로 남하하게 된다면 유엔군 함정으로부터 집중적인 포격을 받게 될 것이므로, 그들이 해안선을 따라 남진할

1950년 8월 29일 포항 전투에서 부상병을 호송 중인 미군(트루먼 박물관 소장)

공산은 매우 희박하다고 판단하고 있었다.

8월 30일　　국군 제3사단 전면에서 공세를 이어가던 북한군은 계속하여 돌파를 시도했으나, 국군 제3사단은 이를 물리치고 방어선을 유지하고 있었다. 이날 23:00 숫자를 알 수 없는 북한군의 전차가 흥해 성곡리(냉천동)에서 포항으로 이어지는 도로를 따라 남하하고 있었다. 이때 도로 가의 논두렁에서 매복하고 있던 정상만 중위가 지휘하는 제23연대 수색소대가, 선두 전차가 접근하자 3.5인치 로켓포탄[31]으로 공격을 개시하였다. 동체에 로켓포탄이 직격된 북한군의 전차는 순식간에 화염에 싸이며 북쪽으로 도주하기 위

31　로켓포는 포탄 스스로가 추진력을 가지고 날아가면서도 추진력을 발휘하며, 이 힘을 이용해 장갑을 뚫는 데 주로 사용하는 것으로 대체로 직선운동을 하는 무기라 할 수 있다.

해 방향을 회전하다가, 뒤따르던 자주포 1대와 충돌하면서 논에 빠졌다. 전차병들은 야음을 이용하여 모두 도주한 것 같았고 뒤따르던 전차들도 재빨리 후퇴하였기 때문에, 사정거리가 멀어져 공격은 계속할 수 없었다. 날이 밝자 논에 빠진 전차는 수색 소대장(정상만 중위) 지휘하에 파괴되었다. 이날 미 제5공군 소속의 F-51전투기들이 포항 서북쪽 지역을 공격하였는데, 직후 그곳으로 진출한 국군은 북한군 시체 약 700구를 발견하였다. 이것은 근접 항공지원 작전의 성과를 지상에서 처음으로 확인한 사례가 되었다.

1950년 8월 31일 포항 북쪽에서 부상당한 북한군 포로를 점검 중인 미군

8월 31일   제1군단장은 현 주저항선에서 반격을 위해 제8사단 제10연대(고근홍 중령)를 제3사단에 배속하고 효자동에서 공격 준비를 시켰다. 그리고

이미 전투력을 상실한 제26연대는 후방으로 이동시켜 재편성하도록 조치하였다. 이날 미 항공모함 시시리(Sicily)호에서는 함재기가 38회나 출격하면서, 북한군 진지가 있는 지점을 공습하였다. 이 무렵 북한군 병사들은 공중에서 이루어지는 폭격을 피할 목적으로, 자신들 군복 위에 민가에서 약탈한 흰색 바지와 저고리를 걸쳐 입고 민간인으로 가장하기도 하였다. 그리고 29일에서 30일에 걸쳐 미 순양함[32] 1척과 구축함[33] 2척은, 북한군 보급소이며 집결지인 흥해 일대에 5인치 포탄 1,500발을 발사하여 쑥대밭으로 만들며 큰 타격을 입혔다. 이러한 공중폭격과 해상의 함포사격에도 불구하고 북한군 제5사단은 공격을 계속하였다.

9월 1일　제1군단 부군단장(김백일 준장, 9월 1일부로 제1군단장)은 8월 31일 포항의 제3사단 지휘소를 방문하였다. 지휘소에 도착한 지 얼마 되지 않은 시각에 자신이 통과한 형산리 터널고지가 북한군에게 점령되어 도로가 차단되었다는 보고를 받았다. 부군단장은 당시 와병 중에 있던 제3사단장을 위문한 자리에서 터널고지를 점령한 북한군을 격퇴하기 위한 문제를 상의하고 결국 제23연대에서 2개 중대를 차출, 출동시킬 것을 결정하였다. 임무를 맡은 박종병 대위가 이끄는 공격부대는 105㎜ 곡사포 1문과 장갑차 1대를 배속받고 출발하였으나, 현장에 도달하였을 때는 이미 미군 전차대가 북한군을 격퇴시킨 상태여서 공격부대는 안강 다리까지 전진하여 보급로를 개통한 다음 원대 복귀하였다.

　제3사단은 9월 1일 미명을 기하여 사단 정면에서 일제히 반격을 개시하였다. 제23연대는 장흥리와 삿갓봉고지를 향해 진격하였고, 제22연대는 128

32　단독으로 전술임무를 수행할 수 있도록 적당한 무장과 승조원을 태우고 장거리 임무를 수행하기 위한 목적으로 설계된 군함을 말한다.
33　대함, 대잠, 대공 3대 기능을 모두 갖춘 중형 군함을 말한다.

고지를 공격하였으며 제1연대는 295고지를 점령한 다음 천곡사로 전진하였다. 그리고 제10연대는 제1연대 우측에서 제1연대와 나란히 전진하였으며 제8연대 제1대대는 자명리와 달전리에 침투한 북한군을 공격했다. 이와 같은 국군의 맹렬한 공격에도 북한군의 저항은 여전히 완강하여 전세를 낙관할 수 없는 상태는 계속되었다. 이날 와병 중이던 제3사단장이 경질되고 이종찬 대령이 후임 제3사단장으로 부임하였다. 그리고 전임 제3사단 참모장(손국진 중령)도 와병 중이어서, 신임 이종찬 사단장은 정래혁 중령을 참모장으로 임명하였다.

9월 2일　　　그동안 수세적인 자세지만 끈질긴 저항을 계속하고 있던 북한군 제5사단은, 03:00경부터 흥해에서 일제히 공세를 강화하였다. 당시 국군 제3사단 방어 지역에서는 사단에 배속된 제10연대가 좌전방 연대로서 163고지에서 좌인접 부대인 국군 수도사단 제1연대와 방어선을 연결하며 유지하고 있었다. 우측에는 제3사단 중앙연대로 제22연대가 128고지, 소티재고지 북방에 그 우측에는 제3사단 우전방연대로 제23연대가 삿갓봉고지[34]와 환호동 일대에 배치되어 있었다. 그리고, 미 제21연대와 미 제9연대 제3대대가 포항 영일비행장에서 집결, 대기하고 있었다. 이 주저항선은 북한군의 공격이 개시된 지 불과 1시간 만에 128고지와 163고지의 중간 지대부터 무너지기 시작하였다. 결국, 제10연대는 제8연대 제3대대가 방어하고 있던 145고지 북동쪽의 116고지로, 제22연대는 포항 뒷산으로 철수하였다. 또 제23연

---

34 『한국전쟁사』 제3권(1970, p.403, pp.460-461)과 미 육군사(South co the NAKTONG, North to the YALU(June-November)(1961, p.40)에는 이 고지를 '99고지'로 표기하고 있으나 포항과 흥해 사이에는 99고지가 없고, 당시 국군 제23연대와 북한군 제5사단이 치열한 공방전을 전개한 고지는 93고지였고 미 제21연대 제3대대 K중대가 싸운 고지 역시 93고지이므로 한국전쟁 전투사에서는 '93고지'로 표기하였다는 주석(『한국전쟁전투사』, p.168)을 달고 있다. 현재 지도 상에서는 93고지는 삿갓봉이며, 천마산은 그 우측 88고지를 말하고 있다. 당시 전투에서는 93고지를 중심으로 하는 전투를 천마산지구 전투로 불렀다.

대는 그때까지 삿갓봉고지를 16회나 빼앗고 빼앗기는 격전을 펼쳤으며, 특히 전날에는 계속된 근접 전투를 치르며 많은 병력손실을 내면서도 간신히 탈환했던 삿갓봉고지가 또다시 북한군에게 빼앗기자 두호동-환호동 방어선으로 후퇴하였다. 상황이 급변함에 따라 국군 제3사단은 포항 방어에 유리한 지형을 가진 128고지와 소티재고지, 삿갓봉고지를 다시 탈환하기 위해 9월 2일 10:00경에 제22연대와 제23연대를 투입하여 역습을 감행하였다. 이때 제22연대는 미 제73전차대대로 증강된 미 제21연대 제3대대의 지원을 받아 공격을 개시한 지 2시간 만에, 중간 목표인 소티재고지를 점령하고 128고지로 계속 진격하였다. 그러나 북한군이 완강하게 저항함에 따라 더 이상의 진격이 불가능해짐에 따라, 점령하였던 소티재고지에 방어진지를 편성하였다.

한편 삿갓봉고지를 공격하던 제23연대 제2대대(대대장 최상준 대위)는 공격 도중 북한군의 완강한 저항으로 치명적인 타격을 입어, 목표 고지 하단에서 공격이 무산되었다. 그 무렵 미 제21연대 제3대대장은 국군 제22연대의 소티재고지 공격을 지원하던 중 삿갓봉고지의 전투 상황을 확인하고, K중대에 전차 1개 소대를 배속하여 삿갓봉고지로 보내 국군 제23연대 제2대대를 지원토록 하였다. 그러나 K중대는 삿갓봉고지 탈환을 위한 국군 공격을 지원하였으나 별다른 진전도 없이 사상자만 내어, 중대원이 35명으로 줄었다. 당시 천마산지구 전투로 불렸던 삿갓봉의 공방전에서, 북한군은 방망이 수류탄 3개를 손가락 사이에 끼고 동시에 던지면서 저항하였다. 이러한 방식은 중국군의 특기로서, 북한군 제5사단의 병력에는 국공내전에 참가한 조선의용군들이 포함되어 있었음을 증명하는 것이었다. 결국, 지원을 위해 나섰던 미 전차 2대가 북한군의 공격으로 파괴되는 등 미군의 손실도 적지 않았다. 이러한 상황에서 국군 제23연대장(김종순 대령)은 국군과 미군의 계속된 공격과 미군 전폭기의 공중폭격, 미군 전차 포격으로 삿갓봉고지를 지키던 북한군도 상당한 피해가 있었을 것으로 판단, 제3대대장에게 삿갓봉고지를 다시 탈환하라는 명령을 내렸다. 제3대대장(박종병 대위)은 제2대대와 미군의 정면공격이 실패한 전례를 고려하여 2개 조의 특공대를 편성하였다. 특공대원들에게는 각자 10여 발의 수류탄만 소지시키고 목표 고지의 좌우 양쪽으로 우회하도록 하였다. 얼마 뒤, 제3대대의 주력이 정면에서 공격하는 동안 북한군 진지 측방으로 특공대를 침투시켜 목표 고지를 탈환하는 데 성공하였다. 고지에는 북한군이 미처 수습하지 못하고 버리고 간 중기관총 8정을 포함한 약 트럭 1대분의 각종 무기를 노획하는 전과를 올렸다.

9월 3일　　제3사단의 중앙 배치부대인 제22연대 정면 측방 소티재고지가 북한군의 공세로 03:00경 빼앗기게 되었다. 소티재고지는 북한군이 포항으

1950년 9월 3일 박물관의 사진 설명에서는 포항동에 대한 미군 폭격 1일 후
가톨릭교회만이 피해 없이 서있다고 되어 있으나 제일교회 건물이다.(트루먼 박물관 소장)

로 진입하는 어귀를 감시할 수 있는 중요 고지였다. 제3사단 제22연대 1대대는 빼앗긴 소티재고지의 탈환을 위해 주간에 공격을 시도하였으나, 북한군이 수류탄을 던지며 완강하게 저항하여 실패로 끝났다. 이에 제1대대장(이소동 중령)은 전날 제23연대 제3대대가 삿갓봉고지를 탈환하였을 때를 참고하여 각 중대에서 고참 병사들만 차출하여 1개 소대의 특공대를 편성하였다. 그리고, 특공대원 1인당 수류탄 5, 6발씩 지급한 후 측면으로 침투시켜 특공대가 북한군 진지 내에서 백병전을 치르는 동안, 곧바로 대대의 주요 공격부대에 정면 돌격을 감행함으로써 소티재고지의 재탈환에 성공하였다. 하지만 이날 밤 북한군의 파상공세가 이어짐에 따라, 제22연대 제1대대는 결국 소티재고지를 사수하지 못하고 포항시가지 위의 능선 지대로 후퇴하여 진지를 편성하게 되었다.

이날 좌측 제10연대에서는 제2대대가 145고지에서, 제1대대와 제3대대는 연일 학전리 우측 능선에서 북한군의 남하를 저지하고 있었다. 제23연대는 이날 방어선에서 별다른 전투가 없었다. 하지만 좌측 수도사단의 정면이 이날 미명 북한군의 전면적인 공세로 돌파당하자 사단 좌측방이 위협받게 되었다. 육군본부에서는 포항의 위기를 타개하기 위해 제7사단 제3연대를 경주로 이동시켜 제1군단에 배속시켰다.

9월 4일 국군 제3사단은 다시 방어 지역을 재조정하여 자명리 111고지-96고지(포항 북동쪽 1km)-소티재고지-두호동으로 연결되는 새로운 방어 진지를 편성하였다. 그 무렵, 좌인접 부대인 국군 수도사단이 곤제봉[35]-경주 강동 호명리로 철수한 관계로 경주 양동마을 성주봉과 포항 연일 자명리 사이에 3km에 달하는 공백 지대가 생겨 버렸다. 이로 인해 국군 제3사단은 노

---

35 일부 자료에서는 곤계봉으로 나오면서 곤제봉과 혼동되는 부분이 있어, 정식 지명인 곤제봉으로 통일하였다.

출된 측방으로 침투하는 북한군의 압력을 받게 됨에 따라 현재의 방어선마저 고수하기 어렵게 되었다. 이러한 불리한 상황에서도 우측 제22연대와 제23연대는 여전히 방어진지를 확보하고 북한군의 공세를 막아냈다. 이날 야간이 되자 수도사단의 방어선이 또다시 돌파당하면서, 제3사단은 형산강 이북에 고립되는 상황에 놓이게 되었다.

9월 5일　　북한군 제5사단은 인접 사단과 호응하여 제3사단 방어진지에 일제히 공세를 강화하기 시작하면서, 11:00경에는 5대의 자주포를 선두로 제22사단 정면으로 공격해 들어왔다. 이때 배치되어 있던 미군 전차가 북한군 자주포 1대를 파괴하고 전차병 3명을 사살하자, 뒤따르던 북한군 보병 병력들은 모두 후퇴하였다. 때마침 출격한 미 전폭기 편대가 퇴각하는 북한군을 발견하고, 로켓탄으로 북한군 전차 4대를 파괴하는 등 북한군의 남하는 계속 저지하고 있었다. 제3사단장은 12:00경에는 이 이상 방어선을 지탱할 수 없는 상황이었지만, 일단 현재의 진지를 유지하며 사태를 지켜보기로 하였다. 그러면서 포병대대를 형산강 남쪽으로 이동시켜 철수하는 부대를 엄호하기 위한 제반 조치는 하고 있었다. 이날 14:30경 제3사단 방어선의 일각이 무너지기 시작하자 제3사단장은 드디어 철수 명령을 하달하였다.

제3사단의 철수 병력은 북한군과의 접촉을 유지하면서 형산강 이남으로 강을 건너 제10연대(좌측), 제23연대(우측)로 하여금 형산강 방어진지를 맡도록 조치하였다. 제3사단의 주력 부대가 철수하여 방어진지를 구축한 다음, 제22연대도 마지막으로 철수하여 제23연대 후방 지역에 집결하였다. 제3사단의 지휘소는 영일비행장 서남쪽 3km 지점에 있는 중흥동에 설치하였다.

제9장
기계·안강 전투(1950. 9. 2 – 9. 21)

국군 제2군단이 북한군 제4공격집단과 영천에서 결전을 벌이고 있는 동안, 안강–포항 지역에서는 국군 제1군단이 북한군 제5공격집단과 최후의 결전을 준비하고 있었다. 북한군 제5공격집단의 제12사단은 병력 일부를 보충하고 제17기갑여단의 전차 일부를 지원받았으며, 흥해 일대에 집결한 북한군 제5사단도 부대 정비와 함께 전차와 자주대전차포의 일부를 지원받아 전력을 증강하고 있었다. 한편 국군 제1군단의 수도사단은 기계 남쪽 고지 일대에 제18연대, 제17연대, 제1연대로 이어지는 방어진지를 편성하고 있었고, 제3사단도 포항 북쪽 학천리–삿갓봉고지 일대에 제10연대, 제22연대, 제23연대 순으로 방어진지를 편성하고 있었다. 당시 수도사단과 제3사단은 유엔 공군기와 함대로부터 강력한 화력 지원을 받고 있었다.

그러는 가운데 비학산 일대에서 병력 보충과 부대 재편성을 마친 북한군 제12사단은, 8월 24일 기습적인 야간공격을 개시하여 수도사단의 주저항선을 돌파하고 기계를 다시 점령하였다.

9월 공세 당시 북한군 제5공격집단의 보조 공격부대로써 흥해 지구로 진입하였던 북한군 제5사단은, 포항과 영일비행장이 목표였다. 이들은 포항을 점령한 후 별도 명령에 따라 포항–연화봉–운제산–경주 천북 갈곡리–활명산–경주로 진출하거나 포항–세계리–죽정–양포리–감포–울산의 해안선을 따라 남하할 계획이었다.

그러나 국군 제1군단은 북한군 제5사단이 포항–울산으로 이어지는 해안선을 따라 남하할 경우 유엔 해군 함정의 집중포화에 노출될 수 있어, 북한군이 이 경로를 이용할 가능성은 매우 낮다고 판단하고 있었다.

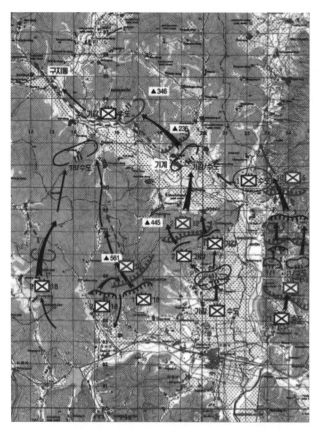

수도사단의 안강–기계 돌파(출처 : 군사편찬위원회, 6·25전쟁사 6권, p.279)

이 무렵 제8군 부사령관에 임명된 쿨터(John b. Coulter) 소장이 8월 25일 포항으로 파견되어 모든 작전을 통제하게 되었다. 그동안 지원 임무를 맡고 있던 미군 부대들도 재편성되면서, 잭슨(Jackson) 특수임무부대[36]로 단일화되었다. 이러한 변화와 맞물려 국군도 9월 1일 자로 제1군단장에 김백일 준장을, 수도사단장에 송요찬 대령을, 제3사단장에 이종찬 대령을 임명하였다.

9월 2일   북한군 제5공격집단은 이날 새벽 03:00경에 일제히 공격을 감행하였다. 전차를 선두로 내세우고 기계–안강 도로를 따라 주된 공격부대를 투입한 북한군 제12사단은, 일부 병력으로 제18연대를 우회 공격하며 국군 방어선 좌측을 위협하였다. 수도사단장은 사단 좌측 방어선이 무너지자 안강 남쪽 곤제봉–경주 강동 호명리 일대로 철수명령을 내렸다. 그리고 무릉산–곤제봉 사이에 기갑연대와 제3연대를 추가로 투입하여 방어력을 강화하였다.

안강에 집결한 북한군은 전차를 선두로 경주로 남진하기 시작하였고, 무릉산–곤제봉 일대로 병력을 집중시키며 공격하였다. 수도사단은 북한군의 집중적인 공격으로 수 시간 만에 진지를 돌파당하였다. 하지만, 즉시 기갑연대 제3대대와 제17연대가 역습하여 진지를 회복하고 돌파구가 확대되는 것을 봉쇄하였다. 이후 국군 수도사단과 북한군 제12사단은 곤제봉 확보에 모든 전력을 투입하며 치열한 쟁탈전을 계속하였다.

9월 4일   좌인접 부대인 수도사단이 곤제봉–호명리로 철수하면서, 제3사단의 방어선과는 3km에 달하는 간격이 발생하였다. 이에 제3사단은 노출된

---

36 1950년 8월 25일 미 제8군 부사령관 쿨터 소장은, 미 제24사단 제21연대와 제2사단 제9연대 제3대대 및 제73전차대대로 잭슨 특수임무부대를 편성하여 경주로 이동시켰다. 미 육군은 특수임무부대를 편성할 때 부대장 이름을 붙이는 것이 통례지만, 쿨터 소장이 이 부대의 명칭을 '잭슨'이라 붙인 것은 동부전선의 북한군을 격멸시키겠다는 의지를 반영한 것이었다. 남북전쟁 당시 남군의 진격을 저지한 '돌벽의 잭슨(Stone Wall Jacson)'의 전사적 실적을 본받아 그 이름을 채용하였다고 전해지고 있다.(김기옥, 안강 포항 전투의 재조명–쌍방의 작전 기도를 중심으로–, 국방논집 제8집, 1989. 8, p.146 주 26에서 인용)

측방으로 침투한 북한군에게 연일 자명리–두호동 사이의 방어선을 위협받게 되었다.

9월 5일　제3사단은 결국, 이날 오후 유엔 해군과 공군의 엄호를 받으며 형산강변으로 철수하여 방어진지를 구축하였다. 그런데 파견 나왔던 제8사단 제10연대가 영천이 위태롭다는 소식을 듣고 제3사단의 교대 병력이 도착하기도 전에 본대 복귀하여, 제10연대가 맡았던 지역 정면의 북한군 제5사단 병력이 그 틈을 노려 형산강을 건너 후방으로 침투하였다. 국군 제3사단장은 북한군의 후속 병력 도하를 막는 것이 급선무라고 판단, 즉시 제23연대가 노출된 좌측방을 경계하도록 조치하는 한편 제22연대를 옥녀봉으로 보내 남하하는 북한군을 막으라는 명령을 내렸다. 북한군의 형산강 이남으로의 침투 사실을 보고받은 워커 중장은 미 제24사단에게 그들을 저지하라고 명령하였으며, 처치 소장은 김백일 군단장과 협의하여 미 제24사단이 운제산 탈환을 맡고 국군 제3사단은 북한군 퇴로를 차단하기로 결정하였다.

9월 6일　무릉산 곤제봉[37]에 대한 북한군의 공세는 이날 04:00경부터 시작되었다. 북한군은 야음을 틈타 약 2개 중대를 무릉산과 곤제봉 사이에 있는 작은 계곡으로 침투시킨 다음, 곤제봉 정면에 2개 대대를 집중 투입하여 공격하였다. 이때 국군 제3연대는 북한군 침투병력의 기습을 받자, 제대로 싸워보지도 못하고 혼란에 빠져 안강 사방리 일대로 흩어져 철수하였다. 이로 인해 무릉산 곤제봉 방어진지 중앙에 돌파구가 형성되었다. 그러나 안강 검단리에 집결 대기하고 있던 국군 기갑연대 제3대대가 즉각 역습을 감행하여 북한군에게 빼앗겼던 방어진지를 탈환하였다.

37　경주에서 북방으로 12km 떨어져 있는 높이 293m의 곤제봉은 그 동편에서 북쪽으로 흐르는 형산 강변의 개활지와 안강 일대를 감시 통제하고, 이 고지 동단을 거쳐 남북으로 연결된 안강 경주도로와 동해남부선을 제압할 수 있으며, 그 서편에 있는 무릉산과 능선으로 연결되어 북방을 향하여 횡격실을 이루고 있으므로 방어에 유리한 중요지형이다.

무릉산 곤제봉 형산강 전투 상황(한국전쟁전투사 안강포항 전투 요도 2)

그 무렵, 곤제봉에 배치된 국군 제17연대 제2대대는 정면에서 공격하는 북한군을 막으며 방어진지를 지키고 있었다. 약 30분이 지났을 무렵, 북한 군이 좌인접 부대가 철수한 공백 지대를 이용하여 곤제봉의 국군 방어진지 로 쇄도하면서 백병전으로 전개됨에 따라, 결국 국군 제17연대 제2대대도 철수할 수밖에 없었다.

국군 제17연대장은 곤제봉 정상이 북한군에게 점령당하였음을 확인한 후, 북한군이 정상 부근에서 부대를 재편성하고 있는 기회를 포착하고 즉시 연대 예비인 제3대대를 투입하여 역습을 감행하였다. 그러나 제3대대는 곤 제봉 5부 능선 부근까지만 전진한 채 그곳에 방어진지를 편성하는 데 그쳤 다.

한편 북한군의 1개 대대는 곤제봉 점령 직후 안강 사방리 서편으로 우회하여 300고지에 배치된 미 제19연대 제3대대 방어선을 돌파하였다. 사태의 위급함을 감지한 미 제24사단장은 미 제19연대에 역습하도록 하여 300고지를 탈환하고, 주변 일대의 방어진지를 대폭 보강하였다. 이날 전투를 계기로 국군 수도사단과 북한군 제12사단은 남북 간의 거리가 25km에 이르고 동서의 폭은 2km에 불과한 이 작은 고지인 곤제봉의 확보에 모든 작전의 성패가 달려 있다고 판단하고, 치열한 고지 쟁탈전을 전개하였다. 이 전투에서 쌍방은 주로 야간에 수류탄과 총검으로 싸우는 백병전으로 진행된 것이 특징이다.

9월 6일　　국군 제17연대는 아침에 곤제봉을 빼앗긴 후 다시 탈환하기 위해 9월 13일까지 모두 15회에 걸친 역습을 감행하여 일곱 번을 성공하였으나, 북한군도 이와 비슷한 공격을 거듭하였다. 이러한 격전으로 국군 제17연대는 연대의 소대장과 중대장 대부분이 전사, 부상으로 1~2회 이상 교체되었으며, 단 한 번의 공격에서 1개 중대의 모든 중대장·소대장이 전사하는 경우도 빈번하였다. 그뿐 아니라 3개 대대장 모두 부상 또는 전사로 교체되었고, 제2대대는 두 번이나 대대장이 바뀌기도 하였다. 국군 제17연대장은 수없이 많은 지휘관의 손실을 보충하기 위해 연대 내의 일등상사와 이등상사를 집합시켜 간단한 현지임관 절차를 밟은 다음, 소위로 임관시켜 전선으로 보냈다. 나중에는 일등중사까지도 소대장 대리로 임명하기도 하였다.

9월 8일　　북한군 제12사단은 9월 8일부터 내린 폭우로 유엔 공군의 폭격이 중단된 틈을 타 공격을 재개하여 곤제봉을 다시 점령하고, 이어 옥녀봉과 운제산까지 침투하였다. 군단장 김백일 장군은 제18연대를 군단예비로 전환시켜 운제산 서남쪽에서 북한군의 경주 진출을 차단하도록 하는 한편, 제8사단에 배속된 제26연대를 제3사단으로 원대복귀시켜 운제산 우측에서 북한군이 영일비행장 쪽으로 진출하는 것을 차단하라는 명령을 내렸다.

9월 10일　　이날을 기해 제18연대가 군단장의 명령에 따라 운제산 북쪽 197고지와 옥녀봉 서측 고지 일대로 진출하였다.

9월 11일　　국군 제17연대 제2대대는 다섯 번째로 곤제봉을 빼앗겨 안강 사방리로 철수하였다. 이때 사단장 송요찬 대령은 전투 실패의 책임을 물어 제17연대 제2대대장 조영구 중령을 해임하였다. 직후 국군 제17연대장은 제3대대장(유창훈 소령)을 제2대대장으로 보직변경하고 제3대대장 후임에 연대 작전주임 이일수 소령[38]을 임명하였다.

한편 미 제24사단은 특수임무부대를 편성하여 부사단장 데이비슨 준장 지휘하에 운제산 탈환 공격에 나서, 이날 오전 탈환에 성공하였다. 곤제봉에 이어 운제산마저 빼앗긴 북한군은 공격력이 현저하게 약화되었다.

9월 12일　　제17연대 제2대대장으로 부임한 유창훈 소령은 부임 즉시 특공대를 편성하고, 이날 20:00경 자신이 직접 지휘하여 곤제봉을 탈환하였다. 그러나 이때 제17연대를 직접 지원하던 제10야전 포병대대 관측장교가 제17연대 제2대대의 특공대를 북한군으로 오인하여 곤제봉에 포격을 가함에 따라, 특공대는 상당한 피해를 입고 철수하고 말았다. 제18연대는 이날 오후 형산을 탈환하고 계속해서 낙산 일대에 배치된 수도사단 제1연대와 협조하여 북한군을 소탕하였다.

9월 13일　　안강 지역 최대 격전지였던 곤제봉을 제17연대 제2대대가 이날 오후 15:00경에 2시간에 걸친 격전 끝에 마침내 완전 탈환하는 데 성공하고, 고지 북쪽 끝에 있는 봉우리도 점령하였다. 북한군은 이날 밤 다시 역습을 시도하였지만 격퇴하였다. 결국, 북한군 제12사단은 이후 곤제봉에 대한 공격을 중단하였다. 제17연대는 수많은 희생자를 내었던 최고의 격전지인 곤

38　이일수 소령은 9월 2일 445고지에서 부상으로 후송되었다가, 9월 8일 원대 복귀하여 연대 작전 주임을 맡고 있었다.

제봉 전투에서 최후의 승자가 되었다.

9월 14일　국군 제3사단은 연일을 탈환함으로써 형산강 일대의 주저항선을 완전히 회복하였다. 이때 북한군 제5공격집단 제12사단과 제5사단은 마침내 공격력의 한계를 드러낸 듯 모든 공세를 중단하고 수세로 전환하였다.

9월 18일　안강을 수도사단이 탈환하자 안강에서 후퇴한 북한군 제12사단은 기계 남쪽의 횡격실 능선에서 강력히 저항하고, 동측방에서는 북한군 제5사단 제10연대가 단구리 일대에서 완강하게 저항하고 있었다.

9월 19일　제18연대는 17:00경부터 제1대대를 증원시킨 제7사단 제8연대와 합동으로 561고지를 공격하여 20:40경에 고지 일부를 점령하였으며, 제3대대는 고룡동 방면에서 이루어지고 있는 제1대대의 561고지 공격을 지원하였다. 이 무렵 사단 중앙을 돌파해 온 제1기갑연대는 안강 육통리(안강 북쪽 2.5㎞)를 무혈점령하고 노당리 북쪽 고지군을 목표로 계속 공격하였다. 이때 연대는 사단 작전지시 제2호에 의해 전투지경선이 변경되어, 좌인접 제18연대가 담당하였던 445고지 일대를 공격 목표로 인수하였다. 그러나 제1연대는 전날 점령한 110고지와 200고지에서 전면에 있는 145고지와 마곡마을에 북한군 병력과 화력이 증강되자 시급하게 방어태세에 들어갔다.

9월 20일　수도사단은 제18연대가 561고지를 점령하였지만, 사단 우측의 단구리 145고지, 마곡의 236고지와 200고지에 각각 300명으로 추산되는 북한군이 방어진지를 구축하여 제1연대의 진격을 저지하였다. 그리고 육통리 300고지와 좌측의 무명고지도 1개 연대 규모의 북한군이 제1기갑연대의 전진을 막으며 저항하였다.

9월 21일　사단 좌측 제18연대는 기계를 감시·통제할 수 있는 능선을 확보하고 도덕산(안강 북서 12km)까지 진출하였으며, 제1연대도 단구리 남쪽 고지군을 점령하였다. 이에 힘입어 중앙의 제1기갑연대는 노당리 북쪽 능선으로 전진하여 포병과 공중의 화력지원을 받아 기계를 점령하였다.

북한군 제12사단은 부상병들도 버려둔 채 서북쪽으로 도주하였으며, 제5사단 일부 부대는 기계 북방 비학산 방향으로 사라졌다.

제10장
낙동강 최후의 방어선, 형산강 전투
(1950. 9. 5 - 9. 22)

제1절 형산강 방어작전(1950. 9. 5-9. 13)

국군 제3사단장은 9월 4일 오후 L-5연락기에 탑승하여 포항-안강-경주 일원의 상공을 선회하면서 쌍방의 대치상황과 지형을 정찰하며 확인한 결과, 포항 외곽에 편성한 제3사단 방어진지는 사수하기 어려울 것으로 판단하였다. 결국, 이에 대처하기 위해 방어하기 유리한 형산강 강변을 따라 새로운 방어선을 형성하여 북한군을 저지할 계획을 세운 다음 군단장 승인을 받았다. 당시 제3사단은 모든 물자를 해상을 통한 선박 수송으로 보급받고 있었다. 따라서 제3사단이 포항에서 형산강 이남으로 후퇴하더라도 구룡포항을 통한 보급선은 유지할 수 있어 작전 수행을 저해할 사태는 없을 것으로 보았다.

9월 5일 02:30경 북한군 제5사단은 포항 북동쪽 1km 지점의 96고지를 공격하기 시작하였다. 제22연대는 약 3시간 동안 고지 사수를 위해 완강하게 저항하였으나, 05:30경 방어진지 일각이 무너지면서 진내전으로 돌입하였다. 이러한 상황을 확인한 제3사단 지휘소는 두호동에 배치한 제23연대 일부 병력을 96고지 남쪽 죽림산(포항 지구 전적비가 있는 고지, 일명 탑산) 연화봉으로 급파하여, 제22연대 주저항선을 돌파하는 북한군을 막도록 조치하였다. 얼마 지나지 않아 북한군의 SU-76 자주포 5대가 포항시 외곽까지 진입하여 그곳에 배치되어 있던 미군 전차 5대를 포격하면서 전차와 자주포의 사격전이 벌어졌다. 그러나 북한군의 자주포 5대는 때마침 포항 상공에 출격한 미군 전폭기의 로켓포탄에 맞아 모두 파괴되었다. 이러한 상황 속에서 국군 제3사단은 형산강 이남으로 철수할 준비를 마치고 14:30경부터 유엔군 해군과 공군의 엄호를 받으며 철수를 개시, 형산강을 따라 새로운 방어진지를 구축하게 되었다.

형산강 방어전을 위해 하천 남쪽으로 철수 중인 국군(출처 : 한국전쟁전투사, p.170)

〈 국군 제3사단의 형산강 방어선 배치상황 〉

- 전술 지휘소 : 동해 도구리

좌전방, 제10연대: 부조·연일(일명 생지리), 방어 정면 5km

우전방, 제23연대: 연일·송정동·방어 정면 6km

사단 예비, 제22연대 및 제8연대 제3대대 : 동해 도구리와 오천 용덕리에 각각

집결 대기

형산강은 경주 남방의 울주군 두서면에서 발원하여 경주 내남면과 경주 시내를 거쳐 북쪽으로 흐르다가 경주 강동면 낙산에서 동쪽으로 방향을 바꾸며 낙산을 감돈 후 영일만으로 흘러든다. 국군 제3사단이 방어선을 형성한 지역의 형산강은 당시 강폭이 1~400m이고 평균 수심이 0.9m로 도보로 도하가 가능하였지만, 연일 부근에서 하구까지의 수심은 16m에 달하였다. 이날 저녁 형산 강변의 방어 지역을 확보한 국군 제3사단 장병들은 최후의 방어선이 될 것이라는 각오로 방어진지를 구축하고 있었다. 포항 시내를 북한군에게 빼앗기고 형산강 강변을 따라 방어진지를 편성한 국군 제3사단은, 형산강 맞은편의 대안을 따라 동서로 연결된 고지에 배치된 북한군의 감시·통제 범위 내에 놓여 있었기에 행동의 자유를 완전히 빼앗긴 상태였다. 때문에, 식사부터 용변·보급 등 모든 행동은 오직 야간에만 할 수 있는 매우 불리하고 제한적인 환경에서 진지를 유지하며 방어선을 지켜나갈 수밖에 없었다. 더군다나 9월로 접어들면서 때아닌 비가 수시로 내리자 기온이 빠르게 떨어지며, 참호 속에서만 지내면서 전투 임무를 수행해야 하는 장병들의 고통은 말로 표현할 수 없는 상태였다.

9월 6일   이날 오후 국군 제3사단은 드디어 형산강을 따라 모든 방어진지의 구축을 완료하였다. 하지만 방어선 가운데 특히 형산 우측 중단리에서

연일까지의 3km 구간은 형산강 건너편의 대안보다 낮은 지형이어서, 모든 행동을 북한군에게 노출될 수밖에 없었다. 이에 따라 이 지역에 배치된 국군 병사들은 주간에는 일체 방어진지 바깥으로는 나가지 못하고 급식을 포함한 모든 임무를 어두워진 다음에야 수행하는 수밖에 없었다. 국군 제3사단이 이러한 불리한 여건을 극복하기 위한 대책에 골몰하고 있을 때, 군단사령부에서 제3사단에 배속되었던 제8사단 제10연대를 원대 복귀시키라는 준비 명령이 하달되었다.[39]

국군 제3사단장은 방어진지를 편성한 지 얼마 지나지 않은 데다, 제10연대가 방어를 맡았던 지역은 형산 고지 우측 중단리에서 연일까지의 3km 구간이었기 때문에 즉각 복귀시키기는 곤란하다고 판단하였다. 제3사단장은 결국, 예비대를 모아 재편성 중에 있는 제22연대를 일몰 후에 이동시켜 방어 부대의 교대를 마친 후 7일에야 제10연대를 복귀시키겠다고 군단 사령부에 건의하였다. 이때 제10연대장은 원대 복귀 명령이 내려진 사실을 알고 제3사단장에게 즉각 복귀하겠다고 하였으나, 제3사단장은 부대가 교대할 때까지 기다려달라고 재차 당부하였다. 하지만 제10연대장은 이에 불복, 교대부대인 제22연대가 방어 지역에 도착하기도 전에 임의로 철수하여, 형산-연일 사이 5km의 방어선 정면이 공백 지대로 변하고 말았다. 그동안 북한군 제5사단의 주력 부대는 형산 맞은편 제산 일대에 집결하여 형산-운제산-경주로 침투할 기회를 노리고 있었기에, 이 호기를 포착하는 즉시 대기 중에 있던 1개 대대를 먼저 남하시킨 다음 뒤따를 병력을 부조 나루터 부근으로 집결시키기 시작하였다. 게다가 효자동 부근에 대치하던 북한군은 소대·중대

---

39 이 명령은 9월 5일 영천이 실함되어 그 지역 방어를 담당한 국군 제8사단에 대한 병력증원이 시급하게 되어 육군본부에서 하달(준비명령은 9월 6일에, 문서명령은 육군본부 작전명령 제170호(50. 9. 8)로서 각각 하달)된 것이었다.

단위의 부대를 중단리 일대로 보내어 국군 제10연대가 구축해 놓았던 방어진지를 점령하였다. 이러한 사태가 발생한 것을 전혀 예측하지 못했던 제22연대의 선발대가 진지 교대를 위해 제10연대가 방어하고 있던 지역으로 진입한 지 얼마 지나지 않은 시점에, 북한군의 사격을 받게 되자 제22연대장은 크게 당황하였다. 제22연대장(김응조 중령)은 즉각 연대 주력 부대의 행군을 일시 정지시킨 다음 수색대를 제10연대 방어 지역으로 급파하였다. 수색대가 북한군 움직임을 탐색해 본 결과 형산 중단리 일대에는 이미 북한군이 침입했다는 사실을 확인하였고, 제22연대장은 곧바로 이러한 사실을 제3사단장에게 보고하였다. 제3사단장은 상상도 못 한 사태의 발생에 큰 충격을 받았다. 하지만 무엇보다도 북한군 후속 병력의 형산강 도하를 저지하는 것이 급선무라 판단한 제3사단장은 제23연대장에게 노출된 좌측방의 경계를 강화하면서 형산 일대의 북한군을 수색하도록 지시하는 한편, 제22연대장에는 빨리 옥녀봉으로 진출하여 형산을 거쳐 남하할 북한군을 차단하라고 지시한 후 군단장에게 상황을 보고하였다.

형산(좌)과 제산(우) 사이로 형산강이 흐르고 있다.

9월 7일　　이 무렵 북한군 제5사단의 증강된 1개 대대는 이미 운제산까지 남하하였으며, 부조 나루터 부근에서 형산강을 건넌 북한군 일부 병력은 옥녀봉과 197고지로 진출하여 국군 제23연대의 방어진지를 배후에서 위협하기 시작하였다. 형산강변에서 북쪽으로 방어선을 배치한 국군 제23연대는, 옥녀봉과 197고지로 침투한 북한군이 남쪽에서 북쪽으로 공격하자 막아내기 매우 어렵게 되었다. 그 무렵 197고지의 북동쪽 2.5km 지점 대송면 장동 지구로 진출한 국군 제22연대는 197고지를 목표로 공격하였다. 그러나 북한군 병력이 예상외로 많은 데다 지형상으로도 불리하여, 오히려 2km 후퇴하여 일단은 남성동 부근의 80고지 일대에 방어진지를 편성하여 북한군을 저지하였다. 이날 제3사단장은 제23연대에 제10연대가 담당하였던 지역을 맡기고 제22연대를 연일에서 형산교까지 그리고 이날 배속된 제26연대의 1개 대대(나머지 2개 대대는 9월 9일 도착)에는 형산교를 중심으로 우일선에 배치하였다. 같은 날 대송면 홍계리에 침투한 북한군은 야간을 이용하여 대송면 장흥리 부근까지 출몰하고 있었다. 제3사단장은 사단지휘소의 안전을 위해 이날 밤 은밀히 동해면 도구리로 이동하여 도구국민학교에 지휘소를 설치하였다.

9월 8일　　제3사단장은 시간이 지날수록 불리해지는 상황에서 형산강 방어선을 사수하기 어렵다고 판단, 9월 8일 저녁 송정동-대송 장동-우복리 사이에서 남북으로 흐르는 개천(칠성천으로 추정)을 연하여 새로운 방어진지를 편성한 후, 영일비행장을 방어하면서 역습 발판 확보에 주력하였다. 국군 제10연대장이 전투사에서 유례가 없는 돌이킬 수 없는 과오를 범한 대가는 엄청난 것이었다. 그 여파로 국군 제1군단의 주저항선 일부가 붕괴되어 전황은 다시 경주가 위기에 빠질 수 있는 국면으로 접어들었다. 북한군 일부 병력이 운제산으로 침입하였다는 사실이 경주 시내에 파다하게 퍼지면서 유언

1950년 9월 7일 포항의 무명고지에서 전투 중 위생병을 부르는 미군 병사.
사진 속 부상병은 얼마 후 전사한 것으로 알려졌다.(촬영 : Charles Jones)

비어가 유포되자, 경주시민들은 크게 동요하기 시작하였다. 국군 제1군단이 경주경찰서와 행정기관, 제1군단 헌병대 등을 동원하여 민심 수습과 질서유지에 힘쓰자, 시민들의 불안감은 다소 해소되었다. 그러는 동안 국군 제1군단장은 미 처치 특수임무부대장과 제3사단 방어지역에 침투한 북한군을 격멸할 대책을 논의하였다. 이 자리에서 처치 소장은 운제산으로 진출한 북한군이 영일비행장을 공격할 것이라고 보았던 반면, 김백일 준장은 경주를 목표로 남하할 것이라고 판단하였다. 이는 국군과 미군 지휘관의 군사작전에 대한 시각차였는데, 끝내 의견일치는 보지 못하였다. 다만, 국군 제1군단장은 미 처치 특수임무부대장과 제3사단 방어 지역에 침투한 북한군을 저지하기 위해 미 처치 특수임무부대가 운제산을 탈환하고, 국군이 북한군의 퇴로 차단과 소탕 작전을 맡기로 합의하였다.

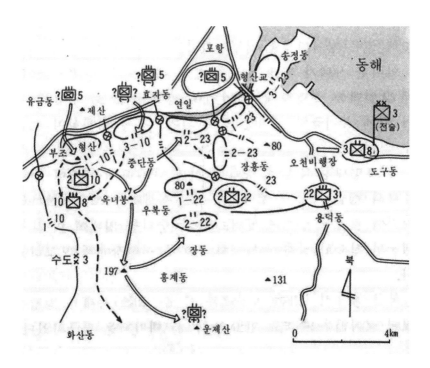

제3사단 방어진지 재편성(한국전쟁전투사 안강포항 전투 요도19)

9월 9일　　제18연대장은 이날 이른 새벽, 연대 수색대를 운제산에 침투시켜 북한군의 정세를 탐지한 결과 북한군이 남서쪽 2km 떨어진 503고지에 방어진지를 구축하고 있음을 확인하였다. 제18연대장은 북한군의 움직임과 국군의 상황을 종합분석한 결과, 운제산의 북한군이 방어진지를 구축하는 것은 보급과 병력 증원에 차질이 생겨 즉시 경주로 전진하기 어렵게 된 징후로 판단하였다. 사실상 이때에는 전날부터 많은 비가 내려 형산강 수위가 높아지면서 걸어서 도하하는 게 불가능하였기 때문에 형산강 남쪽으로 넘어온 북한군에 대한 모든 보급이 중단된 상태였다(이러한 정황은 이후 생포된 북한군 포로의 진술로 확인되었다).

8월 9일 이래 한 달이 넘는 혈전이 포항에서 재연되고 있었다. 포항은 부산과 함께 미군의 병참항이었다. 바로 남쪽에는 영일비행장이 있었다. 절대로 내줄 수 없는 전략적 거점이었다. 특히 영일비행장은 낙동강 작전에 출격하는 일부 미 제5공군기의 발진기지이기도 했다.

제3사단 지휘소는 포항 시내 금융조합 건물에 있었다. 북괴군의 탱크가 시내에 들어와 포격할 때까지도 사단지휘소를 떠나지 않는다고 했다. 하룻밤 자고 나면 포격에 이웃 건물이 간데온데 없어지곤 했다. 그런 전투가 한 달가량 반복됐다. 이틀이 멀다 하고 포항의 주인이 뒤바뀌었다. 포항 앞바다에서는 출동한 미 제7함대의 함포사격이 있었다. 함포인 16인치 포탄은 한 삽에 퍼내듯 직경 10m가량의 웅덩이를 만들었다. 함포 때문에 북괴군은 시가지에서 배겨내지 못했다.

9월 9일 형산강 전선은 이미 전선도 후선도 없었다. 나(정일권 참모총장)도 산병선을 돌아보면서 감동적인 장면을 수없이 목격했다.

계속된 비로 형산강의 물은 상당히 불어났다. 이 불어난 강물 속에 들어가 목만 내놓고 있는 병사들이 보였다.

"모두 지원용사들입니다. 놈들이 넘어오기 시작하면 이쪽 강둑에 닿기 전에 수중격투를 벌일 작정입니다." 사병들은 모두 교대로 소총을 손질하고 있었다. 신병이 많았다. 고참병들이 신병들을 가르치고 있었다.

제26연대장 이치업 대령의 각오는 처절했다. "우리가 이곳에 살아 있는 동안 놈들은 한 치도 넘어오지 못할 것입니다. 만약 형산강이 뚫렸다고 할 때는 이곳의 우리 모두가 죽은 뒤일 것입니다."

모두들 옥쇄의 결의였다. 포항 서쪽의 안강과 기계전선, 그곳에서도 혈전이었다.

〈정일권 회고록, pp.100-103 중 일부 내용 발췌〉

이러한 판단을 내린 제18연대장은 197고지를 탈환하여 운제산으로 진출한 북한군의 퇴로 차단을 위해 제1대대장(장춘권 소령)에게 임무를 부여하였다. 제18연대는 197고지 남서쪽 438고지에서 392고지 사이에 병력을 배치하고, 북한군의 남하를 저지할 태세를 갖추었다. 제1대대장은 9일 저녁 화산리 동쪽 1.5km 지점의 263고지를 확보하였다. 제23연대는 131고지로 진출하여 방어진지를 구축하고 북한군의 남하를 저지하였다. 국군 제26연대는 건천을 떠나 경주·감포·양포를 경유하여 세계리로 이동하였고, 제3사단 사령부는 원대 복귀한 제26연대에 제8연대 제3대대를 추가로 배속하고, 다음 날 아침 131고지로 진출시켰다. 그 무렵 131고지에는 9월 8일 투입된 제23연대 2개 중대(제9, 10중대)가 131고지로 남하하고 있던 북한군을 격멸하고 그곳에 방어진지를 구축하고 있었다. 제3사단이 131고지를 사전 확보한 것은, 미 처치 특수임무부대가 운제산을 공격할 때 이곳을 공격의 발판으로 이용할 수 있도록 하려는 조치였다. 한편 미 처치 특수임무부대장은 운제산 탈환 임무를 미 제24사단 부사단장인 데이비슨 준장에게 부여하고 이를 위한 특수임무부대를 편성하게 하였다.

데이비슨 특수임무부대의 편성	
- 미 제19연대 - 미 제9연대 제3대대와 전차중대 - 미 제13야전포병대대와 　제15야전포병대대 C포대	- 미 제3야전공병대대 A중대 - 미 M-16 고사기관총 2개 포대

국군 제1군단은 미 데이비슨 특수임무부대가 8일과 9일에 많은 비가 내려 유엔군 공군 지원을 받지 못해 공격 개시를 연기하였다는 것을 확인하자, 제3사단에 197고지 옥녀봉을 탈환하여 운제산에 진출한 북한군의 퇴로를

차단토록 명령하는 한편 392고지 438고지에 전개한 제18연대에 197고지에
대한 공격 준비 명령을 하달하였다.

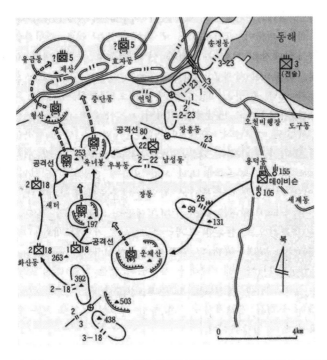

운제산 197고지 옥녀봉 형산 탈환 상황(한국전쟁전투사 안강포항 전투 요도20)

9월 10일   미 데이비슨 특수임무부대는 이른 아침 경주를 떠나 이날 19:00
에 영일비행장 남쪽 오천 용덕리에 도착하였다. 미 데이비슨 특수임무부대
가 경주에서 불과 15km도 되지 않는 운제산을 남쪽에서 공격하지 않고 멀
리 용덕리로 이동하여 북쪽에서 공격하게 된 것은, 미 처치 특수임무부대장
이 운제산에 침투한 북한군의 목표가 영일비행장이라고 판단하고 있었기에
그러한 사태에 대비하며 운제산을 탈환하기 위함이었다. 그러나 이 무렵에

는 미 제40전투비행대대가 영일비행장에서 철수[40]한 지 이미 오래되었기 때문에 당시 이 비행장은 지상군 작전에 아무런 기여도 하지 못하고 있었다. 게다가 북한군이 비행장을 점령하더라도 북한군은 이용할 공군력도 없었기에, 운제산의 북한군이 비행장으로 진출한 공산은 매우 희박하다는 것이 국군의 판단이었다.

포항의 한 고지를 막 점령하는 순간

이에 국군 제1군단은 경주 서면 아화리에 배치된 제26연대에 원대 복귀 준비명령(제1군단 작전명령 제89호, 1950. 9. 10)을 하달하고, 먼저 제2대대를 제3사단 방어 지역으로 차량 행군시켰다. 국군 제1군단장은 운제산의 북한군

---

40 미군 제40전투비행대대와 지원 공군부대는, 지상군과의 사전조정도 없이 8월 11일 포항의 실함 위기가 고조되자 8월 13일 일본으로 철수하였다.

이 남서쪽 2km 떨어진 503고지로 진출한 상황을 확인하고 경주 천북 동산리에 집결, 대기하고 있는 수도사단 제18연대를 군단 예비로 전환하고 503고지의 북한군을 저지하라는 명령을 내렸다. 국군 제18연대는 503고지 남서쪽 438고지에서 392고지 사이에 병력을 배치하고 북한군의 남하를 저지할 태세를 갖추었다.

국군 제18연대 제1대대는 06:00에 운제산 공격을 위한 목표 고지인 197고지로 공격을 개시하여 6시간 동안 치열한 격전 뒤에 12:00경 목표를 점령하였다. 그 무렵 공수동으로 나간 국군 제3사단 제22연대는 제18연대가 197고지를 점령한 것에 고무되어 옥녀봉을 목표로 공격을 개시하였다. 이 전투에서 제3사단 공병대대는 보병전투를 하여 제22연대 공격을 도와주기도 하였다. 제26연대는 제23연대가 투입된 131고지로 진출하였다.

9월 11일　　미 데이비슨 특수임무부대가 이날 아침 미 제19연대 제1대대를 선두로 하여 운제산을 공격하기 시작하였다는 상황을 확인한 국군 제18연대는, 제2대대를 새터 마을로 이동시켜 제3사단 제22연대와 옥녀봉을 협공하도록 하였다. 마침내 16:00경 제22연대는 옥녀봉을, 제18연대 제2대대는 그 서편 253고지를 각각 점령하였다. 이에 따라 운제산의 북한군은 완전하게 고립되었다.

9월 12일　　미 데이비슨 특수임무부대는 격전을 벌이다가 미 공군 전폭기가 목표를 강타한 직후인 12:00경에야 운제산을 점령하고 국군 제26연대에 인계하였다. 오후에는 제18연대가 마침내 형산을 탈환하고 형산강변의 국군 방어진지의 일부를 탈환하였다. 이후 제18연대는 운제산에서 철수하던 북한군이 형산 서편 개활지(강동면 국당리)를 횡단하여 퇴각하는 것을 포착, 좌측방 낙산에 배치된 제1연대와 함께 그들을 공격하여 치명적인 타격을 입히는 전과를 거두었다.

북한군 제5공격집단은 9월 공세를 전개한 이래 445고지·곤제봉·낙산·93고지·운제산·197고지 일대의 전투에서 많은 피해를 입었으나, 병력의 보충과 장비의 재보급이 원활하게 이루어지지 않고 있었다. 이런 이유로 그들의 전투력은 계속 약화되었고, 운제산과 형산 그리고 곤제봉을 빼앗긴 시점에서는 도저히 그 이상 공세를 펼칠 수 없게 되어 마침내 수세로 전환하게 되었다. 이러한 상황에서도 국군 제3사단 방어 지역 내의 연일(일명 생지리)에서는 증강된 1개 대대의 북한군이 완강하게 저항하고 있었다. 이날 북한군은 공세를 그치고 패잔 병력을 모아 부대 재편성에 주력했다. 한편 항공 관측 결과, 많은 북한군 병력이 북쪽과 동쪽으로 이동 중인 것이 확인되었다.

9월 13일 　 북한군 제5사단이 수세로 전환하자, 이날 오후 국군 제23연대는 운제산의 북한군 패잔병을 소탕하고 청림동으로 이동한 제26연대와 임무를 교대한 후 제2대대와 제3대대가 연일을 공격하였다. 하지만, 여전히 형산강 이북의 능선 고지에 있는 북한군의 감시 통제를 받고 있어 접근하는 동안 많은 병력손실만 입은 채 공격은 실패하고 말았다.

9월 14일 　 국군 제23연대장은 주간공격으로는 목표 탈취가 어렵다고 판단하고, 증강된 1개 소대를 특공대로 편성하여 이날 01:00에 연일로 침투시켰다. 이때 제23연대 특공대는 형산강변을 따라 목표 북쪽으로 은밀히 진출한 후, 북한군 방어진지를 배후에서 급습하였다. 이때 북한군은 무방비 상태인 줄 알았던 형산강 쪽으로부터 기습을 받자 혼란에 빠졌다. 기회를 포착한 국군 제23연대 특공대는 북한군 진지로 돌진하자마자 백병전을 펼쳤고, 목표 남쪽에서 이때를 기다리던 제23연대의 2개 대대는 일제히 돌격을 감행하여 05:00경 연일을 탈환하는 데 성공하였다. 제22연대는 14일 사정리 부근의 잔여 북한군을 섬멸한 후 15일 용덕동으로 이동, 형산교를 중심으로 우일선 진지를 점령하였다. 그리고 제26연대(이치업 대령)는 용덕동에서 3개

다시 찾은 포항, 함포사격과 치열한 전투로 파괴된 포항 시가지.
(우측의 3층 석조건물은 다테베(建部)여관, 국사편찬위원회 소장)

대대의 재편성을 마친 후 15일 연대본부를 청림동으로 옮기고 주력을 괴동
동으로 진출시켜, 잔여 북한군을 소탕한 후 형산교를 중심으로 우일선 진지
를 점령하였다. 이때 제3야전공병대대는 일월동에 진출한 후 제23연대 정면
에 철조망을 가설하였으며, 제11포병대대는 각 연대에 1개 포대씩 분할 배
속하여 직접 지원하였다.

비로소 형산강 남쪽으로 진출하였던 북한군은 모두 격멸되었다. 국군 제
3사단은 9월 6일 방어선이 돌파된 이후 8일 만에 형산강변의 방어진지를 모
두 회복하고, 드디어 반격을 위한 준비의 일환으로 방어진지를 재편성할 수
있게 되었다.

제2절 형산강 도하 반격 작전(50. 9. 16~9. 22)

유엔군의 인천상륙작전(작전명 크로마이트)이 감행되고 낙동강 전선에서 총반격이 실시되었던 9월 15일, 국군 제1군단의 제3사단은 포항 남쪽에서 경주 방면으로 돌파하려는 북한군 제5사단의 공격을 저지하고 반격으로 전환할 준비를 하고 있었다. 제1군단은 9월 13일 육군본부에서 하달한 작명 제180호에 따라 반격 준비를 갖추었다.

〈 육군본부 작명 제180호 〉

제1군단은 제8군사령관에 의해 잭슨 전투부대 지휘에서 해제되는 즉시 각 부대를 전술상 강력히 정리하고 상황이 허용하는 한 배당된 지경 내의 정위치에 각 사단을 이동하라.

⑴ 수도사단은 ㈎현 위치를 안정화하고 적 주력과 적극적이고 강력한 접적을 하기 위한 국부적 반격을 계속하고 담당 지역의 거점을 확보하기 위하여 현재 선 침투를 기도하는 적을 배제하라 ㈏각 부대는 전술상 강력히 정리하고 D일 일제히 공격을 개시하기 위한 필요한 준비를 하라 ㈐사단 우인접 부대인 제3 사단과 사단 좌인접 부대인 제2군단 제8사단과 협조하여 D일 H시 사단 담당 정면이 북방 및 서북방으로 공격을 개시하라 ㈑담당 전투지경선 내 제1차 진 출 예정선인 대전동, 인지동 및 도로 교차점을 공격 확보하라 ㈒제1차 진출선 공격 후에는 제2차 진출 예정선인 덕천동, 천지동을 공격 확보하기 위하여 만 반의 준비를 하라 ㈓각종 통신 수단을 이용하고 연락장교를 교환하여 사단 우인접 부대인 제3사단 및 좌인접 부대인 제2군단(제8사단)과 접촉을 계속 유 지하라.

⑵ 제3사단은 ㈎현위치를 안정화하고 적 주력과 적극적이고 강력한 접적을

하기 위한 국부적 반격을 계속하고 담당 지역의 거점을 확보하기 위하여 현재 선의 침투를 기도하는 적을 배제하라 (나)각 부대는 전술상 강력히 정리하고 D 일 일제히 공격을 개시하기 위한 필요한 준비를 하라 (다)좌인접 부대인 수도 사단과 협조하여 D일 H시 담당 정면의 북방으로 공격 개시하라 (라)담당 전투 지경 내 제1차 진출 예정선인 청하, 서정리, 상옥리 및 도로교차점을 공격 확 보하라 (마)제1차 진출선 확보 후에는 즉시 제2진출 예정선인 여덕과 도로교 차점 및 도로망을 공격 확보하기 위한 준비를 하라 (바)각종 통신수단을 이용 하고 연락장교를 교환하여 좌인접 사단인 수도사단과 접촉을 계속하라

제1군단은 육군본부 작명 제180호에 따라 제1단계 작전목표로 청송–영 덕선을 점령하며 도평리–청하선을 그 중간 통제선으로 설정하였다.

국군 제3사단은 9월 14일 형산강 방어선을 재편성한 직후 반격을 위한 준 비 명령을 하달하였다.

국군 제3사단의 방어진지 재편성	
좌전방 제23연대 : 방어 정면, 중단리 연일 간의 4km - 전술지휘소 남성동 - 제1대대 중단리 - 제3대대 연일 - 제2대대 연대 예비, 남성동에 집결 대기 사단예비 제22연대 : 장흥동에 집결 대기	우전방 제26연대 : 방어 정면, 연일·송정동 간 5km - 전술지휘소 청림동 - 제1대대 연일·형산교 좌측 - 제2대대 형산교 송정동 - 제3대대 연대 예비, 연일 괴정리로 침투한 북한군을 격멸한 후 그곳에서 집결 대기

이틀 뒤 사단 작전명령 제38호로 반격명령을 하달하였다. 이 명령은 형산 강 도하작전 단계와 그 이후의 진격 단계로 구분되었다. 이 작전의 제1단계

는 제23연대가 주 공격대가 되어 형산강에 배치된 좌인접 부대인 제3대대의 엄호하에 형산강을 도하하여 효자동 일대에 교두보를 설치한 후, 보조공격 대인 제22연대, 제26연대가 주공격대의 엄호를 받으며 형산강을 도하하는 것이었다. 제2단계는 제22연대가 주공격대가 되어 흥해 청하로 진격하도록 계획되어 있었다. 그러나 국군 제3사단이 반격태세를 갖추고 있던 9월 14일 오후부터 18일까지는 포항 일대에 많은 비가 내렸다. 16일에는 한때 폭우가 쏟아지기도 하였다. 이로 인해 형산강의 수위가 높아져 국군 제3사단의 도 하작전에 매우 불리한 상황이 되었다. 이때의 형산강은 9월초부터 연일 계 속된 강우로 병력의 도보 도하가 매우 어려운 상황이었다. 강폭은 하구에서 400m였고, 양안을 연결하는 형산교 부근의 하폭도 200m에 달했기 때문이 다. 결국, 형산교를 이용한 도하계획에 역점을 두었지만 형산강 북쪽 제방에 북한군의 견고한 참호와 교통호가 구축되어 있었고, 후방고지에 북한군 주 력이 배치되어 제방 부근의 북한군 진지를 직접 지원하고 있었다. 때문에 국 군은 사단의 전면적인 동시 도하에 앞서 일부 병력을 먼저 강행 도하시킨 다 음, 대안에 교두보를 마련한 후 주력부대가 건너도록 한다는 방침을 세웠 다. 그런데 이 형산교는 지난 9월 5일 제3사단이 형산강 남안으로 이동한 후 제1군단장의 지시로 폭파하였지만 다행히도 파괴된 경간의 일부가 연결되 어 있어 일렬종대로 전진하는 것은 가능하였다. 문제는 교량 북단에 구축한 북한군 토치카였다. 국군이 전진할 경우 큰 손실을 입을 가능성이 컸다. 따 라서 이곳보다는 형산교 부근 나루터를 이용해 단시간에 집중적으로 도하 를 강행한다는 돌파구를 마련할 가능성은 있었다.

반격작전 제1단계의 주공격대인 제23연대가 배치된 형산강변의 중단리-연 일 일대는 대안의 효자동 부근 고지에 배치된 북한군의 감시·통제하에 있었 기에, 이 지역의 장병들은 주간에는 방어진지 밖으로 나갈 수가 없었다. 게다가 14일부터 끊임없이 내린 비로 개인호마다 물이 고여 허리까지 차는 물속에 잠긴 상태에서 북한군과 대치하고 있는 장병들은 큰 고충을 겪고 있었다.

〈 국군 제3사단의 기동계획 〉

- 제23연대

제1단계 : 9월 17일 10:00에 공격을 개시하여 효자동을 탈환한 후 운적봉 (102고지), 111고지를 점령하고 그곳에 교두보를 설치한다.

제2단계 : 145고지 도음산, 토성, 반곡동, 청하로 진격한다.

- 제22연대

제1단계 : 제23연대가 효자동에 교두보를 설치한 후 형산강을 도하하여 96고지, 소티재를 탈환하고 포항 일대에 배치된 북한군의 퇴로를 차단한다.

제2단계 : 초곡동, 흥해, 청하로 진격한다.

- 제26연대

제1단계 : 제23연대가 효자동에 교두보를 설치한 후 형산강을 도하하여 포항을 탈환한다.

제2단계 : 창포동 93고지, 방목산 134고지, 청하로 진격한다.

제3사단 전투상보의 형산강 도하작전 기록에서도 "(중략)산병호 안에는 물이 가득, 그 속에서 며칠이나 몸을 담근 채 북한군 진지를 노려보는 장병들의 입술은 뼈에 스며드는 한기로 검푸르게 변하여 가느다란 경련을 일으키고, 밥을 먹을 시간마저 없어 굶주림과 수면부족에 지쳐 있었다. 그러나 충혈된 두 눈은 불타는 투지를 여실히 보여주고(생략)"라고 당시의 심각했던 상황을 확인할 수 있다. 이러한 상태에서 제23연대는 사단장의 준비 명령을 받은 다음 날(14일) 북한군에 대한 수색과 도하지점의 정찰 목적으로 연대 수색대와 대대 수색대를 형산강 건너편 대안으로 침투시켰다. 하지만 수색 대가 형산강을 도하하는 동안 북한군에게 발각되어 상당한 인명피해가 발생하였고, 16일에 시도한 야간침투도 마찬가지로 실패로 끝나고 말았다.

9월 16일　　제3사단 제23연대와 제26연대는 북한군 정세 탐색을 위해 각각 1개 소대규모의 특공대를 형산강 북쪽 500m까지 진출시켰으나, 북한군의 완강한 저항에 부딪쳐 다시 철수하였다. 이 무렵 북한군은 포항과 흥해를 거점으로 형산강 일대의 제방에 횡단교통호와 참호 등으로 연결된 야전 진지를 구축하고, 제5사단과 제12사단의 일부 병력으로 제12연대와 제45연대를 편성해 제3사단의 형산강 도하작전을 막고자 하였다. 제3사단장은 16일 24:00에 일제 총반격전 계획에 따라 반격 작전을 지시하기 위한 사단 작전명령 제38호를 하달하였다.

> 제23연대는 명 9월 17일 10:00를 기하여 공격 개시 별지 작전도에 의거 효자동 부근에 진출하고, 제22연대는 명 9월 17일 09:00까지 장흥동에 집결 제23연대가 A목표(효자역)에 도착한 후, 제23연대 후방으로부터 도하하여 제23연대 좌익(포항–용흥동선)에 전개 정면의 적을 공격·진출할 것이며, 제26연대는 제22연대가 포항–용흥동선에 진출 후 형산강을 도하·포항 경유·진출하여 정면의 적을 공격하라. 단 제26연대장은 포항 경유 시 1개 대대를 사단예비대로 잔류시켜라.
> 포병대대장은 1개 중대는 제23연대를, 1개 중대는 제22연대를 각각 지원케 하고, 나머지 1개 중대로서는 사단 전면 일대를 지원케 할 것이며, 대전차포중대는 제26연대의 1개 중대가 형산강 좌안에 진출한 뒤에 제22연대를 직접 지

원하라. 그리고 공병대대장은 형산교와 생지교의 수리를 끝낸 뒤 제22연대와 제23연대에 배속 직접 지원케 하라.

이날 제26연대는 청림동에, 제23연대는 남성동에 각각 배치되어 형산강 대안의 북한군과 대치하고 있었다. 지난 9월 14일 밤에 효자동까지 진출하였던 제23연대 특공대 1개 소대는 북한군의 강력한 저항을 받고 원대로 복귀한 바 있었다.

제26연대는 북한군이 발악적으로 사수하고 있는 형산교 전방 북한군 진지를 향해 맹렬한 공격을 계속하였다. 제23연대 정면의 북한군은 형산강 북안 제방 일대에 횡단 교통로를 구축하여, 약 1개 내지 2개 중대 규모의 병력으로 강력한 기관총 사격과 수류탄 탄막을 통해 국군의 도하작전을 방해하고 있었다. 게다가 제방 후방 고지 일대에는 약 1개 연대로 추산되는 북한군의 주력이 형산강 대안의 방어선을 지키는 북한군들을 화력 지원하고 있었다. 이날 영일만 해상에는 전함 미주리(Missouri)호를 포함한 미 해군 기동함대가 출동하여 지상부대의 화력을 지원하고 있었다. 특히 미주리호는 함포사격에서 1발당 900달러나 하는 16인치 포탄을 형산강 북쪽 제방을 연결하고 있는 북한군 진지에 강타하는 등 그 위력을 제대로 발휘하고 있었다. 미 해군에 의한 화력지원은 17일과 18일에도 연속하여 수행되었다.

9월 17일　　제3사단은 비가 억수같이 쏟아지는 데도 미 해군의 함포지원을 받으며 형산강 도하작전을 계획대로 감행하였다. 10:00경 좌측 부대인 제23연대는 사단 작전명령 제38호에 따라 A목표(효자역)를 향한 도하작전을 개시하였다. 그러나 제1공격 제파[41]는 날씨 관계로 항공지원도 받지 못하는 상

41　제파는 특정공격 정면에 공격부대를 연속적으로 투입하여 적에게 부대증원이나 재편성의 기회를 주지 않도록 공격하는 군대전술로서 파상공격이라고도 한다.(나무위키, 제파식 전술 참조)

황에서 가슴팍까지 차오르는 형산강을 도보로 건너가던 도중 형산강 중간 지점에 다다랐을 무렵, 건너편 대안에 배치된 북한군 주력부대가 도하하는 부대병력을 향해 집중적으로 사격해 옴에 따라 도저히 도하가 불가능하였다. 도하하는 동안 공격 제파 선두에서 전진하던 제5중대는, 공격을 개시하기 이전 150여 명이었던 병력이 도하에 실패하고 원위치로 복귀하였을 때에는 불과 37명만 남아 있었다. 그 후로도 제23연대는 3회에 걸쳐 도하 공격을 강행하였으나, 병력 피해만 가중될 뿐 모두 실패하였다. 어쩌다 대안까지 당도한 병력도 있었으나 후속 병력이 뒤따르지 못해 다시 돌아오던 도중 대부분 수중에서 희생되었다. 오후 늦게 제23연대의 공격 부대인 제1대대의 1개 중대 일부 병력이 17:00경에 형산강 도하에 성공하였다. 그러나 형산강 대안 북한군의 완강한 저항과 북한군 후방 고지의 집중사격을 받아 많은 병력이 손실될 것을 우려하여, 결국 18:00경에는 원위치로 철수할 수밖에 없었다. 연대 정면 북한군은 형산강 대안의 제방 일대에 약 2개 중대 병력을 배치하고 있었고, 제방 후면 고지 일대에는 약 2,500명이 방어진지를 편성하고 있었다. 제23연대의 지원부대였던 제22연대는, 이날 연대 본부를 용덕동에 두고 주력을 장흥동으로 이동시켜 차기 명령에 대기하였다. 한편 형산교를 사이에 두고 북한군과 대치 중인 제26연대는, 이날 형산교 우측 무명고지로 포격을 실시한 후 1차로 소대 규모의 특공대가 형산교를 이용해 도하를 감행하고 2차, 3차로 선박을 이용한 도하를 감행하여 무명고지의 점령에 성공하였다. 그러나 19:00경 북한군이 야음을 틈타 반격해 옴에 따라 특공대는 다시 본대로 복귀하였다. 제3사단 사령부에서는 후방경계를 위해 2개 중대를 차출하여 운제산 일대에 배치하고, 공병대대를 생지교(연일교) 보수에 투입하였다. 제3사단장은 이날의 도하작전이 실패한 결정적 요인은, 도하작전 경험이 없어 무모하게 주간 도하만을 강행한 데 있다고 판단하였다.

제3사단이 반격을 위해 도하작전을 벌인 형산강(출처 : 군사편찬위원회, 6·25전쟁사 6, p.274)

9월 18일   제3사단장은 제23연대장에게 18일에는 여명에 공격하도록 명령하는 한편, 장흥동에 집결 대기 중인 제22연대를 연일로 진출시켜 제23연대의 여명 공격이 성공하면 제22연대와 제26연대도 즉시 지체하지 말고 도하작전을 수행하도록 사단 작전계획 일부를 변경하고, 사단 공병대대로 하여금 파괴된 연일교와 형산교를 보수하도록 조치하였다. 제23연대는 이날 도하작전에서 많은 병력 손실을 입었다. 제23연대장은 부족한 병력을 보충하면서 전투 경과 상황을 면밀하게 분석한 결과, 형산강의 수위가 높아 많은 병력이 동시에 도하할 경우 작전상 불리하다는 결론을 내렸다. 이러한 문제를 해결하기 위해, 소규모 특공대를 편성하여 주력부대보다 먼저 도하시켜 대안의 북한군 진지를 탈취한 다음 주력부대가 도하하는 방법을 채택하였다. 제22연대와 제26연대도 이 방책을 따라 특공대를 편성하게 되었다. 당시, 국군 제3사단의 3개 연대는 이 특공대를 '결사대'라고 불렀다. 각급 지휘관들은 결사대를 지원하는 장병들이 너무 많아 대원 선발에 독자와 기혼자를 제외하는 등 심사숙고하였다고 한다. 그만큼 당시의 국군장병들은 불굴의 투지를 지니고 있었다. 모처럼 9월 18일 이날은 하늘에 구름 한 점 없는 맑은 날씨였다.

제23연대는 제1대대(제1, 제3, 제9중대의 3개 중대)를 제1공격 제파로 하여 04:00경에 공격을 개시하였다. 제1대대는 주력부대에 앞서 결사대를 대안으로 침투시켰다. 이때 제3중대장 대리(이정수 소위)는 중대 결사대를 직접 지휘하여, 대안으로 침투한 즉시 제방에 구축된 북한군 진지로 돌격하여 점령에 성공하였다. 그 후 제3중대 결사대는 후속 부대의 도하가 지체되면서 고립 상태에 빠졌으나, 결사대원들이 선전 분투하여 12:00경에는 효자역 남쪽 일대의 제방을 모두 확보하는 데 성공하였다.[42] 이러한 상황에서 대안을 점령하자 제23연대 제1공격 제파의 주력부대는 중대별로 형산강 도하를 개시, 이날 12:00경 효자역 남쪽 부근에 교두보를 확보하는 데 성공하였다. 이에 따라 제23연대는 16:00경부터 공군의 폭격과 해군의 함포사격을 지원받으며 효자동 방면으로 공격을 계속하여, 지금의 포항공대 자리에서 노적봉(109. 5)고지에 이르는 지점으로 추정되는 102고지를 점령하기 위한 발판을 마련하였다.

---

42 도하부대에 대한 실탄과 수류탄 등 탄약보급의 애로는 도하 시 고전에 못지않게 큰 문제였다. 당시 작전장교 겸 제2대대장의 대리 근무를 맡고 있던 강성희 중위는, '아군의 도하를 감시 통제하고 있던 적의 후방고지로부터 집중 화력을 받았기 때문에 우리 사병들이 실탄과 수류탄을 머리에 이고, 등에 지고 건너다가 적탄에 맞아 떠내려가기를 수차례 거듭하였는데, 그때마다 용감한 병사들의 자원 도하자가 속출한 것은 지금도 뇌리에서 사라지지 않는다'라고 회고하였다.(출처 : 『6·25전쟁사』 6, 주석78. p.336에서 발췌)

형산강 전투와 관련이 높을 것으로 추정되는 장면들[43]

1950년 9월 17일 미주리함 함포사격 직전 포항을 빠져나온 피난민(국사편찬위원회 소장)

---

[43] 미주리함의 함포사격과 관련하여, 사진은 1950년 10월 17일로 나오지만 국방부 전사 등에서 10월 17일에 미주리함 함포사격이 대대적으로 일어난 사실은 없다. 9월 17일의 오기 내지는 전쟁 중 엠바고로 사진이 공개된 날인 것으로 추정된다. 〈말콤 W. 케이글, 신형식 譯, 『한국전쟁 해전사』, 21세기군사연구소, 2003, pp.346~347〉의 증언 기록에서는 9월 17일이라 나온다. 「한국 3사단은 포항 남쪽에 있는 형산강 상류 지점을 차지하고 있었다. 북쪽은 적들이 차지하고 있었다. 한국군들이 이 강을 건너 북쪽으로 향하는 해안 도로를 점령하지 않으면 동해안에서 유엔군이 전진할 수 없었다. 미주리함은 한국군 군사자문단의 화력 지원요청을 받았다. 육상 참호에 은신한 화력 통제팀의 에머리히 중령의 통제를 받아 미주리가 강 건너 3000야드 지역에 있는 적군을 향하여 함포사격을 실시하였다. 미주리함에서 9마일에 있는 목표물에 16인치 포탄 380발을 발사하여 그곳이 마치 지진이 난 것처럼 되었다. 에머리히 중령은 다음과 같이 기록했다. "9월 17일에 우리는 강둑을 따라 북쪽으로 갔다. 미주리함의 화력은 공산군들의 사기를 저하시켰다. 우리는 강을 건넜다. 포항 남쪽에 있는 강변과 도시에 있었던 파괴가 해군 화력의 효과와 정확성을 증명해주었다."」

1950년 9월 17일 미주리함의 포항포격 장면을 보는 헤레나호 승무원(국사편찬위원회 소장)

1950년 9월 17일 포항에서 체포된 북한군 포로(국사편찬위원회 소장)

이날 18:00경에는 제11중대도 대안으로 건너가 제1대대와 합세하였다. 그러나 제23연대의 도하작전 성공을 이끈 제3중대 결사대장이 유엔군 전폭기의 오폭으로 부상을 입고 이날 저녁 후송되었다. 같은 날 새벽, 제22연대의 선발대인 제5중대는 인접 제23연대의 제3중대가 대안에 당도한 상황을 확인하는 즉시 도하를 개시하였다. 공격하는 동안 결사대를 지휘하던 제5중대 제2소대장(허환 소위)은 좌측 팔에 관통상을 입었으나 끝까지 전진하여 목표인 연일교 부근 제방을 점령한 후 후속병력의 도하를 엄호하였다. 제22연대 제2대대는 이날 16:00경에 도하작전을 성공하고 19:00경 교두보를 설치하였다.

한편 제26연대는 파괴된 형산교를 사이에 끼고 북한군과 치열하게 교전하던 중, 좌측 제22연대의 결사대가 대안으로 침투한 상황을 확인한 06:00경부터 도하작전을 전개하였다. 그러나 형산강 하구인 이 일대는 수심이 깊어 도보 도하는 불가능하였기 때문에, 어선과 급조한 뗏목을 이용하여 도하를 시도하다가 상당한 피해를 내고 실패하였다. 이런 상황에서 제3대대장(은석표 소령)은 1개 소대 병력으로 편성한 결사대를 파괴된 형산교(당시 이 교량은 완전하게 절단되지 않아 위험하기는 하나, 도보로 건널 수는 있는 상태였다)에 투입한 결과, 기어코 건너는 데 성공하여 마침내 대안을 확보하였다. 18:00경에는 대대 주력이 도하하여 교두보를 설치하였다. 18:00경에 제2대대가 도하에 성공하자 제3대대도 이를 뒤따랐다. 하지만 교량을 건너기 위해 소대 단위로 연이어 돌진하는 과정에서 많은 사상자가 발생하였다. 마지막에는 31명의 자원 결사대가 죽음을 불사하고 돌진하여, 그중 19명이 교량에서 쓰러지고 나머지가 간신히 교량 북단 제방을 확보하였다. 이때 후속 부대도 신속하게 도하하여 교량 북단의 북한군을 겨우 밀어낼 수 있었다. 이 과정에서 항공기의 기총소사 등 공중 위협은 도하작전에 큰 도움이 되었다. 도

1950년 9월 포항에서 숨어 있던 북한군 병사를 체포하는 어린 국군 병사.(출처 : 일본신문박물관 기획전, 한국전쟁 60년 전장의 기록—뉴욕데일리뉴스 사진콜렉션, 2010. 5)

하작전 선두에서 활약한 제26연대 제5중대 제3소대장(김판산 소위)의 증언에 따르면, 당시 교량부 참호에서 수랭식 기관총에 발이 묶여 있는 북한군 기관총 사격수 두 명을 목격했는데 그중 한 명은 죽어 있었고 다른 한 명은 중상으로 의식불명이었다.

국군 제3사단은 혈전을 벌이며 3개 연대 모두 형산강 대안에 교두보를 설치하였으나, 북한군의 저항이 완강하여 그 이상 북쪽으로는 진출할 수 없었다. 결국, 형산강 대안 교두보에 배치된 국군 장병들은 밤을 지새우며 교두보를 사수하는 데 성공하였다. 이에 따라 제3사단은 다음 날부터 전개할 제2단계 작전을 계획대로 수행할 수 있게 되었다.

9월 19일　　국군 제3사단은 작전계획 일부를 변경하여 제2단계 작전을 시행하였다. 도하 완료 부대부터 전면의 북한군 진지를 일거에 돌파하도록 한 것이다. 2단계의 주공격대인 제22연대는, 이날 오전 중 연대 주력을 도하시킨 다음 포항 남서쪽의 학잠동·득량동 일대에서 저항하는 북한군을 격퇴하고 다음 날 작전에 대비하였다. 제22연대는 06:00경까지 도하를 완료한 후 효자동 동쪽에서 시내로 공격하였다. 08:00경부터 선두부대인 제1대대가 학안동(현재 양학동)까지 진출하였다. 그러나 제1대대는 좌측방 북한군의 계속된 집중사격을 받으며 격전을 거듭하다가, 18:00경에 이동의 동쪽 능선으로 물러나 차기 작전을 준비하였다. 이때 제2대대와 제3대대는 이동과 용흥 2동에 각각 자리를 잡았다.

　사단 좌일선 제23연대는 이날 06:00경에 미명의 흐린 날씨를 이용하여 효자동 서쪽 방면으로 공격을 개시하였다. 제1대대장은 제1목표인 102고지를 향하여 공격하였다. 제1대대는 여러 차례에 걸쳐 백병전을 펼쳤으나, 북한군의 완강한 저항으로 고지점령에 실패하고 18:00경 고지 남쪽 500m 지점에 진지를 편성하였다. 제3대대장은 공격 목표인 112고지를 공격, 수차례의 백병전 끝에 20:00경 고지 점령에 성공하였다. 연대 예비로 생지리에 있었던 제2대대장은 14:00경부터 형산강을 도하하여 제1대대와 제3대대의 공격을 지원하기 위해 효자동 부근으로 진출하였다. 우측 부대인 제26연대는 제1대대가 송내동에 있는 상태에서 송내동 우측에서 제3대대가 포항을 공격하였다. 제3대대는 11:00경에 송호동까지 진출했으나, 포항 북쪽 고지의 북한군으로부터 집중사격을 받고 일단 해도동 부근까지 후퇴하였다. 파괴된 형산교를 통해 연대 주력부대를 도하시키는 데 많은 시간을 소비한 탓에, 이 날 오후 늦게 공격을 개시하게 되어 포항시내로는 진입하지 못하고 남쪽 상도동, 해도동 일대를 점령하는 데 그쳤다. 제3사단은 후속 부대가 도하를 계속하는 가운데, 이미 도하 했던 부대들은 치열한 격전을 치르면서 형산강 북방의 공격 목표를 향하여 진격하였다.

그러나 도하작전에 많은 시간을 소비하였을 뿐만 아니라 도음산과 포항 일대의 북한군이 완강하게 저항하였기 때문에, 다시 포항 외곽에서 북한군과 대치하게 되었다.

9월 20일　　제26연대는 09:00경에 포항 시가지를 탈환하였으며, 제23연대도 운적봉, 111고지를 탈환하였다. 그러나 도음산 남쪽 기슭에 배치된 북한군 제10연대는 동요되지 않고 145고지, 116고지에서 다시 완강히 저항하여 고전하였다. 이후 연대 예비인 제2대대가 제1대대와 제3대대의 지원을 받아 20:00경에 고지 탈환에 성공하였다. 제22연대는 제1대대가 포항 북쪽 96고지(죽림산)로 진출하고, 제2대대가 소티재고지를 확보하였다. 이로써 포항 지역의 북한군은 전면적으로 퇴각하기 시작하였으며, 일부 병력만이 주력부대의 후퇴를 엄호하기 위해 집요한 저항을 계속하였다.

9월 21일　　제3사단은 북한군 제5사단이 포항 서북쪽 5km 지점 덕순산 일대에 지연을 위한 진지를 확보하고 끈질기게 저항하자, 이를 우회하여 학전리 부근으로 이동하였다. 이날 제23연대 제1대대는 학전리 동쪽 고지로, 제2대대는 못골(지곡)로, 제3대대는 자명리로 각각 진출하였다. 제22연대는 제1대대가 충곡리 일대로, 제2대대가 석주곡의 능선 일대로, 제3대대가 이인리의 북한군을 격파한 후 학천리로 각각 진출하였다. 그리고 제26연대는 제1대대가 해안선을 따라 전진하고, 제2대대는 장성동으로, 제3대대는 흥해 동남쪽 삿갓봉 부근까지 진출하였다.

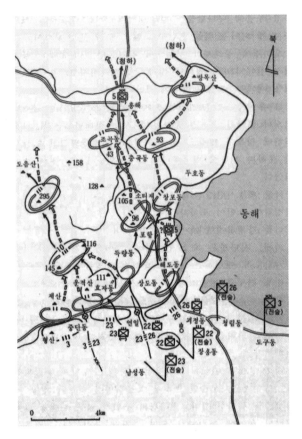

제3사단 반격 상황(출처 : 군사편찬위원회, 『한국전쟁전투사 : 안강·포항 전투』, p.209)

9월 22일　　도덕산을 우회한 제3사단은 이날 02:00경에 공격을 개시한 제 22연대가 06:00경 흥해를 탈환하고, 계속해서 고현리로 진출함으로써 중간 목표를 달성하였다. 이날 제23연대는 06:00에 자명동과 학전동 일대의 북한 군 제10연대를 공격해 주력을 격퇴시킨 후, 천곡사(흥해읍 학천리) 일대의 북한군을 격멸하고자 연대 관측소를 341고지 동남쪽 1km 지점에 설치하고 연대 병력을 도음산 남쪽 능선의 295고지 일대로 진출시켰다. 그리고 연대

본부를 학산동으로 이동시킨 제26연대는 북한군 패잔병들을 섬멸하면서 계속 북상하여 소동리(청하 동남 4km) 부근에 진출하였다.

제3사단에 반격 명령이 하달된 1주일이 경과한 9월 22일경을 전후하여, 북한군은 전면적 후퇴를 시작하였다. 제3사단 각 연대는 8월 하순 이래 북한군 제5사단의 사단 본부가 있었던 흥해로 진출하였다.

국군 제3사단의 반격이 시작된 5~6일 동안, 북한군 제5사단은 재기가 불가능할 정도로 타격을 입고 패주하기 급급하였다. 제5사단 주력 부대의 병력은 동해안 7번 도로를 따라 울진 방향으로 후퇴하였으며, 일부 패잔병들은 흥해 서북쪽 비학산으로 잠입하였다.

국군 제3사단은 9월 23일 13:00경 청하에서 3개 연대가 모두 합류하였으며, 이후 군단 작전명령에 따라 추격으로 전환하였다. 영덕-울진-삼척-강릉을 차례로 회복하고 9월 30일에는 38도선 남쪽 2km 지점 인구동으로 진출하여 북진할 태세를 갖추었다. 그리고 제3사단은 드디어 10월 1일 국군 최초로 38도선을 넘어 북진하게 되었다. 이후 정부는 이날을 기려 '국군의 날'을 제정하게 되었다.

6·25전쟁 중 활약한 K-3(영일비행장)

6·25전쟁 발발 당시 미 극동공군은 극동 모든 지역의 영공방위 임무를 수행하면서 한국에서 전술항공작전을 동시 수행하기에는 보유전력이 크게 부족하였다. 이에 미 극동공군은 한국전선으로 출격 가능한 기지 확보와 더불어 전술 부대의 재편성, 추가 전력 증강 등에 힘썼다. 결국, 미 극동공군은 한국에 가장 가까운 지점인 일본 이다즈케(Itazuke)와 아시야(Ashiya) 기지로 전술 부대를 이동시켜 항공작전을 수행하는 한편, 한국 내 작전기지 활용을 위하여 대구·포항·수영 기지 활주로 확장공사를 추진하였다. 7월 10일에는 대구에 제51전투비행대대를 창설하고 달라스(Dallas) 대대와 바우트원(Bout-One) 혼성부대를 통합·재편성한 후 7월 15일부터 출격을 개시하였다. 그동안 미 극동공군이 이다즈케와 아시야 기지를 중심으로 작전을 수행한 결과, 출격하더라도 한국전선에서 불과 15~20분 정도만 근접지원이 가능한데다 기상이 악화될 경우에는 귀환하기조차 어려웠다. 이에 극동공군 사령관은 미 제5공군의 보다 효과적인 작전 수행을 위해서는 제트 전투기의 항속 거리를 연장하거나 한국 내의 기지를 사용할 수밖에 없다고 판단하였다. 미 극동공군은 결국 제트 전투기의 항속 거리 문제 해소를 위해 한국 내 비행 기지로 이동을 검토하였다. 하지만 개전 직후 김포와 수원기지를 점령당해 미 제5공군이 사용 가능한 비행 기지는 대구·수영·포항뿐이었고 그나마

상태도 좋지 않아 확장공사가 필요하였다.

미 극동공군은 확장공사를 하면 사용 가능한 대구·수영·포항의 3개 비행장을 작전용 표준기지로 확장할 계획을 수립하였다. 스트레트메이어 사령관은 항공공병대 병력이 부족하여 7월 5일 반덴버그 미 공군참모총장에게 매우 부족한 항공공병의 증원을 요청하였으나, 공군본부도 육군의 지원이 필요한 관계로 전혀 보충할 방도가 없었다. 이에 병력 부족 상태에서 미 극동공군은 7월 11일 제1건설사령부를 창설, 국군 공병부대를 이곳에 배속시키고 미 제5공군 시설감에게 지휘를 맡겼다. 그러나 공병기술 참모진의 확보가 어려워, 실제 공사 진행에 많은 지장을 초래하였다. 기술 참모가 부족한 미 제5공군에서는, 비행장 확장에 관한 지질 및 배수검사와 건설자재 확보 여부를 상세히 조사하지 못하고 현지답사와 그 밖의 정보만으로 공사를 진행하였다. 포항 기지는 4,500피트의 활주로가 있고 시설도 수영 기지보다 다소 양호하여, 미 제802항공공병대대에서 기지 확장공사를 담당하였다. 미 제802항공공병대대 A중대가 일본 오키나와 나하항에서 LST 편으로 출항, 7월 10일 밤 포항비행장 앞 영일만에 도착하여 장비 하역과 동시에 7월 12일 공사에 착수하였다. 7월 13일 4,500피트의 기존 활주로에 임시 활주로용 철판(PSP; Pierced Steel Plank)으로 포장하는 공사를 완료한 다음 노반공사를 개시하여 7월 15일 모든 공사가 완료되었다.

미 극동공군 사령관은 '만약 극동공군의 항공공병대를 전쟁 초에 모두 충원하였다면 전술작전부대가 7월 초 부산과 대구비행장에서 작전할 수 있었을 것'이라고 증언하였듯이, 결국 항공공병 부족으로 7월 15일 포항 기지만 공사가 완료되었다.

7월 10일 미 제5공군으로는 처음으로 아시야 기지에서 제35전투요격전대의 제40전투요격대대가 F-51전투기로 기종을 전환할 것이라는 통보를 받았다. 포항에서는 병참 지원을 위해 7월 14일 제6131기지대를 편성하였고, F-51무스탕 전투기로 기종을 전환한 제40전투요격대대는 7월 16일 포항으로 이동하여 작전을 개시하였다.

6·25전쟁 당시에는 항상 2대의 전술항공통제반이 공중에 체류하면서 지상군의 지원요청에 대응하였다. 미 제5공군은 7월 30일 시점 제트전투기 F-80을 626기, F-51을 264기 보유하고 있었으며, 대부분 일본 후쿠오카 이타즈케 기지나 영일비행장에서 출격하였다. 근접지원 출격 비행대수는 7월 한 달간 4,436기, 8월 7,028기, 9월 6,219기였다. 결국 8월 중 1개 사단 당 1일 평균 40기가 지원 출격한 셈이다. 미 극동공군은 7월부터 8월에 걸친 한 달간 제트 전투기 F-80을 장비한 6개 비행대를 저공에서 행동반경이 보다 긴 레시프로 전투기 F-51로 기종 개편을 진행하였다. 6·25전쟁 직전 포항 기지에 주력 배치되었던 미 항공기가 F-51로 교체된 것도 이때쯤이었다. 동부전선에서도 북한군 제5사단의 남진을 저지하고자 포항 기지의 미 제40전투요격대대가 F-51 전투기들을 매일 3~40회 출격시켜 국군 제3사단을 근접항공지원하였다.

한편 영일비행장을 이용한 것은 미 공군만이 아니었다. 호주왕실공군(RAAF; Royal Australian Airforce) 소속 제77비행대대는 유엔군의 북진 작전 지원을 위해, 그동안 발진해 왔던 일본 이와쿠니 기지에서 1950년 10월 12일 영일비행장으로 이동하여 동부전선을 따라 북진하는 유엔군과 국군의 항공지원을 담당하였다. 1950년 11월 MIG-15기 출현으로 공중초계 및 국군 공군기의 엄호, 지상군에 대한 적시 지원을 위해 포항 기지의 제6150전술지원비행단, 제35전투요격전대, 호주 공군 제77대대가 포항에서 연포(K-27)비행장으로 이동 배치되었다. 그 이후 미 제5공군 전투부대 중 연포비행장에서 제1해병비행단을 지원해 온 제6151공군기지부대는, 12월 17일 다시 철수하여

당시 K-3로 명명되고 있던 포항 영일비행장

미 해병항공부대의 대부분이 자리 잡고 있던 포항 영일비행장(K-3)으로 이동하였다.

호주왕실공군(RAAF)의 포항 기지 주둔(1950. 10. 12~11. 18) 기간 중 사진[44]

RAAF부대원이 소련제 SU-76.2mm 자주포와 촬영(R. Trebilco 제공)

---

44 일부 사진에는 1950~53년으로 나온다. 하지만 RAAF 제77비행대대는 1950년 7월 3일 수원
과 평택 사이의 도로 폭격, 7월 7일 삼척, 9월 9일 기계안강 전투에서 네이팜탄 폭격에도 동원
되었으며, 1950년 10월 12일 일본 이와쿠니에서 포항으로 이동하였다. 1950년 11월 18일
연포비행장으로 이동명령을 받는 즉시 이동을 준비하였으므로, 그 기간 사이에 촬영하였을 것
으로 추정된다.

1950년 11월 18일 영일비행장(K-3)에서 함흥 연포비행장(K-27)으로 이동 준비를 위해
연료 드럼, 각종 목재도구 등을 정리하는 모습

RAAF 제77비행대대 막사 주변에 세워진 온수샤워 장치(R. Trebilco 제공)

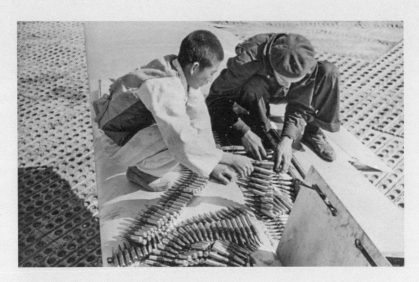

10월 영일비행장에서 RAAF 제77비행대대의 P-51D 무스탕에 기관총 0.5인치 탄약 장착을 보조하는 소년(주 : 활주로의 점선 모습은 임시 활주로용 철판(PSP; Pierced Steel Plank)으로 덮인 부분)

1950년 10~11월 중 영일비행장 근처 호주왕실공군(RAAF) 77비행대대 숙소 막사에 일본어로 출입금지(無用者立入禁止)와 한글(무용자는 이 금 안에 출입을 금함)이 병기되어 있다. (R. Trebilco 제공)

RAAF 제77비행대대 캠프에서 내려다 본 당시 포항 마을(R. Trebilcom 제공, 호주전쟁기념관 소장)

제11장
포항 게릴라헌트 작전(1951. 1. 10 - 2. 16)

　　미 해병 제1사단은 장진호 전투[45]에서 후퇴한 이후, 유엔군 주요 저항선 남쪽 약 320km 떨어진 마산에서 부대 재편성에 힘쓰고 있었다. 1950년 12월 북한 지역의 산악 지대에서 13일 동안 극한 속에서의 주야에 걸친 전투에 지친 해병대원들은 괴혈병 방지를 위해 모든 군복과 내의를 폐기 처분하고, 따뜻한 샤워와 식사로 재충전하고 있었다. 미 해병 제1사단은 장진호 전투에서 대규모 사상자를 내면서, 140명의 장교와 3,654명의 병력이 부족한 상태였다. 이후 2월까지는 일본·필리핀·미국 등에서 104명의 장교와 3,283명의 신병들이 계속 보충되었다.

　　한편 1950년 9월 인천상륙작전과 서울탈환작전을 비롯한 미 제8군의 합동공세로, 북한군 제10사단도 후퇴 행렬에 동참하였다. 낙동강 전선에서 만신창이가 된 패잔병들은 화천 근처에서 38도선을 넘어 철수하였다. 북한군은 중국군의 개입으로 새로운 활기를 띠며 재편성에 착수하였다. 중국군 지휘부는 한반도 전역에 걸친 겨울철 대공세를 계획하고 있었다. 서해안에서 동해안에 이르는 모든 전선에 걸쳐 공세가 개시되었을 때 보조수단으로 유

45　미군 기록에서는 장진호 전투를 조신 저수지 내지는 조신 전투라고 표기하는 경우가 많은데, 이
　　는 그들의 군사작전 지도가 일본군 지도를 사용하였던 관계로 장진의 일본어 발음의 로마자 표
　　기인 조신으로 부르게 되었기 때문이다.

엔 연합군의 배후로 잠입하여 그들이 최전방에서 총공세를 개시한 시점에 후방 지역을 교란한다는 계획이었다. 이 잠입 임무에 선택된 부대 중 북한군 보병 제10사단이 있었다. 12월 하순, 미 해병 제1사단 장병들이 마산에서 크리스마스를 축하하던 순간, 북한군 제10사단 부대 병력은 태백산맥을 타고 비밀리에 동부 지역으로 남하하였다. 그들의 임무는 게릴라부대로 활동하면서 통신선을 차단하고 안동·포항 일원의 후방 시설을 파괴하는 것이었다. 북한군 제10사단은 장비·군세 모두 완벽하게 회복하지는 못한 상태였지만, 게릴라전의 유효성은 무엇보다도 대규모 부대에 의존하는 성격이 아님을 알고 있었기 때문이다.

1950년 12월 26일 중국군이 제3차 공세를 개시하였을 때, 북한군은 동시에 국군의 방어선을 뚫고 동부 지역을 공격하였다. 이 시기를 틈타 이반남 소장이 이끄는 재건된 북한군 제10사단은, 안동·대구 지역의 유엔군 통신망을 차단하고 후방 교란을 목적으로 화천에서 출발하였다. 북한 지역에서 유엔군이 후퇴하던 시기에 화천 저수지 동쪽 국군 저항선의 틈새를 뚫고 남쪽으로 침투하기 시작한 것이다.

다시 포항 지역을 위기에 빠트리게 될 이반남 소장이 이끄는 북한군 제10사단 게릴라부대는 약 6,000명의 보병부대로 구성된 것으로 추정되고 있었다. 이들은 게릴라전술에 이상적이라 판단하여 중국군에 의해 재편성되고 훈련되었다. 북한군 제10사단의 전술적 선택은 습격·장애물·매복에 한정되어 있었다.

북한군 제10사단의 움직임을 확인한 미 제8군 사령관 매튜 리지웨이(Matthew Ridgway) 장군은, 미 해병 제1사단에게 안동–영덕 도로 북쪽의 동서 방어선을 지키면서 동시에 남북으로 이어진 미 제8군의 주요보급선을 보호하라는 명령을 내렸다. 미 제8군은 미 해병 제1사단이 미 제8군의 통신선을 보호하는 한편 국군의 후방 혼란을 수습하기 위해 마산에서 동북방 65km에 위치한 남한 동해안의 3분의 1 정도를 차지하는 포항으로 이동하라는 준비 명령을 내렸다. 포항은 미 제8군 주요 보급로(국도 29호선)의 상당 부분을 차지하며 다방면으로 연결되는 주요 도로 교차로가 있고, 한반도 동해안의 항구들 가운데 유일하게 유엔이 통제하고 있는 항구도시였다. 게다가 한국 동부 지역에 희소한 현대식 비행장 중 하나인 K-3(영일비행장)도 있는 전략적인 요충지였다.

1951년 1~2월경 포항 상공 촬영(출처 : counteroffensive)

미 해병 제1사단의 작전 구역은 대략 40마일 정방형으로 64㎢의 매우 견고한 내부 지형으로 구성되어 있고, 안동·영천 내륙과 포항·영덕 해안선을 연결하는 반원형의 도로망에 둘러싸여 있었다. 중요한 미 제8군 주요 보급선 121km는 해안 구역 내에 있었다. 보급선 일부는 경주에서 영천까지 북쪽으로 갔다가, 서쪽으로 약 40km 휘어진 다음 다시 북쪽으로 굽어져 안동을 통과하였다. 2차 도로(Route 48)는 북서쪽 구석의 안동과 합류하여 해안선을 따르는 중앙에 위치한 진보와 영덕으로 합류하였다. 계곡의 저지대에는 작은 마을들이 점재하고, 도로와 인접한 계단식 논밭이 농지의 평지와 연결되어 있었다. 미 해병 제1사단이 책임을 맡게 된 해안 지역 중심지는 폭설로 뒤덮인 산들로 구성되었고, 가파른 산마루의 위와 아래로 이어지는 일련의 구불구불한 길과 좁은 협도로 다니고 있었다.[46] 날씨는 일반적으로 춥고 잦은 폭설이 이어졌지만 쌓이지는 않았다. 때때로 부는 강풍과 흐린 날씨는 항공 지원을 방해하며 가시성을 제한하고 있었다.

1월 8일　　포항 지역으로 남하하여 침투하기 시작한 북한군 제10사단에 대한 소탕 작전(The Pohang Guerilla Hunt 또는 Pohang Operation)은 1951년 1월 8일 확정되었다. 미 해병 제1사단은 미 제8군에 속하지는 않았으나, 미 해병 제1사단 병력은 모두 미 제8군 사령부의 작전 지휘 통제를 받게 되었다.

1월 9일　　미 해병 제1사단은 미 제8군으로부터 안동을 넘어오는 북한군의 침투를 막고 포항 동해안을 방어하라는 임무를 가지고, 즉시 포항으로 이동하라는 준비 명령을 받았다.

1월 10일　　미 해병 제1사단 병력은 이날부터 포항으로 이동하기 시작하였다. 지원 부대는 트럭으로 물자를 이동시킴과 동시에 항공·철도·선박에 의한 지원도 함께 받으며 이동하였다. 연대 단위로 편성된 미 해병 제1사단은 1주일에 걸쳐 마산에서 포항으로 이동하였다. 차량 호송대는 미 해병 제1사단의 모든 물자를 운반하였으며, 이외에도 사단 정찰중대, 해병 제11연대 제2대대, 제1공병대대 C중대, 제1의료대대 D중대 등은 마산에서 영천까지

46　해병 제1사단 소속 해병대원이 기억하고 있는 한국의 도로는 수평보다 수직인 경우가 많았다. 그들은 일방통행의 길을 격렬하게 오르내리고 보다 급격하게 가파른 언덕을 올랐다. 이와 같은 참전 해병대원의 인상은 통계로서 확인되었다. 중작업 타이어(heavy duty tires)의 수명이 제2차 세계대전은 평균 15,000~20,000마일이었던 것에 비해 한국의 산악도로에서는 3,000마일이었다.

10시간에 걸쳐 이동하였다.

1월 11일　일부 해병 연대 병력은 의성과 영천 사이의 주보급선을 보호하라는 명령을 받아, 의성에 도착하는 즉시 48km의 도로 구간에 대한 순찰 임무를 수행하게 되었다.

1월 12일　미 제8군에서 안동을 보호하라는 명령을 내렸다. 이 임무는 제1연대 제1대대가 맡았다. 미 해병 제1사단의 잔여 병력은 LST와 차량을 이용하여 포항으로 이동하였다.

1월 13일　이미 인원 미상의 북한군이 동부 지역에 출몰하고 있었다. 게릴라들의 활동은 단양 서쪽, 미 제9군의 주요 보급로 그리고 남쪽으로는 대전까지 제1군단의 보급선을 위협하였다. 열차 매복은 1월 13일 남창 지역과 원주 남쪽에서 발생하였다. 또 다른 공격은 대구에서 북쪽으로 약 60마일 떨어진 철도 노선에서 발생하였다. 추가 공격이 예상되어 열차에는 지뢰 폭발에 따른 충격 흡수를 위해 모래를 간 차량과 기관총을 장착한 경계 차량도 제공되었다. 안동 지역 보호 임무를 맡았던 제1연대 제1대대는 안동 방어를 위해 북쪽으로 24km를 이동하였다. 바다에서 내륙으로 약 64km 떨어진 주요 교차로인 안동에는 2개의 비포장 활주로(하나는 화물 비행기용으로 충분히 길었지만, 다른 하나는 가벼운 관측 항공기와 헬리콥터만 이착륙이 가능하였다)와 함께 미군 X부대 후방지휘소가 있었다.

1월 16일　미 해병 제1사단장(스미스 장군)은 포항 남동쪽 약 8.0km 지점인 신흥(현, 오천읍 세계1리)에 전방지휘소를 설치하였다. 사단 작전명령 3-51은 3개의 임무를 부여하였다. 1)주요보급선인 경주-포항-안동 부분을 보호할 것. 2)안동의 마을과 2개의 인근 활주로 안전을 확보할 것. 3)안동-영덕 방어선의 북한군 침입을 저지할 것이었다. 미 해병 제1사단의 고참병과 지휘관들은 게릴라전의 어려움과 대 게릴라작전이 주로 개인의 체력을 시험하는 작은 그룹 단위의 행동이며 각 화력부대와 소대·분대 차원에서 강력한 리더십이 필요하다는 점을 숙지하고 있었다. 이에 스미스 장군은 사단 병력을 분산·운영하였다. 작전 지역을 5개의 방어 구역으로 분할하고 기계화된 기동부대를 편성하여 도로 순찰을 맡기는 한편, 북한군의 휴식을 방해할 목적으로 산악 구릉 지대를 보병의 도보수색대로 덮어버렸다.

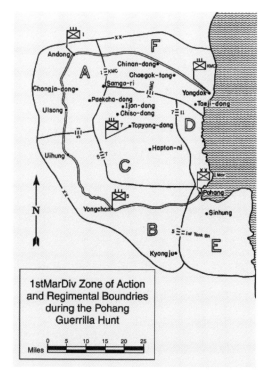

포항 게릴라헌트 작전 구역

제1연대에는 안동 북서쪽 A구역(A Zone)을 할당하였다. 제5연대는 남서쪽 사분면 영천일원의 B구역(B Zone)을, 제7연대는 포항에서 북쪽으로 이어지는 32km×40km의 회랑 중앙 지역인 C구역(C Zone)의 도평리에 배치하였다.

제11연대는 D구역(D Zone)으로 알려진 포항 북쪽의 좁은 해안 지역을 맡겼으며, 포항 남동쪽 E구역(E Zone)에는 제1기갑대대를 운용하였다. VMO-6의 경유틸리티 항공기는 일반지원 임무를 맡겼다. 반 게릴라전의 핵심은 정적인 부대에 의한 끊임없는 경계와 이동부대에 의한 적극적인 행동이었다. 이를 위해서는 게릴라를 발견, 무력화시켜야만 하였다. 대형부대(연대 또는 대대)의 경우 바람직한 전술은 포위작전이겠지만 소규모 보병 단위에서는 광범위한 수색으로 북한군을 발견하여 소탕하는 것이었다. 이른바 '논밭수색(rice paddy patrols)'의 대부분은 소대 또는 중대의 수색 거점을 중심으로 활동하는 전투단과 분대로 구성되었다. 제5연대는 특히 공격적이었는데, 하루에 동시에 29개의 수색대를 현장에서 운영하기도 하였다. 부대의 자유로운 이동을 방해하고 소규모 부대를 파괴하는 것은 북한군 제10사단의 균형을 깨트리는 유효한 전략이었다. 분대와 소대규모의 잠복은 산길을 따라 매일 밤 설정하거나, 근처 마을로 접근할 가능성이 있는 도로를 차단하기 위해 수색 범위를 부채꼴로 확산시켰다. 차량도로 순찰은 불규칙적인 간격으로 주요 보급선에 배치하여 움직였으며 기관총이 장착된 지프로 수행하였다. 이 차량도로 순찰에는 장갑차·탱크 그리고 자주포가 호위하고 있었다. 수색대가 북한군의 무리를 추적하는 끊임없는 정찰 활동은 북한군 게릴라들을 초조하게 만들어 북한군들은 계속 도주를 거듭하였다. 북한군 제10사단 게릴라부대는 생존을 위해 소규모 그룹으로 계속 분열되었다. 결국, 강제적으로 억제된 북한군 게릴라들은 전투 대신 생존을 위한 최소 단위로 축소되었다.

1월 17일　　마지막 해병 부대가 LST를 이용하여 포항에 상륙함으로써 해병 제1사단의 모든 부대 이동이 완료되었다. 제5연대는 즉시 영덕 해변가 수색에 동원되었고 영일비행장(K-3) 방어를 담당하였다. 제7연대는 작전구역 중앙 지점인 청송 도평리에 지휘소를 두고 40평방마일의 구역을 담당하였다. 안동

북부 지역에서 북한군의 계속적인 침입 보고가 있자, 제5연대가 포항에서 의
성까지 순찰하는 동안 의성을 최대한 보호하기 위해 제1연대를 보내라는 새
로운 사단 명령이 내려졌다. 다른 부대들에 대한 임무에는 변동이 없었다.

생포한 북한군에게 정보를 묻고 있는 해병대원

1월 18일　　좋은 게릴라 전술은 상대방의 전투능력을 삭감하는 것보다 싸
움을 억제하는 것에 목표가 있었다. 북한군 제10사단은 운 좋게도 남하하
는 동안 은밀하게 국군의 감시망을 벗어났다. 낮에는 은신하고 주로 밤에
산의 능선을 통해 이동했던 것이다. 하지만 북한군 게릴라들의 운이 다한 것
은 1월 18일 오후였다. 토마스 중령이 이끄는 미 해병 제1연대 3대대의 순찰
대가 안동 동쪽에서 인원수 미상의 북한군을 발견했기 때문이었다. 북한군
게릴라들이 빠르게 도주하였으나 3명이 생포되었다. 포로들을 심문한 결과
그들은 북한군 제10사단 제27연대 소속이며, 그 지역에는 제25연대와 제29
연대도 같이 있었다는 정보를 획득하였다. 게다가 제10사단은 대포·박격포,

공병대와 의료진 그리고 통신부대까지 갖추고 있다는 것도 알게 되었다. 하지만 북한군 제10사단 병력은 많아야 총 6,000에서 8,000명 정도의 보병으로 구성되었을 것으로 추정되었다. 포로의 진술에 따르면 그들이 지닌 중화기는 기껏해야 박격포와 중기관총 정도였다. 식량 문제로 현지 마을과 농장에서 약탈해야 부하들을 먹일 수 있다고 밝혔다. 그들 중 병이 든 병사들이 있었는데, 듣기로는 티푸스 증상과 일치하였다. 북한군의 상황을 파악한 스미스 장군과 참모진들은, 이들이 부대를 수습할 시간을 가질 틈을 주지 않기 위해 주야간 끊임없는 수색활동을 계속하기로 결정하였다. 북한군 제10사단은 휴식할 틈도 없었다. 공격을 위해 집결할 시간도 없이 북한군은 도주에 도주를 거듭하였다. 당초 목적이었던 후방 교란은커녕 도주하기에 급급하였다. 스미스 장군은 제10사단의 '뿌리를 뽑을' 생각이었다. 이를 위해 채택한 방법은 계속 매우 공격적인 수색을 지속한다는 실증된 기본전술이었다.

1월 19 ~ 20일　　그러나 북한군과 중국군 병사가 잠입, 불의의 야간 기습공격과 위장 기술에 최고 수준이었다는 것을 깨달을 필요가 있었다. 해병대원들이 생각하기에 너무 좁은 동굴이라도 북한군 게릴라들이 은폐와 보온을 위해 몰려 있을 가능성을 알게 되었다. 결국, 무기와 장비가 부족한 북한군 약점이 오히려 의사소통을 위해 활동하는 소그룹과 은밀한 작전에 가장 고도의 기동력을 갖출 수 있는 장점으로 작용하였다.

　처음부터 북한군을 발견하는 일은 소탕하는 것보다 더 어려운 문제로 판명되었다. 3개 해병연대의 모든 구역에서 차량 순찰이 적극적으로 실시되었다. 가능한 탱크나 적어도 105mm 곡사포의 지원도 뒤따랐다. 2차 도로와 불분명한 임도는 '논밭수색'으로 이루어졌으며, 4인 1조로 구성된 도보수색대는 산간벽지까지 이루어졌다.

제5연대가 인근 산악 지대에서 도보 수색하는 동안, 기갑부대는 도로 순찰에 나섰다.

1월 21일 국군 해병대가 이날 미 해병 제1사단에 배속되었으나, 약 1주일 동안 합류가 지연되었다.

1월 22일 북한군은 최초로 미 해병 제1사단과 불운하게 접촉한 이후 4일 동안 모습을 감추었다. 그러나 4일 후인 이날 의성 북동쪽에서 수색 중이던 로버트 밥레이 대위가 이끄는 제1연대 제1대대 1중대(일명 찰리 중대, C중대) 수색대가 안동 남쪽에서 수 마일 떨어진 묵계리에서 북한군을 발견하였다. 해가 질 무렵 북한군 대대 규모의 약 2,000명 정도의 병력이 남하하고 있는 것을 발견한 C중대는, 거의 일방적으로 소총과 박격포로 공세를 펼쳤다. 북한군 게릴라 부대도 박격포와 소화기로 교전을 하기 위해 충분한 거리를 두고 일시정지하여 저항을 시도하였으나, 결국 50명에서 100명 단위의 소그룹으로 각자 흩어져 도주하였다. 이날 C중대는 단 1명의 인명 피해도 입지 않은 채 북한군 약 200여 명을 사살하는 전과를 올렸다.

1월 24일 북한군들이 미 해병 제1사단 제1연대와 제5연대의 할당 구역에서 제7연대가 작전을 수행하고 있는 지역 중심의 산악 지대로 스며들었을 것이라는 정보가 사단 지휘소로 입수되었다. 이에 미 해병 제1사단 3개 연대는 일제히 연합공세를 펼치기로 계획하였으나, 북한군들은 이날 대규모의 교전을 회피하였다.

도평리에 설치된 제7연대 지휘소 막사

1월 25일 북한군은 25일 이른 아침 청송 현동면 도평리에 설치된 연대지휘소를 습격하였다. 소총과 기관총으로 무장하고 습격한 북한군은 제10사단 소속 제25연대였던 것으로 밝혀졌다. 북한군들은 약 1시간 30분 동안 공격한 후 도주하였다. 이어 늦은 아침 무렵에는 북한군이 두 번째 보복 작전으로 연대지휘소 북서쪽 4.8km 지점에 있던 제1대대 제7중대를 공격하기 시작하였다. 제7중대 소속 해병대원들은 심기일전하여, 그날 오후 청송 안덕면 지소리 서쪽 능선에서 200여 명의 북한군을 저지하는 임무를 맡고 있었다. 몇 차례나 제1대대 제7중대가 북한군의 포위공격에서 탈출을 시도하며 반격에 나섰으나, 북한군의 박격포 공격과 기관총의 집중사격 때문에 탈출 시도가 좌절되었다. 하지만 정오 직전 제1대대 제7중대 해병대원들은 아군의 박격포와 포병의 화력지원에 힘입어 무사히 탈출하여 진지로 복귀할 수 있었다. 미 해병 제1사단 제7연대의 3개 대대는 연대 관할구역 전역에서 공군과 포병의 지원을 받아 소탕 작전을 계속적으로 수행하였다. 포항 죽장면 합덕리 근처에서만 해병대 전초부대가 북한군 제10사단 게릴라부대의 잔당과 만났을 뿐 다른 곳에서는 어떠한 저항도 없었다.

1월 26일 해병 제1사단 제7연대는 한국 경찰과 협력하여 지소리 근처에서 소총과 기관총으로 저항하던 400여 명의 북한군 제10사단 제25연대를 격파하고 도주하는 북한군 게릴라들을 추격하였다. 이날 북한군 사상자는 161명에 이르렀으며 대부분 죽거나 포로가 되었다. 제7연대 제1대대는 466고지 정상을 점령하고 있던 북한군 게릴라부대를 고립시킨 다음, 박격포와 소총·수류탄으로 저항하는 북한군을 포병과 박격포·자동무기로 대응하며 공세를 강화하였다. 이 466고지 전투에서 북한군은 약 50명의 사망자와 두 배가 넘는 100여 명의 부상자를 버려둔 채 급하게 도주하였다. 이날 오후 제7연대 제2대대는 북한군의 반격을 물리치면서 44명을 사살하였다. 종합적으로 미 해병 제1사단 제7연대가 3일간 진행한 단독 작전에서 북한군 게릴라 약 250명을 사살하고, 500명에게 부상을 입혔으며, 12명을 포로로 생포하는 큰 전과를 거두었다. 이 전투 이후 북한군 제10사단장은 부대 재편을 위해 산속으로 은신할 때까지 공격작전을 멈추라는 명령을 하달하였다. 다만, 미 해병 제1사단의 피해도 있었다. 1월 28일까지 미 해병이 입은 피해는 전사자 6명, 부상자 28명이었다.

1월 29일 김성은 대령이 이끄는 국군 해병 제1연대가 이날 미 해병 제1사단에 합류하였다. 국군 해병 제1연대는 4개의 보병대대(제1, 제2, 제3, 독립 제

5)로 편성되었다. 국군 해병대는 이미 서울 탈환 작전 때부터 미 해병 제1사단과 작전을 함께하며 호흡을 맞춘 적이 있었다. 국군 해병대는 영덕에 지휘소를 설치하였다. 이에 미 해병 제1사단장 스미스 장군은 북동부에 새로운 구역인 F구역(F Zone)을 만들고 영덕 채곡리와 진안리 등을 포함시켜, 새로 합류한 국군 해병대에게 그 지역에 대한 게릴라 소탕과 방어 임무를 맡겼다. 국군 해병대 제1대대, 제2대대, 제3대대는 F구역 내의 하위 지역을 순찰하였으며 제5대대는 미 해병 제1사단과 협력, 임무를 수행하였다.

1월 30일　　미 해병 제1사단 제7연대가 3일 동안 단독 작전을 수행하는 동안, 여타 2개 연대가 담당한 구역에서는 미미한 교전만 있었다. 그러나 1월 말경, 제5연대가 맡은 구역으로 북한군 제25연대와 27연대 게릴라 잔당들이 이동하고 있다는 첩보가 입수되었다. 이에 따라 모든 연대는 결정적인 타격을 가하기 위해 영천 지역으로 집결하였으나, 북한군들은 청송 현동면 도평리 부근에서 북쪽으로 도주하였다.

1951년 1~2월경 포항 일원 북한군 게릴라 수색을 위해 작전지역에 착륙한 미군 헬기

1월 마지막 주 무렵, 미 해병 제1사단이 맡고 있는 구역 내에 3,000~5,000명의 북한군 게릴라 병력이 여전히 잔존하고 있다는 것을 경고하는 정보 보고서가 입수되었다. 그리고 북한군과 중국군 게릴라들의 최근 공세에서 미제 기관총과 M-1소총으로 무장하고 있는 것을 포착하였다는 사실도 보고하였다. 이들 가운데 부역자로 징집당한 부녀자들과 일부 게릴라들은 미군 점퍼와 바지도 입고 있었다. 북한군 게릴라 부대의 전략적 가치를 과소평가할 수 없었다. 그들을 완전 섬멸할 때까지 해병대는 결코 어떠한 사태도 벌어지지 않도록, 1,600평방마일의 광활한 지역에서 자신들이 맡고 있는 구역을 계속 경계하며 순찰 활동을 유지할 수밖에 없었다.

1월 31일 ~ 2월 1일　　1월 31일에서 2월 1일로 넘어가는 자정 무렵, 미 해병 제1사단 제1대대 순찰대가 의성 단촌면 상화리 근처에서 대대 규모로 추정되는 북한군 부대를 발견하고 공격을 개시하였다. 이 전투에서 북한군 게릴라들은 약 50명의 사상자를 내었으며, 박격포와 소총을 지닌 3명의 게릴라를 생포하였다. 이 전투 이후 북한군 게릴라들이 안동에서 포항에 이르는 주요 보급선에 근접하는 일은 거의 발생하지 않았으며, 2차 도로망의 통행이 차단되는 일도 없었다. 단 한 건도 해병대원들이 수행하고 있는 순찰이 차단되거나 방해받는 일도 발생하지 않았다.

2월 2일　　미 제8군은 국군 해병 제5대대에 안동-영덕 간 도로에서 북한군의 움직임을 차단하기 위해 미 해병 제1사단 좌측에서 작전을 수행하라는 명령을 내렸다. 하지만 이미 이 무렵에는 미 해병 제1사단이 북한군 게릴라를 소탕하라는 그들의 임무를 거의 완수하고 있는 상태라는 것이 점차 분명해지고 있었다. 북한군 제10사단이 해병대원과의 접촉을 회피하지 않았더라도, 그들은 너무 작은 그룹으로 분해되어 그 이상 교란작전을 수행할 수 없을 정도로 흩어졌기 때문이다.

2월 3일　　두 번째로 미 해병 제7연대의 순찰대에 북한군 장교가 부하 3명을 이끌고 투항해 왔다. 포로가 된 북한군 게릴라에 따르면, 북한군 제10사단 이반남 사령관은 급성 우울증에 빠진 상태였다. 북한군 제10사단장은 거의 모든 시간을 여우굴과 같은 동굴 속에서 고독하게 지내고 있었다. 결국 북한군 제10사단장은 곤경에 빠진 게릴라 부대의 문제를 해결하기 위해 은신하였다가 도주하는 것보다 나은 해결책을 찾지 못한 것이었다. 1월 27일부터 2월 3일까지의 약 2주일간의 작전기간 동안 미 해병 제1사단의 전투 사상자는 7명 전사, 38명 부상, 10명 실종이었다.

　이 무렵 북한군 게릴라들이 남긴 흔적을 추적해 본 결과에 따르면, 북한군 잔당들은 미 해병 제1사단 제5연대의 작전 구역을 벗어나 제1연대가 관장하는 의성 북동쪽 지역으로 이동하고 있었다. 그들은 휴식할 기회도 없었다. 제1대대 제1중대와 제2대대 제1중대는 상주 화서면 상용리 근처의 야산에서 마지막 대규모 북한군 부대를 만났다. 400여 명으로 추산되는 북한군을 발견하고 공격하자, 북한군 게릴라들은 제대로 된 저항도 없이 놀라 도주하였다.

2월 4일　　미 해병 제1연대 제2대대와 제3대대는 북한군 제10사단 제22연대의 방어선을 돌파하여, '망치와 모루(hammer-and-anvil)'로 이름을 붙인 합동작전을 성공적으로 수행하였다. 제7연대의 작전 구역에서는 제3대대 부대원이 청송 현동면 월매리 북동쪽에서 치밀한 작전을 펼쳐, 북한군 게릴라 약 45명을 사살하였다. 그리고 제7연대 제2대대는 1123고지에서 북한군 게릴라의 완강한 저항을 물리치고 고지 점령에 성공하였다. 남서쪽에 있던 제5연대 제3대대는 도로에 설치된 4개의 장애물을 파괴하면서 북한군 게릴라 약 30여 명을 사살한 후, 영천 인근에서 게릴라 3명을 추가로 생포하였다.

제5연대 제2대대는 완강히 저항하는 북한군을 물리치고 930고지를 점령하였다. 북쪽 해안을 따라 김성은 대령이 이끄는 국군 해병연대는 북한군 거점을 점령하여 게릴라부대를 와해시켰다.

특히 이날은 독특한 방법이 시도되었다. 대형 스피커가 장착된 해병대 수송기(Marine R4D Skytrain)를 이용하여 공중에서 북한군 게릴라들에게 항복하라고 방송한 것이었다. 이 방송으로 약 150여 명이 개별적으로 투항해 왔으나, 이들은 대부분 북한군에게 강제로 붙잡혀 부역을 맡고 있던 민간인들이었다. VF-323의 F4U 코르세어는 남아 있는 북한군 게릴라들을 발견하는 즉시 공중에서 폭탄·로켓포 및 네이팜탄을 투하하였다. 게릴라헌트의 마지막 주요 작전은 제1연대의 2개 대대가 삼고리 남쪽에서 북한군 제27연대의 대대 규모로 추정되는 병력을 발견하였을 때 발생하였다.

2월 5일　　제1연대가 공세를 강화하자 북한군 게릴라들이 전장에서 이탈하기 시작하였을 무렵에는 5명이 넘는 사망자와 많은 부상자를 남긴 채 도주하였다. 그 이후부터는 미 해병대가 포항에서 떠나는 날까지 해병 사단 사령부로 보고된 전투는, 개인 또는 소규모 단위의 흩어진 저항만 있었다. 투항한 북한군 게릴라 포로들은 심문관에게 갖은 질병과 저하된 사기로 막대한 피해가 있었다고 진술하였다. 그들은 북한군 대대장의 총질로 게릴라들이 사망하는 경우도 있었고, 이와 더불어 제10사단장이 심각한 우울증에 사로잡혔다고 증언하였다. 절망적인 북한군에 관련한 또 다른 증표는, 부역자로 강제 징집된 부녀자와 일부 부대원들이 탈출을 위해 미군 군복을 입고 있었다는 점이다. 비록 북한군 제10사단이 여전히 약 1,000여 명의 병력을 보유하고 있었으나, 북한군 제2군단장이 나머지 잔여 북한군 게릴라들에게 미군 해병대의 포위망을 뚫고 탈출하라는 명령을 내렸다는 것도 확인되었다. 포로들은 북한군 제10사단은 제2군단으로 합류하기 위해 포항을 떠나

포항 주민들이 야산에서 게릴라소탕작전 중에 희생된 미 해병의 유해를 시내로 운반하고 있다.
(1951년 1~2월)

라는 명령을 받았다는 정보부 요원의 보고를 확인해 주었다.[47] 이와 동시에
항공관측단에서는 제7연대가 관장하던 C구역에서 서쪽인 A구역과 B구역(제
1연대와 제5연대가 담당)으로 게릴라들이 이동하고 있는 것을 발견하였다. 그
결과, 해병 제1사단의 올가미에서 빠져나오려는 북한군 게릴라들은 매우 일

---

47 북한군의 포로에게 입수한 북한군 제2군단의 사령관으로부터 이반남 제10사단장에게 다음 메
시지를 내린 것이 명확하게 확인되었다. "모든 부대는 적의 포위에서 벗어나, 즉시 평창 북쪽으
로 철수하라. 연락팀은 무선으로 보내겠다. 탈출 루트를 받게 되면 앞을 클리어시키고 지원하겠
다. 게릴라답게 적의 후방으로" 북한군 제10사단장 이반남 장군은 거의 독불장군이라고 알려
지고 있었다. 게릴라로서 움직여야 하는 것과는 전혀 동떨어진 그의 명령은 흩어져 도망치던 무
리들을 더 빨리 붕괴시켰다. 북한군 제2군단의 명령으로 북한군 잔당들이 숨어있던 소굴에서
쫓기듯 나왔기 때문에, 흐름은 확실하게 미 해병대에게 유리해지기 시작하였다. 이에 따라 북한
군 게릴라들은 경험한 적이 없는 최악의 상황에 직면하는 일들이 더욱 늘어났다.

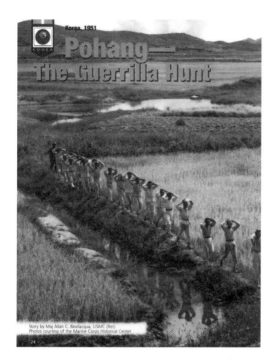

1951년 북한군 제10사단 게릴라들을 체포이송하는 장면을 담은 「포항게릴라헌트 자료집」
표지사진(미 해병 역사관)

방적인 충돌을 회피하거나 대비할 수 없었다. 한 은신처에서 또 다른 민가로
은신하기 위해 옮겨 다니는 동안 북한군 제10사단장의 명령이 단절된 것은
실패할 수밖에 없는 대참사를 불렀다. 약 400명의 북한군 게릴라 잔당들은
제5연대의 압박에서 벗어나기 위해 의성 북동쪽 제1연대 담당 구역 정면으
로 향하다가 미 해병대의 포격에 철저하게 당하고 말았다. 제5연대의 포위
망에서 도망친 북한군 제25연대와 제27연대 부대원들로 구성된 소규모 단
위는 제1연대의 제2대대, 제3대대와 한국 해병연대의 2개 대대의 공격에서
무작정 도주하였다. 북한군들은 작은 단위로 도망쳐야만 완벽한 학살에서
벗어날 수 있었다.

1951년 1월 포항 게릴라헌트 작전 중.

2월 6일　　미 해병대가 점차 담당 지역의 지형과 지리에 정통해져 감에 따라, 북한군 게릴라들이 근접할 기회는 축소되고 북한군들을 소탕할 기회는 증가하고 있었다. 특히 뛰어난 통신 수단의 장점을 이용하여 한 번에 며칠간 독자적인 능력으로 활동할 수 있는 수색대는 북한군 게릴라가 불리한 조건에서 싸우도록 압박하는 것에 점차 익숙해졌다. 해병대는 해병대 제6비행대 (VMO-6; Marine Observation Squadron Six)를 통해 하늘의 눈을 지원받고, 헬리콥터로 보급을 받으며 아주 적은 비용으로 북한군 게릴라 희생자를 만들어내는 기술을 쉽게 습득하고 있었다. 그동안 미 해병 제1사단장 스미스 장군은 자신의 전술이 효과가 있다는 확고한 증거를 획득하였다. 지금까지 북한군 제10사단의 전략은 게릴라 작전으로서는 완벽한 실패라는 증상이 나타나고 있었다. 성공에 필요한 모든 요소가 부족하였다. 지역 현지 주민의 지원을 받기는 고사하고 그들의 움직임은 해병대원에게 즉시 보고되고 있었다. 산속의 마을을 불태우는 등 민간인에 대한 그들의 보복은 오히려 더욱 관계를 악화시키고 있었다. 게다가 북한군들은 효과적인 게릴라전에 필요한 다른 요건들 즉, 안전 확보가 되는 거점·보급원·양호한 통신망·정보 시스템 등을 가지지 못하였다. 결과적으로, 북한군 제10사단은 전투 사상자로 인한 병력 손실도 있었지만 아마도 질병과 병사들의 탈주로 인한 피해가 더욱 컸을 것으로 추정되었다. 포로들의 증언에 따르면 발진티푸스가 1월 말이 되기 이전까지 상당한 비율로 유행하였다. 또 다른 포로들은 불충분한 식량[48]과 휴식으로 인한 사기 저하도 북한군 10사단의 전투력을 더욱 낮추었다고 증언하였다. 미 해병 제1사단장 스미스 장군은 미 제8군에 사단이 담당하였던 구역의 상황은 해병 제1사단의 철수를 허가하기에 충분히 가까워졌다고 생각한다고 보고하였다.

2월 11일　　이날 스미스 장군은 제8군 사령부에 보낸 상황 보고서에서, 해병 제1사단이 담당하던 지역에서 북한군 전력의 약 60%가 감소하였으며 그들은 이제 주요 보급선을 위협하지 못할 것이라고 주장하였다. 물론 소규모 그룹과 고립된 그룹은 계속 토벌 중이긴 하지만, 상황은 해병 제1사단의 철수를 정당화할 수 있을 정도로 충분히 통제되고 있다고 덧붙였다. 이에 따라 미 제8군 정보관들은 북한군 제10사단이 효과적인 전투력을 가지지 못

---

48 당시 추위와 기아에 허덕였던 것은 북한군 게릴라들만이 아니었다. 당시 작전에 참여하였던 제7연대 2대대 D중대 소속 프레드릭 P. 프링크빌은 회고록에서, "산속의 추운 바람과 기아 등으로 하루 두 끼를 겨우 먹으면서 동상에 걸리고 추위와 배고픔을 이겨내면서 참여하였던 포항 게릴라헌트 작전은 '추위와 기아 헌트 작전'이라 불렀어야 했다"고 술회하고 있다.(Frederick P. Frankville, "Running with the Dogs", Universe Inc. Bloomington, 2013. 5. 29)

안동 근처에서 현지 주민에게 북한군에 대한 정보를 탐문하는 모습

하게 되었다고 판단하였다. 미 제8군 사령관 매튜 리지웨이 중장은, '한국에서 가장 강력한 부대'는 다른 곳에서 더욱 효과적으로 사용할 것이라고 결정하고 중국군의 공세가 강화되고 있는 충주로 이동할 준비 명령을 하달하였다.

1월 22일 ~ 2월 11일   포항 게릴라헌트 작전 기간 동안 부산에 거점을 둔 12대의 VMF(N)-513 비행기가 우수한 근접 항공 지원을 제공하였다. 당시 미 해병 제1사단의 항공 부대 대부분은 일본에 있었으며, 더 큰 규모의 항공 작전이 필요할 때 한국에 재배치하기 위해 대기 상태에 있었다. 이 기간 동안 VMF(N)-512는 북한군 게릴라 소탕을 위해 총 11번의 비행 임무를 수행하였으며, 이외에도 북한군의 보급 거점 파괴를 위해 많은 임무를 수행하였다.

미 해병사령부지휘소가 있던 포항 신흥동(현 오천읍 세계1리) 인근 마을에 방문한
스미스 장군과 포항 어린이

　미 해병 제1사단장 스미스 장군은, 미 제8군 사령부로부터 2월 12일
07:00 이후 언제라도 24시간 이내에 미 해병 제1사단을 중부지역 충주로 이
동할 수 있도록 준비하라는 예고 명령을 받았다. 그리고 2월 15일 미 해병
제1사단은 국군 제2사단의 제17연대, 제31연대, 제32연대의 지원 요청으로
미 제9군단에 배속되었다. 2월 16일 1·4후퇴 이래 가장 야심 찬 미 제8군과
유엔군의 새로운 반격 작전(킬러작전)에 따른 것이었다. 2월 16일부터 미 해
병 제1사단은 포항에서 철수하여 충주로 이동하기 시작하였다. 그때까지 중
국군과 북한군은 원주 북부에서 공격이 그칠 때까지 항공폭격과 포병포격
을 받고 있었다. 해병대는 겨우 충주에 도착하여 유엔군의 반격 작전인 킬러
작전의 지휘를 받을 수 있었다.

작전 종료 후 미 해병 제1사단 경기관총팀이 포항역에서 충주로 이동을 위해
기차에 탑승하는 모습(1951년 2월경)

　1월 12일부터 2월 15일까지 미 해병 제1사단의 포항 게릴라헌트 작전에
서 입은 피해는 사망 26명, 부상 148명, 실종 10명으로 최종 집계되었다. 비
전투 사상자도 많았는데, 주로 동상이나 경미한 부상으로 대부분 자대 복
귀하였다. 북한군 제10사단 게릴라부대의 사망자와 비전투 손실은 3,000여
명 이상으로 추정되었다. 해병 제1사단이 포항·안동 지역에서 떠났을 때도
여전히 소수의 북한군 게릴라들은 산속에 숨어 있었다. 하지만 그들이 높게
쌓인 눈 속에서 문제를 일으킬 여지는 크지 않아 평온한 상태를 유지하고
있었다. 미 해병대가 떠날 무렵 북한군 제10사단과 우울한 사령관이라는 것
은 상상력에 불과하다는 결론을 내리고 있었다. 북한군 제10사단의 소수 생
존자들은 마치 유령처럼 능선과 능선을 넘어 끊임없이 도주하였을 것이라

는 결론을 내렸던 것이다.

그러나 이후 북한군 제10사단에 미 해병 제1사단의 평가는 틀린 것으로 판명되었다. 당시 북한군 제10사단은 본부와 3개 연대의 정식 조직을 유지하였고, 약 2,000명이 생존하여 1951년 3월 7일 유엔군의 리퍼작전 개시 시점에는 태백산맥을 통해 30마일 북쪽인 일월산까지 철수한 것으로 밝혀졌다. 안동의 48km 북동쪽에서 국군 제2보병사단의 소탕작전을 회피하여, 3월 13일까지 북한군 제10사단 잔여 병력은 강릉 남쪽 약 25마일(40km) 충봉산에 도착하였다. 북한군 제10사단의 잔여 병력 약 1,000명은 최종적으로 1951년 3월 23일 북한군 방어선 안으로 철수하였다. 다만, 그 이후 북한군 제10사단이 다시 최전선으로 복귀하지는 못하였다.

제12장
포항 경찰과 6·25전쟁(1949-1953)

 6·25전쟁 발발 이전부터 포항경찰서[49] 본서와 지서에 소속된 경찰 병력들은 후방 교란을 위한 남로당 등 북한 동조 세력들의 끝없는 습격과 전쟁 이전부터 침투한 북한군 게릴라들의 양민학살을 포함한 후방 교란 등을 저지하기 위해 치열하게 임무를 수행해 왔다. 포항 경찰에게 6·25전쟁은 이같은 사건 발생의 연장선과 이어진 고리였다.

제1절 6·25전쟁 이전의 불온 세력과의 전투

 1949년 2월 16일에는 송라지서가 습격받았으며, 5월 14일에는 모포지서가, 7월 8일에는 모포지서 직원에 대한 습격 사건이 있었다.

1949년 7월 11일　23:00경 무장폭도 10여 명이 민심을 교란할 목적으로 신광

49　포항경찰서는 1949년 2월 12일 대통령령 제58호로 제17구 경찰서에서 포항경찰서로 개칭되었다가, 3월 20일 대통령령 제160호로 영일경찰서로 개칭되었다. 이후 1951년 3월 1일 대통령령 제600호로 다시 포항경찰서로 개칭되어 오늘에 이르고 있다.

면 비학산으로부터 수도산 고지(포항 북부경찰서 뒷산)를 점령한 후 당시 영일경찰서(현 포항북부경찰서)를 향하여 소총으로 방사·피격해 왔다. 불온 세력의 갑작스러운 본서 피습에도 불구하고, 당시 경찰서장 총경 김두현(제7대 포항북부경찰서장)이 경찰대원 135명을 진두지휘하여 즉각 응전에 나섰다. 무장폭도들과의 치열한 약 30분간의 교전 끝에 이들을 격퇴하는 데 성공하였다. 폭도들은 흩어져 비학산으로 도주하였으며, 경찰서 본서 소속 직원(당시 정원 332명)은 아무런 피해 없이 폭도의 습격을 성공적으로 격퇴하였다.

1949년 8월 3일 01:10경 포항 동부 학산(鶴山)파출소 뒷산 송림 속에 잠복한 약 10여 명으로 추산되는 무장폭도가, 학산파출소를 목표로 99식 소총 등을 난사하며 습격하였다. 이에 파출소 경찰대원들은 즉각 응전함으로써 그들을 격퇴하였다. 하지만 이때의 교전으로 인한 유탄으로 동 파출소 식사 담당을 맡고 있던 김성녀(金姓女; 김씨 성을 가진 여자 또는 이름이 '김성녀'인지는 불명)가 경상을 입었다. 폭도 일부는 포항(당시 영일)경찰서 뒤 수도산(水道山)에서 경찰서를 향해 소총을 난사하며 공격하였으나, 대기 중이던 경찰 병력이 응전하며 추격·퇴각시켰으며 피해는 전무하였다.

1949년 9월 14일 포항경찰서는 포항도립병원의 의사·간호사 등에 광범위한 남로당 세포조직이 침투하고 있다는 정보를 포착하고, 은밀한 수사를 진행한 끝에 9월 14일 일망타진하는 데 성공하였다. 이들에 대한 문초는 10월 14일까지 약 한 달간 진행한 후 일단락시키고, 관련 서류와 더불어 경주지검으로 송치하였다. 도립병원 남로당 세포 책임자 산부인과장 김정원, 부책임자 내과과장 남번, 세포원 외과과장 박상환, 소아과과장 김위조, 약제사 박경호, 의사 김경진, 박문영, 김판조, 신갑수 등이 1949년 1월 하순경부터 동 병원 내에 남로당계 세포를 조직하는 동시에 군경 및 각 애국인사에 대한 치료를 거절하였으며 9월 상순경에는 약을 훔쳐 남로당 포항군지당 간부에게 제공하고 간호사까지 야산 부대에 제공하려다 미연에 발각되어 체포당하게 된 것이다.

1949년 9월 26일　양포출장소가 피격되었다.

1949년 10월 5일　오천지서 경비요원이 실종되는 사건이 발생하였다.

1949년 11월 6일　북한군이 원산항에서 기동선 2척에 99식 장총 300정, 동실탄 3만발, 중기 3정, 수류탄 300발, 대검 350개를 적재·운반하여, 당시 송라면 지경리 항구에 정박한 후 미리 뒷산에 잠복 대기하고 있던 공비 20명과 동 부락민 60명을 동원하여 운반·양륙시킨 후 북쪽 동대산 방면으로 입산·도주하였다는 정보를 입수하였다. 이에 당시 전두현 경찰서장은 국군과 280여 명의 합동작전부대를 편성하여 15일간에 걸친 공비소탕 작전을 펼쳤다. 이에 북한군 게릴라 사살 350명, 생포 28명, 99식 장총 105정, 실탄 10,188발, 칼빈소총 4정, 실탄 1,200발, M1소총 8정, 실탄 80발, 38식 장총 5정, 실탄 390발, 수류탄 295발, 대검 153개를 노획하는 전과를 거두었다.

1950년 2월 4일　송라면 지경동 1구에 무장공비 약 40명이 침입하여, 무기 양륙사건 당시 송라 지역민이 경찰에 신고하여 전멸된 것에 대한 보복으로 양민 사망 34명, 부상 65명 등 총 99명의 사상자를 내었으며, 가옥 60동 방화 전소케 하는 만행을 저질렀다.

제2절 6·25전쟁과 포항의 경찰

구암산 지구 전투의 숨은 공로자, 포항 경찰

1950년 7월 16일　포항경찰서 기북지서 소속 경찰대원들은 북한군의 게릴라

부대 등 일부 전초부대 100여 명이 비학산 일대에 잠입하였다는 사실을 탐지하고, 당시 해군 포항경비부 육전대에 긴급하게 연락함으로써 구암산 지구 전투의 성공적 작전수행에 기여하였다.

1950년 7월 17일　이날 새벽 포항경찰서 기북지서는, 죽장 합덕리 고지에 잠복하였던 500여 명의 북한군 외에도 남쪽 정자리 방면에도 약 400명의 북한군이 나타났다는 첩보를 해군 육전대에게 통보하였다. 이어 기북지서와 본서에서 파견나간 총 40여 명의 경찰대원들은, 합덕리와 정자리에 집결한 북한군을 격멸하기 위한 해군 포항경비부 육전대와의 군경합동작전을 펼치면서 합덕리 고지의 전면과 좌우측 3면에서 북한군을 포위할 때 육전대의 좌우측에 20여 명씩 배치하여 경계임무를 맡아 육전대 제1중대의 3개 소대가 계곡을 따라 공격하는 것을 측면 지원함으로써 구암산 지구 전투의 성공을 뒷받침하였다.

이후 포항경찰서는 포항 지역 방어 등 외곽 정보수집 등을 위해 7월 28일 죽장지서를 철수하고 8월 8일에는 기계지서도 철수하였다.

미 제1기병사단의 포항상륙 작전 준비 및 통제

포항경찰서는 1950년 7월 18일부터 이루어진 미 제1기병사단의 포항상륙작전의 성공적인 수행을 위하여 지역주민 등을 수배하여 상륙작전에 필요한 주요 물자의 하역과 시내를 통한 미군의 원활한 이동을 위한 주민통제와 정보보호조치 등 다양한 임무를 치밀하게 수행함으로써, 포항상륙작전이 성공적인 무저항의 행정상륙으로 이루어지는 데 크게 기여하였다.

포항시내의 적 침투와 경찰의 대응

포항경찰서는 포항·기계·안강 일대에서 남하하는 북한군을 저지하기 위해 육군본부 작전명령 116호에 따라 8월 10일 설치된 포항지구전투사령부(사령관 이성가 대령)에 배속되어, 포항시 외곽의 북한군 동정에 대한 첩보수집 등 최일선에서 활약하며 국군의 작전수행에 매우 유용한 정보를 지속적으로 제공하였다.

1950년 8월 11일   07:00경 기계지서를 점령한 북한군 주력 8,000명은 당시 경주 안강읍을 압축하고 영덕 방면에서 침공하는 북한군은 포항시 외곽지역에서 시내에 침입하였다. 당시 잔류하고 있던 경찰 병력은 포항시 수도산 고지에서 영덕군 달산면 대진리로 연결되는 지역을 맡아 방어진지를 구축하고 북한군의 남하를 저항하였다. 그러나 격전 40분 만에 경사 최영달, 순경 최복돌, 김현, 김종철, 이덕암, 정천영, 홍석수 등 경찰관 7명이 장렬하게 전사하고, 흥해지서 주임 경위 오상태는 직원 7명과 격전 중 북한군 5명을 사살하고 흥해지서를 사수코자 하였으나, 지서 주임이 전사함에 따라 잔여 대원들은 구룡포지서로 후퇴하여 전열을 가다듬게 되었다.

포항경찰서 철수, 구룡포지서에 임시경찰서 설치

1950년 8월 11일   08:00경 적의 작전에 밀려 경찰 7명이 전사하자, 부득이 경찰서장 총경 이종환(제9대 포항북부경찰서장) 이하 경찰잔류 병력이 경비선을 타고 구룡포지서로 대피하여 임시경찰서를 설치하고 본서 직원과 신광·기계·달전·죽천·칠포·월포·곡강·흥해 등 8개 지서에서 철수한 병력으로 당시 사찰주임 경위 조재영, 경무주임 경위 이종우를 소대장으로 각각 임명하여 병력 60명으로 포항 탈환전에 대비하였다.

포항 탈환작전과 포항 경찰

1950년 8월 12일 15:00경 구룡포경찰서 본부에서 경찰특공대를 조직하여 경무주임 경위 이종우, 사찰주임 경위 조재영이 각각 소대장이 되어(정병 60명) 국군 1개 소대와 합류, 포항 시내에 돌입하여 적 사살 5명, 자동차 5대, 소총 3정을 노획하는 등의 전과를 올리고, 시가지 작전 중 죽도시장에서 순경 장치언이 전사하고 동일 17시에 형산강 남쪽으로 후퇴하여 UN군과 같이 형산강 방어에 나섰다.

1950년 8월 13일 이종환 서장이 본국 대기발령으로 직원의 사기가 크게 저하되었다.

1950년 8월 16일 총경 신상묵(제10대 포항북부경찰서장)이 부임함으로 직원의 사기는 다시 충천되었으며, 구룡포 지휘본부에서 포항 탈환작전에 대비 경위 김동헌, 경사 김진태가 교관이 되어 포항시 장기면 모포, 양포 등지에서 경찰관 및 의용경찰대원을 전투훈련을 실시하고, 국군 제3사단이 경주에서 안강으로부터 포항시의 적을 압축 일대 반격을 개시하고 약 반개월 동안 경찰도 치열한 반격전에 참전하였으며, 사찰형사 반장 경사 이동덕·손수익이 지휘하는 사찰형사대 및 경사 김병익이 지휘하는 경찰특공대 등 선발부대가 포항에 입성하였다.

1950년 9월 20일 포항시 탈환 이후 관내 경찰 경비체제를 완전 복구하였다.

포항 경찰의 북한군 잔당 소탕 작전

포항경찰서는 구룡포에서 전열을 정비한 후 9월 5일 경찰지휘본부를 동해지서로 이동하였다. 형산강 도하 반격 작전과 보조를 맞추어 9월 15일 연일지서를 탈환하였다.

1950년 9월 17일   국군 제3사단과 경찰병력으로 연 3일 동안 형산강 도하작전을 개시하여 적 사살 25명, 각종 총기 57정, 실탄 3만 발을 노획하고 9월 21일 달전·흥해, 9월 22일 곡강·죽천, 9월 23일 청하·칠포, 9월 24일 송라·월포, 9월 25일 신광·기계·죽장·기북·방석 등 24개 파출소가 완전 복구되었다.

1950년 9월 17일로 추정되는, 포항의 파괴된 건물 앞에서 국군과 경찰이 경계 중인 모습
(사진 공개는 10월 17일)

1950년 9월 20일   유엔군 공군이 적진으로 오인, 대폭격을 하여 포항경찰서를 비롯한 시내 파출소급 소방서 일부, 시가 중요건물이 모두 완전 소실 또는 파괴되었다.

1950년 9월 21일 이후   포항경찰서원들은 신속하게 민심 수습과 적의 잔당에 대한 정보수집 등을 위해서는 지서 복구가 시급하다고 판단하여 9월 21일에는 달전·흥해, 9월 22일에는 곡강·죽천, 9월 23일에는 청하·칠포, 9월 24

일에는 송라·월포, 9월 25일에는 신광·기계·죽장·기북·독석리 등 24개 파출소의 완전정상복무체제를 정비, 회복시켰다.

1950년 9월 25일　포항세무서 청사 1동을 차용하여 임시 포항경찰서로 신청사 신축시까지 경찰업무를 수행하였다.(경찰서 청사는 1954년 2월 10일 착공하여 1955년 9월 10일 준공하고 9월 18일 이전하여 현재(1985년 그 자리에 다시 포항북부경찰서가 신축)에 이르고 있다.)

포획한 대전차포 앞에 선 경찰과 국군 모습. 뒤의 외국인은 호주왕실공군(RAAF) 대원
(R. Trebilco 제공)

포항 경찰의 미 해병 1사단, 한국 해병과의 포항 게릴라헌트 합동작전

1951년 1월 26일　해병 제1사단 제7연대와 함께 협력하여, 지소리 근처에서 소총과 기관총으로 저항하던 400여 명의 북한군 제10사단 제25연대 소속 게릴라들을 격파하고 도주하는 북한군 게릴라들을 추격하였다.

1951년 1월 27일 정규 북한군 제10사단 약 2,000명이 청송 방면으로부터 관내 죽장면 상사리·하옥·상옥리에 침입하여 죽장 북부 일대를 점거한 후 지서 침공을 시도하였다.

1951년 2월 7일 포항경찰서 특공대장 경사 김병익은 대원 60명을 이끌고 북한군 게릴라를 기습공격하는 한편, 사찰형사 반당 경사 손상수는 유격대원 20명을 이끌고 일반 피난민으로 가장하여 북한군 감시권 내로 침투하여 적의 정세를 탐지하여 야간에 기습공격을 감행함으로써 신광면 마북리에서 북한군 게릴라 5명을 사살하고 포로 1명을 생포하는 한편 장식총 3정도 노획하는 전과를 올렸다.

1951년 2월 10일 죽장면 두마리에서 경비주임 경위 장상길이 지휘하는 특공대 30명이 북한군 10사단 후속부대를 기습하여 사살 12명, 생포 2명, 소식장총 15정을 노획하였다.

1951년 2월 13일 포항시 기계면 대곡산에서 기북출장소 주임 경사 김진태가 직원 5명 민보단원 12명을 지휘하여 적의 거점을 야간 기습하여 적 사살 7명, 생포 5명, 소련식 보병총 5정 등을 노획하였다.

6·25전쟁 발발 이후 포항 경찰의 전과와 피해

포항경찰서는 6·25전쟁 발발 이후 적 사살 423명, 생포 109명, M1소총 370정, 칼빈총 163정, 소식소총 717정, 박격포 7문, 각종 실탄 17만 발 노획이라는 큰 전과를 거두었다.

한편 북한에 대한 사회주의·공산주의 이념 등으로 배후조직을 통한 후방 교란은 지속되었는데, 포항경찰은 수시로 좌익단체에 대한 첩보 동향을 탐지하면서 다음과 같은 조직상황을 주도면밀하게 파악하는 성과도 거두었다.

명칭	시군 간부	면 간부	동 간부	맹원	계
인민위원회	91	81	327	582	1,081
자위대	53	55	212	749	1,069
노동당	93	9	64	112	279
청년동맹	27	40	85	89	341
토개위		10	65	151	226
농민위원회	27	32	182	61	354
농촌위원회	17	20		327	354
여성동맹	24	15	71	45	155
계	332	262	1,006	2,217	3,817

포항경찰서 관내 좌익단체 조직 상황

전쟁이 수행되는 동안 강제·반강제적으로 북한군 점령 기간 중 민간인들 다수가 부역자로 참여하였으나, 이들의 자수자에 대한 집중적인 탐문 수사와 조사, 은닉자에 대한 검거 등을 통한 민생 안전을 보호하는 데도 많은 성과를 거두었다.

부역자들에 대한 자수·검거 처리상황은 다음과 같다. 자수자는 남성 1,391명, 여성 82명, 총 1,473명이었으며, 좌익불온사상으로 이루어진 사상범 등에 대한 검거 처리상황은 검거 193명, 석방 163명, 검찰 송치 30명이었다.

경찰의 6·25전쟁 관련 피해상황

한편 6·25전쟁 기간 동안 경찰은 국군과 유엔군보다 더욱 깊숙한 최일선에서의 정보탐색·첩보사항 수집 등을 위해 많은 피해를 입었다.

이에 따라 전쟁 기간 동안 순직 16명, 상이 21명, 행방불명 9명 등 총 46명의 인명피해를 입었으며, 경찰서 청사와 비품 등이 소실 또는 파괴되는 물적 피해도 적지 않았다.

제4부
전쟁 이후, 상흔과 위로

제1장
민간인 피해 및 보도연맹 사건

북한은 남한을 침공하기 전부터 남한 점령 지역에서 취할 정책방안을 철저히 준비하고 있었다. 1950년 6월 26일 김일성은 방송을 통해 후방을 철옹같이 다져야 한다고 말한 다음, 밀정이나 파괴분자를 적발하여 숙청하고 반역자는 무자비하게 처단해야 한다고 강조하였다. 북한군이 서울을 점령한후 그의 지시는 그대로 시행되었다. '반동분자, 비협력분자, 도피분자를 적발하여 무자비하게 숙청하라'는 김일성의 호소문이 시내 곳곳에 게시되면서, 피비린내 나는 학살이 자행되었던 것이다.

점령된 지역에서는 당과 정치단체, 정책집행자인 인민위원회를 우선적으로 조직한 후 토지개혁을 비롯한 소비에트화 작업에 착수했다. 주민들에게는 전시동원 강제징집병(북한용어로는 '의용군')으로 징발하는 한편, 우익인사 등 소위 반동세력에 대한 검거·투옥·납치·처형 등을 일삼았다. 북한군이 진주하자 좌익들은 자기 세상이 온 것으로 생각하고 그동안의 숨기던 사상 성향을 드러내며 북한군을 열렬히 환영하였다.

1950년 8월 11일부터 북한군이 포항을 점령하자 그동안 꼭꼭 숨어 있던 좌익들이 모습을 드러냈다. 1948년 이후 좌익에 대한 탄압이 심해지면서, 경찰관·서북청년단원·대한청년단원 등으로부터 고통받아온 이들이 보복심에서 경찰관 등 우익인사에 대한 폭력과 살해를 감행하기 시작했던 것이다. 지역 사람들이 가장 두렵게 여긴 것은 '붉은 완장'을 찬 지역 빨갱이들이었다. 치안대 등의 명칭을 단 '바닥 빨갱이'들은 허리띠에다 손가락만 한 빨간 헝겊을 감고 있었다. 몇 명씩 무리를 지어, 손에 몽둥이를 질질 끌고 다녔다. 이들은 지역 사람들의 집안 사정을 속속들이 알고 있었기에, 북한군은 이 바닥 빨갱이들의 보복심을 활용하였다. 이들에게 감투를 씌워 주었는데, 원래 좌익사상에 투철하지 않던 사람들도 가담하여 북한군과 함께 행동했다. 지역 유지나 토호들은 이들의 뒤를 버티고 있는 북한군들이 너무 무서워 평상시 반말을 하던 종이나 나이 어린 청년들에게도 존댓말을 해야 했고, 함부로 대할 수조차 없게 되었다.[1]

반면, 국군이 다시 수복하였을 때는 그 반대의 경우가 생겼다. 수복 지역에 국군이 진입하면서 우익 측 피해자들이 북한군 치하에서 부역한 사람들에게 다시 보복을 가하였다. 빨치산에게 협조했다는 이유, 북한군 측에 협력할 것이라는 이유, 북한군 측에 협력했을 것이라는 이유로 많은 민간인이 국군과 경찰에 의해 희생되는 사실도 있었다.

제1절 전쟁 중 아군 또는 적대 세력에 의한 민간인 피해

흥해 반공애국청년단원 집단 피살

북한군에 점령된 지역에서 남한 좌익이 행했던 사건 중 가장 문제가 되는 것은 민간인 학살 문제이다. 민간인 학살은 '반역자는 무자비하게 처단해야 한다'는 김일성의 지시에 따른 고의적인 살인이었다. 6·25전쟁 동안 민간인

---

1   유재흥, 『격동의 세월』, 을유문화사, 1994, p.97

학살에 주도적 역할을 한 것은 북한군이었지만, 실제 집행한 것은 주로 그 지역 내에 있는 좌익 세력들이었다. 좌익들은 그 악독함에서 북한군을 무색하게 했다. 경찰·군인 가족 등 애국지사들을 샅샅이 뒤져 학살하는 만행을 저질렀던 세력이 바로 그들이었다.

북한군들이 좌익 인사·부역 인사들에게 이 일을 맡긴 데는 이유가 있었다. 북한군들은 사실 그 동네에서 누가 경찰이나 군인 가족인지, 지주나 자본가가 누구이며 우익 인사는 또 누군지를 알지 못했다. 그래서 그 동네 출신 좌익에게 의존할 수밖에 없었다. 또 그들의 집은 어디이고, 어느 곳에 숨어 있는지 찾아내는 것도 지방 빨갱이들의 협조 없이는 불가능했다. 이에 더하여 북한군들이 동네 좌익이나 부역자들을 그 마을 사람들을 처형하는 데 가담시킨 데는 또 다른 이유도 있었다. 다시 북한군을 배반하고 대한민국으로 돌아가지 못하게 하는 일석이조의 효과도 노렸던 것이다.

북한군이 점령한 포항 지역에도 1950년 8월 하순부터 9월 초순까지 북한군과 보안서원 등이 돌아다니며 살벌한 분위기를 조성했다. 이들은 지주·경찰·공무원과 대한청년단(이하 '한청'이라 한다) 등 소위 '반동분자'들을 색출하여 살상하기 시작했다. 젊은이를 잡아서 의용군에 편입시켰다. 특히 흥해를 점령한 북한군과 지역 빨갱이들은 미처 피난을 가지 못한 한청단원이나 우익청년들을 찾아내어 처형하였다. 당시 희생당한 단원들은 최형택, 노병필, 최진수, 권완출, 정창재, 정우용, 추교현, 정륜재, 오상태, 박병호, 박태진, 김종수 등이었다. 한청 흥해면 단장은 최홍준[2]이었다. 이들은 농촌계몽운동과 문맹퇴치운동 등을 펴며 좌익척결에 앞장섰다.

---

2   1939~40년 보성전문학교 재학 시 학생운동을 통하여 민족의식을 고취한 것을 비롯하여 1941년 일본으로 건너가 유학 중인 대학생들과 더불어 "효민회(曉民會)"란 모임을 갖고 항일운동을 전개하다, 1943년 왜경(倭警)에 피체 5년 징역형을 받은 바 있으나 8·15해방으로 복역 중 출감한 독립운동가이다.

한청흥해면단부에서 지역민을 상대로 성인교육을 실시했다는 기사(동아일보 1950. 2. 3)

광복 후 흥해, 곡강면 등지에는 좌익 세력들이 활개를 치고 있었다. 이들은 1949년 4월 초순경 8명이 떼를 지어 무장을 하고 흥해면 북송동에 나타나, 전 흥해면장 이씨 댁을 비롯하여 곡강면(현, 흥해읍) 매산동에 있던 매산동·한청동단부사무소를 습격하고, 부단장 천운이(千雲伊) 외 수십 명의 단원을 구타하고 비품을 파괴하고 도주하기도 했다. 그들은 그해 6월 18일과 19일 양일간에 걸쳐 곡강지서 경찰들과 한청단원 수 명에게 잡혔는데, 잡힌 좌익단체의 주동자는 영일군 신광면 호리동에 살고 있던 신만식(辛萬植) 외 2명이었고, 이후 계속 추격하여 연루자 전원이 체포된 사실이 있었다.[3] 이런 제반 사정을 미루어 흥해 지역에는 한청과 좌익분자들 간에 갈등이 특히 심했던 것으로 짐작할 수 있다.

흥해가 북한군에게 점령되자 이제 좌익들의 세상이 되었다. 흥해 한청 단원들과 우익청년들은 북한군들이 몰려온다는 소식을 듣고 미리 배를 구해 곡강 어귀에서 탈출을 시도하고 있었다. 그중 일부는 피신을 하였으나 미처 피신하지 못한 14명이 북한군 앞잡이에게 잡혀 무참히 살해되었다. 살해를

---

3 '한청사무소 습격범 타진, 곡강지서에서'(영남일보 1949. 6. 23)

주도한 사람은 지역 빨갱이로 별명이 '육손쟁이'였다고 한다. 그의 이름은 전하지 않으나 손가락이 기형으로 6개가 돋아나 '육손쟁이'로 통했다. 이때 살해된 추교현의 경우 흥해 망천리 출신이었다. 그는 일제강점기 서울 중동 중학교에 재학하다가 일본 도쿄로 유학을 떠났는데, 해방 후 고향으로 돌아와 대한청년단원으로 활동했다. 추교현은 6·25전쟁 발발 후 신변의 위협을 느껴 도피하였으나, 출생한 지 1개월 된 딸의 4칠을 보러 한밤중에 집으로 왔다가 지방 좌익에게 발각되어 연행되어 갔다. 이후 가족들은 그가 곡강 어귀로 끌려갔다는 소식을 듣고 찾아갔으나, 이미 총에 맞은 시체만을 찾을 수 있었다고 한다. 같이 끌려갔다가 구사일생으로 살아서 돌아온 최성묵은, 그 후 목사가 되어 활동하였다고 한다.[4]

당시 흥해제일교회 목사 가족들의 탈출기에는, 흥해 우익 단체로 활동하다 지역 빨갱이들로부터 총상을 입고도 살아온 최성묵의 이야기와 북한군의 앞잡이인 치안대에 희생된 김종수의 희생 당시의 상황들이 생생하게 기록되어 있다.

미국에서는 내일 한국에서는 오늘이, 6·25전쟁 61주년 되는 날입니다. 나는 오늘 6·25 당시 내가 직접 경험했던 지난날을 소개하면서, 우리 민족에게 있었던 한 아픔을 소개하려고 합니다.

6·25 당시 저는 포항에서 북쪽으로 약 20리 떨어진 흥해라는 곳에 살고 있었습니다. 저의 부친이 신학교를 졸업하고 첫 목회지로 흥해제일교회에 부임하셔서, 우리는 교회 옆에 있는 아름다운 사택에 살고 있었습니다. 앞뜰에는 온갖 과일나무가 있어서 달콤한 무화과를 늘 따먹었고, 포도나무 넝쿨 밑에 침

---

4 추교현의 친동생인 추교찬(1933년생)의 진술

상을 만들어놓고 앉거나 누워서 손을 뻗혀 포도를 따 먹으며 즐거운 세월을 보냈습니다.

평화롭고 아름다운 에덴동산과 같은 곳에 평화를 깨는 총성이 울렸습니다. 서울은 3일 만에 침략당하고 침범한 인민군은 거침없이 남쪽으로 밀려와, 수많은 사람들이 피난 봇짐을 머리에 이고, 등에 짊어지고 남쪽으로 내려왔습니다. 피난민 중에 믿는 사람들은 가는 곳마다 교회를 찾아오기 때문에, 저의 부친이 목회하던 흥해제일교회는 교회 안과 교회 마당 그리고 사택 마당까지 피난민으로 가득 차서 마당에 큰 밥솥을 걸어놓고 피난민 대접하기에 여념이 없었습니다.

그때는 한 개 면에 라디오를 가지고 있는 집이 그리 많지 않았었고 우리 집에도 라디오가 하나 있었는데, 그렇게 신기하고 자랑스러울 수가 없었습니다. 그러나 인민군이 밀어닥치기 직전에는 민심이 소란 된다고 해서 경찰서에서 라디오를 다 압수해 가 버려 바깥소식을 전혀 알 수 없었습니다. 설마 포항까지 인민군이 쳐내려 오리라고는 아무도 생각할 수가 없었습니다.

어느 날 이 평화로운 마을에 요란한 총소리와 함께 장안의 모든 사람이 혼비백산하여 온 시가지를 완전히 비우고 들판 강가로 피난을 나가게 되었습니다. 인민군이 쳐내려오면서 경찰서와 총격전이 벌어지고, 한편 공중에서는 비행기의 폭격이 온 시가지를 불바다로 만들고 있었으며, 바다에서는 군함 위에서 쏘는 함포사격이 시가지를 향해 쏘기 때문에 포탄이 어디에 떨어질지 모르는 상황이었습니다.

더구나 인민군은 사람만 보면 무조건 죽인다는 소문을 들었기 때문에, 면에 사는 모든 사람이 들판으로 보따리를 이고 나왔습니다. 당시 나의 어머니는 내 둘째 동생(목사)을 임신 중에 있었기에, 들판 길을 걷는 데 혼자 몸도 감당할 수가 없었습니다.

지금 미국 메릴랜드에서 안경점을 하는 내 첫째 동생(장로)이 3살 때 제가 등에 업고 우리 식구도 들판으로 나갔습니다. 저의 아버지는 목사란 신분으로 잡히면 인민재판을 받을 것이고 사형을 면치 못할 것이기 때문에, 당시 교회 청년회 회장을 했던 최성묵 선생과 총무를 했던 김종수 씨, 이북에서 피난 내려와 국민학교 선생을 하면서 교회 일에 헌신했던 이응구 집사와 함께 치열한 전선을 뚫고 남하하기로 했습니다.

4명은 이른 새벽 들판 외딴집 마당에서 둘러서서 눈물로 뜨거운 기도를 드리고 최 격전지인 포항의 사선을 뚫고 산을 넘어 아국 진영을 향해서 떠나는 것을 보면서 저는 불안했습니다. 아버지는 배낭을 메고 계셨는데, 그 안에는 흥해교회에 부임한 이래 한 주도 빠짐없이 설교했던 3년간의 설교 노트가 꽉 차 있었고 그 외에 미숫가루 한 봉지가 들어 있었습니다.

그 후 저희와 함께 살던 외할머니와 저는 물건을 가지러 종종 시내(흥해)에 들어갔는데, 온 시가지가 폭파되었고 우리의 그토록 아름답던 사택도 재만 남고 흔적이 없었으며 교회당도 머리 쪽에 폭탄이 떨어져서 큰 웅덩이가 파였고 그 바람에 교회의 반이 무너져 있었습니다. 당시 인민군은 포항에서 아군과 치열한 전쟁 끝에 결국 후퇴하게 되었는데, 남침의 마지막 저지선이 포항이었기 때문에 얼마나 많은 사람이 죽었는지 '포항을 흐르는 형산강(兄山江)에 물이 아니라 붉은 핏물이 흘렀다'고 할 정도였습니다.

아버지와 함께한 교회 청년회 회장 최성묵 선생은 그때 학도호국단 단장이었고, 교회에서는 청년회 회장에, 성가대 지휘자요 장래가 유망한 청년이었습니다. 그리고 청년회 총무도 학도호국단 부단장으로 인민군에게 잡히면 죽을 목숨이었습니다. 들판에서 하룻밤을 지낸 아버지와 이들 네 사람은, 새벽에 마당에서 눈물로 기도하고 치열한 전투 지역을 통과해서 뚫고 나가려 하였습니다. 길을 떠난 다음 날이었습니다.

저희 가족은 들판에서 이불 홑청으로 텐트를 치고 있었는데, 우리에게 어떤 농부가 찾아와서 말하기를 저의 아버지와 함께 떠난 일행이 총에 맞아서 부상당했는데 남대실이라는 곳에 가보라는 것이었습니다. 인적 없는 시골길을 향해 손을 뻗어 가리키고 있었습니다.

당시 어머니는 만삭이 되어 움직이지 못하고, 어린 동생도 있는 터라 들판에 그대로 머물게 하고, 외할머니와 함께 정신없이 뛰어서 인적 없고 총소리만 멀리 들리는 산속 길을 향해서 달려갔습니다. 하마터면 지나칠 뻔했었지만, 산을 깎아 오솔길을 만들어 놓은 길가 개울 창에 핏기라곤 하나도 없는 죽은 송장과 다름없는 사람을 발견하고 가까이 가서 보니 그가 바로 나의 아버지와 동행했던 청년회 회장 최성묵 선생이었습니다.

그는 전날 함께한 사람들이 인민군의 총에 맞아 다 죽고 그도 총을 두 발이나 맞았지만 살아 있었던 것입니다. 나는 어린 나이에 관심은 아버지에게만 있음으로 그에게 "아버지는?" 하고 물었습니다. 그는 총에 맞은 후 밤을 지나는 동안 정신이 혼미하였던 탓인지 횡설수설을 하였습니다. 처음에는 아버지는 무사히 아군 지역으로 탈출했으니 안심하라고 했다가, 조금 후에는 다리에 총상을 입었는데 무사히 탈출했을 것이라는 둥 믿을 수 없는 말을 했습니다.

할머니와 나는 인적 없는 비탈길을 계속 올라가면서 아버지를 찾아보기로 했습니다. 산길을 정신없이 달려 올라가다 보니, 피에 젖은 파란 줄무늬의 와이셔츠가 길가에 떨어져 있었습니다. 나는 아버지 것이라고 외쳤습니다. 그러나 함께 간 할머니는 늘 빨래를 도맡아 하셨기 때문에 자세히 보시더니 '네 아버지 와이셔츠는 이런 것이 없다'고 하면서 '네 아버지는 여기서 죽을 사람이 아니다'라고 말했습니다.

할머니와 저는 산길을 조금 더 가다가 깎아내린 산꼭대기를 보니, 여러 구의 시체가 나무 사이로 보였습니다. 할머니와 나는 얕은 쪽을 찾아 올라갔습니다. 십여 구의 시체가 즐비하게 놓여 있었는데, 어떤 이는 이마에 총을 맞아 머리가 달아나고 어떤 이는 입에 맞아 입이 달아나고 몸에 총을 맞은 사람도 얼굴이 한여름이라 부패해서 알아볼 수 없을 정도였습니다. 그런데 파란 티셔츠를 입고 어제 아침 아버지와 함께 떠났던 청년회 총무 김종수 씨가 여러 발의 총을 맞고 허리를 구부린 채로 죽어 있는데, 상고머리를 한 머리카락이 이발을 해 놓은 듯 빠져 있었습니다. 참으로 허탈한 생각이 들었습니다.

나는 신사복을 입은 사람이 피투성이가 되어 있으니 모두 아버지로 보였는데, 할머니는 옷을 보고 전부 확인하더니 '너의 아버지는 여기에 없다. 너의 아버지는 여기서 죽을 사람이 아니다'라며 산을 내려가자고 해서 청년회장 최성묵 씨가 있는 곳으로 다시 내려왔습니다.

나중에 들은 이야기지만, 아버지와 함께한 일행 네 사람은 남쪽으로 탈출하다가 인민군에게 붙들렸습니다. 그들은 아군의 비행기 폭격이 워낙 심해서, 산속 깊이 외딴집으로 데리고 갔습니다. 그곳에는 다른 사람도 붙들려 와서 약 사십여 명이 되었는데, 인상으로 봐서 배우지 못한 농사꾼 같으면 뒤뜰로 가게 하고(이십 명) 약 십여 명은 방안에 가두었습니다. 그리고 나머지 십여 명은 마루에 대기시켰다가 어디론가 데리고 갔는데, 아버지와 함께 떠난 네 명 중 아버지만 다른 데서 잡힌 십여 명과 함께 방 안에 있게 하고 아버지와 함께 간 세 명은 다른 사람들과 함께 어디론가 데리고 갔습니다. 그때는 그들을 죽이러 가는지, 끌려가는 사람도 보내는 사람도 알지 못했습니다.

그때 죽일 사람과 살릴 사람을 분류한 것입니다. 아버지와 함께 방안에 갇힌 십여 명은 B급에 해당되고, 마루에 있다가 인민군이 앞뒤로 따발총을 매고 데리고 간 사람들은 A급으로 죽일 사람이었던 것입니다. 당시에는 지방에서 악질로 굴고 문제투성이였던 청년들이 공산군이 내려오자 자기 세상 만난 듯 아부해서 치안을 담당했는데, 그들을 치안대라고 불렀고 그들은 인민군 이상으로 못되게 굴었습니다. 그들이 청년회장 최성묵과 김종수를 못 알아볼 리 없었습니다.

그들은 A급 십여 명을 데리고 산등성이를 넘자 바위 위에 당시 의사였던 한 사람을 세워 놓고 약식 인민재판을 하고서는 총격을 가해 죽였습니다. 두 번째로 아버지와 동행했던, 이북에서 내려와 초등학교 선생을 하다가 잠시 쉬고 있는 이응구 선생이 걸렸습니다. 그는 입만 열면 이북 사투리가 나오기 때문에 이북에서 피난 온 것을 변명할 길 없었습니다. 청년회장 최성묵 씨는 즉시 '그 사람은 선생 한 죄밖에 없는데 그것도 죄냐'고 하니까 '학교 선생이 맞느냐'고 확인한 후 선생 동무라고 하면서 그를 풀어 주었습니다.

그때서야 A그룹 일행이 모조리 죽임의 대상임을 알았지만 어쩔 도리가 없었습니다. 그들의 계획은 산등성이를 넘을 때마다 한 사람씩 재판하며 죽이면서 즐기려고 했는데, 비행기 폭격이 하도 심하니까 귀찮아져서 한 번에 처리하자고 따발총을 난사했습니다.

청년회장 최성묵 선생은 인민군이 총을 난사할 때 갑자기 발이 하늘로 올라가는 듯한 느낌이었고 땅바닥에 몸뚱이가 내동댕이치는 느낌을 받았는데 정신은 멀쩡했다고 합니다.

그들은 확인사살을 하려고 한 사람씩 살피는데, 최 선생은 '죽은 척해야지' 하고 눈을 감고 숨도 쉬지 않고 있었더니 그들이 따발총을 어깨에 둘러메고 노래를 부르며 가는데 그 노래가 "장백산 줄기줄기……" 하는 것이었습니다. 머리 좋은 최 선생은 총을 두 발이나 맞은 와중에도 한 번 듣고 그 노래를 암기했다고 합니다.

그들이 노래 부르며 떠난 뒤 '이제 살았구나' 하고 일어서려 하니 허리가 말을 듣지 않았습니다. 그제야 총 맞은 것을 깨닫고 그때부터 갈증이 나는데, 풀포기를 붙잡고 몸을 당겨 낭떠러지에 굴러떨어졌습니다. 그는 진흙 도랑에 처박

제4부 전쟁 이후, 상흔과 위로

혀 더 이상 움직일 수 없었고, 뒷등에는 지름이 한 뼘 넘는 크기의 구멍이 나 있었습니다. 그때 한여름의 더위가 갈증을 더 심하게 했으며 개울도 다 말라 있었습니다. 그는 혼미해져 가는 의식 속에 사람 지나가는 발자국 소리를 들었습니다. 어느 시골 아낙네가 그 외딴 산길을 종종걸음으로 걷고 있었습니다. 최 선생은 아주머니를 부르면서 물 한 모금만 달라고 애원했습니다. 그 여자는 놀라서 도망도 못 가고 겁먹은 목소리로 '이 산중에 물은 어디 있으며 뜰 그릇은 어디 있느냐'고 합니다.

최성묵 선생은 '아주머니 고무신을 벗어서 저 밑 논에 고인 물을 떠다 주시요' 라고 하였습니다. 그 여자는 죽은 사람의 마지막 소원이라 생각했던지, 고무 신에 물을 떠가지고 그의 머리맡까지 갖다주기는 했으나 겁이 너무 났는지 고 무신도 찾지 않고 혼비백산 도망가 버렸습니다.

시골 아낙네의 절어 빠진 고무신에 담겨진 물은 겨우 입술을 축일 정도였습니다. 그때부터 고통과 신음이 함께하는 고독의 밤을 혼자서 이겨야 했습니다. 밤이 깊어지자 갈증과 오한과 고독과 고통에 견딜 수가 없어, 이제는 하느님께 '내 영혼을 받아 주시옵소서' 기도를 하고 나서 사람 몸에 피나 물이 1/3만 빠지면 죽는 줄 알기에 스스로 몸의 피를 훑어 내렸습니다.

그러나 하느님은 그를 들어서 쓰실 계획이 있었기 때문에 그의 죽음을 허락하지 않으셨습니다. 정신이 혼미해 가며 의식을 점점 잃어 가는데, 어둠의 땅 그림자가 찾아들 때 이상한 새 두 마리가 최성묵 씨의 머리맡에 앉더니 지저귀기 시작했습니다. 밤이 깊어지고 새벽이 다가올 때는 낮의 열기와는 반대로 오한이 들기 시작하며 의식을 잃어 가는데, 그대로 잠들면 바로 죽음으로 연결되는데 의식이 없어지려고 하면 귓가에서 새들이 지저귀기 때문에 깨어나곤 해서 밤을 지날 수 있었다고 합니다.

그는 먼동이 떠오를 때 마침 어떤 농부가 지나가는 것을 보고 들판 어디쯤에 우리가 있는 곳을 알려주고 사람을 보낸 것입니다. 그 소식을 듣고 저는 할머니와 현장으로 달려갔던 것입니다.

우리가 살던 흥해제일교회 사택 옆 마당에는 포도나무가 있었는데, 거기에 군용침대 하나를 가져다 놓았습니다. 그런데 인민군이 쳐들어오자 우리는 혹시 인민군이 이 군용침대를 보면 트집을 잡을지도 모른다는 생각에, 그 무거운 침대를 십 리나 되는 남대실의 들판 외딴집 헛간에 땅을 파고 묻어 두었습니다. 최성묵 선생의 가족들은 감추어 두었던 군용침대를 꺼내어 최 선생을 그 위에 눕혀 네 사람이 둘러메고 산속 어느 외딴집 뒤뜰에 운반해 놓았는데, 그 상처 속에서는 구더기가 일고 있었고 살과 피와 기름 덩어리가 너불거리는데 차마 볼 수 없는 광경이었습니다.

최 선생의 동생이 나와 가장 친한 친구였는데, 제가 애틀랜타에 살 때 나를 따라 애틀랜타 무역회사 지점장으로 있다가 이집트 룩소르에 가서는 심장마비로 죽었습니다.

최성묵 선생의 경우 총상에는 호박이 최고의 약이라 호박을 썰어서 붙이고 산속 움막집에서는 물이 없어 구더기를 계속해서 씻어낼 수 없어 강가로 옮겼습니다.

강가에 옮겨진 최 선생을 우리 집에 있던 군용침대에 누인 채 구더기가 우글거리는 상처를 그 누나가 강물로 씻고 호박을 짓이겨 발라주는데, 저도 그가 누운 침대 옆에 서서 생사를 오락가락하는 그를 안타깝게 보면서 하나님께 안타까운 심정으로 기도할 따름이었습니다.

그런데 그때 그에게 총질을 했던 치안대원 두 명이 따발총을 메고 다가오는 것이었습니다. 시트로 최 선생의 얼굴까지 덮고 상처만 내놓고는 누나가 치료하는데, 그들은 누구냐고 물었습니다. 누나는 임기응변으로 자기 동생인데 폭격이 심하니 읍내에 들어가지 말라고 했는데, 물건을 가지러 읍내에 들어갔다가 유탄을 맞았다고 둘러댔습니다. 그들은 이 말을 믿고 자리를 떠났는데, 저는 숨을 죽이고 있다가 안도의 한숨을 쉬었습니다.

그런데 그들이 얼마쯤 가다가 다시 돌아오더니, 얼굴까지 덮고 있던 시트를 벗겼습니다. 그들이 학도호국단장이었던 최성묵 씨를 못 알아볼 리 없었습니다. 죽은 줄로 알았던 자가 살아 있는 것을 보고 다시 죽이려고 총을 겨누었습니다. 그러나 용감한 누나는 총부리 앞에 가슴으로 막고 서서 '어차피 죽을 목숨 내 눈앞에서 쏘면 내가 평생 한이 되어 어떻게 삽니까. 혹시 살아나거든 내가 보지 않는 데 데려다 죽여 달라'고 애원해서 겨우 돌려보냈습니다.

한편 저의 부친은 외딴집 안에 갇혀 있는데, 그중에는 지방 유지이면서 부자로 알려진 분이 있었습니다. 치안대원이 다시 들어와 저의 부친을 보고 자기 삼촌이 되는 그분에게 '낯선 사람이 있으니 이분이 누구냐?'고 물었습니다. 그분은 '타지에서 오신 분인데 아주 좋은 분'이라고 말해 주었습니다. 치안대원은 다시 저의 부친에게 '당신 뭐 하는 사람이요?' 하고 물었습니다. 부친은 '나는 교역자요'라고 대답했더니 교육자로 잘못 알아들었는지 '선생 동무 폭격이 심하니 조심해서 가라'고 했습니다.

그러나 함께한 일행이 다 어디에 갔는지 몰라서 막막해하는데, 마침 좀 전에 인민재판을 받다가 선생 동무라고 해서 풀려난 이응구 선생이 돌아왔습니다. 어떻게 된 거냐고 물으니 자기는 선생 동무라고 풀어 줬는데, 치안대원이 하는 말이 당신이 또 잡힐지 모르니 증명서를 하나 써주겠다고 하는데 아무도 연필과 종이를 가진 사람이 없었다고 합니다.

그래서 이 선생은 아까 그 집에 가서 연필과 종이를 가지고 오겠다고 해서 왔다는 것입니다. 저의 부친은 이응구 선생과 함께 그가 풀려난 곳을 찾아갔으나, 그들은 이미 옮긴 뒤라 더 찾지 못하고 남쪽으로 넘어가 국군을 만나 설교집 보따리를 맡겨 놓고 그들을 찾으러 해변 쪽을 택해 가면서 전갈을 보내왔습니다.

아버지는 최성묵 씨가 부상당했다는 소식을 듣고 부대에 가서 압박대를 구해 계속해서 사람을 통해 최 선생을 그쪽으로 보내라는 전갈을 보냈습니다.

그러나 최성묵 씨의 누나와 동생은 시체나 다름없는 사람을 데리고 가장 치열한 전쟁터인 사선을 넘어 갈 수 없음을 알고, 어차피 죽을 바에야 인민군 야전병원에 데려가 치료받겠다고 하였습니다. 그는 그때부터 머리가 깎이고 인민군복이 입혀진 채 치료를 받았습니다. 공산군은 포항 전투에서 더 이상 남침을 할 수 없고 수세에 몰려 후퇴하기 시작했습니다.

여러 달이 지나자 그의 상처는 기적적으로 아물기 시작했습니다. 그는 인민군들과 함께 원주 치악산까지 운송되었습니다. 그는 이제 여기서 탈출하지 않으면 이북으로 완전히 끌려갈 것을 알고 밤에 화장실에 가는 척하며 탈출했습니다.

그는 상처 때문에 많이 걸을 수도 없고 오 리마다 검문소가 있는데 인민군 복장에다 머리를 깎았으니 빨갱이로 오인되어 심문에 걸렸습니다. 그는 지난 과거를 설명하고 풀려나면서 남쪽으로 내려왔습니다. 드디어 안동까지 내려왔는데(그것도 누가 하소연을 듣고 차로 태워줘서) 거기서는 아무리 말해도 인민군으로 알고 그의 말을 믿으려 하지 않았습니다. 안동에 주둔한 군사령부로 끌려갔는데, 조사계장은 그가 예수 믿는 사람이란 말을 듣고 사병에게 찬송가를 가져오게 했습니다. 찬송가를 생각나는 대로 펴고서 몇 장을 불러 보라고 했으며 주기도문과 사도신경을 암송하게 했습니다.

그는 성가대를 지휘했던 터라 찬송은 어느 곡이나 불렀고 주기도문과 사도신경을 거침없이 암송하였습니다. 드디어 그의 말을 믿고 집 근처까지 태워 주었습니다. 그는 아군이 흥해를 탈환한 지 3개월 만에 돌아왔습니다.

그가 돌아오기 전날 저녁에 있었던 일입니다. 내 친구 하나가 우리 집에 와서 자기 부모가 시킨다면서 곡괭이를 빌리러 왔습니다. 왜 그러느냐고 이유를 물었더니, 인민군 점령 당시 인민군 야전병원이 일본 사람들이 철로를 놓기 위해 산을 뚫어 만든 굴속에 있었는데, 그곳에 노무자로 끌려갔던 사람이 하는 말이 '최 선생이 그 곳에 환자로 있으면서 자신에게 화장실에 데려가 달라고 하기에 업어서 화장실에 데려다주었는데, 그 자리에서 정신을 잃는 것을 본 적이 있다. 아마 거기서 죽었을 것이다'라고 했다는 것입니다. 그래서 그 굴에 있을 때 죽었을 것이므로, 지금이라도 그의 뼈라도 찾아 묻어 주겠다며 삽을 빌리러 온 것입니다.

우리는 친구에게 가더라도 내일 가라고 권유하자, 그는 교회 종각에 곡괭이를 기대 놓고 돌아갔습니다. 그런데 그날 밤 최 선생이 뼈만 앙상하게 남은 상태로 살아서 돌아온 것입니다.

최성묵 선생은 그 후 서울대학교에 진학했는데, 대학입학시험을 치르기 위해 이 주간 독일어를 공부해서 입학을 할 정도였습니다. 그는 한국 신학대학에 다시 입학해서 신학을 마치고 목사가 되었습니다. 그는 기독교 청년운동을 오래 했으며 부산 YMCA 총무도 역임했고 부산에서 목회를 했는데, 박정희 독재 시절에 반정부 운동의 부산 총책임자였습니다. 자유와 정의를 위해서는 죽음도 두려워하지 않고 투쟁하며 우리 민족 고난의 역사에 동참해서 일하다가, 하나님의 부르심을 받고 천국으로 가셨습니다.[5]〈이하 생략〉

1951년 5월 5일 대한청년단 흥해면단부 동지들은 노산 이은상 선생에게 비문을 의뢰하여 6·25전쟁 당시 북한군들에게 희생된 반공애국청년들의 위령탑을 흥해 망창산에 건립하였다.(비문의 내용 본문 p402 참조) 이후 위령탑은 1971년 4월 27일 현 흥해읍사무소 옆 통일동산으로 옮겨 새로이 건립되어 오늘에 이르며 1986년부터 매년 흥해청년회의소가 주관하여 위령제 추모행사를 거행하고 있다.

---

5   위의 수기는 6·25전쟁 당시 흥해제일교회 목사로 있던 사람의 큰아들(미국 이민, 목사)이 6·25 전쟁 61주년을 맞아 '옛날을 기억하라'는 제목으로 쓴 글이다.

1950년 8월 북한군 점령하에서 좌익들에게 희생된 흥해대한청년단원들을 기리는 위령비

죽장면 박재칠 상해

박재칠(朴在七, 남, 당시 18세)은 영일군 죽장면 상옥리에서 농업에 종사하였다. 북한군이 포항과 기계 쪽을 향하여 내려오고 있던 1950년 8월 11일경, 그는 보현산과 동대산 일대를 수비하던 강원도 경찰부대에게 길을 안내하던 일을 맡았다. 부대를 안내하여 죽장면 상옥리 배빗재 고개로 가던 중, 그곳에 잠복 중이던 북한군의 총격을 받아 우측 가슴과 좌측 어깨에 총상을 입었다. 박재칠은 당시 총상으로 장애 3급 판정을 받았으며, 몸이 불편했음에도 불구하고 이후 군에 징집되어 복무하였다.[6]

---

6   행정안전부, 진실·화해를위한과거사정리위원회 조사보고서, 경북 지역 적대세력 사건(2009)

여남동 김영률·김경률 형제 피납

김영률(金永律, 남, 당시 23세), 김경률(金庚律, 남, 당시 20세) 형제는 포항시 여남동에 거주했으며, 농업에 종사하였다. 1950년 9월 5일 피납 당시 현장에 있었다는 그들의 동생 김만금(당시 8세)의 진술에 의하면, 누런 제복을 입고 총과 칼을 소지한 남자 두 명이 저녁 먹을 무렵 집으로 찾아와 이들을 협박·구타한 후 연행하였다고 한다. 특히 장검을 소지했던 남자는 초가지붕에 장검을 꽂아놓고 협박하기도 하였다. 가족들이 만류하고 통사정했으나, 결국 두 형제는 연행되었으며 이후 행방을 알 수 없었다고 한다. 김경률은 『피납치자 명부』에 1950년 9월 5일경 포항시 여남동에서 북한군에게 납치된 것으로 기록되어 있다.[7]

북구 환호동 장만수 등 희생

포항시 환호동에 살던 장만수는 1950년 8월 17일경 마을에 함포사격 피해가 심해지자 가족들을 데리고 처가가 있던 양덕동으로 피난하였다. 당시 양덕동은 산간 마을로, 주민들이 많이 살고 있지 않았다.

8월 20일(음력 7월 7일) 장만수는 영덕 전투에서 밀려 내려오던 국군 세 명에게 끌려나가 집 앞 버드나무 아래에서 총살당했다. 당시 장만수가 국군들에게 총살당하는 장면은 동생인 장두수가 직접 목격하였다. 당시 장만수는 남로당 등의 좌익 활동과 전혀 관련이 없던 사람이었는데, 피난 중인 곳의 지형적 특성과 국군을 보는 순간 집 뒤 대밭으로 황급히 몸을 숨긴 행동 때문에 좌익으로 오인 받았을 것이라고 한다. 양덕동에서는 같은 부대 소속 국군에게 총살당한 주민들이 장만수 외에도 더 있었다고 한다.[8] 제적등본에

---

7   앞의 책, 행정안전부(2009)
8   친동생 장승부의 진술(2020. 2. 29, 자택 면담)

장만수는 '1950년 8월 17일 사망'한 것으로 신고되어 있다.

북구 송라면 지경리 박순이 희생

1950년 9월 15일 새벽 장사상륙작전 당시 장사리 앞바다에 정박해 있던 유엔군 군함(영국 구축함 Q34호)의 함포사격이 영일군 송라면 지경리 거주지까지 날아오자, 박순이 등 마을 주민 이십여 명은 인근에 있는 영덕군 남정면 장사리 마을 뒷산 절벽 아래로 피난을 갔다.

얼마 뒤 포격이 멈추고 국군이 송라면 지경리에 상륙했다. 주로 학도병으로 구성되었던 육군 독립제1유격대였다. 이들은 지경리 마을을 수색하였다. 국군 수색대 중 일부는 남정면 장사리에서 피난 중이던 주민들을 발견하였다. 당시 수색대원들은 세 명으로 북한군 복장을 하고 얼굴에 위장칠을 하고 있었으며 북한군 총을 들고 있었다고 한다. 이 군인들은 50m 정도 거리에서 피난민들에게 총을 겨누며 "손들고 나와"라고 하였다. 그러자 피난민들은 지시에 따라 손을 들고나오기 시작했다. 이십여 명의 피난민들이 손을 들고나오던 중 군인들은 북한군이 숨어 있었다고 생각했는지 피난민을 향해 2~3발의 총을 쐈으며, 이 총격이 박순이의 이마를 관통한 후 다시 그 뒤에 있던 성명불상 할머니(박순이의 사돈)의 팔을 관통하였다. 박순이는 현장에서 즉사했는데, 2~3일 뒤 유족과 마을 주민들이 화장을 했다. 제사는 음력 8월 3일(9월 14일)에 지내고 있다.[9]

---

9 행정안전부, 진실·화해를위한과거사정리위원회 조사활동보고서.(구미·김천·상주·영덕·포항 지역 민간인 희생 사건)

제2절 오폭격에 의한 민간인 피해

6·25전쟁 당시 국군·미군·유엔 연합군 등의 작전 수행 과정에서, 포항 곳곳에서는 민간인들임을 알았거나 알 수 있었을 상황임에도 불구하고 여러 사유들이 겹치면서 공군의 폭격이나 함포사격 등으로 인한 피해가 엄청나게 발생하였다. 이하에서 밝혀진 것은 과거사 진실위원회 등의 진실규명 사건으로 알려진 것이지만, 알려지지 않은 피해가 더 있었을 것임은 분명하다.

당시 미군의 방어 작전과 피난민 정책

미 해군 주도의 유엔 해군은 개전 직후부터 해상을 장악했다. 그래서 북한군의 함정과 항공기의 저항을 받지 않고 북한 해안 500마일까지는 함포의 사정거리 안에 있었다. 함포는 북한군의 해상활동을 일체 봉쇄하는 동시에, 동해안 일대의 철도·다리 등을 공격하여 북한군의 공급로를 차단했다.

봉쇄·차단 작전에 더하여, 함재기와 함포사격을 통해 지상군에 대한 근접지원 작전도 전개했다. 이중 개전 초 국군 제3사단이 북한군 제5사단의 공격에 밀려 후퇴하던 시기에 영덕 지역부터 포항 지역까지 동해안에서 전개된 함포사격은 큰 성과를 내었다. 1950년 8월 말에서 9월 사이에는 동해 바다로 항진한 미 해군 항공모함 시실리호의 함재기 편대들이 포항 기계면 일대의 북한군 제12사단을 맹타했고, 헤레나호 선단과 톨레도 선단 등 동해지원선단이 영일만 인근 해역에서 작전활동을 전개하며 함포사격으로 지상군의 작전을 지원했다. 동해지원선단은 9월 24일까지 동해안에서 국군 제3사단을 함포사격으로 근접 지원했다.

항공모함과 같이 미군 항공기의 폭격은, 적들을 낮에 활동할 수 없게 만들었다. 폭격기의 공격 양상은 1950년 7월 24일 대전 전투 패배 이후 현격히 변경되었다. 즉, 미 제8군은 초기 전투 패배에 큰 충격을 받고 미 공군에 항공지원을 더욱 강화하도록 요청했으며, 미 공군과 해군은 근접지원 임무를 수행할 때 이전과 달리 군사 목표만이 아니라 전선 근처의 철도터널·건물·마을·도시 등도 적의 장비나 게릴라 및 병력이 은둔해 있을 가능성이 있는 곳에는 적극적으로 폭격하도록 작전을 바꾸었다.

개전 1개월 후 미 공군이 한반도 상공 제공권을 장악하자 북한군은 이를 피해 야간 활동 방식으로 전술을 바꿨는데, 미 공군기와 해군기가 북한군을 공격하기 어려워졌기 때문이다. 미군이 많은 항공 전력을 투입하여 북한군의 병참선과 보급물자 수송수단을 파괴하는 것과 비례하여 북한군의 전투수행능력이 감소되어야 함에도 북한군의 전방부대가 보급이 떨어지지 않고 공격을 계속하자 의문을 품었다. 미군은 수수께끼의 해답이 피난민 대열에 있다는 정보판단을 하고 있었다. 남쪽으로 내려가는 흰옷 입은 피난민들에 의해 탄약과 무기가 숨겨져서 운반된다고 본 것이다. 실제 북한군은 농부들이 입는 헐렁한 농부 옷으로 변장하고 수많은 피난민들에게 보급품을 나르게 강요했던 적도 있었다. 미군들의 보고서는 '한 사람은 한 상자의 탄약 또는 한 자루의 쌀을 나를 수 있다. 여자 한 사람은 10개의 수류탄을 나를 수 있다. 소년 한 사람은 더 많은 짐을 질 수 있다. 100명의 남자나 10대의 우마차를 사용하면 트럭 1대분의 역할을 할 수 있다.'고 판단했다.[10]

미군 지휘부는 1950년 7월 하순 민간인의 이동을 통제하는 정책을 수립했다. 미 제8군의 기록을 보면, 대전 전투 직후인 7월 25일 대구 임시정부 청사에서 미 제8군의 대표자들과 미 대사관 측, 한국정부와 경찰 측이 참가하여 피난민 이동통제 정책에 대해 합의했다.

---

10 Captain Walter Karig, Commander Malcolm W. Cagle and Frank A. Manson, op. cit. pp.105-107.

이때 합의한 내용에는 '피난민들은 그 어떤 시간대에도 전선을 통과할 수 없으며, 집단이동을 금지하며, 작전에 방해될 민간인 소개는 사단장의 명령 하에 경찰의 감독을 받은 경우에만 수행한다. 모든 민간인의 야간 이동은 금지한다'라는 내용이 들어 있었다.[11] '아군의 전선으로 접근하는 피난민이 적군의 편이 아니라는 것이 분명하게 확인되기 전까지는 그들을 적으로 간주하라'는 취지의 이 정책은 전투현장에서 곧바로 시행되었다.

사례별 민간인 피해상황

흥해 용한리 해변 폭격 사건

1950년 8월 27일 오전 10시경 포항 흥해읍 용한리에서 칠포리에 이르는 해변에 폭격 사건이 발생했다.

사건이 발생할 무렵, 북한군 제5사단은 흥해읍의 서쪽 신광면 비학산에 주둔하고 있었고, 국군 제3사단은 천마산지구 93고지(삿갓봉)를 놓고 북한군과 전투를 벌이고 있었다. 사건이 발생한 용한리 해변은 삿갓봉으로부터 동북쪽으로 6km 정도 떨어진 해변이다. 폭격이 있기 전인 1950년 8월 16일, 국군 제3사단이 북한군 점령지인 영덕 강구와 포항 흥해 사이에서 고립된 적이 있었다. 제3사단의 해상철수를 돕기 위해 미군이 동해안 일대에 예방 폭격을 하게 되었는데, 이때 흥해읍 흥안리가 폭격당하자 흥안리 주민들은 그보다 더 아래인 용한리 해변으로 이동했다. 또한, 흥해읍 북쪽의 포항 청하면·신광면과 더 북쪽의 강원도에서 온 피난민들도 흥안리에서 피난 생활을 하다가 폭격사건 이후 용한리 해변으로 같이 따라 이동했다.

---

11 EUSA 1946–56 ASST Cheif of Staff G–1 General Records 1950, Box27, RG 338, NARA.

당시 피난민들 사이에는 북한군의 징용을 피하려면 미군 배가 눈앞에 보이는 해변으로 가는 것이 안전하다는 소문이 돌았다. 그 무렵 포항 앞바다에 있던 미 해군은 신광면 비학산과 천마산지구 일대를 향해 함포 공격을 계속하고 있었으나, 용한리 해변은 교전지가 아니므로 피난민들은 이곳이 미군의 폭격으로부터 안전하다고 여겼던 것이다. 그리하여 피난민들은 용한리 해변으로 무리를 지어 왔는데, 사건이 발생할 무렵인 8월 27일경에는 약 1,000명 정도가 몰려 해변이 장날처럼 붐볐다.

사건 발생일인 1950년 8월 27일에도 피난민들은 대부분 아침식사를 한 뒤 해변에 나와 쉬고 있었는데, 10시경에 용한리에서부터 미군 정찰기 1대가 날아와 칠포해변을 따라 저공비행을 하며 정찰했다. 수백 명의 피난민들은 이때도 머리 위로 낮게 지나가는 정찰기를 보고 흰 천을 흔들며 민간인이라는 표시를 했다. 그러나 정찰기가 지나가고 10분쯤 후 갑자기 날아온 미군 폭격기 2대가 급강하하면서, 용한리 해변과 해변에서 100m 정도 떨어진 둔덕에서 흰 천을 흔들고 있던 피난민 수백 명에게 기관총을 쏘았다. 목격자들은 비행기는 남쪽으로부터 북쪽으로 해안을 따라 50m 정도로 아주 낮게 날며 기총소사를 하다가 곤륜산 동쪽 바닷가에서 치솟아 올라 선회하더니 다시 해안으로 돌아가 기총소사를 했는데, 1시간 동안 7차례 이상 비행했다고 한다.

1950년 8월 27일 자 미 공군 제18전폭전단 소속 제39폭격대대의 임무보고서에는 '이날 9시에 미군 폭격기 F-51 2대가 출격하여 포항 지역에서 근접지원공격 임무를 수행하였고, 오전 10시에 지상통제관 발리 볼(Volley Ball) 14 및 공중통제관 패스포트(Passport)와 교신하여 흥해 지역 언덕을 폭격한 후, 발리 볼(Volley Ball) 14의 지시하에 용한리 해변에서 흰 깃발을 흔들고 있는 흰옷을 입은 사람들에게 1,500피트(457.2m) 고도에서 기관총 공격을 했다'고

기록되어 있다. 또한, 문서에는 당시 날씨는 맑았으며 폭격기는 공격을 마친 후 11시경 목표 지역을 떠났는데, 용한리 해변에는 흰옷을 입은 사람이 수백 명 있었다고 기록되어 있다.[12]

당시 부근의 전황과 폭격문서의 기록을 비교하여 판단해 보면, 이 폭격은 천마산지구 전투가 급박해지자 피난민 속에 북한군이 잠입했을 가능성 등을 사전에 제거하려는 목적으로 이루어진 것으로 판단된다.

진실·화해를 위한 과거사진상위원회는 이 폭격사건은 국군과 북한군 교전 지역 2km 인근에 있는 북한군 점령지 해변에서 근접지원작전에 의해 발생한 사건이었으며, 신원이 확인된 사망자는 8명이고, 신원을 확인할 수 없는 사망자를 합하면 총 사망자는 100여 명으로 추정된다고 결론지었다.[13] 신원이 확인된 부상자는 2명이지만 신원이 확인되지 않은 부상자는 더 많았다.

흥해 칠포리 폭격 사건

1950년 8월 29일 낮 12시경 흥해 칠포리가 폭격을 당했다. 사건이 발생할 무렵 흥해읍 칠포리는 220~250가구가 사는 큰 마을이었다. 1950년 8월 하순경에는 주민 중 다수가 오도리 등으로 피난을 가는 바람에, 마을에는 50여 호가 남아 있었다. 사건 당시 북한군은 마을에서 10km 정도 떨어진 신광

---

12 Contacted Volley Ball 14 and Mosquito Passport at 10:00/K. Bombed and rocketed hills at Hunghae. Bombed and rocketed and straffed people clad in white and waving white flags on beach at Yonghan–dong under direction of Volley Ball 14. Left target area 11:00/K. ……(중략)…… Volley Ball 14 requested more five ones be sent to his area that friendly troops in his area are about to be cut off. Hundreds of people in white in and near Yonghan–dong.(Final mission Summary, Aug 50, 39th Fighter Bomber Squadron, 18th Fighter Bomber Wing, Mission Reports of U. S. Air Force Units during the Korean War Era, Records of U. S. Air Force Commands, Activities and Organizations, Box 23, RG 342, NARA.)

13 진실·화해를위한과거사정리위원회, 포항지역 미군폭격 사건(다–6230(3) 등) 경정 결정

면 비학산에 주둔하고 있었고, 교전지였던 천마산지구 93고지(삿갓봉)와는 6.5km 정도 떨어져 있었다.

당시 인근 천마산지구에서는 북한군과 국군 제3사단 사이에 격렬한 전투가 진행 중이었다. 칠포 앞바다에는 미군 구축함과 순양함 등이 떠 있으면서 함포사격을 하는 일이 잦았고, 미군 정찰기가 하루에 한 번 정도는 마을 위를 날아다니곤 했다. 이날 낮 12시경에도 정찰기는 평소처럼 인근의 곤륜산(176.4m) 중턱 높이 정도로 날아와 정찰했다. 그런데 정찰기가 지나간 뒤 느닷없이 미군 폭격기 4대가 교대로 왕복하면서 칠포리 진입로 부근에 폭탄을 떨어뜨렸으나, 폭탄은 불발탄이 되어서 연기만 나다가 그쳤다. 하지만 해변의 칠포리 수협칠포출장소(현 어촌계 자리)에 떨어진 네이팜탄은 그대로 폭발해서 사상자가 발생했다. 이어서 미군 폭격기는 5~10초 간격으로 해변과 마을 전체에 폭탄 10여 개를 떨어뜨렸다. 폭격기 5대는 일렬로 일정한 간격을 두고 땅으로 내리꽂으면서 폭탄을 투하하고 하늘로 치솟아 오르기를 반복했다. 칠포리 마을은 불바다가 되고 가옥 200여 채가 전소되었다. 그 뒤 폭격기 편대는 기총소사를 했는데, 1시간 동안 10차례가량 계속되었다.

마을 주민들은 마을에서 북쪽으로 1km 정도 떨어진 오도리 근처 바위 뒤로 급히 대피했다. 일부 주민들은 폭격이 중지되자 마을로 되돌아와 집과 개울을 오가면서 화재를 진압했다. 오후 5시경, 화재를 진압한 주민 20여 명이 세간들을 개울가에 옮겨놓고 잠시 휴식을 취하고 있는데, 또다시 폭격기 4대가 남쪽의 바다 방향에서 날아와 로켓포와 기관총을 쏘아댔다. 이때는 폭격기 1대가 먼저 저공으로 날아와 주민들에게 기총소사를 한 뒤, 나머지 비행기가 연속적으로 20여 분 동안 폭격했다.

1950년 8월 29일 자 미 해병 함재기 VMF 214폭격대대의 항공공격보고서에 따르면, 그날 F4U-4B 5대가 출격하여 포항 지역의 근접지원공격 임무를 수행했다. 폭격기들은 이날 11시 45분부터 13시 25분 사이에 5군데 공격을 나갔는데, 그중 '칠도동(Childo-Dong, 좌표 1236-1473지점)에서는 1,200피트 (356.76m) 고도에서 공격을 시작하여 로켓탄 8개를 투하하고, 20mm 기관총을 쏘았으며, 그 결과 화재가 발생했다'라고 기록되어 있다.[14]

당시 전황 및 지리적 위치 그리고 앞서 폭격당한 흥안리와 용한리 지역의 폭격 양상을 고려하여 작전의 목적을 판단해 보면, 당일 지상군 공격 작전에 대한 근접지원인 것을 알 수 있고 특히 당일 공격 목표인 천마산지구 93고지(삿갓봉)를 중심으로 사방 2~4km 범위 내의 북한군이 점령한 마을을 소개시키려는 전략목표에 따른 것이었다고 판단할 수 있다.

당시 포항 지역 전황은, 8월 24일 야간부터 27일까지 연속적인 북한군 제5사단의 공격으로 국군이 천마산·도음산 등 일주일 전에 탈환했던 방어진지를 빼앗기고 다시 수세에 몰리자, 27일 미 제8군 부사령관으로 임명된 쿨터 소장의 직접 지휘하에 29일부터는 대대적인 반격 작전을 전개하고 있었다. 당일 폭격 당한 마을인 죽천동과 칠포리는 부근 천마산지구 전투 지역에서 직선거리로 3km 이내의 지점이고, 도음산 전투 지역의 인근이었다.

한편, 당일 치열한 전투가 진행 중이던 천마산지구 93고지(삿갓봉)를 중심으로 사방 2~4km 범위 내의 북한군 점령 지역인 마을들을 살펴보면, 정동 방향에 있는 죽천동, 정북 방향에 있는 칠포리가 93고지에서 볼 때 동쪽에서 북쪽까지에 있는 가장 근접한 마을이자 피난민이나 거주민이 남아 있을 수 있는 장소였음을 알 수가 있다. 따라서 이날의 폭격은 천마산지구전투에서 북한군의 배후지가 될 가능성이 있는 근접한 북한군 점령 지역 마을을 차단시키려는 아군의 전략목표에 따른 일종의 초토화 작전이었다고 판단할

---

14 VMF 214, Air Attack Report, 29-Aug-50, Box 53, RG 313, NARA. ; Box 98, USS
    SICILY(CVE-118) War Diary, Sep 28-30, 1950, Naval Historical Center

수 있는 것이다.

진실·화해를위한과거사정리위원회의 조사 결과에 따르면, 당시 폭격을 한 비행기는 미 해병 함재기 VMF 214폭격대대 소속 폭격기 F4U-4B 5대였다. 폭격으로 신원이 확인된 사망자는 8명이고, 이중 여성과 15살 미만 아동은 5명이다. 그리고 신원이 확인된 부상자는 1명이다. 추정되는 전체 사망자는 30명이고 마을의 가옥 200여 채가 전소되었다.[15] 신원이 확인되지 않은 부상자도 더 있었다.

신광면 마북리 폭격사건

1950년 9월 5일 오후 5시경 신광면 마북리가 폭격을 당했다. 비학산 아래에 있는 마북리는 6·25전쟁 당시 70여 가구가 살고 있는 산촌 마을이었다. 폭격이 있던 날은 부근의 영천·기계·안강 전선에서 치열한 전투가 펼쳐지고 있었다. 당시 북한군은 신광면 비학산에 주둔하고 있었다. 정확히 비학산은 마북리에서 2.5km 떨어져 있었다. 또 마북리에서 남쪽 산골짝 1.5km 정도 떨어진 신광면 기일리에 북한군 야전병원이 있었다. 여러 참고인들의 진술에 의하면 북한군이 음력 7월경 마북리 마을을 점령했고, 9월 초순에 주민 30명가량을 강제 징발하여 마을에서 약 20km 정도 떨어진 신광면 남동쪽 경계의 전투 지역으로 끌고 가 취사 등의 노역을 시키기도 했다. 사건 발생 당시인 9월 초에도 북한군이 마을에 주둔하고 있었는데,[16] 이 무렵 마을 주민 대부분은 북한군의 징발을 피해 마을에서 3km 정도 떨어진 비학산 절골로 피난 가 있었다. 마을에는 노약자들과 여성들이 남아 있었고, 여성들은

---

15 진실·화해를위한과거사정리위원회, 포항지역 미군폭격 사건(다-6230(3) 등) 경정 결정
16 마북리에 주둔하던 북한군은 인천상륙작전 및 형산강 도하작전이 진행된 9월 중순에야 후퇴했다.

절골로 피난 간 남성들에게 식량을 조달하기 위해 마을을 왕래했다. 마북리에는 미군 비행기가 정찰을 자주 오곤 했으나 주민들은 북한군을 피하는 것이 더 급했기 때문에 미군기의 폭격은 별로 염두에 두지 않았다.

1950년 9월 5일 오후 5시경 정찰기 1대가 마북리 마을 뒷산(90m)에 닿을 정도로 저공으로 날아와 마을 동쪽에서 서쪽으로 쭉 올라가며 정찰을 한 뒤 기일리 방향으로 갔다. 정찰기가 지나가고 약 5~10분 후에 검고 작은 폭격기 2대가 굉음을 울리며 낮게 날아왔다. 폭격기는 오자마자 차례로 1개씩의 폭탄을 하천 위에 떨어뜨리고, 다시 치솟아 올라 왼쪽으로 돌아서 다시 내려오면서 기총소사를 했다. 폭격기는 20분가량 폭격을 2~3차례 반복하면서 폭탄 5개를 투하하였고 이에 마을 여러 곳이 연기에 휩싸였다. 순식간에 가옥 4채에 불이 붙었다. 그 무렵 마북리 마을의 공동우물에서 여성 10여 명이 밥을 지어 절골로 가져가기 위해 쌀을 씻고 있었는데, 폭격기는 여성들에게도 기총사격을 했다. 이 사건으로 신원이 확인된 사망자는 3명이고 부상자는 2명이다.[17] 신원이 확인되지 않은 부상자도 더 있었다.

흥해 남송리 폭격 사건

1950년 8월 29일 오후 흥해읍 남송리가 폭격당하는 사건이 있었다.

1950년 8월 11일 북한군이 새벽에 흥해지서를 기습하자 흥해읍 망천리 902번지에 살던 이규연의 가족 15명은 남송리 들판의 갈밭 언덕에 방공호를 파고 피난생활을 했다. 또한, 그의 시댁 친척들은 이곳에서 1km 정도 떨어진 말마태 근처 갈밭에서 피난생활을 했다. 남송리는 국군 제3사단과 북한군 제5사단이 교전하던 천마산지구에서 2km 정도 떨어져 있었다. 피난지

---

17 진실·화해를위한과거사정리위원회, 포항지역 미군폭격 사건(다–6230(3) 등) 경정 결정

에서 500m 정도 떨어진 전방에 북한군의 초소가 폭격 때까지 있었다. 폭격 10일 전에는 북한군이 피난민과 함께 가까이에 섞여 있었고, 북한군이 가족에게 미숫가루나 건빵을 주는 등 무척 친절했다. 그러나 폭격 2~3일 전부터는 북한군이 전투지로 떠났는지 피난민 주위에 오지 않았다.

폭격을 당하던 날 오후, 이규연의 가족 15명은 피난지인 남송리 들판 언덕에서 식사를 한 뒤 쉬고 있었다. 그때 정찰기 1대가 와서 30분 정도 정찰한 후 남쪽으로 날아갔다. 그 뒤 미군 비행기 2대가 남서쪽에서 날아와 급강하하면서 기관총을 난사했다. 또한, 미군 비행기는 비슷한 시각에 이규연의 시댁 친척들이 머물던 말마태에도 네이팜탄을 떨어뜨렸다.

이 사건 사망자 중 신원이 확인된 사람은 7명이며, 희생자 전원이 여성 또는 15살 미만 아동이었다.[18]

청하면 이가리·월포리 폭격 사건

1950년 9월 8일 포항 청하면 이가리와 월포리가 폭격을 당해 주민 10여 명과 피난민 50여 명이 사망했다.

사건 발생 무렵 국군 제3사단은 북한군과 이가리에서 25.5km 떨어진 포항 남쪽에서 형산강 방어전(1950. 9. 6~13)을 치르고 있었다. 당시 해변 마을인 청하면 이가리와 월포리에는 북쪽인 청하면 미남리, 소동리, 하대리 등과 영덕 방면에서 온 피난민들이 몰려 있었다. 피난민들은 해변 지역으로 대피하라는 경찰·면사무소 직원·지역 방위대의 소개령에 의해 이곳으로 오게 된 사람들이었다. 그래서 이가리에는 식량과 피난 짐을 싣고 온 피난민들로 붐벼 마을 거주민이 평소의 2배 정도 되었다.

---

18 앞의 책, 경정 결정

이가리에는 마을과 야산에 방공호가 있었으며, 주민들은 해변에 정박하고 있던 3~4척의 큰 배 아래에 길이 4.5m, 폭 1.5m 정도로 15명가량 수용 가능한 방공호도 파놓고 있었다. 피난민 중 소수는 마을 안의 가옥에 머물렀지만, 다수는 해변 백사장의 큰 돛배 그늘이나 그 아래 파놓은 방공호에 머물렀다. 피난민뿐 아니라 주민들도 큰 배에 달린 흰 돛은 민간인이 있다는 표식이므로, 미군 폭격기도 으레 알 것이라고 여기면서 유사시에 이쪽으로 대피하기도 했다.

한편, 인근 월포리도 상황은 비슷하였다. 그 일대와 영덕 방면에서 온 피난민이 다수 들어와 있었던 것이다. 월포3리의 경우 마을 중앙의 천변에 피난민 500~600명이 있었고 마을 안에도 집집마다 피난민이 들어차서, 당시 마을 전체에 700~800명의 피난민이 와 있었다. 이가리 해변에서 약 400m 정도 떨어진 양지와 용두리 사이의 절벽 해안(산22-4번지)을 '양정'이라고도 하고 일명 '양지고개'라고도 불렀다. 9월 초에 양지고개 해변에 북한군 8~10명이 해안 감시를 하면서 계속 머문 적이 있었다. 9월 4~5일경 미군 폭격기가 이곳을 맹폭했지만, 그곳에 보초를 선 북한군들은 웅장한 바위에 숨어서 타격을 입지 않았다. 폭격 전날 밤에 북한군 군악대가 해변 마을의 창고에 마을 사람을 모아놓고 1시간 정도 군악연주를 하기도 했다.

이가리에는 폭격 당일인 1950년 9월 8일 오전 11시경 미군 정찰기 1대가 남쪽에서 날아와 100m 정도의 높이로 정찰을 하며 북쪽으로 천천히 지나갔다. 당시 마을의 상공에는 정찰기가 자주 날아 다녔으므로, 이날도 주민들은 정찰기가 비행할 때 경계하거나 대피하는 행동을 하지 않고 올려다보며 구경만 했다. 그러나 정찰기가 지나간 뒤 10분 정도 지나자 앞에 프로펠러가 한 개 달린 검은색 폭격기 4대가 와서 폭탄을 투하했다. 폭격기는 1차 폭격 후에 한 바퀴 돌아서 5분 정도 뒤에 다시 2차례 이상 확인 폭격을 하는 등, 약 40분 동안 5개 이상의 폭탄을 투하했다.

마을 주민들과 피난민들은 비행기 소리가 나자 해변에 있는 배 밑 방공호로 급히 피했다. 그러나 폭격기는 마을보다는 해변의 돛배와 그 아래 방공호를 집중 폭격했다. 그 결과 해변에 정박해 있던 큰 배 두 척이 파괴되었고, 방공호 안에 있던 사람들과 방공호로 달려가던 사람들이 다수 사망했다. 폭격기는 급강하하여 날아와 마을과 해변에 기관총을 난사하고 다시 높게 올라가기를 여러 차례 반복했다.

이로 인해 마을 주민과 피난민이 다수 사망했다. 같은 날, 이가리 폭격 직전 인근 월포리에도 미군 폭격기의 폭격으로 여러 명이 희생되었다.[19]

연일읍 유강리 폭격 사건

1950년 9월 18일 포항 연일읍 유강리 형산강 제방의 피난민 임시 거주지에 미군 폭격기가 기총소사를 하여 피난민 10여 명이 사망하는 사건이 발생했다.

당시 유강리 북동쪽 효자동 뒷산 고지와 형산강변에는 북한군이 주둔하고 있었고 형산강 건너 바로 맞은편인 연일읍과 중단동 일대 그리고 중명산에는 미군과 국군이 머물고 있었다.

마을이 폭격당할 무렵, 국군 제3사단은 형산강 도하작전을 시도하고 있었다. 제23연대가 9월 17일 10:00 공격을 개시하여 효자동을 탈환한 후, 운적봉(102고지) 111고지를 점령하고 교두보를 설치한다는 것이었다. 이 무렵 날씨는 14일 오후부터 17일까지 많은 비가 내렸고, 특히 16일에는 폭우가 내림으로 인해 형산강의 수위가 높아져 도하작전에 매우 불리한 상황이었

---

19 앞의 책, 경정 결정

다. 17일 오전 10시에 국군 3사단은 효자역을 목표로 도하작전을 실시했다. 이날은 날씨 관계로 항공지원을 받지 못했다.

한편, 이보다 앞선 9월 13일경 미군 폭격기 F-80 2대가 포항 연일읍 유강1 리 일대를 폭격한 적이 있었다. 폭격기는 마을과 철로 터널에 폭탄을 떨어뜨 리고 기총소사를 했다. 당시 30가구 정도로 구성된 유강1리의 주민 대부분 은 대피한 상태이긴 했으나, 이 폭격으로 여러 명이 사망했고 50여 호의 가 옥이 전소되었다.

기총소사에 죽어간 민간인들(1950. 8. 28)

13일의 폭격 후 유강1리 주민들은 피난을 위해 형산강을 건너려 했으나 폭우가 내려 강을 건널 수가 없었다. 뿐만 아니라 이 일대의 유강2리·자명리·효자리 주민들도 국군과 북한군이 대치 중인 교전지에 끼여 다른 곳으로 피난 갈 수 없었다. 그래서 주민들은 형산강 제방을 따라 홑이불로 포장을 치거나 구덩이를 판 뒤 움집을 만들어 피난 생활을 했는데, 유강1리 주민들의 경우에는 형산강 제방 중 마을에서 남쪽으로 약 700m 떨어진 지점에 2~300명이 움막을 짓고 들어가 있었다. 피난지 위에는 정찰기가 매일 수시로 날아다녔고 정찰기가 지나간 직후 함포가 날아오기도 했다. 피난민들은 그때마다 대피하곤 했으나 폭우와 교전 때문에 다른 곳으로 이동할 수가 없었던 것이다.

1950년 9월 18일, 아침부터 전투가 벌어져 대포와 총소리가 요란했다. 전날까지 폭우가 쏟아졌으나, 이날은 빗줄기가 상당히 잦아든 가운데 정찰기 여러 대가 유강리 일대를 저공 비행하며 정찰 활동을 했다. 정찰기가 사라진 뒤 곧이어 미군 폭격기 4대가 나타났다. 폭격기는 남쪽에서 북쪽을 향해 날아가며 임시 거주지에 있던 피난민들을 향해 기총소사를 했다. 그리고 피난지에서 50m 떨어진 형산강 다리에는 폭탄을 투하하여 명중시켰다. 그날 저녁 무렵 국군은 유강리 뒷산을 점령하고 산 너머 북쪽으로 진군했다. 형산강 도하작전이 성공한 것이다.

이 사건으로 신원이 확인된 사망자는 3명이며, 이 가운데에는 여성과 15살 미만 아동이 2명이 포함되어 있다. 이와 별도로 신원이 확인된 부상자는 1명이다. 신원이 확인되지 않은 피난민까지 합하면 총 10여 명이 사망했다.[20]

송라면 광천리·방석리 폭격 사건

1950년 9월 21일경 포항 송라면 광천리가 폭격을 당했다. 당시 광천리는

---

20 앞의 책, 경정 결정

1리, 2리, 3리를 다 합하여 주민 600여 명 정도가 거주하고 있었고 광천1리에만 200여 명의 주민이 거주하고 있었다. 마을 주민들은 포항이 북한군에게 점령이 되자 피난을 가지 못하고 다수가 마을에 남아 있었다. 일부 주민들은 가까운 해변 마을로 잠시 피난을 가기도 했으나, 광천리가 전선 후방의 비전투지역으로 남게 되자 대부분 1950년 8월 말에서 9월 중순 사이 마을로 돌아왔다.

당시 북한군은 광천리에 전투병을 주둔시키지는 않았으나, 광천1리 마을회관에 야전병원을 세워 부상병들을 후송하여 치료했다. 야전병원에는 북한군 부상병이 1~200명 정도 들어 왔는데, 병상이 부족해지자 북한군은 주민들을 인근 광천 냇가로 몰아내고 민가를 야전병원이나 숙소로 사용했다.

당시 마을에는 인민위원회와 자위대가 구성되어 있었으며, 마을 인민위원장은 주민들에게 "집에 있으면 미군 비행기에 폭격당할 위험이 있으니 냇가에 거주하라"라고 하면서 주민들이 민가를 떠나도록 독려했다. 북한군은 마을 곳곳에 보초를 세워 주민들이 마을로 들어오지 못하게 지키기도 했다. 할 수 없이 광천1리 주민 대부분은 북한군에게 내쫓겨 마을에서 약 300m 떨어진 광천 부근의 901-19번지, 683-3번지, 781번지 등에 구덩이를 판 뒤 움막이나 임시 막사를 짓고 생활해야만 했다.

피난지는 나무가 무성한 곳도 있지만 대부분 나무로 가려지지 않고 노출된 상태였다. 그곳에는 광천1리 주민이 대부분이었고 이외에도 광천2리, 3리 주민과 외부 피난민도 소수 있었다. 천변의 피난민들은 아동·노인·여성이 대부분이었으며, 청장년 남성들은 대부분 군에 입대하거나 타지로 나간 경우가 많았기에 천변에는 거의 없었다.

광천리에 머물던 북한군 야전병원은 1950년 9월 21일경 국군에 밀려 그곳에서 4km 떨어진 보경사 뒷산으로 철수했다. 북한군들이 떠나던 그날 마을 주민들은 아침부터 집으로 돌아갈 준비를 하고 있었다.

그런데 정찰기 1대가 공중정찰을 했다. 주민들은 그전에도 정찰기가 천변을 날아다니며 정찰하는 것을 자주 보았으므로, 그날도 정찰기가 나타나자 움집에서 나와 옷가지와 손을 흔들며 민간인이라는 표시를 했다. 정찰기는 광천3리 방향인 동쪽에서 날아와서 약 2~3분 정도 마을을 천천히 한 바퀴 돌면서 저공비행을 하다가 서쪽인 광천1동 쪽으로 갔다. 그리고 20분 뒤 미군 폭격기 4대가 나타났다. 폭격기들은 광천 냇가의 민간인들을 향해 약 30분간 폭탄을 투하하고 기총소사를 했다.

한편, 송라면 방석리는 70호 정도 되는 해안 마을로 사건 발생 당시 북한군이 마을에 없었다. 그러므로 광천리와 달리 방석리 주민들은 대부분 피난을 가지 않고 마을에 머물고 있었다. 방석리에도 광천리 폭격이 있던 날 마을 중앙 332와 334번지 디딜방앗간이 있던 집에 폭탄 2발을 연속 투하하고 지나갔다.

이 사건으로 신원이 확인된 사망자는 17명이다. 이외 신원이 확인된 부상자는 6명이다. 이 사건의 총 사망자 수는 참고인들은 40여 명으로 진술했고, 미군 문서에는 50명으로 기록되어 있다. 폭격 보고서에 의하면, 이 사건은 미 공군 제49전폭전단 제8폭격대대 소속 폭격기 F-80 4대의 폭격에 의한 것이었다.[21]

청하면 유계리 폭격 사건

1950년 9월 23일 포항 청하면 유계리에 미군기가 폭격을 하여 주민 1명이 사망했다고 한다. 청하면 유계3리는 50여 호가 있던 마을이다. 1950년 9월

---

21 앞의 책, 경정 결정

23일경 이 마을 주민들은 북한군이 포항을 먼저 점령하면서 피난할 기회가 없었기에, 대부분 피난을 가지 않고 마을에 머물고 있었다.

당시 유계리에 거주했던 이경애의 집은 마을의 다른 집에 비해 형편이 나았기에 마을 한복판에 있는 커다란 집에서 살고 있었다. 아버지는 기독교 장로였으므로, 가족들 모두가 북한군의 체포나 미군의 폭격에 대비해 일부는 산으로 피난 가고 일부는 집 뒤꼍에 방공호를 파놓고 대피하고 있었다.

1950년 9월 23일 오전 11시쯤, 평소처럼 비행기 소리가 들리더니 미군 비행기가 이 집을 폭격했다. 지붕에 폭탄이 떨어지자 가옥 전체가 파괴되었다. 이웃의 다른 가옥도 두세 채 정도가 이날 폭격으로 파괴되었다.

이 폭격으로 집 마당에 있던 이경애의 어머니 김외숙(당시 40살)이 머리에 폭탄 파편을 맞아 그 자리에서 즉사했다. 또한 품에 안겨 있었던 아들 이상기(당시 3살)는 신체적 부상은 없었으나 어머니의 죽음을 목격한 뒤 앓다가 두 달 후 사망했다.[22]

신광면 만석리 폭격 사건

1950년 9월 어느 날 아침 8시경 포항시 북구 신광면 만석리에 포탄이 떨어져 주민들 여럿이 사망하는 사건이 발생했다.

당시 만석1리는 90여 호가 살던 마을이었고 만석2리는 100여 호가 살던 마을이었다. 생존 목격자들의 진술에 의하면 포항과 흥해 부근에서 북한군이 쫓겨나갈 무렵인 9월, 날짜는 정확하게 기억을 못 하지만 아침 8시경이었다고 한다. 미군 폭격기 4대가 날아와 저공비행을 하면서 북한군이 지나가던 만석2리와 인접한 만석1리 마을을 1시간 동안 네이팜탄으로 집중 폭격

---

22 앞의 책, 경정 결정

하고 기총소사를 했다는 것이다.

이에 마을의 절반 이상의 집이 불에 탔다. 3일 뒤에는 만석2리에 미군이 함포사격을 했다. 신광면 만석리의 참고인 차월선(당시 24살)은, 이날의 폭격으로 만석1리 주민인 편석수의 아내 영산댁(당시 20대 후반)이 젖먹이 딸을 업고 밭일을 하다가 딸(당시 2살)과 함께 즉사했고, 편석수가 시신을 수습했다. 또한, 만석2리 주민인 황외택은 사건 발생 당시 친정인 만석1리로 피난을 와서 밭일을 하던 중 폭탄 파편을 맞아 왼쪽 무릎을 부상당했다. 이후 황외택은 지나가던 주민의 구조에 의해 만석2리 자신의 집으로 옮겨졌으나 9월 25일 자신의 집마저 함포사격을 당해 폭탄 파편을 맞아 왼팔에 다시 부상당했다. 결국 황외택은 두 차례 폭격에 의해 왼쪽 무릎과 왼쪽 팔을 못 쓰게 되어, 그 이후로는 바깥출입을 자유롭게 못하는 장애인이 되었다.[23]

송도해변 폭격 사건

1950년 8월 23일경 미군 폭격기가 송도해변의 피난민들에게 기총소사를 하여 피난민 여러 명이 사망했다.

1950년 8월 11경 북한군이 갑자기 포항 흥해읍까지 다가오자 포항 시민들에게 소개 명령이 떨어졌다. 8월 18일경 오천면사무소에서는 북한군이 형산강까지 내려왔다며 형산강과 10km 정도 떨어진 포항시 남구 일월동 180여 가구 주민들에게도 소개 명령을 내렸다. 그래서 주민 대다수는 남쪽인 장기면으로 피난을 떠났다. 그러나 이 마을 주민 최상화(당시 68살)는 포항에 살고 있는 두 아들의 생사가 걱정되어 피난을 가지 않고 형산강을 건너 아들들을 찾아 포항으로 나갔다. 하지만 형산강 다리가 폭파되어 돌아오지도

---

23 앞의 책, 경정 결정

못하고 송도해변 백사장에 몰려있는 피난민 인파에 합류했다.

당시 포항 인근의 피난민들은 미군들이 주둔하고 있던 영일비행장이 송도해변과 가까운 거리에 있으므로, 이곳이 안전하다고 생각하여 송도백사장으로 피난을 갔다. 하지만 8월 23일경 송도해변에 모여 있는 피난민들에게 미군 폭격기가 기총소사를 했다. 이때 최상화를 포함한 피난민 여러 명이 사망하거나 다쳤다.[24]

1950년 8월 포항 송도해수욕장의 피난민 캠프, 이들 중 함포사격의 피해자가 포함되었을 수도 있다.(출처 : KTV 한국전쟁)

흥해읍 북송리 폭격 사건

1950년 8월 16일 낮 12시경 포항시 북구 흥해읍 북송리가 항공기로부터 폭격을 당했다. 6·25전쟁 당시 흥해 북송리에는 100여 호가 살았다. 폭격이 있었던 날은 햇빛이 쨍쨍하고 더운 날이었다. 인근 영덕 전투에 부역으로 징집됐다가 돌아온 사람들을 축하하기 위해 마을 사람들이 모여 돼지를 잡고

---

24 앞의 책, 경정 결정

있었다. 정오경, 앞에 프로펠러가 1개 달린 검은 전투기가 2대씩 짝을 지어 도합 4대가 평상시 보았던 것과 비슷한 높이와 속도로 포항 쪽에서 날아와 서 서북쪽인 비학산 쪽으로 가면서 마을의 상공을 지나갔다. 그 후에 비행기 2대가 저공으로 마을을 2~3바퀴 선회하였다. 그리고 약 반 시간이 지나 점심을 먹고 있을 때에 검은 비행기 20대 정도가 다시 동네 위를 지나서 비학산 쪽까지 간 후 빙 돌아 서쪽 매산에서부터 날아와 폭격을 하기 시작했다.

항공기들은 적어도 30분 이상 폭격을 가했는데, 지붕 가까이 날아와서 폭탄을 투하하고 기총소사를 퍼부었다. 커다란 폭탄이 떨어져서 동네 과수원과 허맹구의 집에는 사람 키 이상의 깊고 큰 구덩이가 파였다. 집 한 채가 파괴될 정도의 작은 폭탄은 김종수 씨 집을 비롯하여 10여 곳에 떨어졌다. 이로 인해 불이 났고 그 불이 다른 초가집으로 옮겨붙어 북송리 3개 마을(큰동네에 외딴집을 포함해 약 70호, 작은 동네 10여 호, 서쪽의 양촌 20여 호) 중 큰 동네의 3분의 2가 전소됐다. 폭격을 마친 비행기들은 동쪽 방향으로 날아갔다. 그날 이 검은 비행기들은 다시 북송리를 포함한 흥해 지역 상공을 약 1~20분에 한 번씩 선회하였고, 흥안리·마산리 등이 폭격당하는 것이 목격되었다.

그날 북송리 동네가 폭격을 당하자 주민들은 동네와 인접한 북천변의 소나무 숲으로 일단 피신했다. 그곳에는 이미 북한군이 왔다는 소식을 듣고 집에서 나와 굴을 파고 피난하는 사람들도 있었다. 그곳으로 대피한 주민들은 주로 북송리와 매산리 사람들이었다. 그런데 그날 오후 3시경, 검은 비행기들이 다시 나타나 북천방과 숲에 있던 주민들에게도 폭격을 가했다. 이때 다수의 피해자가 추가로 발생했다.

북송리는 포항에서 북쪽으로 약 14km 떨어진 지역으로 서쪽 비학산까지는 약 12km, 동쪽 흥해읍과는 약 3km 정도 떨어져 있다. 흥해에서 신광면 비학산 방향으로 난 신작로가 마을을 가로지르며 지나가는 곳이다. 폭격 전에 비학산이 북한군에 점령되었다. 때문에 신광면 비학산 부근에 살던 사람들 다섯 가구 정도도 흥해 북송리에 있던 친척집으로 피난을 와 있었다.

폭격이 있기 약 5일 전에는 북한군이 비학산에서 북송리 동네 앞산(높이는 4~50m)을 거쳐 지나가면서 흥해지서를 공격했다. 이때 지서에 있던 경찰들이 여러 명 희생되었다. 폭격 당일 오후 3시경에는 인근 흥안리에 폭격이 있어 폭탄 소리·기관총 소리 그리고 연기에 휩싸이는 것이 보였다. 당일 흥해 마산동에도 폭격이 있었다.

당시 전투에 참가한 한 참전용사는 "곳곳에 수백, 수천 명의 피난민들을 목격했는데, 당시에는 그냥 지나쳐서 잘 몰랐다. 나중에 안 사실로는, 북한군 선무공작단과 보안서원 등이 돌아다니며, 군인·경찰 등을 찾아서 잡아가고, 젊은이를 잡아서 징용시켰고, 또 국군은 민간복으로 갈아입고 피난민 속에 들어가서 정보를 수집해 오려 했기 때문에 사실상 피난민 무리 속은 복잡한 갈등이 전개되는 곳이었다"고 진술하고 있다.[25] 이에 비해 다른 참고인들은 북한군과 보안서원 등이 돌아다니며, 군인·경찰 등을 찾아서 잡아가고, 젊은이를 잡아서 징용시켰던 시기는 8월 하순~9월 초순이라고 진술하였다. 북한군이 흥해 지역을 완전히 점령했을 때는 총탄을 피해 잠시 떠났던 주민들도 북송리 고향으로 돌아왔다. 돌아온 주민들도 폭격이 두려워 곡강 천변이나 마을 개울가에 방공호를 파서 기거했는데, 그곳까지 북한군 또는 그편에 선 동네사람이 찾아와서 젊은 남자들을 징용시키려 했던 일을 기억하고 있었다.

---

25 최기영 진술, 포항 흥안리 미군폭격 사건 진실규명결정서(2008. 12. 2) 부록1-흥안리 사건 신청인, 참고인 진술조서 및 녹취 요약표. pp.51-66

당시 피난민 상황과 미 해군 측 자료를 종합해 보면, 미군 측은 이 마을을 적의 장비나 게릴라 및 병력이 은둔해 있을 수 있다고 판단되는 마을로 보고 공중공격을 적극적으로 전개한 것으로 판단된다.[26] 이 폭격은 미 제5공군의 요청에 따라 미 해군이 영덕 지역에서 북한군에게 포위되어 고립된 국군 3사단의 철수를 엄호하기 위해 이루어졌다. 미군은 대규모의 국군과 민간인의 해상철수 과정에서 북한군의 집중공격을 방지하기 위하여, 가까운 거리 이내에 있을 북한군 복병과 장비들에 대해 사전 폭격할 필요성이 있었던 것이다. 폭격의 주체는 제7함대 사령관 스트러블(Athur D. Struble)이 지휘하는 제77항모기동부대(CTF-77)의 항공모함 필리핀 씨(Philippine Sea CV47)호의 제11항모 비행전대(CVG-11) 항공기들이었다.

이 사건에 대해 진실·화해를위한과거사정리위원회는 군사적 목표물과 민간인을 구별하지도 않은 채 수많은 민간인을 희생시킨 것은, 전쟁 시 민간인의 불필요한 피해를 최소화해야 한다는 국제인도법의 원칙에 위배되는 것이라고 보았다.

이 사건 관련 사망자 중 현재까지 조사를 통해 신원이 확인된 사람은 53명이다. 부상자로 확인된 사람도 정외출(鄭外出)을 포함하여 12명이다. 신원이 확인된 희생자 이외에 이 사건의 실제 희생자와 부상자는 더 있었으리라고 볼 수 있다. 현장 생존자와 목격자들의 증언을 검토해 볼 때, 실제 희생된 피해자 수는 100여 명으로 추정된다.[27]

---

26 Far East Command G-2 Intelligence Report, for periodic 24 July to 29 July 1950; USS Valley Forge(CV45) War Diary, July–Aug 1950; Fifth Air force Final Mission Report Summary 8th, 9th, 35th, 39th Fighter Squadron; Final Recapitulation – Summary of Air Operations Period: 9 July–2 Aug 50. by Fifth Air force Headquaters, NARA, RG 342, Series 2, RD: 3535, Box:62.

27 진실·화해를위한과거사정리위원회, 포항 북송리 미군폭격 사건(다-6230(2)) 경정 결정

흥해읍 흥안리 폭격 사건

1950년 8월 16일 오후 3시경 포항시 북구 흥해읍 흥안1리와 2리 마을이 폭격을 당해 민간인들이 집단 희생되는 사건이 있었다.

당시 이 마을에는 150여 호가 살았지만, 흥안리 인근은 피난민 수천 명이 모여들어 부근이 마치 장날처럼 붐볐다. 인근에서 피난 온 일가친척은 주로 마을 안과 마을 앞 개울에 머물고, 외지에서 와 연고가 없는 사람들은 곡강천 변에 머물렀다. 피난민들은 홑이불 등으로 햇빛을 가리고 있었는데, 앞개울에 약 1,000여 명, 곡강천변에 400여 가구 3,000여 명이 머물렀다고 참고인들은 진술했다.[28] 이들은 북쪽의 강원도·울진·영덕·청송 등에서 피난 온 사람들로 영덕에서 전투가 한 달이나 계속되는 동안 포항 인근에 머물고 있다가, 8월 11일 후방인 포항이 북한군에게 먼저 점령되면서 더 이상 남쪽으로 내려갈 수 없게 됐던 사람들이었다. 포항 북쪽인 흥해와 인근 지역 주민들은 아직 피난을 떠나지 않고 있다가 포항이 먼저 점령되자 산에서 출몰하는 북한군을 피하여 해변 쪽으로 피난했는데, 벌판이 넓게 펼쳐지고 미군 함대가 가까워서 피난하기 좋은 곳으로 알려진 흥안리와 곡강천변으로 피난민들이 모이게 됐다.

당시 곡강천변에는 버드나무들이 심어져 있었는데 그 부근으로 피난민들이 가득하였고, 풀이 많이 자라 있던 천변의 흙무더기에는 피난민들이 수십 마리의 소들을 매어두고 있었다. 피난민들이 삼삼오오 떼를 지어 등짐이나 소가 끄는 우마차에 짐을 가득 싣고 몰려오는 모습은 흔히 볼 수 있는 광경이었다. 수천 명 피난민 대열과 크고 많은 피난 보따리, 미군들이 보기에 소와 우마차는 북한군의 군사적 목적에 이용될 가능성이 있는 위험한 모습으

---

28 진실·화해를위한과거사정리위원회, 포항 흥안리 미군폭격 사건(다-6230호) 신청인 김병구, 임명규 집단진술조서(2008. 9. 17)

로 보였을 수도 있을 것이다. 미군들은 당시 '남쪽으로 내려가는 흰옷 입은 피난민들에 의해 탄약과 무기가 숨겨져서 운반되고 있다'라는 정보를 파악하고 있었고, 피난민들 중에는 북한군들이 농부들이 입는 헐렁한 옷을 입고 변장하여 섞여 있다는 판단을 하고 있었다.[29]

폭격 당일은 햇빛이 쨍쨍한 더운 날이었다. 오전 12시경부터 오후 3시경까지 마을의 상공에는 전투기 8~9대 또는 20여 대 정도가 무리를 지어 천천히 선회하고 있었다. 마을 부근에 비행기들이 올 때 피난민들이 흰 옷가지를 흔들기도 했다.

오후 3시경에는 폭격기들이 서쪽으로 약 4km 떨어진 흥해읍 매산리에 폭격하는 것이 보였는데, 갑자기 그 비행기들이 곧장 날아와서 곡강천부터 마을까지 폭격을 가하기 시작했다. 폭격 전에 비행기로부터 아무런 사전경고는 없었다. 마을을 폭격한 비행기는 9대 정도로 먼저 커다란 폭탄을 하나씩 떨어뜨렸고, 다시 돌아와 기총소사를 했다. 폭탄으로 인한 연기와 먼지가 하늘을 시커멓게 뒤덮었는데 대피하는 주민들에게 비 오듯 기총사격을 가한 것이었다.

700m 떨어진 곡강천 상공에도 전폭기 2~4대로 편대를 이룬 비행기들이 한 대씩 차례로 급강하하여 기총소사를 한 후 급상승하곤 했다. 이 폭력으로 마을의 3분의 2 정도가 폐허와 잿더미가 되었고, 폭격과 기총소사로 많은 민간인이 목숨을 잃었다. 희생자 중에 여자와 아이도 많았다. 사망 장소는 집, 마을의 길, 앞개울 부근, 벌판 등이었다.

미군 측 보고서에 의하면, 1950년 8월 16일 오전 미 제8군의 긴급요청에 따라 미 5공군전방사령부는 미 해군 제77항모기동부대(CTF-77)에 포항지역

---

29 Captain Walter Karig, Commander Malcolm W. Cagle and Frank A. Manson, op. cit. pp. 105-107

에 대한 근접항공지원을 요청했다. 작전의 내용은 제77항모기동부대 함재기가 포항 인근 적군의 집결지로 날아가서, 적군들을 묶어두거나 붙잡아두는 것이었다. 명령을 받은 칙크 소령은 항공모함 필리핀 씨에서 8대의 AD기와 8대의 F4U를 지휘하여 흥안리를 폭격하였다.[30] 이 작전의 목적은 국군 3사단이 해상철수를 할 때, 북한군에게 집중공격을 받을 가능성을 막으려는 것이었다. 미군은 국군의 해상철수 중 북한군의 집중공격을 방지하려면, 가까운 거리 내의 북한군 복병과 장비를 사전 폭격할 필요가 있다고 보았다. 따라서 그들에게 전선 근처에 있는 이 마을은 적 병력이 은폐하고 있다고 의심되는 지역이었으므로 공격 대상으로 보고 작전을 실행했던 것이다.[31]

이 사건으로 현재까지 확인된 희생자는 18명이지만, 실제 희생자는 훨씬 더 많았다. 목격자들은 이 사건의 전체 희생자가 적어도 수십 명에서 100여 명에 이를 것이라고 증언했다. 사망은 피했지만 부상을 입은 사람들도 수십 명은 되었을 것으로 추정된다.

이 사건은 미 해군이 포항 인근에서 북한군에게 포위된 국군 3사단의 철수작전을 엄호하기 위한 예방폭격작전의 일환으로 발생하였다고는 하지만, 민간인 희생을 줄이기 위한 최소한의 조치도 없었다.

진실·화해를위한과거사정리위원회는 이 사건에 대해 "미군이 작전상의 이유로 민간인 거주 지역을 폭격해야만 했던 전황을 감안하더라도 사전경고·소개 등의 조치나 인민군과 민간인을 구별할 주의 의무를 다하지 않고 폭격한 것은 국제관습법적 지위를 지닌 국제인도법은 물론 당시 미군교범에도 위반된다"는 결론을 내렸다.[32]

---

30 진실·화해를위한과거사정리위원회, 포항 흥안리 미군폭격 사건(다-6230호)
31 국방부, 노근리사건 조사반, 『노근리사건 조사결과보고서』(2001), p.32
32 진실·화해를위한과거사정리위원회, 포항 흥안리 미군폭격 사건(다-6230호)

폭격으로 불타고 있는 포항 인근 마을, 흥안리로 추정된다(1950. 8.)

6·25 당시 피난민들의 움막(1950. 8. 11)

환여동 송골해변 미군 함포사건

1950년 9월 1일 오후 2시경 포항시 북구 환여동 송골해변에서 미군의 함포사격으로 이곳에 피난 중이던 민간인들이 집단희생 되었다.

　1950년 8월 중순경 포항시 북구 환호동과 여남동의 주민들은 인근의 송골해변으로 피난하였다.[33] 북한군들이 갑자기 들이닥치자 미처 남쪽으로 피난을 떠나지 못한 동네 사람들이 동쪽 끝 바닷가로 몰려간 것이다. 마을 뒷산에 미 공군기의 폭탄 2발이 떨어졌고, 마을 집 8채가 불에 탔다. 집 마당까지 총탄과 박격포가 날아오는가 하면, 밤이면 대포와 총탄 소리가 요란했다. 마을에는 더 이상 머물 수가 없는 상황이 됐다.

　해변에는 이 마을 사람들뿐 아니라 포항 북부 지역 주민들도 섞여 있었다. 영덕에서 아군의 저항에 부딪힌 북한군은 산악을 이용한 기습작전으로 8월 11일 포항을 점령해 버렸다. 포항이 점령되자 당시 국군 3사단조차 영덕 장사에서 북한군에게 포위되어 배후가 차단되는 급박한 위기상황이 닥쳤다. 아군은 포항을 탈환하기 위해 남쪽인 포항 시가중심지에 미군 함포와 항공기의 폭격을 집중했다. 포항 북쪽 주민들은 남쪽이 아니라 오히려 북쪽 바닷가로 피난을 가야만 하는 경우가 생겨 버렸다.

　송골해변으로 몰려든 피난민은 약 1,000여 명이었는데, 거의 여자와 노인 그리고 아이들이었다. 젊은 사람들은 북한군에게 잡혀 의용군이 되었거나 국군에 징집에 갔기 때문이었다고 한다. 여남동에서 송골해변으로 들어가는 쪽에는 피난민이 몰고 온 소가 10여 마리 묶여 있었고, 피난 짐을 싣고 온 달구지 몇 대가 피난민 속에 섞여 있었다.

　송골해변은 폭 20m 이상인 모래사장이 1.5km 정도 펼쳐져 있었고, 뒤에는 높이가 80m에서 20m까지 북쪽으로 갈수록 점차 고도가 낮아지는 바위산이 있었다. 산의 바다로 향한 쪽은 경사가 80도인 가파른 바위 언덕인데,

---

33　당시 환호·여남동에는 합하여 160~170여 호가 마을을 이루고 있었다.

언덕의 맨 아래 바닷물이 닿는 부위는 3~5m의 가파른 절벽이었다. 바로 앞 영일만 바다에는 미군함정이 몇 척씩 보였고, 그 배들이 밤낮으로 움직이며 함포사격을 하는 것도 보였다. 매일 미군 정찰기가 이곳 상공을 정찰했다. 피난민들은 완전히 노출된 이곳이 오히려 함포사격과 전투기의 폭격으로부터 더 안전한 피난처라고 여겼다.

피난 초에는 환여동 쪽에서 총소리가 들렸다. 며칠이 지나자 먼 곳에서 나는 대포소리와 바다에서 쏘아대는 함포 소리만 들릴 뿐, 인근에서 총소리는 나지 않았다. 해변에는 평온한 나날이 7~10여 일간 지속되었다. 급히 대피한 주민들은 연료와 식량이 떨어지면 수시로 환여동의 집을 들락거렸고, 그중 일부는 밤에는 집에 가서 자고 낮이면 다시 해변으로 대피하는 사람들도 있었다. 그러나 대개는 바닷가에서 이불을 덮고 지냈다.

사건 당일 아침은 햇빛이 화창하고 날씨가 좋았다. 하지만 오후가 되면서 날씨가 흐려지더니 2시경에 갑자기 많은 비가 쏟아졌다. 피난민들이 갑자기 움직이기 시작했다. 여남동 집으로 허둥지둥 돌아가는 사람이 있는가 하면, 빨래를 걷기 위해 분주하게 움직이는 사람도 있었다. 이때 피난민들 위로 정찰기가 저공비행을 하며 지나가는가 싶더니, 느닷없이 앞바다에 있던 군함에서 이쪽을 향하여 함포사격을 가하기 시작했다.

첫 폭탄이 피난민 집결지 중간부분 해변에 떨어지자, 피난민들은 양옆으로 급히 달아났다. 대부분은 집이 있는 남쪽 환여동 방향으로 몰렸다. 함포는 일정하게 30초나 1분 간격으로 10분 이상 쏘아댔다. 그리고 정찰기가 다시 나타나 조종사의 얼굴과 어깨의 윤곽이 보일 정도의 저공으로 선회했다. 해변을 찬찬히 둘러보는 조종사를 향해 피난민들은 흰 옷가지를 흔들며 포격중지를 애원했다. 이를 본 정찰기가 함대 쪽으로 날아갔는데 이후 함대는 사격을 멈추었다.

폭탄이 떨어진 부근에는 흰옷 입은 시체가 널려 있었다. 피비린내가 가득한 가운데, 포탄에 맞아떨어진 팔다리가 펄떡펄떡 뛰고 사람들은 고통으로 소리를 질러 댔다. 터진 창자가 바닷물 속으로 퍼지는 것을 배 속에 다시 담으려 애쓰는 사람도 보였다.

이 함포사격 주체는 미 태평양함대 중 히긴스(J. M. Higgins) 제독이 이끌던 96.5기동단대(Task Element) 소속 구축함 드헤이븐호(DD 727 De Haven)였다. 이 함대는 북한군 제5사단과 대적하던 국군 제3사단의 포항 지역 전투를 함포로 지원하는 것이 중요한 작전임무였다. 당일 아침부터 피난민과 매우 가까운 영일만에 떠 있던 이 함대는 '해안 함포사격통제반(SFCP)'으로부터 함포사격 명령을 받자, 목표물이 피난민이라는 사실을 통제반에 알리면서 명령 내용이 혹시 잘못된 것은 아닌지 확인을 요청했다. 통제반은 "피난민 속에 북한군이 섞여 있다는 육군으로부터의 정보를 받았고, 육군이 그 사람들에게 포격을 요청했다"며 계속해서 포격을 명했다. 이에 드헤이븐호는 좁은 해변에 밀집해 있던 1,000여 명의 피난민에게 10여 분간 5″/38 함포 15발을 포격하였다.

이 사건의 계기는 생존자들의 사건 발생 원인에 대한 진술과 미 해군 전투일지 기록을 통해 짐작해 볼 수 있다. 생존자들은 사건 당일 송골해변에 국군·경찰 또는 북한군이 피난민 속에 주둔하거나 혹은 섞여 있지는 않았다고 진술하였다. 그러나 생존자들의 일부는 사건 발생 며칠 전에 송골해변에서 북한군을 목격하였다고 진술하기도 했다. 가끔 여남동 뒷산 쪽에서 북한군이 나타나서 총을 쏘거나 동네에 들어오는 일이 있어, 동네에 남아 있을 형편이 안됐다고 한다. 송골 계곡으로 옮겨간 후에도 어쩌다가 해가 지면 북한군이 두 명씩 내려와 일 시킬 만한 15~20살 남자를 잡아간다는 소문이 나서 그 징용을 피하려고 다들 젊은 남자아이를 숨겼다고 한다. 북한군들은 아침이나 낮으로는 일절 내려오지 않았고, 밤이 됐을 때 2명 정도가 2~3차례 내려온 것으로 보인다.

어떤 생존자는 '함포 사건이 발생하기 이전 송골해변에서 북한군을 한 번 본 적이 있었는데, 군복을 입고 총을 메고 있었다. 그날 아버지가 몸이 아파 해변에 누워서 앓고 있었는데, 북한군이 와서 물었다. 그때 생각에 아버지가 북한군에 끌려가지 않으려고 꾀병을 부렸다고 생각한다. 국군은 본 적이 없고, 한 번은 낮인데도 북한 군복을 입고 따발총을 멘 북한군 2명이 와서 피난민에게 무어라고 큰 소리로 이야기했다. 그때 소아마비 또는 중풍을 앓은 것 같이 손이 흔들리고 걸음이 똑바르지 못한 젊은이가 동행했다. 그 젊은이는 그 이후에도 2차례 정도 보았던 기억이 있으며 사람들이 스파이라고 이야기했다'라고 한다.

목격자들은 피난민들이 죽천동 쪽의 언덕 위에 소를 매두었는데 북한군이 잡아서 고기를 가져간 일도 있고, 포격 있기 5일여 전에 북한군 2명 정도가 2차례 다녀간 일이 있다고도 했다. 아버지가 부상당했다고 하니 다리 붕대를 풀어보라고 하여 붕대를 풀어서 보이니 안 데려갔던 일이 있기도 했다는 진술도 있었다. 하지만 포격 있기 며칠 전부터는 북한군이 보이지 않았다고 한다.[34]

이날 함포사격의 직접적인 원인은 1,000여 명의 피난민이 무리를 지어(비를 피하기 위해 자신의 집이 있는) 남쪽으로 급히 이동하려는 움직임이, 아군 방어선 부근의 피난민을 경계하고 있던 정찰기에 발견되어 해안사격통제반

---

34 국군의 포항 1차 탈환 후 천마산지구 93고지가 1주일여 간 고지 쟁탈을 둘러싼 치열한 전선이 되었는데, 함포 사건 2일 전부터 국군이 천마산을 연속적으로 공격하여 함포 사건 당일(9. 1) 낮에서 자정경까지는 일시적으로 천마산지구 93고지를 완전히 점령했기 때문에 생존자들이 함포 사건 발생 며칠 전부터는 북한군을 해변에서 일절 보지 못했다고 진술한 것은 천마산지구 전투 상황과 연관되어 있는 것으로 보인다.

(SFCP)에 보고된 것이 1차 이유인 것으로 보인다.

당시 여남동 송골계곡은 아군 방어선에 가까운 주요 경계 지역이었다. 국군은 당일 송골계곡에서 3~4km 북방의 천마산지구 고지에서 공격을 하고 있었지만, 그 전투에서 23연대가 후퇴할 경우의 방어선은 환호동이었다. 아군이 후퇴했을 경우 환호동에서 1km 북쪽인 여남동까지는 북한군의 영역 범위였다.

북한군의 영향력 내에 있던 다수의 피난민이 갑자기 무리를 이루어 아군 전선 부근으로 이동하려는 움직임은 중요한 경계의 대상이었을 것이고, 당일 남쪽 환호동으로 이동하려는 다수 피난민의 갑작스런 움직임은 정찰기의 즉각적인 보고의 대상이었을 것이다. 그리고 함포사격 요청은 "피난민 중에 북한군이 섞여 있다"라는 피난민에 대한 육군의 정보였다.

문제는 전선 부근의 피난민에 대한 육군의 정보 또는 작전지침의 내용을 제대로 파악하지 않았다는 것이다. 함정에서는 해안의 피난민들을 충분히 관찰 할 수 있는 위치였다. 이에 함포 사격반이 현장의 피난민을 목격하고 표적물 재확인을 요청했다. 그런데 현장에 있지도 않았던 해안사격통제반이 포격을 강행하도록 다시 명령하였다는 것이다.

결국, 이 함포 사건의 직접적 원인은 함정에서 표적이 민간인임을 확인시키면서 발포의 타당성을 문의하였음에도 안이하게 피난민 정체를 파악하지도 아니한 채 포격을 명했던 함포 사격반과, 적이 민간인으로 위장할 수도 있다고 의심하여 눈앞에 보이는 피난민에게 함포사격을 가한 미 해군들의 현장결정 오류이다. 그러나 좀 더 근본적인 원인을 찾아보면 '아군의 전선으로 접근하는 피난민이 적군 편이 아닌 것이 분명히 확인되기 전까지는 적으로 간주하라'는 취지의 피난민 정책과 '적이 민간인으로 위장할 수도 있다'는 미군들의 의심이 결합된 결과라고 할 수 있겠다.

불을 뿜는 전함(1950. 8. 22)

이 사건으로 사망한 사람들 중 현재까지 신원이 확인된 사람은 최만학(崔萬鶴) 등 51명이다. 그리고 부상자로 확인된 사람이 원차득(元借得) 등 19명이다. 유족이 있는 시체는 대개 수습됐지만, 연고가 없는 시체는 해변에 방치되고 파도에 유실되었다. 그러므로 신원이 확인된 희생자 이외에 이 사건의 실제 희생자는 훨씬 더 많았으리라고 볼 수 있다.

참고인들은 이 사건의 현장에서 즉사한 자가 적어도 60~70명에서 100명에 이를 것이고, 부상을 입고 수일 내에 사망한 사람까지 합하면 수백 명에 이를 수도 있다고 한다.

이 사건에 대해 진실·화해를위한과거사정리위원회는 '최소한의 사전경고도 없었으며, 이는 인명을 경시하는 피난민 정책이 군사작전으로 집행되던 상황에서 발생한 피난민에 대한 공격 사례'로 보았다. 나아가 '전쟁이라는 최악의 상황에서도 인권을 중시하고 민간인 피해를 최소화하려는 전쟁법의 취지에도 반하는 불법행위'로 판단하였다.[35]

송골해변. 민간인들이 폭격에 희생된 이곳에 현재 해양문화공간 조성사업이 한창이다.

제3절 보도연맹 사건

2005년 12월, 〈진실화해를 위한 과거사 정리 기본법〉이 국회를 통과하여 2006년부터 2009년 5월까지 조사한바, 국민보도연맹 사건에 대한 진실이 규명되었다. 포항 지역에서도 1950년 7월경부터 9월까지 보도연맹원들에 대한 예비검속을 시행했는데, 당시 희생자들은 밝혀진 숫자만 166명으로 조사되었다.

---

35 진실·화해를위한과거사정리위원회, 2010년 상반기 조사보고서, 포항 환여동 미군 함포 사건

신원이 밝혀지지 않은 사람들까지 합하면 희생자들의 숫자는 600~700명 정도가 된다고 한다. 이 중 일부(36명의 희생자 가족들)는 2012년 1월 13일 국가를 상대로 손해배상청구소송을 제기했는데, 최종적으로 2015년 8월 13일 대법원에서 원고가 승소했다. 이로써 65년 만에 희생자들의 명예회복과 유족들의 원을 풀어주게 되었다.

여기서는 진실·화해를위한과거사정리위원회가 2009년 10월 6일 '여순학 외 31명의 보도연맹원 등 예비검속자들이 한국전쟁 발발 후 경찰·해군·국군·우익단체원 등에 의해 1950년 7~9월 사이에 집단 살해된 사실을 확인하고 진실규명으로 결정한 사례(다-327호 외 31건, 포항 지역 국민보도연맹 사건)'를 근거로 당시 상황들을 정리하였다.

보도연맹(保導聯盟)이란 한때 좌익운동을 하다가 전향한 사람들로 조직한 반공단체이다. 1949년 6월에 조직된 이 단체의 정식 명칭은 '국민보도연맹'이다. 이는 해방 직후 혼란기에 공산당에 가입했다가 전향한 사람들을 보호하고 선도하기 위해 만든 기관이었다.

당시 좌익에서 전향을 했다 하더라도 경찰서마다 좌익 수사를 하면서 한번 좌익으로 의심을 받은 사람은 수도 없이 불려 다녔는데, 보도연맹에 가입하면 이러한 빈번한 수사를 막을 수 있었다.

이 단체의 주요 강령은 대한민국정부 절대 지지, 북한 정권 절대 반대, 인류의 자유와 민족성을 무시하는 공산주의 사상 배격·분쇄, 남·북로당의 파괴정책 폭로·분쇄, 민족진영 각 정당·사회단체와 협력해 총력을 결집한다는 내용을 담고 있었다.

1949년 말에는 전국적으로 보도연맹 가입자 수가 30만 명에 달했다. 주로 사상적 낙인이 찍힌 사람들을 대상으로 거의 강제적으로 모집하였다. 그리고 지역별 할당제가 있어서 간혹 사상범이 아니어도 등록되는 경우가 있었다.

그런데 이 보도연맹은 6·25전쟁으로 남한이 북한군의 세상이 되자, 일부는 과거 전향을 부정하고 좌익 세력으로 되돌아가 북한이 점령 지역을 통치하는 데 주도적 역할을 하기도 했다.

『인천시사』에 따르면, 당시 인천 보도연맹원들은 전쟁 발발과 동시에 북한 동조 세력으로 변해 적기를 앞세우고 시가행진을 하는 등 북한군을 맞이할 분위기를 조성하였다. 이들은 6월 30일 도원동에 모여 정부기관 접수를 협의하고 인천시청을 점령한 상태에서 북한군 환영 준비를 하고 있었다. 이런 정보를 얻은 이점경 동인천경찰서 수사계장이 인천으로 가서 이들을 소탕하고 인천시청을 탈환했다고 한다.[36]

또 미 25사단 CIC는 1950년 7월 16일 보고서에서 "우익 단체인 보도연맹에 가입한 보도연맹원들이 여전히 공산주의 사상에 물들어 있으며, 은밀하게 공산당 활동을 하고 있다"고 했다.[37]

이러한 정황으로 볼 때 전쟁 발발 직후 일어난 일부 보도연맹원에 대한 예비검속과 처형은 6·25전쟁에서 이들이 북한군을 돕는 이적 행위를 할지도 모른다는 우려에서 실행된 것임을 알 수 있다.

6·25전쟁 발발 이전 포항 지역에는 노동당·인민위원회·농민위원회·민주청년동맹·여성동맹·의용군훈련소·내무서·자위대·군사원호대·농림위원회 등 10여 개에 달하는 좌익 단체들이 있었다. 경찰 측은 포항 지역 좌익단체원이 총 3,817명이라고 추산하였다. 그 세력들 중 일부는 결국 무장투쟁·공

---

36 한국전쟁 전후 민간인 학살 진상규명 범국민위원회, 『한국전쟁 전후 민간인 학살 실태보고서』 (파주, 한울, 2006), pp.101–102
37 김기진, 『한국전쟁과 집단학살』(서울, 푸른역사, 2006), p.43

비·빨치산 투쟁으로 이어졌다.

이때 공산주의 사상이 무엇인지도 모르고 좌익 계열의 조직에 참여했거나, 본의 아니게 빨치산 등에게 식량 등을 제공했던 사람들은 후에 대부분이 자신들의 잘못을 반성하고 보도연맹에 가입하게 되었다. 이 중에는 극렬 좌익분자가 남로당의 지령을 받고 거짓으로 자수하여 보도연맹원으로 가입한 후 간첩 활동을 하다가 잡힌 사례도 있긴 했다.[38]

포항 지역은 당시 행정구역에 따라 포항시 보도연맹과 영일군 보도연맹이 별도로 결성되었다. 그러나 포항시 보도연맹과 영일군 보도연맹 결성 날짜에 대해서 정확하게 알 수 있는 자료는 없다. 다만, 1950년 2월 27일 자 동아일보에 '영일군 송라면 지경과 연일면 택전에서 공비의 만행으로 가옥이 소실되고 희생자가 발생하였으며 이 지역의 이재민 구제 식량과 의료 지원 등에 포항시와 영일군 두 보도연맹이 나섰다'면서 이 지역 보도연맹이 2월 13일부터 건전한 활동을 개시하였다는 기사가 실려 있다.

이를 통해 포항시와 영일군 보도연맹이 1950년 2월 13일 이전에 발족되었으리라 추정할 수 있다. 이에 더하여 참고인 한형모의 진술에 따르면, 1950년 초 보도연맹원들이 기계고등공민학교에 와서 '남로당이 무엇인지도 모르고 가입했으나, 지금은 이를 뉘우치고 보도연맹에 가입했다'는 등의 강연을 했다고 하는 것을 보면, 포항 지역의 보도연맹도 경상북도 보도연맹의 결성 시기와 비슷한 무렵인 1949년 11월 초순에 결성된 것으로 보인다.[39]

포항시 보도연맹과 영일군 보도연맹의 간부 구성 및 조직 규모를 알 수

---

38 경상북도 보도연맹 간사장인 백기호는 좌익 활동을 하다가 전향하여 보도연맹에 가입하였으나, 가입 후인 1950년 3월 20일 남로당의 지령을 받고 빨치산을 도와주는 등의 행위를 한 것이 탄로나 국가보안법위반으로 검거되었다.(영남일보 1950년 3월 12일 자)

39 경상북도 보도연맹(간사장 백기호)은 1949년 11월 1일 대구경찰서에서 발족식을 가졌으며 1949년 11월 6일 대구 공회당에서 선포식을 갖고 활동을 시작했다.

있는 자료는 찾지 못했지만, 참고인 진술 등을 통해 구룡포읍 보도연맹 지부 대장이 석병리 출신 김○○이었다는 사실과 사무실이 구룡포 중앙시장 현 이○○의 집에 있었다는 것은 확인되었다.

그런데 문제가 생겼다. 6·25전쟁이 일어나자 정부와 경찰은 보도연맹에 가입된 사람들을 그대로 둘 경우 이들이 다시 적대 세력인 북한군에게 협조할 것을 우려했다. 그런 우려는 위의 인천 사례에서 보듯이 일부이긴 하지만 현실로 나타나기 시작했다.

그래서 내무부 치안국은 전쟁이 발발한 1950년 6월 25일, 「전국 요시찰인 단속 및 전국 형무소 경비의 건」(城署査 제1799호)이라는 제목의 비상통첩을 전국 도 경찰국에 경찰 무선전보 형식으로 내려보냈다. 그 전보의 주요 내용은 '전국 요시찰인 전원을 경찰에서 구금할 것' 그리고 인원 수용 관계를 고려하여 '각 지서에서는 요시찰인 중 특히 의식계급으로써 사찰 대상이 된 자에 한하여 우선 구속하고 성명·연령·주소를 명기하여 보고할 것' 등이었다.

뒤이어 치안국은 6월 29일 「불순분자 구속의 건」, 6월 30일 「불순분자 구속 처리의 건」을 각 도 경찰국에 내려보내 '보도연맹 및 기타 불순분자를 구속, 본관 지시가 있을 때까지 석방을 금한다'고 명령하였다. 또한 7월 11일에는 「불순분자 검거의 건」이라는 제목의 치안국장 통첩을 하달하여 전국 보도연맹원 및 요시찰인에 대한 예비검속을 단행하였다.

이에 따라 전쟁 발발 이후 빠르게는 1950년 6월 29일부터 늦게는 1950년 8월 26일 사이에 보도연맹원들이 각 관할 경찰지서로 연행되거나 소집되었다.

연행된 경우를 구체적으로 살펴보면, 청하면 서정리에서는 이상록이 1950년 6월 29일 군용트럭에 실려 포항 방면으로 연행되었으며, 청하면 소동리에서는 1950년 7월 하순경 이용호, 김만호, 김재만, 김끝찬, 김위준, 김칠이, 최○○ 등 7명이 경찰에 연행되었다. 송라면 광천리에서는 윤달이, 김월대, 윤○○ 등이 1950년 7월 20일경 송라지서 경찰에 연행되었다. 흥해읍 용한리에서는 1950년 7월경 경찰이 명단을 들고 와서 이병칠을 배에 태워 연행해갔는데, 당시 그 배에는 20여 명의 청년이 타고 있었다고 한다. 용한리 인근 우목리에서는 1950년 7월 28일경 당시 죽천국민학교 교장이었던 안두수가 헌병 2명에게 연행되었으며, 1950년 8월 10일에는 김경수, 송○○ 등이 죽천지서로 소집되었다.

대보면 강사리 안수용, 안성수는 1950년 7월 15일 대보지서 경찰에게 연행되었으며 다음 날 구룡포지서로 이송되었다. 대보면 구만리 서윤수는 1950년 7월 중순경 구룡포지서로 연행되었으며 구만리 서만택, 서태백, 서두출 등도 1950년 8월 5일경 대보지서 경찰 2명에게 연행되어 구룡포지서로 갔다. 구룡포읍 석병리에서는 김판술, 김이생 등이 1950년 7월 초 헌병과 방위대에게 연행되어 대보지서로 인계되었다.

장기면 영암리에서는 이영택, 전명만, 전종만 등이 1950년 7월 초 보도연맹 회의에 참석한다며 나가거나 장기지서 경찰에게 연행되어 장기면 읍내리 양조장에 구금되었다. 장기면 모포리에서는 이대우, 고기백, 최금달 등이 1950년 8월 26일경 모포지서로 연행되었다. 장기면 대진리에서도 1950년 6월 말경 오용호, 오주택, 김용덕 등이 사복경찰관에게 연행되었다. 또한 장기면 학계리의 최기해, 박병용, 오염길, 김경만, 김정만, 김현달 등은 1950년 8월경 모포지서 경찰에게 연행되었다.

한편 보도연맹회의 등 소집의 방식으로 검속된 경우도 있었다. 기계면에서는 학야리의 여순학과 성계리의 허봉준이 기계 장날인 1950년 7월 1일에 보도연맹회의 통보를 받고 기계지서로 나갔다. 대보면에서는 1950년 8월 1~2일경 대보지서 관할 9개 마을(구만1, 2동, 대보1, 2, 3동, 강사1, 2, 3동, 대동배2동) 청년들이 경찰·방위대·대한청년단 등에 의해 대보국민학교에 소집·구금되었다. 또한 포항시 보도연맹의 경우, 1950년 7월 17일경 당시 포항시 보도연맹 사무실로 쓰이던 구 상공회의소 건물에 소집되었다.

이 외에도 전쟁 발발 이전에 이미 예비검속되어 포항경찰서 등에 구금된 경우도 확인되었다. 오천읍에 거주하던 박정동은 1950년 5월경 죽도지서로 소집되어 간 후 포항경찰서 유치장에 구금되었으며, 송라면 대전리의 이봉춘 일가는 전쟁 전부터 흥해읍 수용소를 거쳐 포항 수용소에 구금되어 있었다. 대보면 대보리의 강영원은 1950년 초에 이미 구속되어 대구형무소로 이송되었고, 김동석도 1950년 봄에 포항경찰서에 구금되었다.

한편, 당시 포항경비사령부 남상휘 사령관의 증언에 의하면 1950년 7월 초 신성모 국방장관이 육군참모총장과 해군참모총장 등에게 좌익분자를 처형하라는 명령을 내렸으며 포항경비사령부는 이 명령을 수령한 후 포항·경주·영덕경찰서의 협조로 용공분자로 감시대상 명단에 올라 있던 각 경찰서 관할 지역 주민 400~500명을 체포했다고 한다. 그리고 이들 중 200여 명을 처형 대상자로 분류하고 나머지는 귀가시켰다고 한다.[40]

요컨대 1950년 6월 29일 치안국에서 「불순분자 구속의 건」에 관한 통첩이 내려오자마자 각 지서 단위에서 보도연맹원 등에 대한 예비검속이 시작되었으며, 1950년 7월 중하순경까지 예비검속된 이들 중 일부가 포항경찰서로 이송되어 포항경찰서와 해군에 의해 살해된 것으로 보인다.

또한 포항이 북한군에게 점령되어 포항경찰서가 구룡포지서로 이전한 1950년 8월 11일 이후에는 연행 및 구금이 각 지서 단위에서 처리된 것으로 판단된다.

이례적으로 포항 남구 장기면의 경우는 북한군에 점령되거나 전투가 벌

---

40 한국일보(2000. 1. 11)

어지지 않았기 때문에, 보도연맹원 등 좌익 혐의자들에 대한 연행 및 처형이 1950년 6월 말부터 9월에 이르기까지 오랜 기간에 걸쳐 이루어졌으며 거의 대부분이 장기지서 차원에서 진행되었다.

진실·화해를위한과거사정리위원회의 조사보고서에 의하면, 포항 지역 보도연맹원들 및 예비검속자들은 1950년 7월에서 9월 사이 밝혀진 숫자만 166명이 총살되거나 수장되었다.

포항 지역 보도연맹원 희생 사건을 크게 유형별로 분류하면 각 지서 등을 거쳐 포항경찰서로 이송되어 포항의료원 골짜기·연화재길·수도산·달전고 개 등에서 총살되거나 영일만 해상에서 수장된 경우와 포항시 보도연맹 사 무실에 소집되어 포항의료원 골짜기에서 희생된 경우 그리고 지역별로 구룡 포읍 희생 사건과 장기면 희생 사건으로 나눌 수 있다.

포항경찰서에 구금된 경우

예비검속이 시작될 무렵부터 1950년 8월 11일 포항경찰서가 구룡포지서 로 철수할 때까지 포항경찰서 유치장에는 각 지서에서 이송된 사람들이 수 백여 명 수감되어 있었다. 이들은 포항의료원 골짜기·연화재길·달전고개·수 도산 등에서 총살되거나 영일만 해상에서 수장된 것으로 추정된다. 이들 대 부분은 가족들이 면회 한 번 하지 못한 상태에서 희생되었으며 시신을 수습 한 경우도 거의 없어서 정확한 희생자와 규모, 희생 일자, 경위 등을 확인하 기 어렵다.

포항경찰서로 이송된 이 사람들은 면이나 읍 단위 지역에서 희생 사건이 발생하기 이전에 각 지서에서 검속되어 본서인 포항경찰서로 이송된 사람들 이었다는 점에서, 예비검속 대상 중 이른바 좌익분자 갑(甲) 혹은 A급에 해당 하는 사람들이었을 것으로 추정된다. 그중에서도 치안국과 해군참모총장의 명령에 의해 '영일만 수장 사건'으로 희생된 사람들은 지도자급 인사였을 것이다.

당시 포항경비사령부 사령관이었던 남상휘 전 해군 준장의 증언에 따르면 1950년 7월 초 손원일 해군참모총장 명의의 '좌익분자 처형 명령서'를 받은 후 포항경비사령부는 포항·경주·영덕경찰서의 협조를 받아 용공분자로 감시대상 명단에 올라 있던 각 경찰서 관할 지역 주민 400~500명을 체포했다고 한다. 그리고 이종환 포항경찰서장, 이강학 경주경찰서장, 박주현 영덕경찰서장, 포항경비부 정보참모 차○○ 중위, 헌병대장 고○○ 중위, 정보장교 박○○ 중위 등이 재판도 없이 이들 중 200여 명을 '처형 대상자'로 분류했다고 한다. 그리고 7월 20일경 포항경비사령부는 군함 3척에 처형 대상자들을 태우고 영일만 장기 등대 동쪽 3~5km 지점 바다로 나가 총살한 후 다시 떠오르지 못하도록 돌을 매달아 수장했다고 한다. 처형은 해군 장병과 경찰이 함께 집행했고 수장된 사람들은 대부분 중장년 남자들이었지만 여자도 있었다고 한다.

포항경찰서에 구금된 이들 중 영일만 해상에서 수장되지 않은 사람들은 1950년 7월 말에서 8월 11일 사이에 포항 수도산·연화재길·포항의료원 골짜기·달전고개 등에서 총살되었다. 그러나 육지에서 총살된 사람들 역시 정확한 희생 장소를 모르거나 포항이 점령되어 피난을 나갔다 돌아온 후에야 시신을 수습하러 갔기 때문에 이미 시신이 너무 부패되어 찾지 못한 경우가 대다수여서, 누가 언제 어디에서 희생되었는지를 정확하게 확인하기는 어렵다.

윤광용은 부친 윤달이가 수도산에서 희생되었다는 이야기를 듣고 모친이 시신을 수습하러 갔으나 시신이 너무 많아서 수습하지 못하였다고 진술하였으며, 윤복용도 포항경찰서장 운전사를 통해 형 윤달이가 수도산에서 처형되었을 것이라는 이야기를 듣고 수도산에 시신을 수습하러 갔으나 수십 구의 시신이 너무 부패해 있어서 찾지 못하였다고 했다.

김진식은 부친이 포항의료원 골짜기에서 희생되었으나 시신은 수습하지 못하였다고 진술했다. 또한 김만득 등 흥해읍 중성리에서 포항경찰서로 끌려간 사람들은 달전고개 혹은 연화재에서 희생되었다는 소문을 듣고 달전고개와 연화재를 다 뒤졌으나 시신을 수습하지 못하였다고 한다. 당시 달전고개와 연화재에는 수습하지 못하고 방치된 시신이 각각 수십 구에 달했다고 한다.

포항 보도연맹 사무실에 소집된 경우

예비검속 등으로 포항경찰서에 연행되지 않은 포항시 보도연맹원들은 1950년 7월 17일경 포항시 보도연맹 사무실로 소집되었다. 당시 포항시 보도연맹 사무실은 구 상공회의소 건물에 자리 잡고 있었다. 생존 보도연맹원 김○○는 당시 상공회의소 건물[41]에 모인 보도연맹원들이 수백 명이 넘었다고 기억하고 있다. 이렇게 보도연맹원들을 소집해 놓고 포항시 보도연맹 간사장과 민간인 복장을 한 다른 사람들 여럿이 명단을 비교해가면서 사람들을 트럭에 실어서 보냈다고 한다. 트럭에는 최대한 많은 인원을 싣기 위해 바닥에 차례로 사람들을 눕게 한 후 그 위에 가마니를 하나 깔고 다시 사람들을 눕게 하는 식으로 여러 겹으로 쌓아서 실었다. 이렇게 트럭에 실린 사람들은 포항의료원 뒷산에 터널처럼 구덩이를 파고 줄을 세워놓고 총살했다고 한다. 이날 집단으로 희생된 사람들의 규모는 최대 200여 명에 달할 것으로 추정된다.

---

41 일제강점기 포항금융조합 건물에 포항상공회의소가 있었다. 현재는 포항시 북구 덕산동 113-1번지(현 포항철강공단의료보험조합) 건물이다.

구룡포읍 희생 사건

구룡포읍 보도연맹원들은 1950년 8월 9일부터 8월 12일 사이에 고디굴에서 총살되거나 구룡포 앞바다에서 수장되었다. 여기에는 현재의 호미곶면의 관할 구역인 구만리, 강사리, 대보리를 비롯하여 구룡포읍의 구룡포리, 삼정리, 석병리, 성동리, 구평리, 장길리, 하정리, 병포리, 눌태리, 후동리 등 13개 리의 보도연맹원들이 포함되었다.

고디굴 희생 사건

고디굴은 동해면 상정리에서 굴곡을 지나 구룡포읍으로 접어들면서 시작되는 좁고 긴 골짜기이다. 동해면 상정리와 구룡포읍 병포리 사이의 경계 지점에 시멘트로 골굴(터널)이 있었으나 지금은 헐리고 없다. 이곳은 인적이 드물고 까치공굴·새밭이골·개국재·확대골 등 길옆으로 깊은 골짜기가 여럿 있어, 전쟁 전에도 좌익분자들이 많이 사살된 곳이기도 하다. 특히 전쟁 전 군경토벌로 인한 희생이 가장 많았던 곳은 고디굴에서 동해면 쪽으로 약 50m 떨어진 '저승골'이었다고 하는데, 약 150~160명이 희생된 것으로 추정된다고 한다.

6·25전쟁 발발 후인 1950년 8월 9일에서 8월 12일 사이에 고디굴에서 보도연맹원들에 대한 살해 사건이 있었다. 경찰과 군인들은 보도연맹원들을 일렬로 세워놓고 총을 쏘았는데, 주로 야간에 집행을 하였던 관계로 옆 사람에게 가려서 살아남은 사람들도 있었다. 대보2리 홍 아무개, 대보3리 김일란, 구만2리 최태순 등 여자 3명이 고디굴까지 끌려갔다가 살아 돌아왔다고 한다.

구룡포읍 보도연맹 가입자 중 대보지서 관할인 구만리, 강사리, 대보리 등의 보도연맹원들은 대보지서 순경에게 연행되거나 대보국민학교로 소집된 후 구룡포지서 유치장에 구금되었다가 고디굴에서 희생되었다. 구만1리에서는 서태복, 서만택, 서두출, 서종택, 김정수(김정보), 우차옥(우만옥) 등 6명이 해군 헌병대와 방위대 등에 의해 연행되어, 대보지서를 거쳐 구룡포지서에 구금된 후 1950년 8월 12일 고디굴 입구에서 총살되었다.

구만2리에서도 원준수(원준숙), 원재석, 곽종식(곽종석), 서윤수, 김개득, 전치준(전성만) 등이 대보지서로 연행된 다음 날인 1950년 8월 11일경 이곳에서 총살되었다. 대보리 강사문, 김종영 등도 구룡포지서로 연행되어 이 고디굴에서 희생되었다. 고디굴에서 희생된 사람들의 경우 대부분 시신을 수습하였으나 수습하지 못한 경우도 있었다.

구룡포리, 삼정리, 석병리, 성동리, 구평리, 장길리, 하정리, 병포리, 눌태리, 후동리 등의 보도연맹원들은 구룡포지서 순경이나 대한청년단원에게 연행되어, 구룡포지서 유치장에 구금되거나 문○○ 소유 창고에 수용되었다. 참고인 및 유족들의 진술을 종합해 보면, 눌태리에서는 오대상, 오학상, 안노준 등이 의용경찰에게 연행되어 고디굴(확대골)에서 희생되었다. 삼정2리에서는 정희우, 최해술, 김덕남이 희생되었다. 삼정3리에서는 박신덕, 김덕용 등이 삼정1리의 김오관과 함께 연행되어 문○○의 창고에 열흘 정도 구금된 후 역시 이곳에서 희생되었다. 구룡포리에서도 성영도 등이 구룡포지서 등으로 연행되었다가 희생되었으며 이외에도 같은 곳에서 희생된 사람이 상당수 있을 것으로 추정된다.

보도연맹원들이 희생을 당한 1950년 8월 9일 무렵 이 지역의 전황을 살펴보면, 포항 북구 기계면이 북한군에 점령되고 포항시 역시 일촉즉발의 위기에 놓인 상태였다. 즉 구룡포읍도 언제 점령이 될지 모르는 불안한 상태였고 이러한 전황 때문에 길게는 한 달여 째 구금 중이던 보도연맹원들을 구룡포 지역에서 인적 드문 고디굴에서 살해하게 된 것으로 보인다.

진실·화해를위한과거사정리위원회의 조사보고서에 의하면, 고디굴에서 1950년 8월 9일부터 8월 12일 사이에 희생된 사람은 40~50여 명에 이르고 연행과 구금은 경찰과 대한청년단 등이 주도했으나 전황이 급박하게 돌아가면서 살해 당시에는 군과 우익 청년단체가 개입하게 된 것으로 판단된다는 결론을 내렸다.

구룡포 앞바다 수장사건

구룡포읍에서는 고디굴 총살 사건 외에도 구룡포 하정2리 앞바다에서 수장된 사건도 있었다. 구룡포 앞바다에 수장된 사람 중에는 특히 현재의 대보면 강사리 사람들이 많은데 강사1리 고문화, 정영구 등 2명, 강사2리 김상대, 이대진, 이순근, 김학출, 서규상, 손진안, 안방우, 이돌이, 김종달 등 9명 합 11명은 대한청년단과 방위대 등에 의해 1950년 8월 1~2일경 함께 대보국민학교에 소집되어 일주일 정도 구금되었다가 1950년 8월 9일 구룡포 앞바다에서 수장되었다.

관련자들의 진술을 종합해 보면, 1950년 8월 1일에서 2일경 당시 대보지서 관할이던 구만1, 2리, 대보1, 2, 3리, 강사1, 2, 3리, 대동배2리 등 9개 마을의 20세 이상의 젊은 청년들이 모두 대보국민학교로 소집되었다. 이들 중 상당수는 전에도 대보국민학교에서 보도연맹 훈련 등을 진행하였기 때문에 별다른 의심 없이 소집에 응하였다. 그러나 다른 날과는 달리 이날은 훈련은 없었으며 소집된 사람들 중 보도연맹 가입자들만 추려내어 구금하고 나머지는 돌려보냈다. 구금된 기간에 사복을 입은 사람들 한두 명이 복도에서 경비를 섰으며 가족들이 식사를 가져다주면 이름을 호명해서 밖에서 식사를 하고 들어가곤 했다고 한다. 대보국민학교에 구금된 지 일주일가량 지난 1950년 8월 9일 이들은 모두 쓰리쿼터 한대에 실려 가 구룡포 앞바다에서 수장되었다.

구룡포지서에 구금되어 있던 구룡포읍 보도연맹원들 및 예비검속자들 중에도 구룡포 앞바다에서 희생된 사람들이 있었다. 강사리의 정영조는 대보국민학교에 강사리 청년들이 소집되기 이전에 연행되어 구룡포지서에 구금되어 있다가 구룡포 앞바다에서 수장되었다. 또한 석병1리에서는 최개부(최개불), 최석주, 임종대, 김운학, 안팔암, 박명수, 김원식, 서상도, 서상모 등이 구룡포 앞바다에서 수장되었다. 구룡포 앞바다에서 수장된 구룡포읍(현 대보면 포함) 주민들의 규모는 30~40명 정도로 추산된다.

구룡포 앞바다 수장도 고디굴 총살과 마찬가지로 1950년 8월 9일부터 수차례에 걸쳐 이루어진 것으로 보이는데, 참고인들의 진술과 당시 포항 지역 전황 등으로 미루어 볼 때 애초에는 구룡포지서나 대보국민학교에 구금되어 있던 보도연맹원들을 살해할 계획이 없었으나 전세가 급박하게 바뀌면서 총살을 집행했을 개연성이 크다. 보도연맹원 소집·연행 및 구금은 경찰과 대한청년단이 주도했으나 구룡포 앞바다 수장 당시에는 해군 헌병이 주도적으로 나서게 된 것도 이러한 급박한 전세 변화와 관련된 것으로 보인다.

기타 구룡포 지역 희생 사건

이 외에도 구만리 이장수가 1950년 7월경 강사리, 속칭 명월리 산에서 경찰에 희생되었다. 이장수는 당시 대보국민학교 5학년이었으며 마을 청년들 간의 서류나 물건을 전달하는 심부름을 해주곤 했다고 한다. 그가 누구의 심부름을 했는지는 명확하지 않으나 구룡포읍을 오가면서 전달하는 역할을 했다는 것으로 미루어 볼 때 이른바 좌익 청년들을 도왔던 것으로 추정된다. 그날도 구만리에서 구룡포읍까지 서류를 전달하러 가다 경찰에 붙잡혀 구룡포지서에 구금되었으며, 구금 사흘 만에 명월리 산에서 총살되어 시신을 수습하였다.

또한 구만2리 정명룡이 구만리 까꿀재에서 구룡포지서 경찰에게 총살되었으며 구룡포읍 지역 좌익 두목이라고 불리던 김술이는 경찰·방위대·우익 등에게 포위되어서 구룡포 근처 보리밭에서 희생되었다고 한다.

하정2리에서는 최일만, 하복수가 대한청년단에게 끌려간 후 행방불명되었다고 하는데, 1960년 피학살자 신고서에 따르면 최일만은 보도연맹원으로 구룡포지서에 구금되었다가 포항경찰서로 이감되었으며 이후 포항시내 주재 육군 특무대(C. I. C)로 이감되었다고 기재되어 있다.

한편 구평리와 장길리는 행정구역상으로는 구룡포읍이지만 치안 등에서는 장기면 모포지서 관할이었는데, 구평2리에서는 김재만, 김두환, 이흥덕, 하유천 등이 모포지서 경찰에 연행되어 사라곳 앞바다에서 수장되었으며, 이종해는 구룡포 백사장에서 총살되었다. 또 장길리에서는 이육우가 1950년 여름에 모포지서로 소집되어 간 후 돌아오지 않았다고 한다.

장기면 희생 사건

포항시 남구 장기면은 전쟁 전부터 백골부대 등의 군경 토벌 작전이 많이 전개되었던 곳이다. 그러나 6·25전쟁 때 이곳은 북한군에게 점령을 당하지 않았으므로 전투가 벌어진 적은 없었다. 이러한 지역 환경으로 장기면에서는 집단적·조직적으로 보도연맹원 학살이 이루어지진 않았다. 희생된 사람들은 대부분은 1950년 7월 초에서 9월에 걸쳐 개별적으로 사살된 것이다.

1950년 7월 초, 장기면 소속 보도연맹원들의 소집이 있었다. 장기면 영암1리에 살던 이영택, 전명만, 전종만, 김경용, 김혜숙의 아버지 김○○ 등이 이때 소집되어 서북청년단 사무실이 있던 읍내리 양조장에 구금되었다. 이들은 경찰의 경비하에 한 달가량 구금되어 있었다. 구금 기간 면회는 허용되었다. 1950년 8월 10일 군 헌병이 트럭 2대를 몰고 오더니, 양조장에 구금되어 있던 이 사람들을 싣고 감포로 가서 앞바다에 수장시켰다.

당시 허○○, 김○○ 등도 장기지서까지 함께 연행되었으나 여러 경로로 힘을 쓴 덕분에 풀려났다고 한다. 영암2리에서는 김오용이 경찰과 서북청년단에게 연행되어 구룡포 쪽에서 희생되었으며, 비슷한 무렵에 김태식이 빨치산에게 장갑 등을 제공했다는 혐의로 3사단 특무대에 의해 장기면 대곡 골짜기에서 총살되었다.

또한 영암3리에서는 김상중, 김옥춘, 김달문, 임종필, 임순곤, 임이만, 김만길, 김상석, 김상용, 김갑생(김남석), 임동오, 임산오, 임분악(여), 박만길 등이 좌익 혐의로 장기지서에 끌려간 후 희생되었다. 이들의 시신을 수습하지 못했기 때문에 희생지가 어딘지는 정확하게 파악하기 어렵다. 특히 영암3리에서는 좌익 전력자 혹은 좌익 혐의자의 가족이 대신 죽거나 함께 살해된 경우도 있었다. 마을의 좌익 우두머리 격이었던 임이만 대신 임이만의 부친 임순곤과 동생 임종필이 희생되었다. 임산오의 동생 임분악도 오빠 임산오 때문에 희생되었다고 한다.

장기면 대진리에서는 1950년 6월 말 보도연맹원이었던 오주택, 오용호, 김용준, 김용근, 김장근 등이 사복경찰관 2명에게 연행되어 트럭에 실려 모포지서로 이송되었다. 그때 마을 주민 김○○은 트럭에 탈 때까지는 함께 끌려갔으나 중간에 트럭이 멈췄을 때 뛰어내려 도망치기도 했다. 모포지서로 끌려간 이들은 이후 모두 희생되었으나, 시신을 수습하지 못해 정확한 희생 장소는 파악하기 어렵다.

장기면 학계리에서도 김정만, 오염길, 최기애, 박병용, 김경만, 김현달 등 6명이 1950년 8월경 모포지서 경찰에게 끌려가 장기지서로 이송된 다음 구금되었다. 1950년 9월 19일 이들은 장기면 월산리 입구 영치골에서 국군 제

3사단[42] 백골부대에게 총살되었다. 대진리와 학계리의 경우 실제 좌익 활동을 한 사람들은 이미 낌새를 알아차리고 몸을 피한 상태에서 가담 정도가 경미한 동네 청년들이 억울하게 희생되었다고 한다. 학계리 마을 주민 중 국군 제3사단에 보국대로 끌려간 사람이 있었다. 이 사람이 김정만 등의 시신을 매장하는 일을 했기 때문에 국군 제3사단 백골부대에 희생된 것은 사실이며, 후에 시신도 수습할 수 있었다고 한다. 당시 영치골에는 학계리 사람 6명 외에도 희생된 시신이 많이 있었다고 한다.

장기면 창지1리에서는 이우연, 이도환이 1950년 7월경 장기지서로 연행되었으며 이후 군 트럭에 실려 1950년 7월 말경 두원리 앞바다에서 수장되었다. 창지2리에서는 김석용, 오주식, 이○○ 등이 장기지서 순경에게 연행되어 읍내리 양조장에 구금되어 있다가 국군 3사단 22연대에 의해 수장되었다고 한다.

장기면 모포2리에서는 이대우, 고기백, 최금달, 고영도(고돌쇠), 임용덕, 최실근(최신건), 강만종(강만석), 최해용, 김석광, 정부덕(정용덕), 김재식 등 모두 11명이 좌익 혐의로 희생되었다. 이대우, 고기백, 최금달은 모포지서 조○○ 차석에게 모포지서로 연행되어 열흘 정도 구금된 후 1950년 9월 5일경 장기지서로 이송되었다. 당시 이일우의 모친과 고기백의 모친이 이대우, 고기백, 최금달 등이 장기지서로 이송되는 것을 알고 따라갔다고 한다. 장기지서로

---

42 1949년 4월경부터 6·25전쟁 전까지 당시 후방을 담당하여 빨치산을 토벌하던 국군은 제3사단 22연대, 23연대, 25연대였다. 제3사단은 1949년 5월경부터 제6연대를 해체·개편한 제22연대, 경남 진주에서 창설한 제23연대, 충남 대전에서 창설한 제25연대를 예하에 두었다. 제22연대, 제25연대는 주로 경북 지방, 제23연대는 주로 경남 지방의 빨치산 토벌에 주력하였으며, 1950년 3월 15일 제22연대의 경북 지구 토벌작전이 종료되고, 3월 27일 제23연대의 경남 지구 토벌작전이 종료됨에 따라 제3사단에 의한 토벌작전은 모두 종료되었다. 제3사단 지휘소는 1949년 2월부터 1950년 8월까지 대구에 있었으며, 그 후 9월 6일까지 포항 지역에 있었다. 〈전사편찬위원회, 『한국전쟁사』(1968. 8. 15), p.331〉

포항보도연맹희생인 위령비. 경북 포항시 남구 호미곶면 강사리 1066 해봉사 경내에 있는 이 비는, 2015년 12월 5일 포항 지역 국민보도연맹 희생인유족회가 건립했다.

이송된 이들은 이후 트럭에 실려 장기면 수성 골짜기에서 총살되어 시신을 수습하였다.

한편 장기면 양포리에서는 대구 10·1사건과 관련하여 보도연맹에 가입된 유순도가 포항경찰서로 연행된 후 행방불명되기도 했다.

기타

1950년 7월 하순경 청하면 소동리에 살고 있던 김만호, 김재만, 김끝찬, 김위준, 김칠이, 최○○ 등이 청하면 용두리 사람 이○○과 순경에게 연행되어 청하지서로 간 후 행방불명되었다고 한다. 행불된 이들은 이 일이 있기 전인 1950년 1월경 좌익 혐의로 경주형무소에 구금되어, 짧게는 2개월에서 길게는 4개월까지 형을 살고 풀려난 사람들이었다고 한다. 이외에도 흥해읍 우목리에서는 김경수와 송○○가 1950년 8월 10일 죽천지서로 소집되어 그날 밤 죽천 앞바다에서 총살 및 수장되었다.

한편 장기면 모포리에서는 권원수가 전쟁 전 국방경비대에 입대했다가 신원조회에서 보도연맹 가입 사실이 밝혀져 처형된 일도 있었고, 구룡포읍 대보리에서는 강영원이 전쟁 전 좌익 혐의로 대구형무소에 수감되었다가 형무소에서 사망하였다. 대구사범 출신으로 포항에서 유명한 좌익 활동가였던 최수봉도 비슷한 시기에 희생되었다.

진실화해위원회의 조사 결과, 포항 지역에서 1950년 7월에서 9월 사이 보도연맹 및 예비검속으로 희생된 사람들의 규모는 600~700여 명으로 판단된다고 했다. 이중 여순학 외 30명은 신원이 확인되었지만, 조사 과정에서 위원회에 신청하지는 않았으나 진실규명대상자와 함께 희생된 것으로 확인 혹은 추정된 사람들도 다수 있었다고 한다[43]. 이 사건들의 가해 주체는 포항경찰서 소속 경찰과 포항 해군경비사령부 및 해군 헌병대, 국군 제3사단, 대한청년단 등 우익 청년단체원으로 확인되었다고 했다.

진실·화해를위한과거사정리위원회는 포항 지역 보도연맹사건에 대해서 '당시가 비록 전시의 혼란한 상황이라고 하더라도, 군경이 적법한 절차 없이 일상생활을 영위하고 있던 평범한 민간인을 소집·구금하여 집단 살해한 것은 인도주의에 반한 것이며, 헌법에서 보장한 국민의 기본권인 생명권을 침해한 것'이라는 결론을 내린 바 있다.[44]

---

43 진실·화해를위한과거사정리위원회, 2009년 하반기 조사보고서, 포항지역 보도연맹사건
44 앞의 책, 포항지역 보도연맹사건

제2장
호국현창사업

6·25전쟁이 발발한 지도 70년이 흘렀다. 전쟁을 겪지 않은 세대가 늘어나면서 국민 대다수 의식 속에서 경험을 통한 안보의 중요성은 점점 희미해져 가는지 모른다. 지난날을 잊지 않으려는 노력이 미래의 대비를 위한 가장 분명한 길일 수 있다. 그리고 우리의 오늘날이, 먼저 살다간 많은 이들의 피와 눈물의 토대 위에 만들어졌다면 그들을 기억하고 감사해야 하는 것은 도리를 넘어 의무이기도 하다.

포항 전투는 전체 6·25전쟁사에서 중요한 부분을 차지한다. 전쟁이 일어나고 끊임없이 밀리다가 최후의 방어선이 설치된 곳도 포항이고, 반격의 기회를 마련한 것 또한 포항 전투에서 승리를 거두었기 때문이다. 그만큼 격전지가 많았고 아군은 물론 민간인의 피해도 많았던 곳이다. 가장 많은 인원의 학도의용군이 참전한 전투 또한 포항에서이다.

초기의 예술적인 조형물, 이후에 예술과 멀어지는 조형물

다행히 포항에는 오래전부터 여러 고귀하고 숭고한 희생을 기리는 현충시설이 건립되었다. 전쟁이 끝나고 얼마 지나지 않은 1957년 전국학도호국단의 성금으로 '전몰학도충혼탑'을 건립하였다. 충혼탑은 당시 서울대학교 미술대 조소과 교수인 김종영이 제작하였고, 지금도 포항 시내와 동해가 바라보이는 산 정상에 있다. 충혼탑이 설치된 후 산 이름까지 탑산이라 불릴 정도이다. 1979년에는 같은 탑산에 포항지구전적비가 건립되었다. 이번에는 조각가 백문기가 맡았다.

조각뿐만 아니라 비문 글과 글씨도 살펴보면, 1951년 흥해 망창산에 건립된 '반공애국자위령비'는 노산 이은상이 비문을 짓고, 신익희가 맹자의 '호기장존(浩氣長存)' 네 글자를 비석에 남겼다. 또 창랑 장택상은 '반공순국청년동지위령비'라는 이름을 지었다. 이후에도 충혼비는 물론, 동상을 포함하여 조형물이 계속 제작되었지만 숭고한 정신을 담아낼 만큼의 정성을 들였는지는 아쉬움이 남는다.

일본제국주의 유물에 덧칠한 현충비

지금은 많이 쇠락했지만 한때 동해안 최고의 해수욕장이었던 송도해수욕장의 입구에는 두 개의 현충비가 있다. '포항지구전투전적비'와 '미 해병 제1비행단 전몰용사충령비'이다. 둘 다 기리는 뜻이 더없이 숭고한 비석인데도 불구하고, 비석의 기단은 일제강점기 때 일본 사람들을 위해 제작된 것들이다. '포항지구전투전적비'는 일제강점기 일본인의 수상(壽像)에 사용되었던 기단을 이후에도 그대로 사용하다 같은 모양으로 교체하였으며, '미 해병 제1비행단 전몰용사충령비'는 러일전쟁 이후의 일본군 충혼비였던 것을 그대로 재활용한 것으로 보인다.

구룡포 공원에 설치한 충혼탑은 영일 지역 출신 전몰군경들의 넋을 추모하기 위하여 건립하였는데, 1960년 건립 당시에는 일제강점기 일본사람들이 설치한 기단 위에 균형도 맞지 않는 탑신을 얹어 사용하는 웃지 못할 상황이었다. 많은 사람의 항의로 2007년 국가보훈처의 지원으로 재건립되기도 했다.

일본제국 재향군인회 탑 기단부를 재활
용한 충혼탑. 이후 2007년 재건립되었
다.(사진출처 : 구룡포향토사)

새로 보수 및 재건립한 현충시설물

전쟁 중이던 1951년 흥해 망창산에 건립되었던 '반공애국자위령비'는
1971년 흥해읍사무소 옆 통일동산으로 옮겨지며 '위령탑'이라는 이름으로
새로 건립되었다. 6·25전쟁 등으로 장렬히 산화한 포항 지역 출신 전몰군경
들의 넋을 위로하기 위하여 1964년 수도산에 건립된 충혼탑은, 이후 세 차
례의 개축 및 확장을 하였으나 노후화로 2013년 재건립하였다. 영화로 제작
될 만큼 처절하였던 포항여중(현, 포항여고) 전투에 참전한 학도의용군의 넋
을 기리기 위해 1977년에 건립된 '학도의용군 6·25 전적비'는 2016년, 같은
장소에서 방향을 바꾸어 새로 조성이 되었다. 원래 전적비의 위치는, 그날의
격전지였던 포항여고 운동장과 본관 건물을 뒷배경으로 하고 있었다. 하지
만 무슨 이유에서인지 위치는 바뀌었고 전적비의 기단부는 새로이 대리석으
로 둘러싸였다. 전적비 주변으로는 더 많은 조형물들이 설치되었는데 이미

탑산에 설치된 적 있는 이우근 학도병 편지비가 하나 더 설치되었고, 새로이 설치한 아트타일 장식이 넓지 않은 공간이어서 요란해 보이는데 마침 장식된 학도병 얼굴이 영화에 나왔던 영화배우여서 놀라지 않을 수 없다.

기념물은 그 시절을 간직하는 것이다. 가급적 원형이 바뀌지 않은 상태로 세월이 흘렀을 때 그 가치가 더욱 더하는 법이다. 석가탑을 보수한다고 옮기거나 대리석을 덧붙이지는 않는 이치다.

전적비 등 비문에 자기 이름을 올린 역대 시장들

추념 사업은 한 개인 단위의 규모로 이루어지는 것이 아니다. 조국을 위해 고귀한 생명을 바친 희생에 대해서는 더욱 그렇다. 포항 지역이라고 다르지 않다. 그렇게 한 세대에 대해 다음 세대가 또 그다음에 올 세대를 위해 숭고한 정신을 기리고 이어받자는 취지가 현창 사업의 가장 큰 목적이다.

포항에는 20개가 넘는 현충 시설들이 있다. 그 하나하나, 소중하지 않은 것이 없다. 현충 시설들의 외형적 모양이 닮고 있는 의미가 그래서 중요하고 후세에 누구나 읽을 수 있는 비문은 곧바로 역사이기에 오자 하나 용납하지 못한다. 하지만 2000년 이후에 만들어진 조형물들에 두드러진 특징 중 하나는 비문에 포항시장 이름이 새겨진다는 점이다. 해도동 해도근린공원에는 형산강변이여서인지 충혼시설물들이 많이 건립되었다. 2001년에 건립된 '무공수훈자 전공비'를 비롯해 6·25전쟁 발발 60주년이었던 2010년에 만들어진 '6·25참전유공자 명예선양비', '연제근 특공대 군상' 등에도 당시 포항시장 이름이 새겨져 있다. 또한 최근 2016년 기계면 성계리에 만들어진 '기계·안강지구 전투 전적비'에는 포항시장과 더불어 그 지역 시의원 이름까지 나란히 새겨져 있다.

지금은 철거되어 사라진 6·25 흔적들

우리가 위령비를 만들고 조형물을 설치하지만, 당시의 현장이 남아 있다면 그보다 더 좋은 현충 시설은 없다. 그때의 총알 자국이 남은 유물 하나라도 허투루 볼 일이 아닌 것이다. 포항은 일제강점기를 거치면서 근대 도시로 변모되어 갔다. 하지만 포항 도심이 북한군에게 두 번이나 빼앗기고 뺏고 하는 과정에서 전투가 치열하였다. 그만큼 도시는 잿더미가 되었고 근대 유물은 대부분 파괴되었다. 그날의 기억을 고스란히 간직한 건물이라도 있으면 건물의 크기와 상관없이 소중한 이유이다.

학도의용군이 산화한 장소이자 도심에서 격전지로 유명한 포항여고 건물이 철거되고 새롭게 지어진 것은 아쉽다. 물론 건물의 노후화와 학생들의 안전을 위한 선택이었겠지만, 국군 제3사단 후방지휘소로도 사용되었던 당시 건물이 남아 있다면 전국에서도 찾아보기 힘든 전쟁역사박물관으로 손색이 없었을 텐데 말이다.

당시 제3사단 후방지휘소로 사용되었던 포항여중(1950. 9. 3 촬영, 트루먼 박물관 소장)

포항에 KTX노선이 들어오면서 100여 년 동안 포항의 역사와 함께해 오던 포항역 건물이 하루아침에 흔적도 없이 사라졌다. 그 자리에는 차량이 다니는 도로가 생겼다. 1950년 6·25전쟁이 발발하자 일본에 주둔하고 있던 미 제1기병사단은 포항에 상륙한다. 전황이 날로 악화되는 중부전선으로 이동하기 위해 상륙군이 이용한 곳 또한 포항역이었다. 1950년 7월 22일 제7기병연대 본부와 제2대대는 18:30경 포항역에서 열차 편으로 출발하여 7월 24일 14:20경 충북 영동군 황간면 지역에 도착하였다. 1951년 다시 포항역은 전쟁사에서 찾아볼 수 있는데, 포항 지역으로 침투한 북한군 제10사단 게릴라부대를 소탕한 미 해병 제1사단이 중국군의 공세가 강화되고 있는 충주로 이동할 때 포항역을 이용하였다. 1950년대 미 해병이 남긴 사진에서 확인할 수 있는 포항역의 외관은 최근 철거될 때 모습과 거의 일치한다. 다만 벽면에 선명히 남은 총알자국들이 당시 긴박했던 전쟁 상황을 짐작하게 한다.

Pohang Korea train station.
Where U.S. Marines engaged in "hand to hand".

미 해병이 남긴 1950년대 포항역 건물. 벽면에 총알자국이 선명하다.

6·25전쟁의 흔적을 확인할 수 있는 또 다른 구조물로는 동빈내항 송도 쪽에 있던 정어리기름 탱크를 들 수 있다. 1930년대 포항의 정어리잡이는 절정을 이루었고 동해안 일대에는 정어리 공장과 정어리기름 저장탱크가 들어섰다. 포항 송도에도 지름 약 7m, 높이 약 5.5m의 원통형 콘크리트 구조물인 저장탱크가 있었다. 외벽에는 6·25전쟁 시 생긴 총탄 자국도 그대로 남아 있어 역사적 가치가 높게 평가되었으나, 최근에 철거되고 지금은 글램핑장이 들어서 있다.

향후 보존하여야 할 유산
- 북한군 야전병원으로 사용된 청하 까치고개 터널

1918년에 개통한 포항역은 동해남부선의 종착역이자 동해중부선의 출발역이었다. 포항 북쪽으로 23km 떨어진 송라면까지 1942년에 노반을 깔았지만 개통을 못 한 채 전쟁을 맞이하게 된다. 미개통 구간인 동해중부선 23km

북한군 야전병원으로 사용된 동해중부선 청하 까치고개 터널

구간에는 콘크리트로 만들어진 교량의 교각과 터널이 아직도 남아 있다. 전쟁 중에 이러한 구조물은 여러 목적으로 사용되었으리라 쉽게 짐작이 되는데, 특히 청하면에 위치한 까치고개를 통과하는 폐터널은 많은 증언에 의해 북한군 야전병원으로 사용되었다고 한다. 일반인 접근이 어려워서인지 폐터널은 비교적 온전한 상태이며, 입구에는 총알 자국으로 보이는 흔적들도 다수 발견된다.

전쟁의 상흔은 아군, 적군이 따로 없다. 많은 부상병들이 신음하였을 야전병원이야말로 다시는 전쟁이 있어서는 안 된다는 교훈을 상기할 수 있는 역사의 현장이다.

종전이 아닌 휴전 – 훈련 중 순직한 군인들을 위한 충혼탑

전쟁은 멈췄지만 끝나진 않았다. 포항에 주둔한 해병 1사단과 미 해병대는 끊임없이 훈련을 지속하였으며, 실전과 같은 훈련 중 사고로 순직하는 경우가 발생하기도 하였다.

1965년 12월 13일 송라면 독석리에서는 해병 제1상륙사단 제1연대 상륙단의 '해룡작전' 훈련이 있었다. 독석리 해안은 6·25전쟁 중 북한군에게 고립되었던 국군 제3사단이 해상으로 영일만을 돌아 구룡포로 무사히 철수하였던 '독석리 해상철수작전'으로 유명한 곳이다. 상륙해안 정찰 임무를 수행하던 중 격심한 돌풍과 거센 파도로 인해 다섯 명의 해병대원이 순직하는 사고가 발생했다. 해병 제1상륙사단과 해병 포항기지 장병 일동은 이듬해 1966년 3월 '5인의 해병 순직비'를 세워 해병정신을 다한 그들의 넋을 기리고 있다. 순직비는 송라면 방석리 길가 옆 사람의 발길이 잘 닿지 않는 곳에 지금도 바다를 바라보며 그 자리를 지키고 있고 1사단 내에는 '5인의 해병 충혼탑'을 건립하였다.

송라면 방석리에 있는 5인의 해병 순직비

1984년 3월 24일 오전 4시 38분경, '팀 스피리트 84' 훈련에 참가 중이던 미 해병대 소속 CH-53D '시 스탤리언(바다의 종마)' 헬리콥터가 영덕 시루봉 부근에서 추락하여 탑승 장병 29명 전원이 사망하는 사건이 발생하였다. 사고 헬리콥터에는 한국 해병 11명과 미 해병 18명이 탑승하고 있었다. 이 헬리콥터는 다른 헬리콥터 5대, OV-10 관측기 2대 등과 함께 야간을 틈타 적진 후방에 병력을 투입하는 한·미 연합 야간강습 훈련을 마치고 되돌아오다 악천후로 시계가 가려 야산에 충돌한 것으로 알려졌다. 추락 직후 주한미군 사령부는 사고 현장을 중심으로 수색작업을 벌여 몇 구의 시신을 발견했으며, 사망자의 시신 수습을 위해 부근 해상에 상륙함 벨로우드를 대기시키기도 했다. 해병대 사령부는 젊음을 채 피우지 못하고 순직한 젊은 해병대원들의 넋을 위로하기 위해, 1989년 9월 포항시 송라면 독석리에 '한·미해병대충혼탑'을 건립하였고 충혼탑에는 이들의 이름이 새겨져 있다. 2006년 4

월에는 사고 헬리콥터의 조종사 존 휴스턴 대위의 어머니가 한국 해병대의 초청으로 방한해 추락 현장과 충혼탑을 돌아보기도 했다.

또한 1989년 3월 20일에도 '팀 스피리트' 훈련 중 헬기가 추락하여 미 해병 19명이 사망하고 15명이 부상당하는 사고가 있었는데, 충혼탑에는 이 사고로 인해 순직한 미 해병의 이름까지 함께 남겨져 있다.

호국문화의 길

앞서 언급했듯이 포항에는 20개가 넘는 현충 시설이 마련되어 있다. 포항 도심의 포항여고와 수도산 그리고 죽림산(탑산)은 서로 가까운 거리에 있어 걸어서 탐방할 수 있는 벨트로 묶는 것은 좋은 발상이다. 마침 이 길은 폐철도 부지를 공원화해서 산책로로 조성되어 있어 걷기에도 편리하게 되어 있다. '학도의용군 호국문화의 길'이라 이름 붙인 이 길은 포항여고 앞의 '학도의용군 6·25전적비'에서 시작하여 수도산에 있는 '충혼탑'을 거쳐 탑산에 있는 '학도의용군전승기념관'과 '전몰학도충혼탑'에 이른다. 길은 여기서 그

기계면 성계리에서 안강읍 노당리로 넘어가는 고갯길에 위치한 기계·안강전투 격전지 조망대

치지 않고 연화재 넘어 15km 떨어진 기계면 성계리에 있는 '기계·안강지구 전투 전적비'로 건너뛰는데, 걷는 길도 조성되지 않았을뿐더러 걸어서 가기에 가깝지 않은 구간이다.

호국문화의 길은 '기계·안강 전투 격전지 조망대'에서 끝을 맺는다. '기계·안강지구 전투 전적비'에서 평지로 1km 마을 쪽으로 걸어오면 '연수정'이라는 정자에 다다르고, 거기서부터 안강읍 노당리로 넘어가는 고갯길을 따라 650m 산길을 오르면 어래산 자락에 위치한 조망대에 이른다. 조망대라 해봐야 그저 좁은 데크가 설치된 정도이지만, 기계를 둘러싸고 있는 산 아래 펼쳐진 기계 들판과 기계천이 한눈에 내려다보여 과연 전략적 요충지로 그날의 치열한 전투를 떠올려 볼 수 있다.

포항전투를 다룬 예술작품

앞서 1957년 전국학도호국단에서 건립한 '전몰학도충혼탑'이 당시 서울

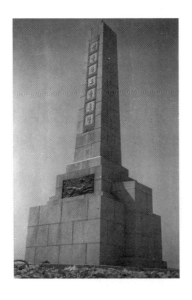

1957년 건립 당시 전몰학도충혼탑
(사진제공 : 김종영 미술관)

대학교 미술대 조소과 김종영 교수가 제작하였다고 했다. 충혼탑 기단 정면부에는 청동 부조로 천마상을 표현했는데, '호국의 신으로 산화한 학도병의 상징'이라고 작품 메모에 남겼다. 현재 천마상 청동 부조는 '학도의용군전승기념관'에 전시되어 있다.

천마상 청동 부조와 김종영 교수(사진제공 : 김종영 미술관)

1979년에는 같은 탑산에 '포항지구전적비'가 건립되었다. 조각은 백문기가 맡았는데 그는 '전몰학도충혼탑'을 만든 김종영 교수의 서울대학교 조소과 제1호 제자이기도 하다. 스승의 위대한 예술작품이 올려다보이는 위치에 또 다른 훌륭한 예술작품을 탄생시켰다. 결코 스승의 작품을 넘어서지 않으려는 듯 격렬한 전투 상황을 표현하는 대신, 국군과 학도의용군이 어깨에 총부리를 내려놓은 채 어깨에 손을 얹고 있는 조각상에서 더 깊은 감동을 느낀다. 탑산은 이렇듯 스승과 제자 두 예술가의 작품이 공존하는 의미 있는 곳이기도 하다.

종군화가 손일봉이 그린 '형산강 전투'(포항시립미술관 소장)

　회화 작품으로는 '형산강 전투'가 있어 그날의 치열했던 전투를 전한다. 형산강 전투는 형산강을 경계로 최후의 방어선을 구축한 아군이 형산강을 건너 포항을 탈환하고 북쪽으로 진군하게 되는 결정적 계기가 되는 전투로, 사상자가 워낙 많아 혈산강이라고도 불릴 만큼 전투가 긴박했던 곳이다. 6·25전쟁 종군화가로 활동한 손일봉(1907~1985)의 작품으로, 전쟁 중 상황에서 종이를 구하지 못해 군 막사에서 사용하였던 찢어진 누런 재생지에 그린 그림이다. 현재 포항시립미술관에서 소장하고 있다.

포항의 충혼시설

전몰학도충혼탑

위치 : 포항시 북구 탑산길 14(용흥동) / 설립주최 : 전국학도호국단

설립연도 : 1957. 8. 11. / 조각 : 김종영

비문의 내용

동해 물결 굽이쳐 반만년 푸르니, 여기 파도처럼 청청한 호국의 넋들이 출렁댄
다. 마흔여덟 분을 위시한 1,394위 그 이름은 학도의용군이니 삼천리 금수강
산 기슭마다 보듬어 이 겨레를 지키고 있다.

1950년 겨레의 반역도들이 이 땅을 피로 물들여 날뛸 때 책을 놓고 총을 잡아
그들과 맞서 싸웠다. 의로운 기백이 그대로 육탄일 뿐 철모도 없었고 군번도
모른다. 그해 8월 11일 포항 전투에서 마지막 한 사람까지 목숨으로 지켰으니

나라 사랑의 외침은 마디마디 태백의 묏 줄기를 울렸고, 그 뜨거운 피는 방울 방울 아침 햇살에 이글거려 이 나라의 앞날을 비추었다.

사랑스러운 열일곱 살 내 겨레의 아들들이여, 그대들은 영광스러운 배달의 꽃이요 참다운 화랑이니 동해물결과 함께 길이길이 이 땅에 푸르리라.

1957년 전국학도호국단에서 탑을 세웠고 1975년 8월 11일 대한학도의용군 동지회와 경상북도 학도호국단에서 다시 고쳐 이 비문을 새로 쓰다.[45]

포항에 산재한 여러 현충 시설 중 가장 오래된 '전몰학도충혼탑'은, 1957년 전국학도호국단에서 건립하였다. 6·25전쟁 당시 포항지구 전투에서 1,394명의 학도의용군이 전사해 전국에서 학도의용군의 희생이 가장 많았던 곳이다. 충혼탑이 세워진 산은 해발 74.14m의 높지 않은 산이나 멀리 동해바다와 포항 시내가 한눈에 보이는 명산이다. 죽림산으로 불려왔으나 충혼탑이 건립된 이후로 포항 시민들에게는 탑산이 더 익숙한 이름이 되었다.

죽림산 정상에 설치되어 포항 시내 어디에서든 보였을 탑산의 충혼탑은, 탑이 간직한 고귀한 의미도 소중하지만 충혼탑이 가진 예술적 가치 또한 되새겨 볼 일이다.

한국추상조각의 선구자로 불리며 1948년부터 정년퇴임 때까지 32년간 서울대학교 미술대학의 1세대 교수였던 김종영(1915~1982)은, 두 점의 공공기념조형물을 남겼는데 1957년에 탑산에 설치한 '전몰학도충혼탑'과 1963년 '삼일독립선언기념탑'이다. 그리고 이후에는 일절 국가에서 주도한 기념조형물을 제작하지 않았다고 하니 그가 남긴 작품이 더욱 소중하다.

---

45 1957. 6. 15 전몰학도충혼탑 제막식 / 문교부장관 최규남 중앙학도호국단장 추념사 / 1994. 11. 10. 육본 발행 『학도의용군』 p.107

'전몰학도충혼탑'은 8.8m의 높이로, 3m의 기단 위에 5.5m의 탑신이 점차 좁아 들면서 솟아오르는 형태이다. 탑신에는 '전몰학도충혼탑'이라는 이름이 화강석에 새겨졌고, 기단부에는 두 층의 돌을 쌓고 좌우에 기하학적인 구조를 더해서 안정감을 주었다. 전면 기단 위에는 가로 116cm, 세로 40cm 크기의 청동 부조를 덧붙이고 '구천을 종횡으로 달리는 천마의 모습은 호국의 신으로 산화한 학도병의 상징이 아닐 수 없다'라는 내용의 작품 메모를 남겼다. 천마상을 새긴 청동 부조 작품은 산 아래 학도의용군전승기념관에 전시되어 있다.

  물질적인 풍요로움보다 선비와 같은 인품으로 정신적인 자유를 중시한 그는 '불각(不刻)의 미'라는 예술론을 추구했다. "옛날 사람들이 불각의 미를 최고로 삼은 것은 형체보다는 뜻을 중히 여겼기 때문"이라고 말한 그가, 학도의용군의 숭고한 희생을 추모하기 위해 제작한 충혼비를 포항에서 볼 수 있는 것은 의미가 크다.[46]

현재 학도의용군전승기념관에 전시되어 있는 전몰학도충혼탑 천마상 부조.

---

46 『용흥동 이야기』(이재원, 2019), 포항 탑산의 전설 조각가 김종영(박경숙, 2020년 4월 8일, 경북일보), 김종영 미술관 홈페이지

포항지구 전투 전적비

위치 : 포항시 남구 송도동 산1 / 설립주최 : 육군 제1205건설 공병단

설립연도 : 1959. 3. 31.

비문의 내용

동해에 솟는 햇발은 이 강산을 빛내거니와 포항에 벌어진 이 전투는 우리 역사를 새롭혔도다. 단기 4283년(서기 1950년) 8월 15일, 17일에 걸쳐 공산군 제5사단은 막대한 희생을 무릅쓰고 포항을 점령하였으나 우리 수도 사단 민 부대, 브래들리 부대 및 1연대, 26연대의 반격으로 동 18일 포항을 탈환하였으나 우리 제3사단은 9월1일부터 5일에 이르기까지 계속 침공하여오는 적을 송학동 221고지, 145고지에 뻗치는 방어선에서 치열한 격퇴와 저지를 계속하던 중 적 제15사단이 경주로, 제12사단이 영천으로, 제5사단은 우리 제3사단 정면으로 일제 총공격을 감행하여왔다.

이에 우리 제3사단은 우군 총반격이 개시되기까지 적에 치명적인 반격을 가하면서 끝끝내 방어에 성공하였다. 우리 용사들의 과감무쌍한 이 혈투사는 자손

만대에 영원히 빛나리.

단기 4292년(서기 1959년) 3월 31일

육군 제1205건설공병단 세움

1959년에 건립된 '포항지구 전투 전적비'는 1978년 송도동으로 옮겨져 현재까지 송도해수욕장 입구에 세워져 있다. 6·25전쟁사에서 중요한 위치를 차지하는 포항 지구 전투를 기리기 위해 육군 제1205건설공병단이 만든 이 전적비는, 비석 자체에 부끄러운 역사가 담겨 있다.

1987년 발행된 포항시사(浦項市史)에서 문제점이 제기된 바 있다. 자료에 따르면, 일제강점기 동안 포항에 막대한 영향력을 미친 일본인 나카타니 다케사부로(中谷竹三郎)의 수상(壽像)이 1933년에 덕수동 구 포항시청 근처에 공원으로 조성되면서 설치되었다. 그러다가 광복을 맞이한 후 기단부 위의 나카타니 수상은 시민들에 의해 철거되었다 한다. 하지만 기단부는 그대로 남아 다른 용도로 사용되었다.

철거된 일본인 수상은 사진으로 남아 지금도 확인할 수 있는데, 수상의 기단부는 오늘날 '포항지구전적비'와 정확히 일치한다. 1987년 포항시사가 발행될 당시에는 기단부 위에 동상을 설치할 때 두 발을 고정하기 위해 사용되었던 쇠 볼트까지 남아 있었다고 기록되어 있다.

일본인을 위해 제작한 기단부를, 6·25전쟁 포항 지구 전투를 기념하기 위한 전적비로 재사용한 것은 큰 문제이다. 이미 1987년에 이러한 지적이 있었으나 이후 전적비 몸체만 같은 형태로 교체한 채 어떤 안내판에도 그런 사실을 알리지 않고 있다. 하지만 이렇게 남은 조형물 또한 당시의 인식 수준을 나타내는 것으로, 부수고 철거하는 것보다는 분명 보존하는 것이 더 교육적이라고 본다.(이상 참고자료 浦項誌(1935), 浦項市史(1987) p.392)

반공순국청년동지위령비

위치 : 수도산

설립주최 : 포항시 영일군 반공순국청년동지위령건비위원회(위원장 김판석)

설립연도 : 1963. 11. 10.

비문의 내용

碑 銘

삼천리 금수강산 내 고장에 태어나 꽃다운 그 생명을 조국에 바친 그대들이여. 그대들은 정녕 진실하였다. 그렇기에 1945년 8월 15일을 기해 인류의 정의가 승리하고 민족의 자유와 조국의 광복이 약속된 것을 의심치 않아 우리와 함께 기뻐하였다. 나아가 그대들은 실로 용감하였다. 그렇기에 적색마수의 농간 아래 국제 공약은 무시되고 내 국토마저 양단됨이 분명할 때 뉘보다도 앞장서 생명을 홍모(鴻毛)에 비기고 공산괴물을 쳐부수기에 용전감투하였다. 그리하여 그대들이 흘린 성혈의 터전 위에 조국은 기어코 재건되었으며 겨레의 새살림도 세계에 빛이 난다. 국토의 통일만이 아직도 미완성이나 재천(在天)의

영령이시여. 그대들의 순국충혼 받을 고저 살아남은 우리들이 반드시 그 위업

이룩할지니 백두산과 동해물 굽이 살피사 고이 잠드소서.

서기 1963년 6월 25일

문학박사 이선근 근찬 조원규 근서

1945년 광복 이후 좌·우익의 대립은 포항 지역에서도 심각하였다. 현재 수도산에 위치하고 있는 '반공순국청년동지위령비'는 좌익 세력에 의해 희생된 '포항시·영일군 순국동지' 130명의 위령비이다. 비문에는 그들의 이름을 새겨 넣었는데, 그중 처음으로 새겨진 이름인 이상현은 포항 대동청년단 간부로 1947년 11월 좌익 세력들의 테러에 의해 희생되었다.(관련 내용 본문 P.99)

1963년 1월 18일 서울에서 박일천, 김판석 등이 모여 위령비 설립안을 확정하고, 같은 해 2월 28일 박동근 외 28명의 건립 발기인들을 중심으로 건립 준비위원회를 발족하고, 위원장에 김판석을 선출하였다. 김판석, 박일천, 박동근 등은 1946년 3월 조직한 '포항청년회'의 구성원들이었다. 1963년 11월 10일 이들이 주축이 되어 이곳에 비석을 세웠으며, 11월 18일에 제막식과 더불어 반공순국청년동지 130위의 합동위령제를 처음으로 거행하였다.

비의 이름은 창랑 장택상[47] 선생이 "반공순국청년동지위령비"라 명하였고 휘호는 의학박사 무송 신대식 선생이 썼다.

---

47 창랑 장택상(1893~1969) : 일제강점기 때 독립운동을 하였으며 1945년 당시 수도경찰청장으로 전직 친일파 경찰들과 함께 조선공산당원과 남로당 탄압을 주도하였다. 1952년에는 제3대 국무총리를 역임했으며 민주화의 두 거목 김영삼과 김대중을 정계에 진출시킨 인물이다.

미 해병 제1비행단 전몰용사충령비

위치 : 포항시 남구 송도동 산1 / 설립주최 : 이종만

설립연도 : 1952. 12. 22. 포항역광장에 건립 후 1969. 4. 22. 송도동으로
　　　　　이전.

비문의 내용

　삼가 이 비를 우리나라 수호를 위하여 귀중한 생명을 이바지한 고 미 해병 제
일비행단 장병들의 위훈에 올리나이다.

　자유 원리를 받으려 먼 바다를 넘어 우리 땅에 온 그들의 업적을 이에 남기어
그 광명이 역사의 한 기록이 되고 표상이 되어 후세 만대에 이루어서 한령감
이 되기를 원하나이다.

　1953년 5월 13일 자 동아일보의 박스 기사는 〈빛나다! 자유의 수호신, 미
제1해병단 충령비 포항서 제막〉이라는 제하로 다음과 같이 포항발로 게재

하고 있다.

1953년 5월 13일 자 미군충령비
제막 기사(동아일보)

"이 땅에 와서 공산 오랑캐와 싸우다 자유의 수호신이 된 1해병단 비행대 전몰용사들의 명복과 영원불멸의 공훈을 기리고자 포항역전 광장에 건립된 충령비의 제막식은 지난 2일 하오 2시 30분부터 신 민의원의장을 비롯하여 미 제1해병단 비행대사령관 V. E. 맥키 장군, 유엔한국통일부흥위원단의장 데바쿠라 씨, 미 유엔한국협회 대표이사 정일형 박사, 신 경북지사 등 내외 귀빈과 시민 다수 참석한 가운데 성대히 거행되었는데 제막에 이어 정일형 박사의 헌납사에 맥키 장군의 귀국의 신뢰와 기대에 보답코자 더욱 전진하여 세계평화의 확고한 목적을 달성할 것이며 이 비로 말미암아 더욱 한국국민과의 우정적인 증조가 될 것이며 그리되기를 바란다는 요지의 사사가 있은 다음 신 국회의장의 미 해병단의 충령들에 보내는 애도와 경의를 표하는 동시 이렇게 뿌린 선린우호의 씨는 반드시 금후 몇 배의 결실이 되어 나타날 것을 기대한다는 요지의 축사가 있었다."

위의 충령비에 대해 6·25전쟁 60주년을 기념하여 국가보훈처가 편찬한 도감(6·25전쟁 60주년 유엔참전 기념시설물 도감-국내시설물)에서는 1952년 12월 22일 포항역 광장에 건립하고 1969년 4월 22일에 송도동 현 위치로 이전한 것으로 소개되고 있다. 도감에서는 전몰용사 충령비에 대해 다음과 같이 소개하고 있다.

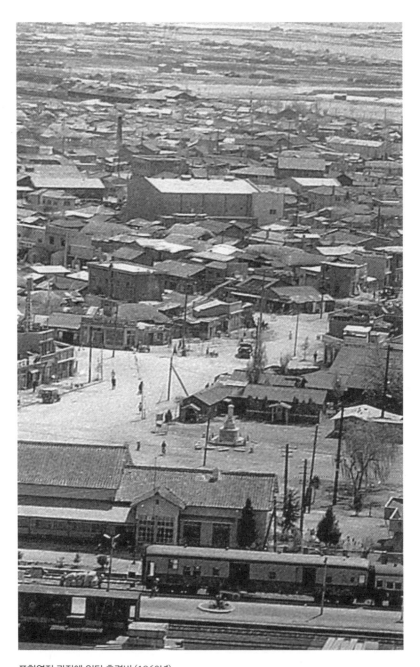

포항역전 광장에 있던 충령비.(1960년)

제4부 전쟁 이후, 상흔과 위로

'해병은 자유와 권리를 위해 가장 먼저 나서 싸운다'는 미 해병대의 신념처럼, 해병대는 제2차 세계대전과 6·25전쟁에서 큰 기여를 했다. 뼈끝에 사무치는 추위와 인해전술로 나선 중공군을 맞아 미 해병대는 최전방에서 고군분투하였으며 그만큼 피해도 컸다. 6·25전쟁에서 전사한 미 해병은 4,267명, 부상자는 2만 3,744명에 이른다.

6·25전쟁에 참전한 미 해병대 제1비행단 전몰용사들의 넋을 기리고 추모하기 위해 당시 미군통역관으로 근무한 이종만 씨가 1952년 12월 22일 포항역 광장에 충령비를 건립하였다. 1969년 4월 22일 송도동의 현 위치로 이전했으며, 한국자유총연맹 포항시지회 송도동분회에서는 매년 6월 6일 현충행사를 개최하고 있다. 충령비가 있는 포항은 낙동강 방어선 전투 당시 학도병 71명이 국군 제3사단에 자진 입대하여 북한군의 시내 진입을 지연시킨 포항 지구 전투로도 유명하다. 47명이 전사하고 14명이 부상당한 학도병의 이야기는 실화를 바탕으로 영화로도 만들어졌다.

그러나 포항지역학연구회가 과거 일제강점기의 기록인 '포항지' 등을 통해 추정하기로는 이 충령비의 원형은 러일전쟁 이후의 일본군 충혼비였던 것을 상두의 총알 부분이 제거된 상태로 재활용된 것으로 생각된다. 2019년 4월 경북매일신문에도 제보한 바 있듯이, 향후 명실상부한 충령비의 재건사업 등이 있기를 기대한다.

위령탑 (반공애국자위령비)

위치 : 흥해읍 / 설립주최 : 대한청년 흥해면단부

설립연도 : 1951년 5월 5일에 건립 후 1971년 이전.

비문의 내용

여기 그 꽃다운 이름을 새긴 열두 젊은이들은 민족해방과 함께 새 나라의 건
설을 위하여 갖은 힘을 다 바치었고, 마침내 단기 4283년(서기 1950년) 8월에 민
족을 반역하여 일어난 공산주의 무리들의 손에 처참하게도 희생을 당하니 비
록 그들의 일생은 짧았지마는 그 불굴한 정신과 기백은 흥해의 산과 바다로
더불어 영원히 빛나리로다.

단기 4284년(서기1951년) 5월 5일 대한청년 흥해면단부 동지들이 세우다.

노산 이은상[48] 지음.

---

48 노산 이은상(1903~1982) : 사학가이자 시조작가, 수필가. 국토순례기행문과 선열의 전기를 많

향토 출신 12명의 순국영령들의 고귀한 뜻을 기려 '반공애국자위령비'가 1951년 5월 5일 망창산에 건립되었다가, 1971년 4월 27일 현 흥해읍사무소 옆 통일동산에 이전·개축하면서 '위령탑'이라 하였다.(관련 내용 본문 p.310)

비에는 당시 국회의장 신익희[49]가 '호기장존(浩氣長存)[50]-신익희 경제(敬題: 공경한 마음으로 쓰다)'라 적었고 비문은 노산 이은상이 지었다.

1986년 포항시로부터 위령제 행사 전반을 위임받아 매년 흥해청년회의소 주관으로 위령제 추모행사를 거행하고 있다.

망창산령에서 통일동산으로 이전, 개축한 위령탑(사진 출처 : 영일군사 1990년)

이 써서 애국사상을 고취하는 데 힘썼다.

49 해공 신익희(1894~1956) : 일제강점기 임시정부 내무총장, 국회의장 등을 역임한 정치인, 독립운동가.

50 호기장존(浩氣長存) : '호방한 기개 오래 남으리'라는 뜻.

학도의용군 6·25 전적비

위치 : 포항시 북구 장미길 10(포항여고 정문 앞) / 설립주최 : 포항시
설립연도 : 1977. 12. 15.

1977년 포항여고를 배경으로 조성된 전적비

비문의 내용

전공사

북한괴뢰공산군의 불법남침이 있던 1950년 8월 11일 새벽 3시 30분경, 중무장

으로 탱크를 앞세운 괴뢰군 12사단, 5사단, 유격 766부대가 진공 상태에 빠진

아군 3사단 사령부를 기습하여 올 때 조국을 사랑하는 젊은 학도 71명이 교

복을 입은 채 M1소총 한 자루에 실탄 250발로 밀려오는 괴뢰군의 공격을 11

시간 반 동안 버티며 싸우고 반격하다가 실탄이 다하면 개머리판으로 치고 또

한 이빨로 물어뜯는 혈전에 혈전을 거듭하다가 적병의 박격포, 수류탄의 폭음

속에 대한민국 만세를 부르다 숨져 갔으니 이들은 천사에 길이 빛날 호국학

도들의 귀감이 아닐 수 없습니다. 그들의 11시간 반의 전투는 무방비 상태에

서 방황하던 20여 만(피난민)의 시민들을 무사히 피난케 하고 괴뢰군의 주 침공

전선을 2시간 동안이나 지연시켰으며 영덕 방면에서 고립 상태에 빠진 3사단

주력부대를 철수하는 데 크게 도움을 주고 8월 15일 전 부산 함락이라는 적구 김일성의 지상 명령을 여지없이 무너뜨렸을 뿐만 아니라 괴뢰군 300여의 시체를 남기고 퇴각케 하는 혁혁한 전투였으나 이 전투에서 슬기롭고 용감한 젊은 학도 58명은 영원히 돌아 올 수 없는 조국의 수호신이 된 것이다.

'학도병아 잘 싸웠다 승리의 길로 역적의 공산당을 때려 부숴라 밀려오는 괴뢰군을 때려죽여라 대한민국 만세를 부르며 가자' 이는 그날에 학도의용군들의 노래였다.

1977년 12월 15일

휘호. 김재규(당시 3사단 후방사령관) 증언. 김만규 목사(당시 연락병)

글씨. 남석 이성조

기공문

이 비는 6·25동란 때 이 고장 포항을 사수하다 숨진 학도의용군의 전공을 되새기기 위하여 포항시의 각급 기관장과 독지가의 도움으로 세워진 것입니다.

발의 1977년 7월 18일   착공 1977년 11월 3일

준공 1977년 12월 15일   제막 1977년 12월 23일

격전지였던 포항여고 운동장과 본관 건물을 배경으로 1977년에 조성된 비는, 2016년 같은 장소에서 방향을 바꾸어 새로 조성이 되었다. 이전과 달라진 점은 기단부에 대리석이 덧입혀지고 비석 좌우로도 새로운 조형물이 대리석으로 마감되어 설치된 점이다. 한쪽에는 포항여중 전투 학도의용군 명비가 조성되었고 다른 한쪽에는 이우근 학도병의 편지가 조형물로 설치되었는데, 2009년에 이미 용흥동 탑산에 이우근 학도병 편지가 비로 제작된 바 있다. 그리고 전적비의 기단에 2016년 이전을 하게 된 배경을 동판으로 제작하여 붙였는데 이전과 달리 포항시장의 이름이 새겨져 있다.

2016년 방향을 바꾸어 새로 조성된 전적비.

　반면 전적비 뒷면의 '전공사(戰功史)'는 건립 당시 제작된 상태로 그대로
남아 있는데, 1987년 발행된 포항시사에서 '전공사'에 기재된 내용의 오류
를 지적한 바 있다.

　『한국전쟁사 3』과 국방부전사편찬위원회를 인용하여, 전공사에 기재된
내용 중 '3시 30분'은 '4시'로, '11시간 반'은 '8시간 30분'으로, 피난민 '20여
만'은 '7만여'로, 김재규 당시 '후방사령관'은 '고급부관(부관참모)'으로, 김만
규 '당시 연락병'은 '학도병'으로 고쳐 적는 것이 옳다고 했다.[51] 물론 이와
관련 포항시 인구가 전쟁 직전 7만여 명이었을 가능성이 크나 6·25전쟁 이
후 강원도 등지의 피난민들이 송도해수욕장에 몰리기도 하였으므로 그 인
원까지 합칠 경우 20만 명 가까이 되었을 수도 있으며, 후방 사령관은 후방
지휘소의 지휘관이 정확한 표현일 것이다.

51　浦項市史(1987), p.393

포항여중 전투 학도의용군 명비

전사자 14명, 생환자 13명의 이름이 적혀 있다.

건립취지문

나라의 운명이 경각에 달렸을 때, 오로지 구국의 일념으로 전쟁터로 내달은 학도의용군의 용기와 애국심을 영원히 후세에 기리고자 이 비를 세운다.

1950년 8월 11일 포항여중 전투에는 학도의용군 71명이 참전하여 48명이 전사하였다.

당시의 위급한 전투상황으로 참전자 전원의 이름을 알 길이 없어 전사자 및 생환자 일부의 이름만을 새기게 된 안타까움이 크다. 국방부 군사편찬연구소 자료 및 당시 전투 참전자들의 증언을 토대로 전사에 빛나는 학도의용군 호국영웅의 이름을 새긴다.

2016. 11

경북남부보훈지청장

포항지구 전적비

위치 : 포항시 북구 탑산길 14(용흥동) / 설립연도 : 1979. 12. 30.

주관 : 교통부 / 시행청 : 국제관광공사 / 조각 : 백문기

비문의 내용

관동의 요항, 여기 형산강변의 격전지, 충용한 국군 제3사단 및 지원부대의 장
병들은 유엔군의 도움을 받으면서 44일간의 혈전을 치러 북괴 2개 사단의 집
중 공격을 끝내 물리치고 말았으니, 이 터전은 지킴에 있어서는 호국의 생명선
이요, 쳐나감에 있어서는 북진의 시발점이었다.

비에는 포항전투의 간략한 역사가 다음과 같이 기록되어 있다.

약사(略史)

낙동강 전선의 공방전이 치열하던 1950년 8월 9일 북괴 제2군단의 5, 12사단

및 766부대는 경주–울산–부산으로 진출을 시도했으나 포항 지구를 지키는 국군 3사단의 22, 23, 26연대와 경찰부대 및 학도의용군, 민 부대, 제1연대, 제10연대는 미 3개 특수임무부대 7함대 일부 및 5공군 일부와 더불어 용전분투하며 끝내는 동해안의 요충지 이 고장을 지켜냈다.

44일의 전투 기간 중 치열한 공방전에서 산화한 호국의 넋은 이루 헤아릴 수 없다. 더구나 방어의 생명선인 형산강을 지키기 위해 뿌린 붉은 선혈은 강물을 붉게 물들였으니 동해의 저 거센 파도 소리는 조국과 함께 영원한 이 영예로운 승리를 노래함이리라.

그리고 총반격전이 감행된 동년 9월 하순 제3사단은 도주하는 적을 나뭇잎처럼 휩쓸면서 북진하는 승전고를 여기서부터 울리기 시작했다.

용흥동 탑산에 두 개의 전쟁 기념물이 있는 걸 의아해할 수도 있겠으나 사연을 알게 되면 또 다른 감동이 있다.

1979년 당시, 국군 제3사단에서는 탑산에 기념비를 다시 세울 계획이 있었다고 한다. 절제된 예술미가 뛰어난 김종영의 '전몰학도충혼탑'이 오히려 일반인들에게는 전쟁에 대한 기념비 성이 부족하다고 느껴졌던 이유에서다. 치열한 전쟁 상황을 나타내는 군인을 형상화한 그런 작품을 원하였던 모양이다. 작품 제작은 조각가 백문기(1927~2018)가 맡았다. 백문기는 서울대학교 조각가 제1회 졸업생이며 김종영의 제자이다. 그는 스승의 작품을 해체하는 대신, 스승의 작품이 올려다보이는 탑산 중턱에 '포항지구전적비'를 새롭게 건립하였다. 3단의 둥근 계단식 위에 수직으로 화강암을 올리고 정면에 두 인물을 구성하였다. 철모를 쓴 군인과 머리에 띠를 맨 학도병을 형상화하였는데 과장한 전투를 묘사하는 대신 총부리를 내려두고 어깨에 손을 얹어 보는 이로 하여금 형제애, 전투 후의 평화를 느낄 수 있게 한다. 더욱이 산 정상에 위치한 스승의 작품과 전체적으로도 어울리게 되었다. 이로써 탑산은 포항의 전투를 기념하는 장소이자 예술적으로 조각공원으로서도 손색이 없을 정도가 되었다.[52]

정상에 스승 김종영의 전몰학도충혼탑과 아래에 제자 백문기의 포항지구 전적비가 나란히 있어 탑산은 조각공원으로도 손색이 없다.

52 6·25전쟁이 남긴 포항미술(박경숙)

권태흥대위 위령비(고 육군 대위 안동권공태흥지위령비)

위치 : 기계 용화사 / 설립연도 : 1982. 3. 16.

비문의 내용

고 육군 대위 권태흥공이 6·25전란 시 전몰한 지 30여 년에 고인의 미망인 한
연호 여사가 고인의 현충을 기념하고 충혼을 위안함에 전란 당시 기계면장으
로 재임한 이경우 옹이 증인으로 기록한 가상초안(家狀抄案)을 가지고 우여(愚
余)에 현각문을 청하여 말하기를 고인이 경북 기계 비학산 전투에서 서기 1950
년(경인) 8월 23일에 전사하였다는 비보를 접하고 서울에서 자자고종(子子孤
踨)으로 천신만고하여 비학산을 찾아 1년 성상을 심산유곡에서 노숙하며 일
구월심전몰지탐지일념(日久月深戰歿趾探知一念)으로 기도하였던바 지성이 감천
으로 고인의 현몽 계시에 따라 용산고지에서 전사하였음을 감지하고 여기에

초암을 마련하여 영령의 안치소로 삼고 기도하면서 그 후 수삼 년에 사찰을 세우니 곧 용화사라. 금지(今之)위령비 건립이 여사의 일편단심일진대 듣는 사람으로 하여금 감탄하지 않는 자 없으니 모름지기 혈연의 정서로 우매한 수치(羞恥)를 불고(不顧)하고 감히 비문을 찬하니 감개가 무량하다.

공은 안동 사람으로 고려태사 휘행(諱幸)을 상조(上祖)로 하여 중세조 검교위척을 분파조로 부지삼십이세고휘중후비유인여주이씨(傳至三十二世考諱重厚妣孺人驪州李氏)로 공은 임술(서기 1922년) 3월 16일 상주 리안에서 나서 슬하에 유이남(有二男)하니 장남 영철 2남 영도라. 공은 충열이 독지한 대 가문 후예로서 선완장 권준 장군은 상해 임정 삼십 년과 대한민국 정부 수립 시 각 군 사단장을 역임하여 공훈이 다대하였으며 공 또한 육사 9기생으로 당시 수도사단 18연대에 소속하여 치열하였던 비학산 전투에서 용전분투하면서 피난민 안전 대피 작전 지도 등 혁혁한 위훈(偉勳)은 남기고 장렬하게 산화한 공의 충절은 여사(女史)의 희세에 미문한 정열과 함께 천추에 빛나리라.

아~ 장하도다. 이에 두 손 모아 고귀한 충정가문을 계승할 유자(遺子)와 함께 공의 명복을 비오니 영령이여 구천에 고이 잠드소서.

임술(1982년) 3월 16일

족손 경택근찬 族孫 景宅 謹撰

월성손 장호 근서 月城孫 璋鎬 謹書

기계면 화대리 용화사에는 한 군인을 위한 위령비가 있다. 육사 9기생인 권태흥 소위는 6·25전쟁 시 수도사단 18연대 중대장으로 참전하여 1950년 8월 23일 비학산 전투에서 전사하였다. 그는 아내(한연호, 법연 스님)와 두 아들을 두고 있었다. 서울 출생인 그의 아내는 남편의 전사 소식을 전해 듣고 전사한 전쟁터를 찾아 비학산까지 내려왔다. 1년간 일념으로 기도한바 남편이 꿈에 나타나 전사한 곳을 일러 주었다 한다. 그곳에 초암을 짓고 남편의 넋을 달래며 기도하면서 스님이 되어 수년 후에는 절을 지었는데, 오늘날 용화사이다.

　용화사 경내에는 1982년에 건립된 '권태흥대위 위령비'와 1996년에, 권태흥 대위와 함께 비학산 전투에서 산화한 국군 장병과 학도병들의 혼을 위로하는 '위령탑'이 건립되어 있다.

영일군 반공 영령비

위치 : 송라 지경리 / 설립주최 : 한국방송공사 / 설립연도 : 1985. 6. 25.

비문의 내용

반공 피학살 현장

경상북도 영일군 송라면 지경리

이곳은 1950년 2월 4일 송라면 동대산 일대를 거점으로 한 무장공비들이 마을을 하룻밤 사이에 초토화하고 99명의 사상자를 낸 원통한 현장입니다.

사건이 있기 전 해인 11월 6일 송라면 지경리에 잠입한 공비들은 어선을 탈취, 마을 앞바다에 정박 중이던 북괴 선박으로부터 무기를 고래불 해안으로 옮겼습니다.

대한청년단원은 야음을 틈타 영덕경찰서 남정지서에 이 사실을 신고하여 즉각 출동한 경찰은 신속한 작전을 전개 공비 사살 30명, 생포 6명 등 큰 전과를 올렸습니다.

그러나 이듬해 2월 4일 밤 8시 40분경, 50여 명의 공비들이 지경리 부락을 급습, 마을을 포위하여 불을 지르고 선량한 마을 주민들을 죽창과 대검으로 학살하였으며 아녀자들은 놈들이 두려워 방안에서 서로 부둥켜안은 채 불타 죽는 등 차마 눈 뜨고 볼 수 없는 대학살이 자행되었습니다.

이에 6·25동란 35주년을 맞아 역사의 소용돌이 속에서 희생된 영령들을 추모하고 피 흘림 없는 조국 통일을 기원하면서 한국방송공사는 이 비를 세웁니다.

1985년 6월 25일

한미 해병대 충혼탑

위치 : 송라 / 착공일 : 1989. 5. 1. / 준공일 : 1989. 9. 28.

공사비 : 8천만 원 / 시공부대 : 해병 제9118부대(공병대대)

비문의 내용

정의와 자유를 위해 꽃다운 청춘을 불살라 평화의 수호신이 된 한·미 해병 용

사들이여! 그대 떠났어도 하늘과 바다 그리고 대지엔 그날의 의기와 투혼의

함성이 포효하고 있도다. 여기 혈맹의 우의와 가신 형제의 넋을 기리기 위해

표상을 세우나니 영령들이여 편히 잠드소서, 한번 해병이면 영원한 해병의 얼

속에 그 이름 영원하리라.

− 산화한 한·미 해병 영전에 −

건립취지문

한·미 연합 상륙훈련 중 장렬하게 산화한 해병 용사들의 숭고한 넋을 기리고 혈맹의 우의를 다져온 한·미 간의 유대를 더욱 공고히 함은 물론 이 산하를 피로 물들였던 6·25남침을 기억하면서 영원한 자유 수호를 다짐하는 경상북도 민·관·군의 뜻을 한데 모아 고인의 넋이 살아 숨 쉬는 여기에 이 탑을 건립하였습니다.

1989년 9월 28일

해병 제9118부대

위령탑

위치 : 기계 용화사 / 설립연도 : 1996. 6. 2.

비문의 내용

연화국에 환생하소서

6·25 동족상잔의 격전지요 선혈이 피바다가 되었던 여기 한 덩이 연화돌을 세워 처절했던 그 날을 되새겨 보노라.

1950년 8월 9일 기계 방면으로 침공해 온 공산군은 그 여세를 몰아 안강 경주 방면 침공을 기도하고 있었다. 우리 수도사단(1, 17, 18연대)의 필사적인 역습으로 기계를 재탈환하고 비학산까지 진격해 갔으나 적의 완강한 저항으로 다시 기계를 거점으로 한 치열한 공방전이 전개되었다. 이 지역은 대한민국의 마지막 보루요 전략상 중요한 요충지였다. 더 물러설 수 없는 피비린내 나는 이곳 전투에서 18연대 중대장 권태흥 대위님을 비롯한 국군장병, 17연대 김재형, 김재곤 군을 비롯한 못다 핀 학도병들 그리고 무명용사들의 장렬한 죽음으로 풍전등화 같았던 이 나라는 지켜지고 전쟁은 멈췄으나 우리의 염원인 통일 성업을 이루지 못한 채 46년이란 세월과 함께 그때의 충성스러웠던 일들이 잊혀져 가는 현실이 한스럽다.

그러나 여기 한 송이 연화가 피어나고 있으니 우리의 희망이요 귀감이로다.

고 권태홍 대위님의 미망인 한법련 스님은 부군이 전사하신 이곳 비룡산에서 홀로 외로움과 싸우며 산화하신 용사들의 명복을 축원하면서 꽃다운 젊음을 바쳐 용화사 창건의 대업을 이루었으니 오- 위대하시도다.

여기 한 덩이 돌에 피보다 더 진한 이 민족의 한을 새기나니 영령들이시여, 불멸의 구국용사 되어 고이 잠드소서.

서기 1996년 6월 2일

회주 손대익(참전전우)

주지 한법련 합장

근서 서진호

호국학도 충의탑

위치 : 포항고등학교(포항시 북구 학산동 288의 6) / 설립연도 : 2000.

　이 충의탑은 동족상잔의 6·25전쟁 당시 풍전등화 같은 위기에 처한 조국
을 구하기 위해 어린 학생의 몸으로 붓 대신 총을 잡고 그 한목숨 초개와 같
이 여기며 참전하여 장렬하게 산화한 학우들의 넋을 추모하고, 그 숭고한
호국정신을 기림으로써 그분들의 명예 선양과 후배들에게 올바른 국가관과
애국심을 고취시키기 위하여 포항고등학교 동창회의 뜻을 모아 건립하였
다.

　충의탑에는 포항중학교 출신 6·25참전학생 명단 82명이 당시 학년과 함
께 새겨져 있다.

학도의용군전승기념관

위치 : 포항시 북구 탑산길 14(용흥동) / 설립연도 : 2002.

　포항은 전국에서 제일 많은 학도의용군이 희생된 격전지로 이곳 출신 학
도의용군은 1979년 8월부터 탑산에 터를 잡고 학도의용군 전적물 보존, 추
념행사 및 현지 안보 교육을 실시하고 있으며, 1996년 6월 청와대 등 각계에
건의 및 추진위원회를 구성하여 학도의용군전승기념관 건립을 추진, 국방부
의 6·25전쟁 50주년 기념사업의 일환으로 건립비 중 일부 국비 지원으로 포
항시에서 2001년 3월~2002년 7월에 이르러 기념관을 건립하게 되었다.

충혼탑

위치 : 구룡포 공원 / 설립연도 : 1960. 건립 / 2007. 9. 재건립

비문의 내용

　　이 한 몸을 불사라 조국을 수호한 영령들이여

　　그들의 넋은 인류를 밝혀주는

　　자유와 평화에 등불로서 영원히 빛나리라.

　　이곳 충혼탑은 6·25전쟁 등 대한민국을 수호하시다 장렬히 산화하신 포항(당시 영일)지역 출신 전몰군경들의 넋을 추모하기 위하여 1960년 건립하였으나, 당시 열악한 재정 상황 등으로 탑신의 받침대가 일제강점기 일인들이 설치한 구조물로 그 위에 충혼탑이 설치되어 오다가 2007년 9월 국가보훈처의 지원으로 재건립되었다.

천마산·도음산 전투 위령비

위치 : 흥해 도음산 / 설립연도 : 2007. 2.

비문의 내용

1950. 8. 21~8. 27(7일간) 흥해 지역 천마산·도음산 고지를 놓고 아군 제3사단
과 적군 제5사단이 밤낮으로 주인이 무려 6차례나 바뀌는 치열한 공방전이 이
루어져 전사자 피아 1,000여 명이 발생 되었다.

국군 민 부대의 함락된 포항 재탈환(8. 18)을 시작으로 8월 21일 제3사단 제23
연대는 천마산에 침입한 적 2개 대대 규모 병력을 격퇴, 22일 포항지구 전투
사령부 제26연대도 천곡사가 있는 도음산을 점령하여 약 1개 대대 규모의 병
력을 격파하는 등 대승을 거뒀었다.

천마산(93고지)·도음산(385고지)은 비록 표고는 낮았으나 그 주변 일대의 야산
지대와 개활지를 감제하며, 흥해읍, 창포동, 양덕동으로 연결된 접근로를 제
압할 수 있는 중요 지형이었다.

이런 이유로, 북괴군 제5사단은 이 고지를 확보한 후 포항으로 재침투하려고 안간힘을 다하였으나 국군 제3사단은 끝내 이 고지를 사수하여 그들의 기도를 좌절시켰다.

천마산·도음산 전투 위령비는 6·25전쟁 당시 흥해읍 천마산·도음산 일원에서 나라를 위해 산화한 호국 영령들의 넋을 기리기 위하여 해병대 제1사단에서 유해발굴조사를 실시하여 유해, 유품 등 총 1,093점이 발굴되었으며, 유해 발굴 합동 영결식 거행 시 해병대 사령관(중장 이상로), 해병대 제1사단장(소장 이홍희) 및 포항시의회 최영만 부의장으로부터 위령비 건립 건의에 따라 후손들에게 나라사랑의 정신을 고취시키고 전쟁의 역사적 산 교육장으로 활용하기 위하여 자연경관이 수려하고 접근성이 용이한 도음산 산림문화수련장에 위령비를 건립하게 되었습니다.

2007년 2월

천마산지구 삿갓봉(93고지) 전투에서 산화한 호국 영령들의 영결식(사진제공 백락구)

학도병 이우근 편지비

위치 : 포항시 북구 탑산길 14(용흥동) / 설립연도 : 2009. 8. 11.

제원 : 가로 200cm, 높이 140cm, 두께 50cm, 무게 4.5ton

주추석 : 화강석, 현판석 : 오석, 글씨체 : 궁서체

어머니께 보내는 편지

어머님!

나는 사람을 죽였습니다.

그것도 돌담 하나를 사이에 두고

10여 명은 될 것입니다.

저는 2명의 특공대원과 함께

수류탄이라는 무서운 폭발 무기를 던져

일순간에 죽이고 말았습니다.

수류탄의 폭음은 저의 고막을 찢어 놓고 말았습니다.

지금 이 글을 쓰고 있는 순간에도

제 귓속은 무서운 굉음으로 가득 차 있습니다.

어머님!

괴뢰군의 다리가 떨어져 나가고 팔이 떨어져 나갔습니다.

너무나 가혹한 죽음이었습니다.

아무리 적이지만 그들도 사람이라고 생각하니

더욱이 같은 언어와 같은 피를 나눈 동족이라고 생각하니

가슴이 답답하고 무겁습니다.

어머님!

전쟁은 왜 해야 하나요.

이 복잡하고 괴로운 심정을 어머님께 알려 드려야

내 마음이 가라앉을 것 같습니다.

저는 무서운 생각이 듭니다.

지금 제 옆에는 수많은 학우들이 죽음을 기다리고 있는 듯

적이 덤벼들 것을 기다리며

뜨거운 햇볕 아래 엎디어 있습니다.

저도 그렇게 엎디어 이 글을 씁니다.

괴뢰군은 지금 침묵을 지키고 있습니다.

언제 다시 덤벼들지 모릅니다.

저희들 앞에 도사리고 있는 괴뢰군 수는 너무나 많습니다.

저희들은 겨우 71명뿐입니다.

이제 어떻게 될 것인가를 생각하면 무섭습니다.

어머님과 대화를 나누고 있으니까 조금은 마음이 진정되는 것 같습니다.

어머님!

어서 전쟁이 끝나고 '어머니이!' 하고 부르며

어머님 품에 덜썩 안기고 싶습니다.

어제 저는 내복을 제 손으로 빨아 입었습니다.

비눗내 나는 청결한 내복을 입으면서 저는 한 가지 생각을 했던 것입니다.

어머님이 빨아주시던 백옥 같은 내복과 제가 빨아 입은 그다지 청결하지 못한 내복의 의미를 말입니다.

그런데 어머님, 저는 그 내복을 갈아입으면서 왜 수의를 문득 생각했는지 모릅니다.

어머님!

어쩌면 제가 오늘 죽을지도 모릅니다.

저 많은 적들이 저희들을 살려두고 그냥은 물러갈 것 같지가 않으니까 말입니다.

어머님, 죽음이 무서운 것은 결코 아닙니다.

어머니랑 형제들도 다시 한번 못 만나고 죽을 생각을 하니 죽음이 약간 두렵다는 말입니다.

허지만 저는 살아가겠습니다. 꼭 살아서 돌아가겠습니다. 왜 제가 죽습니까.

제가 아니고 제 좌우에 엎디어 있는 학우가 제 대신 죽고 저만 살아가겠다는 것은 절대로 아닙니다. 천주님은 저희 어린 학도들을 불쌍히 여기실 것입니다.

어머님! 이제 겨우 마음이 안정되군요.

어머님 저는 꼭 살아서 어머님 곁으로 달려가겠습니다. 웬일인지 문득 상추쌈을 게걸스럽게 먹고 싶습니다. 그리고 옹달샘의 이가 시리도록 차가운 냉수를 벌컥벌컥 한없이 들이켜고 싶습니다.

어머님!
놈들이 다시 다가오는 것 같습니다.
다시 또 쓰겠습니다.
어머니 안녕! 안녕! 아뿔싸 안녕이 아닙니다.
다시 쓸 테니까요... 그럼... 이따가 또...

서울동성중학교 3학년 학도병 이우근

6·25참전 유공자 명예선양비

위치 : 포항시 남구 해도동 197-4(해도근린공원)

설립연도 : 2010. 6. 25.(6·25 60주년)

비문의 내용

육십 년 전 오늘, 새벽에 기습남침을 감행한 북한군이 자유의 산하를 유린하며 조국의 운명을 백척간두로 내몰았을 때 우리 지역의 많은 청춘들이 구국전선에 삶을 던졌으니 이제 육이오전쟁 육십 주년을 맞아 참전용사들의 이름을 돌에 새겨서 그 숭고한 희생정신을 기리고 길이 후세에 귀감으로 받들며 부국강병의 교훈을 다짐하기 위하여 오십이만 포항시민의 뜻으로 삼가 이 명예선양비를 세운다.

이천십년 유월 이십오일

44일간의 포항 지구 전투(안강·기계·형산강 도하작전에 참전하여 전사한 2,301위)에서 지역 출신의 호국영웅을 포함 3,234명의 이름을 새겨 두었다.

형산강 도하작전 특공대 군상

위치 : 포항시 남구 해도동 197-4(해도근린공원) / 설립연도 : 2010. 9. 17.

비문의 내용

6·25전쟁 초기에 회생의 격전지였던 포항 전투에서 3사단 22연대 1대대 소속 분대장 연제근은 1950년 9월 17일 형산강 도하작전의 가장 위협적 장애물인 적의 기관총 진지를 격파하기 위해 13명의 특공대를 결성하였다. 수류탄을 몸에 달고 헤엄으로 형산강을 건너는 중 9명은 적탄에 쓰러졌으나 어깨 관통상을 입은 그와 대원 3명이 기어이 육탄 산화로 임무를 완수함에 포항 수복의 길이 더 순탄히 열리고, 마침내 여기서 북진의 발판이 마련되었다. 역사의 숱한 애환을 품어 유구히 흐르는 형산강은 늘 그날의 특공대원들을 잊지 않으려니, 비록 늦었지만 그들의 순국 60주년을 맞아 52만 포항시민이 그 푸른 넋들을 모시고 멸사봉공 정신을 기리기 위하여 삼가 이 조상(彫像)을 세운다.

2010년 9월 17일

다만 비문 상의 9월 17일 형산강 도하작전과 관련한 상세한 내용은, 이 책의 제3부 형산강 전투 부분에서 밝힌 바와 같이 다소 명확하지 않은 부분이 있는 것은 사실이다.

무공수훈자 전공비

위치 : 포항시 남구 해도동 197-4(해도근린공원)

설립연도 : 2001. 11. 건립, 2013. 이전

비문의 내용

아~ 장하도다 님들이여!

저 비극의 6·25 한국 전쟁으로

풍전등화에 처한 조국을 구하고

월남 참전으로 세계 평화와 자유를 지키는데

임들의 한목숨 초개와 같이 여겼으니

오직 우국충절의 그 한마음 참으로 장렬하도다.

그 빛나는 무공훈장과 보국의 충성심을 후세에 기리고자

여기 이 비를 세우나니

우리 고장의 자랑이요 이 나라 이 민족을 밝히는

빛으로 영원히 남을 것이도다.

서기 2000년 10월 1일

   6·25와 월남전쟁에 참전하여 무공훈장을 받은 자와 국가안전보장에 뚜렷한 공을 세우고 보국훈장을 받은 포항 지역 거주 호국 노병들의 이름이 새겨져 있다.

   2001년 11월 포항공설운동장 장미동산에 건립하였다가, 2013년 7월에 해도근린공원으로 이전 건립하였다.

충혼탑

위치 : 수도산(포항시 북구 중앙로 363번길 12-31)

설립연도 : 1964년 건립, 2013년 재건립

1994년 공사 당시 충혼탑

2020년 현재 충혼탑

수도산에 위치한 충혼탑은 6·25전쟁 중 대한민국을 수호하시다 장렬히
산화한 포항 지역 출신 전몰군경들의 넋을 추모하기 위하여 1964년 시민들

의 뜻을 모아 건립 후 1982년, 1994년, 2008년 세 차례 개축 및 확장하여 왔으나, 충혼탑의 노후화 및 위패봉안실 누수 등으로 재건립의 필요성이 제기되어 2012년부터 2013년에 걸쳐 재건립하였다.

해군육전대 전적비

위치 : 포항시 북구 송라면 방석리 255-7

설립주최 : 해군 작전사령부 제6전단 / 설립연도 : 2013. 8. 25.

크기 : 가로 18m, 세로 5m, 높이 9.6m

비문의 내용

　1950년 6월 25일 무력남침을 개시한 북한군은 38도선을 넘어 부산과 진해를 향해 진격해 왔다. 북한군 제5사단은 제766유격대를 앞세워 동부축선을 따라 7월 초에는 울진을 점령하고 7월 10일에는 영해-영덕 일대에 이르러 낙동강 동부 요지인 기계·안강지구가 위협받고 있었다.

　당시 해군본부는 7월 9일 해본 작명갑 제56호에 의거 진해에서 훈련 중이던 해군 신병 제16기를 주축으로 480명의 해군육전대를 긴급히 편성하여 포항 지역으로 남진하는 북한군을 저지하는 임무를 부여했다. 이에 병력과 장비의 열세에도 불구하고 강기천 소령 지휘 하의 해군육전대는 단독 전투인 구암산 전투(7. 11~17)를 시작으로 영덕·포항 전투(7. 18~8. 11), 포항탈환작전(8. 11~19)

에서 북한군과 치열한 격전을 치렀다. 영덕·포항 전투와 포항탈환작전에서는 국군 제3사단 23연대(7. 18~8. 10), 제17연대(8. 11~16), 수도사단(8. 17~20)에 배속되어 유엔공군의 지원 하에 합동·연합작전을 치렀다.

위의 3개 전투에서 해군육전대는 북한군 사살 수백 명, 생포 6명을 비롯한 인공기와 수많은 총기, 탄약, 장비 등을 노획하는 큰 전과를 올렸으며, 아군의 피해는 전사 6명, 부상 19명에 불과했다.

해군육전대는 기계·안강지구를 공략한 북한군 5사단과 766유격부대의 결사적인 공격을 저지하기 위해 최후의 일순간까지 용전분투하여 작전임무를 성공적으로 완수함으로써 북한군의 진격을 지연시켜 미 제1기병사단의 포항상륙작전, 아군의 낙동강 전투 등에 큰 기여를 했다.

이에 대한민국 해군은 그 육전대 용사들의 불멸의 투혼과 호국정신을 기리기 위해 그 작전 지역의 일각인 이곳에 전적비를 세운다.

2013년 8월 25일

해군참모총장

해군육전대 편성 및 구성

기간 : 1950. 7. 9~8. 20

구성 : 해군신병훈련소 훈련병 및 실무요원, 강구파견대, 포항경비부 일부
　　　요원 등 총 480명

편성 : 육전대장 소령 강기천(480명)

- 본부 소대 소위 박수옥(32명)

- 제1중대 중위 정창룡(156명)

- 제2중대 중위 윤석근(146명)

- 제3중대 소위 박승도(146명)

충혼비

위치 : 해병대 교육훈련단 / 설립연도 : 2015

건립 취지문

대한민국 해병대는 1949년 4월 15일 창설된 이래 6·25전쟁과 월남전 그
리고 대침투작전, 연평도 포격전에서 국토를 수호하고, 국민의 생명과 재산
을 지켜왔으며, 귀신 잡는 해병, 무적해병, 신화를 남긴 해병 등의 빛나는 전
통을 수립하였습니다. 이에 선배 해병들의 나라를 위한 고귀한 희생정신과
호국정신을 계승하고 그 넋을 추모하기 위하여 충혼비를 건립하였습니다.

한국전쟁 미군폭격사건 민간인희생자 위령탑

위치 : 흥해 도음산 / 설립연도 : 2015년 6월

건립기(建立記)

한국전쟁(6·25) 미군폭격 민간인희생자 위령탑은 한국전쟁 당시 미군 폭격으로 희생된 포항 지역 북송리, 흥안리, 칠포리, 용한리 해변, 마북리, 환여동 해변, 광천리, 이가리 등의 민간인 희생자 189명의 영령들을 해원하고 추모하기 위하여 경상북도와 포항시의 예산지원으로 건립되었습니다.

한국전쟁 미군폭격 민간인희생자 위령탑을 통해 동족상잔의 역사인 6·25전쟁의 비참함을 후세에 알리고 인간생명의 존엄성과 평화의 소중함을 전하는 교육의 장이 되기를 기원합니다.

영령들이시여!

도음산 자락에 위령탑을 세워 추모하오니, 이제 오랜 한을 푸시고 영면하시옵소서.

2015년 6월

한국전쟁 미군폭격사건 민간인희생자 포항유족회

한국전쟁 포항지역 미군폭격 사건내용

한국전쟁(1950. 6. 25.) 당시 포항지역 미 항공기 폭격 및 함포사격에 의해 억울하게 희생된 민간인 희생사건의 내용은 다음과 같다.

북송리, 흥안리 폭격

한국전쟁 시기인 1950년 8월 16일 오후 1시경 북송리 마을과 북천방에 가해진 미군의 폭격으로 신원이 확인된 주민과 피난민 53명이 희생되었고, 같은 날 오후 3시경 흥안리 마을과 곡강천변에 머물던 피난민들에게 가해진 폭격으로 주민과 피난민 18명이 희생되었음이 확인되었다.

이 폭격은 미 제5공군의 요청에 따라 국군 제3사단의 철수를 엄호하기 위해 이루어졌다. 폭격의 주체는 제7함대 사령관 스트러블(Athur D. Struble)이 지휘하는 제77항모 기동부대(CTF-77)의 항공모함 필리핀 씨(Philippine Sea CV47)호 소속의 제11항모 비행전대(CVG-11) 항공기들이다.

오후 1시경부터 항공기들은 네이팜탄 등 폭탄 10여 기를 북송리 마을에 투하하고 약 30분간 기총소사하였다. 이후 인접 북천방으로 피난했던 인근주민들이 오후에 다시 폭격당했고, 오후 3시경부터 항공기들은 네이팜탄 등 폭탄 10여 기를 흥안리 마을에 투하하고 마을과 인근 곡강천변의 피난민들에게 약 20분간 기총소사하였다.

용한리 해변 폭격

1950년 8월 17일 자 미 공군 제18전폭전단 소속 제39폭격대대의 임무보고서에는 이날 9시에 미군 폭격기 F-51 2대가 출격하여 포항 지역에 근접지원공격 임무를 수행하였고, 오전 10시에 지상통제반 발리 볼(Volley Ball) 14 및 공중

통제관 패스포트(Passport)와 교신을 하여 흥해 지역 언덕을 폭격한 후, 발리 볼(Volley Ball) 14의 지시 하에 용한동 해변에서 흰 깃발을 흔들고 있는 흰 옷을 입은 사람들(people clad in white and waving white flags on beach at Yonghan-dong)에게 1,500피트(457.2m) 고도에서 기총공격을 했다고 기록되어 있다. 또한, 이 문서에는 당시 날씨는 맑았으며 폭격기는 공격을 마친 후 11시경 목표 지역을 떠났는데, 용한동 해변에는 흰 옷을 입은 사람이 수백 명 있었다고 기록되어 있다. 그중 신원이 확인된 주민은 8명이 희생된 것으로 확인되었다.

칠포리 폭격

1950년 8월 29일 낮 12시경과 오후 5시경 흥해읍 칠포리 마을과 해변에 가해진 폭격으로 신원이 확인된 주민은 8명이 희생된 것으로 확인되었다. 미 해병함재기 VMF 214폭격대대의 항공공격보고서에 따르면 8월 29일 당일 F4U-4B 5대가 출격하여 포항 지역의 근접지원공격 임무를 수행하였다. 그중 '칠도동(Childo-Dong, 좌표 1236-1473 지점)에서는 1,200피트(356.76m) 고도에서 공격을 시작하여 로켓탄 8개를 투하하고, 20mm 기관총을 쏘았으며, 그 결과 화재가 발생했다'라고 기록되어 있다. 좌표 1236-1473지점은 흥해읍 칠포리에 해당되며 항공모함 시실리의 전투일지(wardiary)와 대조한바, 항공공격보고서에 기록된 '칠도동(Childo-Dong)'은 '칠포동(Chilpo-Dong)'의 오기이다.

마북리 폭격

1950년 9월 5일 오후 5시경 정찰기 1대가 마북리 마을 뒷산(90m)에 닿을 정도로 저공비행을 하며 날아와 마을 동쪽에서 서쪽으로 쭉 올라가며 정찰을 한 뒤 기일리 방향으로 날아갔다. 정찰기가 지나가고 약 5~10분 후에 검고 작은 폭격기 2대가 굉음을 울리며 낮게 날아왔다. 폭격기는 오자마자 차례로 1개씩의 폭탄을 하천 위에 떨어뜨리고, 다시 치솟아 올라 왼쪽으로 돌아서 다시 내려오면서 기총소사를 했다. 폭격기는 20분가량 이런 형태의 폭격을 2~3차례 반복하면서 폭탄 5개를 투하하였고 이에 마을 여러 곳이 불과 연기로 휩싸이고 가옥 4채에 불이 붙어 화재가 났다. 그리고 마북리 마을의 공동 우물에서 여성 10여 명이 밥을 지어 절골로 가져가기 위해 쌀을 씻고 있었는데, 폭격기는 이들을 향해 기총사격을 했다. 그중 신원이 확인된 주민은 3명이 희생된 것으로 확인되었다.

환여동 함포사격

1950년 9월 1일 오후 2시경 환여동 송골해변에 가해진 미군의 함포사격으로 민간인이 집단 희생된 사건이다. 사격 함정은 포항 앞바다에서 해안봉쇄 및 지상군에 함포사격 지원을 수행하던 미태평양함대 소속 구축함 헤이븐호(DD 727 De Haven)이다.

당일 헤이븐호는 '해안함포사격통제반(SFCP)'으로부터 함포사격 명령을 받자 목표물이 피난민이라는 사실을 알리고 재확인을 요청했다. 통제반은 "피난민 속에 인민군이 섞여 있다는 육군으로부터의 정보를 받았고 육군이 그 사람들에게 포격을 요청했다"며 포격을 명했다. 헤이븐호는 좁은 해변에 밀집해 있던 노인과 여자, 어린이가 대부분인 1,000여 명의 피난민에게 10여 분간 5″/38 함포 15발을 포격하였다.

그중 신원이 확인된 주민은 51명이 희생된 것으로 확인되었다.

기타 지역 희생사건

1950년 8월 23일부터 1950년 9월 23일 사이에 포항시 흥해읍 남송리, 청하면 이가리, 월포리, 유계리, 송라면 광천리, 방석리, 연일읍 유강리, 신광면 만석리, 송도동 해변 등에서 이 일대의 주민과 이 지역으로 온 피난민들이 미군의 폭격으로 48명이 사망한 사실을 확인하였다.

이상 내용은 『진실·화해를 위한 과거사정리 기본법(법률 제7542호)』 제26조에 의거 조사가 종료되어 진실규명이 의결된 사건 내용을 발췌한 것이다.

포항 지역 미군폭격사건 희생자 현황

「진실·화해를 위한 과거사정리위원회」 조사 결과 포항 13개 지역에서 미군폭격 및 함포사격 사건으로 희생된 사람은 총 550여 명에 달하는 것으로 파악되었다. 이 중 신원이 확인된 희생자는 189명이다.

희생자 189명의 성별을 보면, 남성은 81명, 여성은 108명으로 여성이 57.1%에 달했다. 나이별로는 희생 당시 나이를 기준으로 볼 때 나이를 파악하는 것이 가능한 183명 중 미성년에 해당하는 0~20세 이하가 86명(47%)을 차지했다. 청·장년층인 21~40세 이하는 54명(29.5%), 41~60세 이하는 27명(14.8%)을 차지했으며 노년층인 61세 이상은 16명(8.7%)으로 나타났다. 즉, 미성년자와 노년층이 총 102명으로 그 비율이 전체의 55.7%에 달했다.

특히, 전시 여성과 민간인 보호를 위한 제네바협약에서 특별한 보호 및 존중의 대상으로 규정하고 있는 61세 이상 노인과 15세 미만 아동의 숫자는 189명 중 148명 78.3%를 차지했다.

또한 일가족 내 2인 희생 사례는 44건이며, 이중 남송리 사건처럼 일가족 내 여성과 아동 7명이 몰살당한 사례도 있었으며, 북송리 사건처럼 마을 폭격으로 집 안에 있었던 두 집 가족 12명이 몰살당한 사례도 확인되었다.

미군 폭격사건 전국 21개 지역 희생자 중 진실이 규명된 희생자 1,109명 중 포항지역 희생자는 90명으로 전국에서 6번째로 희생자가 많은 지역이다. 또한 미군 함포사격 희생자 51명을 포함하면 141명으로 전국에서 3번째로 희생자가 많은 지역이다.

한국전쟁 미군폭격사건 민간인희생자 포항유족회

동지상업중학생 6·25전쟁 호국영웅탑

위치 : 포항동지고등학교(포항시 북구 용흥동 산125-3)

설립주최 : 포항동지중고등학교 총동문회 / 설립년도 : 2015. 9. 19.

비문의 내용

호국 영웅탑을 건립하며

1950년 6월 25일 대한민국이 북한 공산군의 침략으로 나라가 위기에 놓이자 모교의 청년학도들은 구국의 일념으로 분연히 일어나 학도병으로 참전하였다. 이들은 모두 군경과 함께 포화 속을 헤치며 용감하게 싸우다 꽃다운 나이에 장렬하게 산화하는 등 호국영웅들이었다.

1950년 7월 9일 포항중앙초등학교에서 열린 포항지역 학도 의용군 환송식에 이어 대구농림중학교에 마련되었던 임시훈련소에 정식 입소한 것을 시작으로 휴전일인 1953년 7월 27일까지 3년여에 걸친 전쟁기간 동안 수시로 자원입대하거나 동원 혹은 영장 입대로 참전하였던 모교의 호국 영웅들은 300여 명에 달하였고, 이 중에서 끝내 교정으로 돌아오지 못한 순국영웅들도 상당수 있었다. (전쟁발발 65년이 지난 지금에 와서 정확한 현황을 파악할 수 없음)

이렇게 모교를 포함한 포항지역 학도병들은 전쟁기간동안 가장 많은 참전으로 치열한 전투에 나서 안타깝게도 가장 많은 희생을 치렀다.

비록 때늦은 감은 있지만 그 고귀한 목숨을 조국에 바친 갸륵한 호국영웅들의 넋을 추모하고, 이들의 숭고한 얼과 희생정신을 기리고, 후학들에게는 모교의 호국영웅들이 온몸을 불사르며 실천한 거룩한 애국심을 본받게 하기 위하여 총동문회의 이름으로 이 탑을 세운다.

호국영웅탑에는 124명의 영웅명단이 당시 학년과 함께 새겨져 있다.

학도의용군 호국영웅 명비탑

위치 : 포항해양과학고등학교(포항시 북구 여남동 390)

설립주최 : 포항해양과학고등학교 총동창회 / 설립년도 : 2015. 12. 22.

6·25전쟁이 발발했을 때 17~18세였던 당시 포항수산중학교(현 포항해양과학고등학교) 출신 80여 명이 학도의용군으로 참전하였으며 명비탑에는 56명의 이름이 호국영웅명단으로 새겨져 있다.

명비탑은 2016년 11월 23일 국가보훈처로부터 현충시설로 지정되었으며 2020년 6월 6일 현충시설 지정석 제막식이 있었다.

기계·안강지구 전투 전적비

위치 : 기계면 성계리 1182-1 / 설립연도 : 2016. 11. 8.

비문의 내용

전공기

1950년 6월 25일 새벽, 북한군은 38도선 전역에 걸쳐 기습남침을 감행하여 3일 만에 서울을 함락하고 파죽지세로 남하하여 40여 일 만에 우리의 최후 방어선인 낙동강 전선을 위협하기에 이르렀다.

이에 우리 군은 최후 방어선을 지키기 위하여 가용한 모든 전력을 투입하였으며, 이곳 기계·안강지구 격전지는 주요 지형 및 고지의 주인이 열여섯 번이나 바뀌고, 일선의 소대장이 하루에도 네 사람씩이나 바뀌는 그야말로 아비규환의 지옥을 연상시키는 피비린내 가득한 격전장이었고, 이곳의 승리로 북한군 12사단의 침투 공격으로 피탈되었던 기계·안강 지역을 국군 수도사단과 제3사단이 6·25전쟁 발발 이후 최초로 공격에 의한 역포위작전으로 탈환하였으며, 또한 인천상륙작전의 성공과 반격의 토대를 마련하였다.

이에 이곳 어래산 능선 골짜기에서 조국을 지키다 산화한 우리의 꽃다운 젊은 이들의 거룩하고 고귀한 희생정신을 되새기고 후손만대에 널리 알려 그 넋을 영원히 기리고자 이 전적비를 건립하는 바이다.

2016. 11. 8.

주요 참전부대 및 지휘관

전투기간 : 1950. 8. 9~9. 22

전투지역 : 기계면, 죽장면, 기북면, 안강읍 일원

주요 참전부대 및 지휘관

제1군단 군단장 : 소장 김홍일, 준장 김백일

수도사단 사단장 : 대령 백인엽, 대령 송요찬

제3사단 사단장 : 준장 김석원, 대령 이종찬

포항지구전투사령부 사령관 : 대령 이정일

제1연대 연대장 : 중령 한신 / 제17연대 연대장 : 대령 김희준

제18연대 연대장 : 대령 임충식 / 제25연대 연대장 : 중령 유해준

제26연대 연대장 : 중령 이백우, 대령 이치업

기갑연대 연대장 : 대령 유흥수, 대령 백남권

민 부대 부대장 : 대령 민기식

제1유격대대, 제2유격대대, 해군육전대

제3장
포항 전쟁의 영웅들

낙동강 방어선의 치열한 전투는 6·25전쟁의 수많은 전투 중 하나가 아닌 전부였다. 당시 부산을 교두보로 삼은 이른바 부산교두보작전의 최전방이 포항전선이었다. 포항은 자유대한 수호의 마지막 보루였고, 당시 여기에서의 전투는 사실상 유엔군이 한반도를 포기할 것인지 여부가 결정되는 시금석이기도 하였다. 그러하기에 포항 지구를 사수하는 국군장병들은, 자신이 자리한 고지를 죽음으로 사수하겠다는 각오밖에 없었다. 바로 이러한 호국영웅, 전쟁영웅이 있었기에 오늘날 자유대한민국이 존재하고 있으며, 산업도시 포항이 대한민국 고도성장을 견인할 수 있었다. 국가보훈처, 대한민국 재향군인회에서 이달의 호국인물, 전쟁영웅을 그동안 선정해 왔다. 그중에서 포항 지구 전투에서 이름을 남기고 있는 영웅들을 간추렸다.

기계 전투의 영웅 : 강희중 일등상사

2007년 10월 이달의 호국인물, 2014년 8월 6·25전쟁 영웅인 강희중 일등상사(1926. 10. 11~1950. 9. 3)는 1926년생으로 1947년 4월 조선경비대에 입대했으며 6·25전쟁이 한창인 1950년 8월 18일 안강·기계 전투에 수도사단 18연대 1대대 1중대 1소대 선임하사로 참전했다. 1950년 8월 18일 수도사단

은 예하부대인 1연대와 17연대, 26연대가 해군 육전대와 함께 안강 북쪽에서 북한군을 저지하고 의성에 위치한 18연대 및 기갑연대는 기계 지역 동쪽 방면에서 적을 공격하도록 하였다. 이때 18연대 1중대 1소대 선임하사인 강희중 중사는 야음을 이용, 작전 지역 내 237고지를 기습공격하라는 임무를 부여받고 신속히 전개하여 적 10여 명을 사살하고 고지를 탈환하는 큰 전공을 세웠다. 강희중 일등중사는 1950년 9월 3일 또다시 기계 지역 옥산 전투에 참가하였으나 적의 총탄에 맞아 전사하였다. 정부는 강희중 일등중사의 불굴의 군인정신과 살신성인의 정신을 기려 화랑무공훈장과 함께 일등상사로 2계급 특진을 추서하였다.

비학산 전투의 영웅 : 김용식 육군 일병

2017년 12월의 호국인물 김용식(金龍植) 육군 일병(1931. 2. 8~1950. 9. 29)은 대한민국 국군 창설 이래 병사 최초로 태극무공훈장(훈기번호-12호)을 수여받은 전쟁영웅이다. 수도사단 제17연대 3대대 9중대 3소대에 배치되었다. 당시 수도사단은 제18연대를 투입해 여러 차례 군사적 요충지인 비학산을 빼앗기 위해 시도했으나, 매번 실패해 결국 공격 작전권은 김용식 이병이 속한 제17연대로 넘어왔다. 17연대는 비학산 점령을 위해 먼저 야간기습으로 아군에게 많은 피해를 주던 북한군 766유격부대를 습격하기로 결정하고

임무를 수행할 특공대를 선발하였다. 김용식 이병은 훈련소 동기인 홍재근 이병과 함께 제일 먼저 지원하여, 돌격작전의 첨병을 맡았다. 그리고 다른 특공대원들과 함께 적 은거지를 기습 공격해 치명적인 타격을 입혔다. 1950년 8월 24일, 비학산 공격 때에도 김용식 이병은 돌격작전의 선봉에 섰다. 총탄이 빗발치는 적진을 향해 나아가던 중 우연히 적 자동화기 진지를 발견하고 측면 기습하여, 적 군관 1명을 포함한 15명의 적을 사살하거나 생포하는 큰 전과를 올렸다. 그러나 서울탈환작전 수행 직후 9월 29일 전사했다. 정부는 고인의 공훈을 기려 1951년 7월 군 최고의 영예인 태극무공훈장을 수여하고, 1954년 10월에는 1계급 특진과 함께 화랑무공훈장을 추서했다.

비학산 전투의 영웅 : 홍재근 육군 일병

2006년 8월 이달의 호국인물, 2013년 5월의 6·25전쟁 영웅인 홍재근 육군 일병(1928. 12. 10~1950. 9. 29)은 정상 훈련과정을 이수하지 못한 상태에서 제2보병사단 제17연대 3대대 9중대 3소대 소총수로 전투에 투입되었다. 국군은 기계 지역 탈환을 위해 수도사단 제18연대를 투입하여 북한군이 점령하고 있는 비학산 공격을 수차례 시도했으나 실패를 거듭하자 8월 24일 제17연대를 투입, 17연대 3대대가 비학산 점령을 위한 특공대를 선발하였다. 이때 홍재근 이병은 김용식 이병과 함께 특공조를 자원하여, 돌격작전 선봉에서 김용식 이병과 같은 전공을 세웠다. 그러나 서울탈환작전 직후 자교리 전투에서 산화하고 말았다. 정부는 고인의 공훈을 기려 1계급 특진과 이병으로는 이례적으로 태극무공훈장을 추서했다.

기계 전투의 영웅 : 전구서 소위

2010년 10월 이달의 호국인물 전구서 소위는 1927년생으로 1948년 9월 육군 항공기지사령부 항공병 2기로 입대했다. 6·25전쟁이 한창이던 1950년 8월 24일 전구서 상사(당시 계급)는 L-4연락기로 정찰하던 중 포항 서북쪽 기계 방면으로 침입하는 적 지상군 2개 대대를 발견하여, 적군을 완전히 괴멸시키는 데 결정적인 공을 세웠다. 이후 전 상사는 1950년 10월 7일 북진하던 6사단의 지상군작전 지원임무를 수행하던 중 전사했다. 정부는 고인에게 1계급 특진과 충무무공훈장을 추서했다.

안강·기계 전투의 영웅 : 송요찬 육군 중장

2013년 12월 이달의 호국인물 송요찬(宋堯讚) 육군 중장(LTG. Song Yoh-chan, 1918. 2. 13~1980. 10. 19)은 1918년 2월 13일생으로 1946년 1월 군사영어학교 입교, 5월 1일 육군 소위로 임관, 대대장, 연대장을 거쳐 1950년 4월 18일 헌병사령관(대령)에 임명, 6·25전쟁이 발발하자 1950년 9월 1일에는 수도사단장으로 낙동강 방어선을 사수하기 위한 안강·기계지구 전투에 참전하였다. 이때 북한의 민족보위상인 최용건이 직접 이곳 전선까지 내려와 전쟁을 지도하였지만, 9월 7일부터 7일 동안 무려 7차에 걸쳐 전개되었던 곤

제봉 공방전을 성공적으로 이끌어 북한군의 9월 공세를 물리쳤다. 이에 부임 20일 만에 육군 준장으로 진급하였다. 이러한 공로로 1950년에는 미 은성훈장과 금성을지훈장을 수여받았다.

형산강 전투의 영웅 : 오금손 대위

2016년 3월의 6·25전쟁영웅 오금손 대위는 1931년 2월 20일 북경에서 독립운동가 오수암 선생의 외동딸로 출생하였다. 1943년 독립운동가인 아버지 유지를 따라 광복군 제3지대에 입대하여 일찍부터 항일투쟁의 길에 들어서게 된다. 해방 이후, 개성 간호전문학교를 졸업하여 개성도립병원에서 간호사로 근무하였다. 1950년 6·25전쟁이 발발하자 자진 입대를 선택한다. 전쟁이 한창이던 1950년 포항 형산강 지구 전투에서 오금손 대위가 부상자들을 돌보던 중 북한군이 병원을 기습하였다. 광복군 시절 사격과 전투훈련을 철저하게 받았던 오금손 대위는, 북한군 6명을 사살하는 전과를 올려 2계급 특진, 대위로 진급하였다.

형산강 전투의 영웅 : 연제근 이등상사

2012년 8월 6·25전쟁영웅, 2019년 1월 이달의 호국인물 연제근 이등상사 (1930. 1. 14~1950. 9. 17)는 전선이 포항 형산강 일대까지 밀리는 백척간두의

위기에 처했을 때, 1950년 9월 17일 제3사단 22연대 1대대의 분대장으로 12명의 돌격대원을 이끌고 포항을 탈환하기 위한 형산강 도하작전에 참가하였다. 이때 연제근은 수류탄을 몸에 매달고 수중포복으로 돌진하던 중 적의 기관총 사격으로 어깨가 관통당하는 중상을 입었지만 끝까지 도하,

3발의 수류탄을 투척하여 적의 기관총 진지를 완전히 파괴시켰다. 그러나 연제근 분대장을 포함한 9명의 특공대원은 안타깝게도 적탄에 맞아 장렬히 전사하고 말았다. 정부는 고인의 전공을 기려 2계급 특진과 함께 을지무공훈장(1950년 12월), 화랑무공훈장(1951년 8월), 무공포장(1956년 10월)을 추서하였으며 시신은 국립서울현충원에 안장[53]되었다.(묘비번호: 국립서울현충원 27단지 39364)

---

53 현재 포항시 남구 해도근린공원에는 형산강 도하작전 영웅 연제근 상사와 12인 특공대를 기리는 동상(가로 12m, 세로 3m, 높이 5m)이 2010년 9월 17일 준공돼 매년 호국행사가 열리는 장소로 이용되고 있다. 다만 전사를 토대로 살펴볼 때 연제근 상사가 소속되었던 22연대는 9월 17일이 아닌 9월 18일 결사대를 조직하고 있다. 새벽 미명부터 도하작전을 개시하였을 것으로 볼 때 어쩌면 전사일은 9월 18일이었을 가능성도 있을 것이다. 9월 17일에는 예비부대로서 대기 중이었기 때문이다.

제4장
생존자 증언

전쟁은 군인과 민간인 할 것 없이 모든 이들에게 깊은 상처를 남기는 비극이다. 그것은 전쟁이 끝나도 살아남은 사람들에게 잔인한 기억으로 끝없이 전달된다. 끔찍했던 전장의 한 가운데서 생존한 이들의 이야기는 오늘날까지 전쟁의 비인간성을 생생하게 전달하고 있다. 그들의 증언은 피와 눈물로 범벅된 '포항 6·25'의 기억이며 우리의 현대사가 품고 있는 민족적 한의 작은 조각 하나하나다. 평범한 사람들이 겪어야 했던 포항의 6·25는 그렇게 현대를 사는 우리에게 전해진다. 포항의 6·25전쟁이 우리에게 남긴 잔인한 흔적들을 생존자들의 증언으로 들어본다.

손발이 묶여 기계가 된 기관총 사수, 박성지

(당시 : 수도사단 제1연대 제5중대 제1소대 소총수)

1950년 8월 19일 우리 신병들 40여 명은 대구에서 열차에 실려 어디론가 가서 내리니 경주 안강역이었는데, 거기서 준위 1명과 일등중사 1명이 와서 줄을 지어 따라오라고 했다. (중략) 다시 걸어서 양동국민학교로 들어가니 연대본부였고 우리는 M1총을 받았는데 구리스가 잔뜩 묻어서 어떻게 해야 할지 몰라 하니까 옆 사람이 달라고 해서 깨끗하게 닦아주었다. (중략) 아침으로 주먹밥 하나 먹고 있으니 또 일등상사 한 명이 와서 우리를 몽땅 차출하여 따라오라고 하며, 어느 고지로 올라가니 발을 디디기 어려울 만큼 시체가 널려 있는데 236고지라고 했다. 나는 수도사단 10연대 5중대 1소대에 배치되었다. 우리 분대장이 한석원 상사였는데, 어느 날 어둑어둑한데 자꾸 산으로 올라가기에 나도 따라갔다. 분대장이 뛰면 우리 분대 모두 다 뛰었고, 그렇게 새벽녘에 한 능선에 올라가다가 인민군과 교전이 벌어졌다. (중략) 우리 분대장이 혼자서 높은 곳에서 낮은 곳으로 내리뛰는데 나도 따라 내리뛰었다. 아래로 내려와 있을 때 준위 1명이 와서 우리를 데리고 포항 쪽으로 가다가 경주로 가는 도로로 형산강 다리를 건너는데, 갑자기 전투기가 오더니 다리를 폭파해 버렸다. 우리는 경주 쪽으로 가다가 경주에서 포항 가는 도로 우측 쪽 산으로 올라갔다. (중략) 우리는 분대장이 하라는 대로 며칠을 전투에 임했다. 하룻저녁 전투가 끝나면 또 인원을 보충받아 40여 명이 되었지만, 다시 전투하고 날이 새면 전사하고 다치고 도망가고 잡혀갔다. 그렇게 해도 용하게 보이는 사람만 보였다. 어느 날 다시 236고지로 공격해 가는데(중략) 우리 소대장이 전사했고 중대장과 대대장도 전사했다고 들었다. 3일째 다시 공격해 올라가는데(중략) 능선을 우측으로 돌아가 기관총 진지까지 가서 들여다보니, 적 기관총 사수는 양손이 기관총에 묶여 있고 양쪽 발은 말뚝에 묶여 있어 기관총을 사격하는 행동 외에는 아무것도 할 수 없게 꼼짝 못하게 묶여 있었다.(이하 생략)[54]

오천 뒷산의 혼전, 김주태

(1950년 8월 22일 입대 대구7교육대 제8사단 제10연대 제6중대 제2소대 제1분대 소총수)

1950년 9월 1일인가 아침 식사 후 이발을 하고 대구 7교육대 연병장에 집

---

54 사단법인 대한민국6·25참전유공자회, 『6·25전쟁 참전수기 III』, 2011, pp.97-98

합 후 부대장이 훈시를 했다. "제군들은 금일 부로 제일선으로 출동한다. 조
국과 민족을 위해 용감히 싸워주기 바란다. 이상." 잠시 후 인솔 장교를 따
라 대구역에 도착하여 기차에 승차하자 기차는 기적을 울리며 힘차게 달렸
다. 잠시 후 영천역에 하차, 트럭에 분승하여 경주로 달렸다. 전우들은 의아
한 눈초리로 두리번거렸다. 부대장이 제일선으로 출동한다고 하였는데, 왜
북쪽 아닌 후방 포항으로 가느냐며 수군거린 것이다.

　포항으로 들어가던 중 헌병들이 초소에서 일단 정지시키며, 포항은 이미
적군이 점령했다고 말하였다. 할 수 없이 뒤로 돌아 울산을 거쳐 감포로 향
해 가서 오천 다리 밑에 집결하여서는, 점심과 저녁은 건빵 한 봉지로 때우
고 날이 어두워지자 취침 명령이 내려졌다. 앞산에서는 치열한 공방전이 벌
어지고 조명탄과 예광탄이 전선을 뒤덮고 있었다.

　그 난리 통에 잠이 오나? 뜬눈으로 밤을 새우고 날이 밝자, 아침 식사는
건빵으로 끝내고 출동 준비와 동시에 소속을 알려주는데 보병 제8사단 10
연대 2대대 6중대였다. 같이 입대한 삼촌은 박격포로 무장하고 나는 소총으
로 무장하여 오천 뒷산에서 격전을 치렀다.

　아무런 방어 준비도 없이 땅바닥에 쭉 엎드려 사격 준비를 하고 있는데,
초저녁부터 적의 사격이 시작되었다. 우리도 무턱대고 총소리 나는 쪽으로
사격을 하면서, 적이 제대로 보이지도 않는데 총소리 날 때마다 이리저리 피
하면서 흩어져갔다. 피아간 인명피해가 속출하고 지휘관도 보이지 않는 오
합지졸로 전투를 하였다. 날이 샐 무렵 후퇴하며 노획 무기를 짊어진 전우,
피투성이가 된 전우, 전사한 전우를 개 끌듯 끌고 가는 전우 등 대열이 흩어
져 우왕좌왕하면서 오천 강가에 다다랐는데 장마가 져서 강이 범람하였다.[55]

55　앞의 책, pp.100-101

수없이 수장된 형산강 도하작전, 강신봉

(당시 제3사단 제23연대 제6중대)

평해 지역 전투에서 부상을 입고 강구로 철수해 입원했다가 원대복귀한 후, 포항 전투에 참가하여 중대장을 돕는 임무를 수행하게 되었다. 포항으로 투입된 그 날 어둠이 오자, 대대는 야음을 이용하여 일개 중대를 도하시키려고 시도했으나 막대한 병력만 손실한 채 실패하고 말았다. 형산강은 강폭이 워낙 넓어 만들어놓은 가교에 일개 중대가 일렬종대로 늘어서 건너려 할 때, 적의 매복병에게 노출되어 실패를 거듭하여 많은 병력 손실을 보았다 한다. 목적을 빨리 달성하고자 빨리 적 고지를 점령하려면 야간기습 작전밖에는 없는 상황이었는데, 하나밖에 없는 가교 외에는 강의 깊이가 워낙 깊어 도하할 방법이 없어 애를 태웠다. 때로 적진을 항공지원이나 미 함포지원으로 초토화시켜 보아도, 교묘하게도 적의 기세는 여전하였다.

1950년 9월 18일 드디어 강물이 줄어들 무렵 제3사단의 총공격명령이 하달되고 우리 연대 역시 형산강을 건너기 시작했다. 그러나 막상 강을 건너려고 물속에 들어가니, 발은 강바닥에 닿지 않고 유속은 빨라 도저히 몸을 지탱할 수가 없었다. 적의 고지에선 총탄이 끝없이 날아오고 사병들은 수없이 강 속에 빠져 떠내려가고 헤엄을 치지 못하는 병사는 꼼짝없이 실종되고 말았다. 특히 적탄에 맞아 쓰러졌다 하면 꼼짝없이 수장되어 영영 소생할 길이 없었다. 이때 바다에선 미군 함포사격과 공중에선 비행기 폭격으로 적진이 초토화되도록 맹렬한 지원사격을 받아 우리 제2대대는 막대한 병력손실을 입고도 적의 진지인 최초 고지를 탈환했으나, 여전히 적의 사격이 날아오고 있었다. 날은 저물어 어둠이 깔리자 적이 아군을 포위한 듯 고지 주변에서 총성이 들리고 아군은 동요하기 시작하였다. 점령한 고지를 내줄 수는 없는 노릇, 중대장의 지시로 나는 일개 소대 병력을 차출하여 긴밀한 행동으로 적의 포위망을 기습하였다. 적은 주간에 철수하였고 매복시켜 놓았던 소수의 병력으로 아군 주변에 포위를 가장한 교란사격을 함으로써 공포심을 야기 시키는 작전을 이용했던 것이었다. 오판하면 적의 포위로 속기 마련이다. 그러나 나는 속지 않았다. 이날 밤은 적을 소탕하고 무사히 넘겼다. 이튿날(1950년 9월 19일) 날이 밝자 취사병이 노무자를 대동하여 식사와 수류탄을 갖고 올라왔다. 우리 중대는 몇 끼니를 굶었는지 몰랐다. 나는 각 소대에 연락하여 식사를 타가도록 지시하고 식사 당번은 식사를 분배하도록 지시하였다. 신병 한 명이 급한 나머지 벌떡 일어서서 달려왔다. 훈련이 전혀 안 된 신병이라, 섣부른 행동이 적에게 노출되고 말았다. 먼저 분배받은 중대 지휘 본부에선 밥 한 뭉치의 주먹밥을 받아들고 식사 중이었다. 이때 아군의 진지를 발견한 적이 포 사격을 시작했다. 적의 포탄이 중대지휘소에 떨어져 중대 연락병 한 명이 즉사하고 말았다. 먹던 밥을 내던지고 수류탄 두 발씩 지급받아 전 중대원이 최종 목표인 적의 고지를 향해 돌격작전을 전개하였다. 고지를 점령하는 순간적 포탄과 파편으로 나는 단번에 다섯 곳이나 부상을 입고 쓰러졌다.(이하 생략)[56]

하늘로 총을 쏘는 비학산 결사대, 김영환

(당시 제17연대 이등상사)

비학산 고지를 향해 결사대를 편성하였는데 군장은 간단하였다. 총과 대검, 야전삽, 탄약 3자루, 수류탄 4개 대각선으로 매고 떠났다. (중략) 일부 적의 보병들이 완강히 대항하고 있었다. 우리는 냇가를 건너 비학산 8부 중턱에 참호를 파고 신호탄과 아울러 사격을 개시하였다. 예광탄을 쏘았다. 우

---

56 『6·25전쟁 증언록 II』, 사단법인 대한민국6·25참전유공자회, 2008, p.25

리 결사대는 모두가 신병들이라 총을 제대로 쓰지 못하였다. 머리를 땅에 박고 쏘니, 총알이 하늘로 향해 날아가는 것이었다. 적군들은 우리가 신병들이란 걸 알고는 맹렬히 쏴대었다. M1소총에 손가락을 다친 대원도 있었다. 한심한 일이었다. (중략) 우리들은 용기를 얻어 비학산 고지를 점령하였다. 산봉우리에는 웅덩이가 드문드문 있었다. 폭탄이 떨어진 자리였다. (중략) 살아 있는 적은 삼십육계 줄행랑을 하고 있었다.(이하 생략)[57]

공격 때는 선두 철수 때는 후미, 김형태

(당시 제3사단 공병대대 제2중대 제3소대)

(전봇대를 잘라 형산강 다리를 놓다) 포항에서 후퇴했다가 다시 공격하는데, 공격하기 전날 공격하는 병사들이 건널 수 있도록 형산강 다리를 놓으라는 명령을 받았다. 제방과 제방을 연결하는 큰 교량이 아니고 제방을 넘어가서 물이 흐르는 곳만 건널 수 있게 작은 교량이 있었으나 중간에 끊어져 있었다. 건너 포항 쪽에는 적군이 호를 파고 대기하고 있었고, 야간이라고 하지만 계속된 조명탄 사격으로 대낮같이 밝은데 아무런 지원도 없이 다리를 놓으라는 것이었다. 우리는 주변에 있는 전봇대를 잘라 3명 1개 조를 한 개씩 여섯 명이 전봇대 두 개를 옆에 끼고 가서 줄로 묶어서 다리를 놓았다. 다음날 아침 보병들이 다리를 건너 공격하는데, 적이 둑에서 사격을 가해 왔다. 공격이 어렵게 되자 적이 있는 둑에 엄청난 포 사격을 하고 바로 이어 공격하여 그 둑에 붙었다. 그러자 다시 차량이 지나가도록 다리를 놓으라고 하는데, 둑에 아군이 붙었으나 적의 기관총 사격이 날아와서 적이 사격할 때는 부서진 교량에 대피했다가 사격이 중지되면 다시 작업하는 방법을 반복하

---

57 앞의 책, p.521

면서 교량 가설을 완료하였다.[58]

무당골 골짜기에 학도병 시신을 묻다, 백락구

(당시 9살 목격담)

그때는 9살이었다. 지금도 돌골(석곡)의 학도의용군을 보았던 광경이 생생하다. 1950년 9살 때 인민군들이 흥해 남송동에 있다는 이야기에 피난하기로 했었다. 피난 가던 날 아침에 국군들이 남송 뒷산으로 넘어와 손뼉 친 기억이 있는데, 인민군들이 곡강국민학교 쪽에 기마병들하고 줄지어 별래재로 넘어가는 것을 보았다.

학생들은 피난 갈 준비를 하며 피난 가기 직전에 들어오는 것을 보았다. 포항 시사에 보면 나와 있듯, 학생들이 검정 교복을 입었다. 당시에는 5월 말까지 검정 교복을 입었고, 7월 1일이 되어야 새 교복(아마도 하복)을 입었다. 검정 교복과 모자도 그대로 썼는데, 마을 입구에 와서 앉아 있었다. 인솔자는 보이지 않았는데, 아마도 민가 안에 있었을 것이다. 행군하여 들어와 왜 앉아 있었는가 하면, 정처 없이 전쟁하러 왔던 것 같다. 대구 역전에서 모집하여 기차로 포항에 와서 어디가 전장인지 모르고 그냥 가라니까 왔었던 것 같다.(백 선생의 추측이지만, 당시 학도병들은 군대의 통솔을 받아 방어선에 부대별로 분산 배치되었다) 앉아서 쉬고 있는 것을 보았다. 50명은 더 되지 싶었다. 앉아서 이별가 비슷한 노래를 불렀다. 어느 사람들이 적군인지 모르니까, 우리는 피했는데 그날 전투가 있었다는 말을 들었다. 동네 사람 얘기에, 한 사람이 살아나왔는데 속옷 바람으로 동네에 들어왔길래 물으니 저 너머 골짜기에서 학생들이 다 죽고 나 혼자인데 옷을 좀 주어야 갈 수 있다고 하여 옷

---

58 앞의 책, p.20

을 주어 보냈다고 하였다. 아마도 그 사람마저 죽었기 때문에 무당곡 이야기는 역사에서 빠졌을 것이다. (중략) 6·25 이후 아마도 1951년쯤 되었지 싶은데, 그때 산에 놀러 가면 검정 교복을 입은 채로 그대로 있었다. 실탄을 주으러 갔는데 총도 없이 그냥 다 죽어 있었다. 그래서 그 동네하고 침촌 동네하고 부역해서 다 묻었다. 그냥 계곡에 밀어 넣어 덮는 수준이었다. 한 3년쯤인가 4년쯤 지나 발굴했다고 하는데, 내용은 확실하게 나오지 않았다. 1951년쯤이었지 싶은데 그때 신발 안에 발목이 그대로 있었다. 사람이 쉽게 부패하니까 신발하고 발은 그대로 들어 있었던 것 같았다. 불미골하고 무당골하고는 산등 하나 차이였다. 불미골에서 보면 불미골 서남쪽 산 너머 불과 500m 거기가 무당골이었다. 이 산 계곡 골짜기에 매장을 했었다.[59]

빗속에 흘러내리는 주먹밥만으로도 감사, 정수암

(당시 : 제3사단 제22연대 소속 인사장교(준위))

포항 수도산 고지에서 배치 중이던 나는, 적이 침공해 온다는 보고를 접하는 순간 머리카락이 쭈뼛 서고 뒤통수가 당기는가 하면 전신에 전율을 느꼈다. 몇 분 후 적이 공격해 왔다. 우리는 적을 향해 격렬한 사격을 퍼부었다. 그 순간 한 병사가 다가와 총이 고장 났다고 했다. 그 총(M1소총)을 받아 실탄을 장전, 격발해 보니 아무 이상이 없었다. 얼마 후 적군은 수 명의 사상자를 내고 후퇴했다. 총이 고장 났다는 병사를 불러 확인해 본 결과, 실탄 장전 방법을 모르고 있었다. 당시 사병들 거의가 문맹자였으며 교육도 1~2일 정도 받고 전선에 투입됨으로써 나타난 웃지 못할 사례로 다소 이해가 될 것이다.

---

59 포항지역학연구회 연구원과의 인터뷰(2020. 2. 15. 오후 3시)

연대는 포항 전투에서 밀려 형산강 남쪽 제방으로 철수, 포진했다. 그해 9월 초순에는 늦은 장마가 계속돼 형산강 물이 넘칠 정도였으며 온 들판이 물천지를 이루었다. 참호 속에 물이 고여 잠도 빗속에서 자고, 밥도 빗속에서 먹었다. 소금을 섞어 만든 주먹밥이 비로 갈라져 절반만 먹어도 다행이었다.[60]

무전병이 겪은 포항 전투, 손 담
(당시 : 제26연대 3대대 통신대)

형산강을 도강하기 위해 우리 대대는 교량을 이용하여 공격을 개시했다. 적은 교량 양쪽에 설치한 적의 중기관총(소련제 무기) 2정으로 집중사격을 가했다. 이용할 엄폐물이 없는 교량 위에는 많은 부상자와 전사자가 속출했다. 첫 번째 도강작전에는 성공을 거두지 못했다. 수차례 반복 공격을 시도했으나 결과는 희생자만 늘어날 뿐이었다.

다음 날 9월 17일 새벽 공격을 재시도했으나 적의 저항은 더 완강했다. 지상군으로만 공격한다는 것은 희생만 늘어날 뿐 승산이 없었다. 대대장은 작전계획을 변경했다. 항공기로 하여 적의 기관총 화력을 무력화시킨 후 돌격할 계획으로 연대본부에 항공지원을 요청했다.

대대장은 연대장에게 '적의 저항이 완강하여 형산강 도강에 많은 희생자만 속출할 뿐 시간 내 목표지점 탈환에는 차질이 우려된다. 항공지원 바람.'이라는 무전을 쳤다.

지원을 요청한 지 얼마 오래되지 않은 시간에 일명 '쌕쌔기'라 불렸던 F-80제트 전투기 1개 편대(4대)가 나타났다. 꽁무니에서 내뿜는 가스가 창공에 멋진 포물선을 그리며 고막이 찢어질 듯한 금속성 굉음이 울리더니 1번

---

60 『6·25전쟁 증언록 II』, 사단법인 대한민국6·25참전유공자회, 2008, p.27

기가 지상으로 곤두박질치며 로켓탄의 불꽃을 토했다. 이어 2번 기도 같은 요령으로 한 발의 로켓탄을 토하고는 쏜살같이 창공으로 치솟았다. 3번 기는 두루룩, 둔탁한 소리를 내며 목표물에 케리버 50기총 사격을 가했다. 이와 같이 수차례 반복하면서 적의 화력을 무력화시키고 있던 시간에 제10중대장 윤사섭 중위는 1개 소대 특공대 병사를 진두지휘했다. 항공지원으로 사기충천한 특공대원들에게 돌격 명령을 내리고 자기가 앞장섰다.

그렇게도 완강히 저항하던 교량 양쪽의 적 기관총 진지가 무력화되고 10중대장은 "독수리 독수리 여기는 비둘기, 감 잡았으면 응답하라 스 돗 스" 나의 무전기 수화기에서 울려나오는 호출 소리다. 나는 "비둘기 비둘기 여기는 독수리, 감 좋고 명 좋다 스 돗 스" 10중대장 도강 완료, 부상자 7명, 전사자 2명, 적 사살 2명, 포로 2명 잔여 적병 포항 시내로 퇴주 보고를 받은 대대장은 각 중대장에게 도강명령을 내렸다.

대대 전 병력이 도강을 완료한 시간은 땅거미가 지고 어둑어둑할 때였다. 날이 어두워 더 이상의 공격을 하지 못하고, 포항시가 쪽 형산강 둑에서 개개인이 참호를 구축하고 판초 우의를 입은 채 밤새워 방어를 했다. 나에게는 주저항선에서 적병과 대치한 첫날 밤이었다. 가랑비를 맞으며 오금이 저리도록 바짝 긴장했던 나는, 적병과 대치한 전선의 첫날밤을 그렇게 보냈다.[61]

죽장 입암 수석봉 전투에서 부상, 신용범
(당시 : 21세, 제8사단 제16연대 소속 이병)

전쟁이 일어났다는 말을 듣고 1950년 7월 19일 육군에 자원입대했다. 동네 130여 호 가구에 같은 또래 청년들이 많이 있었는데, 나중에 보니 자원

---

61 앞의 책, p.27

입대한 사람은 나뿐이었다. 당시에는 인민군들 때문에 육군훈련소가 마산에 있어서 마산훈련소에 입대했는데, 그 후 훈련소는 김해, 진영, 부산 사상으로 옮겨 다녔다. 대구 금성중학교에서도 사복을 입은 채로 훈련을 받았는데, 1개월 훈련을 마치자 대구에서 처음으로 군복을 지급받았다. 나는 8사단 16연대에 배치를 받으며 M1소총도 지급받았다.

배속되던 날 밤 대구에서 트럭에 실려 동쪽으로 이동을 하였는데, 내리니까 콩밭이었다. 콩밭에서 잠을 자고 깨어나니 영천 화북면 자천동이라고 했다. 낮에 자천국민학교에서 시간을 보내다가 보현산 전투에 투입되었다. 보현산 진지에 갔더니 경찰대 일개 중대가 진지를 인계해 주었다. 일주일 이상 대치하고 있다가 우리는 죽장면 입암 앞산인 작은 보현산으로 옮겨 이틀정도 머물렀다. 나는 수색중대에 편입되어 죽장 입암리 냇가 쪽으로 내려와 수색을 마치고 초승달이 뜬 저녁에 진지가 있는 작은 보현산 수석봉 쪽으로 올라가는데, 고지 위에서 인민군들이 박격포와 수류탄으로 우리를 공격해 왔다. 그날이 1950년 8월 20일경이다. 나는 수류탄 파편을 다리에 맞아 걷지 못하자 지휘관이 나의 총과 실탄을 회수해 갔다. 냇가로 굴러 내려와 앞산을 기어 넘었더니, 아군들이 포 사격을 지원하고 있었다. 그곳에 있던 트럭으로 곧바로 영천 야전병원에 후송되었고, 이어 울산수도육군병원으로 옮겨 치료를 받았다.[62]

포항 출신 학도병 등 생존자 증언

포항 출신 학도병 등 생존자 증언은 2013년 도서출판 아르코를 통해 포항시에서 『6·25전쟁 포항지구전투 참전용사 증언기록집』으로 발간한 바 있다.

---

62 포항지역학연구회 연구원과의 인터뷰, 2020년 2월 1일 오후 2시

포항지역학연구회는 이 책의 생존자 증언을 발췌해 수록하려 했으나 저자와 출판사의 동의가 필요한 법적인 절차를 거쳐야 하는 과정이 있어 부득이하게 증언기록집의 증언자 명단을 수록하는 것만으로 대체했음을 밝힌다.

증언자

권정열(당시 : 17세, 동지중 5년, 학도병)

김두석(당시 : 18세, 수산중 5년, 학도병)

김문목(당시 : 21세, 동지중 5년, 제3사단 제25연대 제3대대, 제26연대)

김성목(당시 : 18세, 포항중 5년, 학도의용군)

김영찬(당시 : 19세, 포항중 5년, 학도의용군)

김윤도(당시 : 27세, 농업, 제3사단 제26연대)

김종수(당시 : 16세, 농사, 제3사단 26연대)

손대익(당시 : 19세, 포항중 6년, 수도사단 제17연대)

이석수(당시 : 18세, 동지중 4년, 제3사단 제23연대 공병대)

이영규(당시 : 19세, 포항중 5년, 제3사단)

이춘술(당시 : 18세, 수산중 3년, 제3사단 제26연대 제2대대)

정도환(당시 : 18세, 동지중 4년, 제3사단 제26연대 제2대대 제6중대)

정재복(당시 : 18세, 경주문화중 1년, 수도사단 의무대대)

조성만(당시 : 19세, 농사, 제3사단 제26연대 제2대대)

최기영(당시 : 19세, 포항중학교 5년, 제3사단 제23연대 수색대)

최봉소(당시 : 21세, 대구상업학교 3년, 제3사단 제25연대, 제26연대)

최현우(당시 : 18세, 수산중학교 3년, 학도병)

편시도(당시 : 22세, 포항중학교 6년, 수도사단 제17연대)

허준한(당시 : 19세, 동지중학교 4년, 제3사단 제26연대)

제5장
남은 이야기들

제1절 북한 제766부대 연대장 오진우의 포항출신설에 대한 오해

북한군 제766독립보병연대는 한때 조선의용군 경보병부대였으나, 6·25 전쟁을 위해 1949년 4월 회령의 제3육군사관학교에서 부대를 편성했다. 이 제3사관학교는 코만도 임무에 관한 훈련전문기관으로 766부대는 레인 저 부대 수준의 경보병부대로 편성되었으며, 6·25전쟁 직전까지 제766부대 는 비정규전이나 수륙양용작전 등 광범위한 특수임무훈련을 받았다. 그러 는 동안 3,000명으로 구성된 6개 대대 체제로 확대되었다. 6·25전쟁 개전일 이 다가오자 제766부대는 훈련을 종료하고 북한군 제5사단을 지원하기 위 해 최전선인 양양으로 이동하게 된다. 북한군은 제766부대와 제549부대가 협력하여 강릉과 삼척으로 강습 상륙을 감행한다는 작전계획을 세웠다. 6 월 23일 이 작전에는 제766부대와 제549부대에서 각 3,000명씩, 제5사단 11,000명을 합한 총 17,000명의 병력이 참가하였다. 이때의 북한군 병력은 당시 해당 지역을 수비하고 있던 국군 제8사단 6,866명의 약 2.1배에 이르는 전력이었다.

상륙 직후 제766부대는 3개 그룹으로 분리되었다. 2개 대대는 북한군의 선두 진로확보를 담당하게 되었고, 제3대대는 부산 잠입의 특수임무를 받아 제766부대에서 분리되었다. 제3대대는 인원과 장비 모두 증강되어 600명의 병력을 갖춘 새로운 특수부대인 제588부대로 재편되었다. 제588부대의 임무는 부산항을 습격, 유엔군의 양륙을 방해하기 위해 항만시설을 파괴하는 것이었다. 하지만 제588부대의 수송함이 6월 25일 오전 유엔군 함정에 발견되어 격침됨으로써 제588부대는 편성 직후 소멸되고 말았다.

이후 8월 포항 전투를 거치면서 제766부대는 당초 전력의 절반까지 병력이 줄어든 상태로 비학산까지 철수하여 제12사단에 합류하였다. 이 무렵 제12사단의 전력도 1,500명까지 줄어들었고 2,000명의 보충병을 현지에서 징병하여 전력을 보완하였다. 1950년 8월 19일 제12사단으로 편제가 흡수된 제766부대는 소멸되었다. 그들은 전쟁 시작 전까지 14개월 가까운 훈련을 받았지만, 실제 6·25전쟁에서의 전투는 포항지역의 국군과의 전투에서 막대한 피해를 입고 2개월도 지나지 않은 상태에서 해체된 것이다.[63]

"北 前무력부장 오진우
포항 장기면출신 아니다"

· 향토사학가 이상준씨 주장

북한 인민군 무력부장을 지낸 오진우(吳振宇·사진·95년 사망·당시 78세)는 경북 포항시 남구 장기면 출신이 아니라는 연구결과가 나왔다. 오진우는 그동안 포항 일대에서 장기면 출신으로 알려져 왔었다.

향토사학가 이상준(李相濬·42·대구지검 경주지청 근무)씨는 최근 포항지역사회연구소가 발간한 『포항연구』 제32집에 실은 향토답사기에서 "증언을 토대로 확인한 결과 오진우는 장기면 출신이라는 소문은 사실과 달랐다"며 "장기면 출신으로 월북해 북한의 장교가 된 집안의 사람과 얼굴이 닮았을 뿐"이라고 주장했다.

당초 포항지역에서는 장기면 학곡리에 태어난 오진우가 일제 때 중국 만주에서 돈을 벌어 김일성에게 독립자금을 대줬으며 이후 김일성의 배려로 인민군

같은 面출신 월북자와
얼굴 닮아 오해 생겨

무력부장을 맡게 됐다는 얘기가 전해져 왔다. 오진우는 또 6·25전쟁 때 경주시 안강까지 왔다가 후퇴하면서 장기면 쪽을 가리키며 집에 가보지 못한 것을 아쉬워했다는 것이다.

이씨는 이런 얘기가 널리 퍼지게 된 까닭은 장기면 학곡리에 살던 오모씨가 6·25전쟁 전에 월북해 훗날 북한의 장교가 됐고, 고향에 남아있던 그의 남동생 얼굴이 오진우와 매우 닮은 데서 생긴 오해라고 밝혔다.

이씨는 "1970년대 들어 TV에 오진우의 얼굴이 자주 나오면서 같은 마을의 오씨가 오진우의 친동생이라는 소문이 퍼지게 된 것 같다"며 "월북을 오씨를 알고 있는 사람들을 통해 확인한 결과 두 사람은 전혀 관계가 없는 것으로 밝혀졌다"고 말했다.

북한은 오진우가 1917년 함남 북청에서 태어난 것으로 밝히고 있다. 이씨는 "오진우가 장기면 사람이라는 소문 때문에 장기면에 살고 있면 오씨 집안이 수십 년 동안 큰 피해를 당했다"며 "왜곡된 소문을 바로잡기 위해 연구를 시작하게 됐다"고 말했다.

〈포항=이권효기자〉
boriam@donga.com

제766부대를 이끌었던 오진우와 관련한 기사
(동아일보 2001. 12. 6)

---

63 Appleman, Roy E.(1998), South to the Naktong, North to the Yalu : United States Army in the Korean War, Washington, DC : Department of the Army, ISBN 978-0-16-001918-0 등

제2절 포항탈환 후 배운 6·25 관련 노래

KBS포항방우회장 최규열(1937년생)은 6·25전쟁이 발발하였을 당시 포항 중 1학년이었다. 8월 11일 포항이 북한군에게 함락되자 피난을 갔다가 그해 포항이 탈환된 후 다시 등교했을 때 음악교사가 6·25 관련 노래를 가르쳐 주었다고 한다. 작사자와 작곡가는 누구인지, 노래 제목은 무엇이었는지 기억하지 못하지만 노래만은 정확하게 기억하고 있어서 2009년 포항시립교향 악단에서 악보로 만들었다.

이 노래는 2009년 8월 4일 포항시립연극단 공연 〈형산강아 말해다오〉(최동주 작, 김삼일 연출)에 삽입되어 시민들에게 처음 소개되었다.

제3절 영화는 영화일 뿐, 진실과는 다르다.

6·25전쟁과 관련하여 영화로 제작된 것 중에서 포항이 배경이거나 포항의 전투를 다룬 내용이 있다. 그중에서 대표적인 것이 포항여중의 학도병 전투를 다룬 〈포화 속으로〉(2010년 6월 개봉, 감독 이재한)와 포항철수작전의 내용 일부를 상징하는 게 포함된 〈고지전〉(2011년 7월 개봉, 감독 정훈)이 있다.

두 영화 모두 고증에 철저하였다거나 실화를 바탕으로 재구성하였다는 이야기를 하고 있지만, 실제와 많이 다른 부분들도 적지 않아 이번 기회에 바로잡는다.

영화는 픽션이지 다큐멘터리가 아님을 다시 한번 밝혀둔다.

영화 〈포화 속으로〉

영화 속 장면	사실 여부	실제 전쟁사의 기록
포항여중 전투의 학도병 71명	○	71명의 학도병이 포항여중 전투에 참가
영덕 전투 경험 학도병 3명, 부산경찰서가 인계한 불량 청소년 3명 포함 학도병으로 구성	×	전원이, 김석원 장군이 수도사단장에서 3사단장으로 부임하자 뒤따라온 학도병
포항여중이 야전병원 겸 사단장지휘소	×	3사단장은 장사동에서 전투 중이었으며, 포항여중은 후방지휘소로 행정 병력만 있었음
학도병 도착 즉시 M1소총 지급 수류탄 가지고 놀다 폭파되는 장면	×	8월 10일 밤에야 무기를 지급함
중대장을 3사단 지휘관이 직접 임명	×	학도병 중대는 투표로 중대장을 임명한 상태였으며, 이후 소대장까지 뽑게 됨

	사실 여부	
학교 바깥으로 정찰 나가 북한군과 교전	×	10일 자정쯤 취침 후, 11일 새벽 04:00에 첫 전투가 벌어짐
전투 막바지에 지원 병력이 도착	×	전투 중 후방지휘소 요원과 민간인이 안전하게 피난, 이날 오후 6시에는 포항시내가 북한군에 점령당함

영화 〈고지전〉

영화 속 장면	사실 여부	실제 전쟁사의 기록
포항철수작전 중 자신들이 살기 위해 아군을 죽이고 탑승	×	민간인과 경찰관, 병력과 더불어 민간인의 송아지까지 먼저 탑승시킨 후 사단장과 참모진이 제일 마지막 LST에 탑승
북한군이 백사장까지 밀려오는 추격전	×	철저히 진행된 비밀 철수작전으로 마지막 LST가 떠날 무렵에야 인근 고지에서 북한군이 사격 개시

제4절 6·25전쟁과 관련한 포항의 미담

1952년 5월 미 해병대원들이 포항 지역 전쟁 고아원 설립
(동아일보 1952년 12월 12일 자 보도)

〈전쟁고아 육성한 미 해병들에 감사장〉이라는 제하로 다음과 같은 기사가 게재되고 있다. "미 해병대 제1사단 병사들이 지난 5월 10일로 포항시에 '미해병대기념고아원'을 설치하고 오늘에 이르기까지 많은 전쟁고아를 구호하고 있는 데 대하여 사회부에서는 동 제1사단장 '크레이튼. O. 제롬' 소장을 비롯하여 관계 장교 3명에게 각각 감사장을 수여하기로 되었다 한다."

戰災孤兒育成한
美海兵들에 感謝狀

미해병대제일사단병사 검사한결과 「복장어」중 들이 지난五월十일포함 독으로 사망하였음이판 시(浦項市)에 「美海兵隊 명되었다한다 紀念孤兒院」을 설치하 고 오늘에이르기까지많 ▲「아」원수 은전재고아들 구호하고 의 대통령망 있는데대하여 사회부에 선을 예언하 서는 동제一사단장 「크 여맞섰다는일 레사군·C·제롬」소장 이번에 본 점영이가 을비롯하여 관계장교三 이번에 또한 명에게 각각감사장을수 「점」 피문일었는데 ▲그 여하기로 되었다한다 겼은 나름이아니라 三 차대전은 一九五五주년에

전쟁고아 육성 미 해병에 대한 기사(동아일보 1952. 12. 12)

미해병기념고아원 이름 밑에 포항선린애육원의 세로 간판이 보이며,
해병대원들이 물자를 전달하는 모습

1953년 12월 1일 미 해병 지원으로 세워진 선린애육원 건물 외관에 "미국 해병대의 은혜로 우리는 잘 자랍니다"라는 간판이 크게 세워져 있다.(출처 : 국사편찬위원회 전자사료관)

1953년 12월 1일 선린애육원 원아의 빨래를 지키는 경비견(잠자는 중)이라는 설명이 붙어 있다.(출처 : 국사편찬위원회 전자사료관)

1952년 8월 3일 미 해병 맥렌던 하사가 포항 어린이에게 사탕을 건네는 모습
(출처 : 국사편찬위원회 전자사료관)

미 해병 제1사단 주둔 기지 북쪽에 위치한 고아원의 모습(1953~54년 중 촬영)

1953. 11. 24. 포항 출신 영현 21주, 영일군 출신 영현 172주가 안착

〈기사〉 국가민족의 정화로 산화한 포항시 출신 고 육군중위 김순조 씨 외 21주의 영혼이 지난 11월 24일 전 시민의 애도 하에 당지에 안착하였는데, 이날 상호 11시 구 경찰서 광장에서 엄숙한 추도식이 거행되었다. 한편 영일군 출신 영혼 172주도 당시 군청에 안착되어 즉시 각 출신 읍면으로 봉송하였다.(동아일보 1953. 12. 3, 2면)

1953. 2. 12. 포항 출신 60여 청년, 부상병에 자진 공혈, 싸우는 장병에 보답
(동아일보 2면 보도)

〈기사〉 부상입은 일선 장병의 생명을 구하는 데 써달라고 자신의 '피'를 바치기로 지원해 온 애국청년 61명이 있다. 즉 경북 포항읍 거주 최기종(38) 외 60명은 멸공전에 있어 무엇 하나 국민전사로 국가에 봉사할 기회로 했을 뿐더러 안온하게 지내고 있음은 오직 국군장병의 덕분이며, 자신의 '피'로 일선 부상병을 구할 수 있다면 이 이상 기쁜 일이 없다고 지난 10일 제대한 대한군원수협회에 자진 출원한 바 있어 동 협회에서는 동지 내 육군 제5병원을 비롯한 재군의후감실 ○○병원 등에 연락하여 전기 61명의 소원을 들어주었다고 한다. 한편 이에 감격한 ○○병원 '아난더' 중령은 두 협회 이사장 최용 박사에게 이들이 바친 공혈로 오늘 일선에서 후송되어온 ○○군 60명의 생명을 구해낼 수 있었다는 것은 오직 양국의 우의를 더욱 두텁게 한다고 간곡한 희사를 표한 바 있었다고 한다.

제5절 최용식(崔容植) 옹의 이야기

최용식(崔容植, 94세)은 1926년 10월 31일 영일군(현 포항시 북구) 죽장면 두마리 720번지에서 태어났다. 그의 어린 시절, 군내에서도 가장 오지인 죽장면 두마리의 경제 사정은 말로는 표현하지 못할 정도로 어려웠다. 일제강점기에는 산골 마을뿐 아니라 평야 지대조차도 흉년과 공출에 시름을 겪었다. 농어민들은 초근목피를 캐어 먹더라도 연명만 할 수 있다면 정든 고향을 떠나지 않으려고 안간힘을 썼지만, 수년간 이어진 기근으로 이들은 생존을 위해 만주(간도)로 유이민의 길을 떠나야 했다.

당시 보도된 동아일보(1935년 3월 21일) 기사에 따르면 1935년 2월 23일부터 3월 18일까지 불과 1개월이 채 되지 않는 기간 동안 포항(영일군 포함)에서 만주로 떠난 유이민은 475명에 달했다. 포항 부근 각 역에서 떠난 사람까지 합하면 1개월 동안 500명이 훨씬 넘을 것이라 했다. 이런 현상이 수년간 이어졌으니 만주로 떠난 이 지역민들은 부지기수였다.

최용식의 가정도 마찬가지였다. 윗대는 소 장사로 목돈을 만졌으나 화폐개혁으로 살림이 거덜 났다. 아버지 3형제는 모두 죽장면 두마리에 터를 잡고 살았다. 그중 용식의 아버지는 둘째였다.

일제하에서는 먹고 살기가 힘들어 그의 아버지는 가족들을 데리고 무작정 만주로 떠났다. 용식이 열두 살 되던 1938년이었다. 큰아버지와 삼촌은 그대로 고향에 머물렀다.

용식의 가족들은 지린성(吉林省) 통화(通化)시 변두리에 자리를 잡았다. 그곳은 약 500여 호로 형성된 마을이었는데, 언덕 위에는 원주민인 중국인들이 거주했고 그 아래는 버드나무만 무성한 버려진 늪지대였다. 용식의 아버지는 그 동네에서 구장을 맡았다. 아버지는 같이 간 일행들을 설득, 황무지로 남아 있는 늪지대를 개간해 논을 만들었다. 논농사를 지어본 적 없는 원주민들은 그들의 행동을 이해하지 못했다고 한다. 하지만 이주한 조선인들이 그곳을 개간한 후 벼를 키워내자 원주민들은 그것에 큰 충격을 받았다고 전해진다. 최용식은 20대 초반에 조선에 있는 밀양박씨 여자와 결혼했다. 그녀는 통화시로 와서 신혼살림을 차렸다. 그러나 신접살림도 잠시 최용식은 해방 후 '조선의용군'이라는 군대에 징집되었다. 중국인들이 '인민해방군 의용군'이라고 불렀던 그 군대는 국공내전에 참전했다. 전쟁에서 승리한 중국 공산당은 국민정부를 타이완(臺灣)으로 몰아내고 1949년 10월 1일 중화인민공화국을 수립하였다.

중국이 내전에서 승리하자 스탈린과 비밀 협약을 맺은 마오쩌둥은 중국 인민해방군 육군 제20사단에 소속되었던 동북의용군과 조선인계 인민해방군 의용군 1만 명을 차출하여 1950년 초에 북한으로 보냈다. 국공내전의 경험이 있었던 용식은 이들보다는 먼저인 1949년경에 북한으로 파견되어 북한군의 교육을 담당했다. 1950년 초에 중공 의용군들을 중국에서 북한으로 인솔해 온 대장은 계급이 소장인 전우(全宇)란 사람이었다. 전우가 이끈 이 군대는 1950년 5월 원산으로 이동하여 북한군 제7사단으로 편성되었다.[64] 이들의 규모는 약 10,000명이었으며, 원래 정원은 12,000명 정도였는데 나머지 2,000명은 신병모집과 제1사단의 1개 대대 포병병력을 편입시켜 사단 정원을 채웠다. 이때 용식은 부소대장을 맡았다.

1950년 6·25 당시 최용식이 소속된 북한군 제7사단은 제30, 제31, 제32연대와 포병대대로 구성되어 있었다. 이 사단은 동부전선인 강원도 홍천군으

---

64 북한군 제7사단은 전쟁 직전 중국군 제20사단 내의 동북의용군 출신 조선인들과 중국 각지에 산재해 있던 조선인들을 주축으로 만들어진 사단이었다.

로 진격했다. 하지만 개전초기에 춘천 홍천 부근에서 한국군 제6사단으로부터 큰 피해를 입었다.

춘천, 홍천에서의 작전실패로 북한군 제7사단장(전우)은 대좌로 강등되고, 이후 최인 소장이 사단장을 맡았던 제7사단은 제12사단(사단장 최춘국)으로 개칭되었다. 이제 제12사단 소속이 된 최용식의 부대는 1950년 7월 말경에 경상북도 안동과 청송을 거쳐 포항의 기계를 점령하였고, 8월 초순부터 9월 초순까지 기계 전투에서 치열하게 싸웠다. 고지를 뺏고 뺏기는 혈전을 거듭하던 최용식 소속 부대는 신광면 비학산으로 후퇴하였고, 그곳을 최후의 방어선으로 삼아 피아간에 치열한 전투가 계속되었다.

최용식은 어릴 적 떠났던 이곳의 산천들이 낯설지가 않았다. 여기서 100여 리만 가면 고향 마을이 있고 그곳에는 아직도 큰집과 삼촌 가족들이 살고 있었다. 100리라 하지만 산길로 걸어가면 한나절 만에 갈 수 있는 거리였다. 국군의 포탄이 빗발치고 북한군은 열세에 밀렸다. 함께 있던 많은 북한군이 옆에서 죽어 나가는 상황에서 최용식은 떡을 급히 먹다 체해서 인사불성에 빠졌다. 정신을 차려보니 이미 동료들은 모두 사라지고 주변에는 아무도 없었다. 용식은 고향을 찾아가기로 마음먹었다. 비학산에서 걸어 고향마을인 두마리로 무작정 찾아갔다. 어렵게 찾아간 죽장면은 마을마다 텅텅 비어 있었다. 고향 근처 어느 마을에서 피난을 가지 않고 마을에 남아 있던 노인 한 사람을 만났다. 아버지 이름을 대고 친척들을 찾았더니 그 노인은 금방 용식을 알아봤다. 그러면서 그가 하는 말이 '그 집(큰집과 삼촌집)의 식구들은 전부 자양면(영천) 하천변으로 피난가고 아무도 없다. 그런데 젊은이 그런 복장(북한군 복장)으로 여기서 돌아다니다가 잡히면 죽을 것이니 빨리 도망을 가라'고 충고를 했다.

그길로 용식은 걸어서 북으로 갔다. 돌아가는 도중에는 구걸하거나 남의

음식과 곡식을 훔쳐 먹으며 두만강을 넘어 건너 중국 땅으로 갔다. 그곳에서 부대가 재편되어 전쟁이 끝날 때까지 다시 북한 전선에 투입되어 국군을 상대로 싸웠다.

전쟁이 끝난 후 용식은 가족들이 있는 지린성 통화시로 돌아가 농사를 지었다. 그러던 중 남한과 중국이 국교를 체결하였다. 용식의 처남은 교회를 여러 개 거느린 장로였다. 용식은 처남의 주선과 죽장면 고향에 남아 있던 친척들의 초청으로 한국을 방문했다. 통화시에서 맨 처음 한국으로 찾아온 사람이 바로 최용식이었다. 용식은 처와 같이 서울에서 3년간 공사 현장에서 날일을 했다. 처는 공사장에 딸린 함바식당에서 일을 거들었다. 그때가 김영삼 정부 시절이었는데, 한국 돈으로 3천만 원을 벌었다. 당시 중국과 한국의 화폐가치는 700:1 정도였기에 그 돈은 통화시에서는 집을 100채 살 수 있는 거금이었다.

중국으로 귀국하여 통화시에서 몇 년 동안을 부유하게 살았으나 고향이 그리웠다. 용식은 고향인 죽장면 '두마리'를 방문했다. 고향에는 여전히 친척들이 많이 살고 있었고 그 역시 고향에서 친척들과 함께 약초와 고로쇠 수액을 채취하며 살기 시작했다. 2009년에는 한국 국적도 되찾아 죽장면사무소에서 주민등록도 만들었다. 그런데 중국에 있는 아내가 병이 들었다는 소식을 듣고 다시 중국 통화시로 돌아갔다. 처는 회복되지 못하고 결국 사망하였고, 용식은 지금도 통화시에서 살고 있다. 중국에 있는 그의 가족들도 노력하며 살기는 마찬가지였다. 아들은 통화시의 시군산림과장이며 며느리는 농협의 간부직원인 것만 봐도 그렇다.

"나는 중국군(중공군)으로 6·25전쟁에 참전하였고, 내 친척들과 고향사람들은 국군으로 참전하였다. 가족과 친지들끼리 고향산천에서 서로 죽이고 죽는 전쟁을 했다. 그때 왜 싸웠는지, 누구를 위해 싸웠는지 도무지 억울해서 못 죽겠다" 최용식 옹의 한 서린 말이다.

올해 94세 최용식 옹의 삶에는 우리 민족 근현대사의 비극이 모두 녹아있다.

최용식 옹과 포항의 일가친척들(뒷줄 여성 옆에 앉은 이가 최용식 옹이다). 일제강점기의 만주이주, 그리고 6·25 동족상잔의 비극이 이 사진 속에 현실로 녹아있다. 6·25때 그는 중국군(중공군)이 되어 비학산까지 왔다가 고향땅을 잠시 밟은 후 후퇴했다.(사진제공 : 최명식)

제6절 6·25전쟁 70주년, 우리는 여전히 휴전상태다.

2020년 6·25전쟁 70주년을 맞이하게 되었다. 과거 정전회담 이후 정치회담을 통해 완전한 평화체제로 이행되지 않은 관계로, 그동안 남북 양측에서는 전쟁 재발에 대비하기 위한 군사력 증진에 힘써왔다. 그리고 수많은 남북 관계의 화해와 평화적 노력을 위한 회담과 공동성명이 있었음에도 불구하고, 북한 측의 일방적인 위협 행위는 여전히 오늘날까지 이어지고 있다.

연월일	북한의 주요 군사적 도발 사건
1968. 1. 21	북한군 게릴라 31명이 청와대를 기습, 대통령 암살을 시도하다 미수에 그친 사건
1976. 8. 18	판문점 인근 공동경비구역에서 북한군 30명이 도끼로 미군 장교 2명을 살해한 사건
1974~1990	1974년 11월 경기도 연천, 1975년 3월 강원도 철원, 1978년 10월 경기도 파주, 1990년 3월 강원도 양구에서 지금까지 총 4개의 남침용 땅굴이 공식 확인
1996. 9. 18	북한군 게릴라 25명이 강릉에 침투, 44명의 군인, 경찰, 민간인의 사상자가 발생
2010. 11. 23	북한에서 대연평도를 향해 170발의 포격으로 23명의 군인과 민간인 사상자 발생
2006~2017	제1차(2006. 10. 9), 제2차(2009. 5. 25), 제3차(2013. 2. 12), 제4차 (2016. 1. 6), 제5차(2016. 9. 9), 제6차(2017. 9. 3)의 핵실험을 실시
2019	5월 4일부터 11월 28일까지 총 14차례의 미사일 발사 도발
2020	3월 2일 미사일 발사 도발 3월 9일 복수의 단거리 발사체 발사 도발 3월 21일 단거리 탄도미사일 발사 도발 3월 29일 단거리 발사체 발사 도발 4월 14일 단거리 순항미사일 추정 발사체 발사, 전투기도 출격 5월 3일 북한군 강원도 중부전선 초소(GP)에 실탄사격 도발

부록

포항의 6·25전쟁사 연표[1]

1945년		
8. 6	미	히로시마에 농축우라늄 원폭 꼬마(Little Boy) 투하
8. 9	미	나가사키에 플루토늄 원폭 뚱보(Fat Man) 투하, 재일한국인 4만 명 피폭 사망
	소	소련이 일본에 선전포고와 동시에 소련군이 두만강을 건너 입북
8. 15	미일	일본이 연합국에 무조건 항복 발표. 일본 정부 포츠담선언 수락
	북	여운형, 조선건국준비위원회 결성
8. 21	소북	소련군, 평양으로 입성
8. 25	미	미군, 조선총독부에 항복문서 조인을 받기 위해 인천 상륙
9. 6	북	여운형 등이 조선인민공화국 수립을 선언
9. 7	미	미국 극동군사령부, 조선에서의 군정을 선언(즉시 독립 부인)
9. 8	미한	미군 포항 영일비행장을 접수, 일본군 무장을 해제
9. 9	미	일본 조선총독부, 미군에 항복문서 조인
11. 1	미	미 군정청 교통국 관할 포항부두국 개설(포항 해운항만청 전신)
1946년		
1. 15	한	남한 지역에 국방경비대 창설
2. 8	북	북한 지역에 임시인민위원회 창설
8월	한	포항항 대외무역지정항 선정에서 탈락 5만 포항읍민, 영일군 13개 어업 단체가 반발하며 분노
1947년		
2. 8	미	미 군정령으로 해군 포항기지사령부 설치
2월	북	북조선인민위원회 창설
1948년		
5. 10	한	남한 단독으로 초대 총선거 실시
7. 12	한	대한민국 헌법 제정(7월 17일 공포)
7. 20	한	남한지역 이승만 대통령 선출
8. 15	한	38도선 이남 대한민국 정부 수립

---

1 주 : 관련 부문의 약칭은 미(미군, 유엔군), 중북(중국 북한 관련), 소북(소련 북한 관련), 한(국군)

9. 9	북	38도선 이북 조선민주주의인민공화국 정부 수립, 김일성 내각 수상 선임
10. 19	한	여순 사건(여수 주둔 14연대 군인 2천여 명 제주 4·3사건 진압명령 거부 무장반란) 영일군 내에서는 그동안 수차례 반란사건이 있었으나 치안 상태는 양호 보도

1949년

1월	북	김일성 신년사에서 남침을 의미하는 국토완정 용어를 13회나 강조
3월	소북	스탈린에게 무력남침계획 타전-스탈린은 전력이 압도적이지 않다며 만류, 준비를 독려(소총 1.5만 정, 각종 139문, T-34 87대, 항공기 94대 등 무기 지원)
4월	중북	스탈린 김일성에게 남침 문제는 마오쩌둥과도 협의를 지시-마오쩌둥도 전쟁 유보 지시, 중국인민의용군 소속 조선인 2개 사단을 북한으로 이양
6. 5	한	사상보호관찰단체인 국민보도연맹을 조직(가입하면 처벌하지 않는다고 권유)
6월	미	미군 대한민국에서 철수
8. 14	한	포항읍이 포항부(浦項府)로 승격
8. 15	한	포항부를 포항시로 개칭
8월	소북	김일성-스탈린에게 재차 남침 승인을 요청 -스탈린은 시기상조로 전면전 불허 김일성-강원도 삼척 등 일부 지역만 점령 의사 표명-스탈린은 무력남침보다 남한 내 빨치산 무장봉기를 통한 공산화를 지시 소련 핵실험에 성공
9. 14	한	포항경찰서에서 포항도립병원 남로당 세포 사건으로 관련자 검거 (10월 14일 문초를 일단락하고 일건 서류와 함께 경주지검에 송치) 도립병원 남로당 세포 책임자 산부인과과장 김정원, 부책임자 내과과장 남번, 세포원 외과과장 박상환, 소아과과장 김위조, 약제사 박경호, 의사 김경진, 박문영, 김판조, 신갑수 등은 지난 1월 하순경부터 동 병원 내에 남로당계 세포를 조직하는 동시 군경 및 각 애국인사에 대한 치료를 거절, 9월 상순경에는 약을 훔쳐 남로당 포항군지당 간부에 제공하고 간호사까지 야산 부대에 제공하려다 미연에 발각
9월	한북	남로당 관공서·군부대 등을 공격, 38도선 주변에서 이때부터 소규모 도발
10. 25	한	포항에서 관내 형사대가 달전면 '아지트'를 습격하여 반도 2명 사살. M1소총실탄 25발, 기타 불온문서 다수를 압수
10월	소북	38선 전투 금지를 스탈린이 김일성에게 지령 이후 소강 상태
	중북	마오쩌둥 국공내전에서 승리, 중국 전토의 공산화 통일 달성

1950년		
1. 12	미	미국 국무장관 딘 아치슨이 아치슨 라인을 표명
1. 30	소북	김일성 소련 대사를 통해 남침공격을 위한 스탈린과의 대화 요청. 스탈린은 김일성에게 여전히 미흡하나 이후 관련 토론을 위해 만나주겠다는 의견 피력
4월	소북	김일성, 박헌영 비밀리에 모스크바 방문-회담에서 스탈린은 중국 동의를 조건으로 북한의 선제 남침 전쟁 개시를 승인
5. 14	중소	스탈린-마오쩌둥에게 극비로 중국 동의 시 전쟁을 승인한다는 문서
	소북	소련 군사고문단, 남침 군사작전 계획을 러시아어로 작성(1단계 서울 지역 점령, 2단계 대전까지 점령, 3단계 부산까지 완전 점령)
6. 7	북	평양방송, 남북평화통일을 위한 대표회의 개최 용의가 있다고 발표
6. 10	북	공격 부대 병력을 2군단으로 편성, 비밀대기동연습을 실시. 전 사단이 남부 국경 지대로 이동하기 시작
	한	육군본부 사단장, 연대장급 간부의 인사이동을 단행
6. 11	한	육군본부 비상계엄령을 발령, 38도선의 경계를 강화
6. 12	북	북한군 제2군단이 공격개시 지점인 화천으로 이동하여 사령부를 설치
6. 16	소북	스탈린 6월 25일 자 남침계획을 승인-미군 참전 가능성을 고려하여 미군 도착 이전 전쟁종결을 기획(2개월 내 종전 목표)
6. 17	북	북한군, 전 군부대에 국경지대로 이동 명령 발령
6. 19	미	미 CIA가 도쿄의 GHQ에 '38도선 북측에서 대규모 부대 이동이 전개, 전 주민이 북쪽 2km 너머로 철수하고 있으며, 철도는 북한군이 접수, 국경 지대로 부대, 병기, 탄약의 대량수송이 행해지고 있다'고 보고하지만 GHQ는 무시함
	북	최고인민회의, 사실상의 전쟁선언인 전조선입법기관설치를 포함한 통일안을 채택, 내용 중 이승만, 이범석을 반역자로 체포하는 조항이 포함됨
6. 20	미	미 국무성 달레스 고문 38도선 시찰 후 이승만 대통령에게 원조를 약속
	북	인민경제의 보다 높은 단계로의 발전을 지향하는 3개년 계획을 결정
6. 22	북	김일성, 군 최고사령관으로서 전투명령 제1호로 전면적 남진작전 발동을 명령
6. 24	한	육군본부, 00:00를 기해 비상계엄령을 해제(전방 부대 병력 2/3가 휴가 조치)
		서울 육군본부 회관 준공식 개최, 오후 7시부터 비가 내리고 댄스파티 시작

		새벽 4시 전 전선에 걸쳐 남침 개시 전쟁 전 남북한 군사력 비교 북한 : 10개 보병사단, 2개 보병여단, 1개 전차여단 201,050명 　　　　전차 242대, 포 2,492문, 함정 110척, 비행기 226대 남한 : 8개 보병사단 103,817명 　　　　전차 0대, 포 1,501문, 함정 36척, 비행기 22대
	북	04:30 서해안 옹진반도에서 동해안 주문진까지 38도선 전역 11개소에 걸쳐 북한의 침공 개시. 개성(제6사단과 제1사단), 의정부(제3사단과 제4사단), 춘천(제2사단과 제7사단), 동해안 제5사단이 남진
		05:25 평양방송 제1보로 '미 제국주의자들의 선동으로 남조선 괴뢰군이 38도선 전역에서 북진을 개시하였다. 영웅적 조선인민군은 적의 공세에 반격을 가하고 있다'고 방송
	한	06:30 KBS가 북한이 대규모 공격을 개시하였다는 제1보를 방송
		10:00 이승만 대통령, 북한군 침입에 대한 보고를 받음
	북	11:00 공식적으로 개전을 선언. 평양방송은 '군사행동은 한국 측의 도발에 대항하는 조치'임을 강조
	한	13:00 서울운동장에서 열리던 전국 대학축구선수권대회 결승전 도중 중지
6. 25	북	13:35 김일성이 방송으로 남한이 옹진반도에서 해주로 북한을 공격하였다며 남침 사실을 은폐
	한	15:00 경향신문이 국군정예부대가 총반격을 개시, 북한군을 격퇴하고 더욱 추격 중이라는 호외를 배포
	북	15:00 북한군 비행기가 김포비행장에 기총사격, 연료동 2개 동 화재 발생
	한	18:30 신성모 국무총리 대리 겸 국방부장관이 전황을 발표, 미 정부에게 전차, 비행기, 대구경포, 선박 등을 긴급 원조해 달라고 요청하였다고 발표
		19:00 KBS가 국군이 우위에 있다는 허위 전황보고를 보도
	미	오후(미국 현지 24일 심야) 미 국무성 북한군의 남침에 항의, 안보리 즉각 개최 요청
		미국 현지 25일 15:00 긴급유엔안보리 개회, 유엔사무총장은 유엔한국위원회 보고에 따르면 이번 사건이 북한의 침략행동임은 의심의 여지가 없다고 설명
		미국 현지 25일 18:00 북한에 대한 침략 행위 즉시 중지와 38선 이북 철수요구안이 가결, 북한 측 주장을 듣자는 결의안은 부결 미국 현지 25일 19:00 트루먼 대통령 워싱턴 도착. 각의 결정으로 극동 해공군에 대한 출동 명령, 한반도에서의 군사행동 지휘권을 맥아더에게 부여

6. 25	미	주일 미 해군 제90기동부대 사령관인 도일(J. H. Doyle) 제독이 상륙전대함정에 미 제24사단 제35연대 병력을 요코스카 항에서 탑승, 사가미만 지가사키 해안에서 상륙훈련을 하도록 지시
6. 26	미	북한군은 '침략행위 중지 및 38도선 이북으로 병력 철수하라'는 유엔결의안을 무시하고 남침을 지속 강행
		오전 미 정부, 군사 관계자의 가족들이 인천항에서 피난
		오후 도쿄 미군 총사령부에서 F-51전투기 10기를 한국 정부에 인도, 일본을 발진한 미군기가 한국 상공으로 진출 22:00 트루먼 대통령 제2차 명령으로 38도선 이남 북한군에 대한 항공기, 함선에 대한 공격 개시를 지시, 맥아더는 극동 지역 전 전투부대에 한국 출동 준비 명령과 더불어 제7함대 제77기동부대가 해안선 봉쇄를 위해 출동
6. 27	한	03:00 이승만 대통령이 서울 탈출 직전 보도연맹과 남로당원들의 처형 명령, 이에 따라 전국적으로 많은 학살이 자행(신문에서는 최대 120만 명까지 주장) 2015년 8월 31일 포항에서도 관련 피해자 166명의 유가족 143명에게 국가배상 책임(37억 원) 대법원 최종 결정
6. 28	북	02:00경 북한군 선두가 서울 미아리 방어선을 돌파
	한	02:30경 한강교를 폭파하고 육군본부는 수원으로 이동
	미	유엔 '군사적 제재를 통하여 평화를 회복한다'는 결의, 유엔군 결성이 결정
7. 1	미	미 지상군 최초로 미 제24사단 스미스 특수임무부대가 부산에 도착
7. 3	미	스미스 특수임무부대가 오산 죽미령에서 북한군 제4사단과 첫 교전
7. 5	한	해군 포항경비부가 기지근무인원으로 중대 규모 육전대(용호대)를 편성
7. 6	미	맥아더 원수 미 제1기병사단의 한국 상륙돌격작전 계획 지시
7. 7	미	유엔 유엔군 사령부 창설
7. 8	미	유엔 맥아더 원수를 유엔군 사령관으로 임명
7. 9	한	해군본부는 해본 작명 갑 제56호로 진해에서 훈련하던 해군신병 제16기를 주축으로 하는 480명의 해군육전대를 긴급 편성, 포항으로 남진하는 북한군을 저지하는 임무를 부여
		해군 포항경비부 진해의 증원 병력 도착으로 대대 규모 육전대(강호대) 편성
	북	북한군 제766부대가 보현산, 구암산에 거점 설치
	미	도일 제독의 포항상륙작전 계획을 맥아더 원수가 승인
7. 10	북	북한군 제5사단 제766부대를 앞세워 남하, 7월초 울진 점령 후 7월 10일 영해-영덕 일대에서 낙동강 동부 요지 기계·안강 지구를 위협
	미	포항상륙작전 결정일 LST로 도착한 미 제5공군 항공기술 인력이 영일비행장 활주로 확장 보수 공사를 개시

7. 11	북	북한군 2개 대대 규모 게릴라가 봉화군 춘양 방면으로 향하며 구암산으로 이동하고 포항 감곡, 기계에서 부녀자, 양곡, 농우 등을 약탈, 보현산 일대에 대치
	한	해군 포항경비부 17:00 용호대를 안강 지구로 출동, 용호대는 1개 중대로 추산되는 북한군이 구룡산으로 남하, 잠입한 것을 탐지
	미	포항 상륙 정보 수집을 위해 해군장교 3명과 제1기갑사단 정보장교 2명이 공중 정찰을 실시하고, 일본 도쿄로 복귀(7월 13일)
7. 12	한	영일비행장에 전투기 출격이 가능하도록 활주로 보강공사에 착수(미 공군 제802공병대대 A중대가 공사)하여 7월 14일 완료
	미	미 극동해군 사령관 작전명령 9-50호 시달, 포항상륙작전 공식화, 작전명 블루하트 작전(Operation Bluehearts) 부여
7. 13	한	새벽 04:00 해군 포항경비부 육전대(용호대)가 구룡산 중턱에서 북한군을 2시간에 걸쳐 공격, 추격전(8명 사살, 60여 명 중경상) 전과를 얻고 포항으로 귀대
	미	7척의 소해정(YMS)이 4일간 영일만 소해 작업, 기뢰가 전무함을 확인
		LST와 LSU로 구성된 기동전대가 상륙작전 필요 장비를 탑재, 한국으로 출발
7. 14	한	이승만 대통령, 국군의 작전통제권을 유엔군 사령관에게 이양
	미	미 공군 제613항공기지사령부가 영일비행장에 도착, 미 해병대 제40전투비행대대에 대한 지원 임무 태세를 정비
	한	해군 포항경비부가 죽장 입암동으로 출동, 남하하는 북한군을 추격
7. 15	한	새벽 해군 포항경비부는 비학산에 도착, 100여 명의 북한군 잠복 사실 발견, 육전단 3중대를 파견, 구암산전투단에 합류시킨 후 기북면 용기국민학교로 이동
		마지막 정찰비행에서 포항상륙은 무저항 행정상륙이 가능할 것으로 확신
	미	미 제1기병사단의 상륙군 21척의 LST에 분승, 무기 장비는 AKA와 LST에 적재, 포항상륙부대(12~14일 중 승선)가 도쿄의 요코스카항을 출항
7. 16	한	포항경비부 경찰의 정보 제공에 따라 06:00 1개 소대 규모의 병력이 출동, 죽장면 가사 방면으로 북한군 게릴라를 추격 격퇴(도주 게릴라 약 500명)
	미	미 제77기동부대 미 제1기병사단의 포항상륙 지원을 위해 동해안 북상
	한	영덕 실함, 국군 제3사단 제23연대 영덕 남쪽 207고지, 181고지에 방어 편성
7. 17	한미	포항경비부 육전대가 합덕 인근 정자 방면 400여 명 북한군 출현 정보를 입수, 합덕, 정자로 집결, 14:30부터 북한군을 전면과 좌측방에서 포위 공격(미 공군 F-51 전폭기 편대 지원), 21:30경 합덕 동북방 8km 지점에 위치한 구암산을 점령(중상 3명, 경상 2명 피해), 북한군 161명 사살, 4명 생포

7. 17	한	국군 제3사단(사단장 이준식 준장)이 영덕에서 북한군 제5사단과 교전
	미	미 제7기병연대를 포함한 제2차 포항상륙부대 선적 완료
7. 18	미	05:00 상륙함대 포항해역 도착, 05:58 도일 제독이 상륙 개시를 명령, 07:15부터 병력이 상륙정(LCM)으로 해안에 집결, 09:30부터 군수물자 하역 개시
	한	국군 제23연대가 영덕 탈환. 활인산, 237고지에 방어진지 편성
7. 19	북	북한군 제5사단(사단장 김창덕 소장) 영덕 점령
	한	국군 제23연대 영덕에서 철수, 208고지, 207고지, 181고지에 방어진지 편성
	미	상륙작전 지원을 위해 제77기동함대의 함재기들은 원산, 흥남, 평강 등을 공습
		양륙작업 동원 LST 15척은 15:00 양륙작업 완료 후 19:00 구룡포에 입항
		AP통신, 포항시내 미군 환영 현수막(WELLCOME U. S. ARMY) 사진을 '예상치 못한 스펠 틀린 환영'이라는 제목으로 도쿄발 타전
		게이(H. R. Gay) 소장이 18:00 일부 병력을 포항해안 방어 작전에 투입
		포항상륙 미 제5기병연대가 포항을 출발, 20일 오전 9시 김천 일대에 도착
	한	대구, 부산, 대한학도의용대(275,200여 명) 발족. 비상학도대 및 의용학도대 통합(학도의용군 모체), 학도병으로 입대. 낙동강, 다부동, 안동, 기계, 안강, 영천, 포항, 창녕 등 전투 참여(27,700여 명), 후방선무공작 활동(포항고 약 300명, 동지고 약 300명, 수산고 약 200명 입대 추정(생존자 증언))
7. 20	북	김일성 수안보에서 독전 명령(8월 15일까지 부산을 점령하라)
	미	미 제8기병연대 13:00 포항역에서 이동, 야간에 영동 일대 도착, 21일 오전 중 영동 서쪽 부근 미 제24사단 제21연대와 방어진지를 교대
	한	포항경비부 용호대와 강호대를 통합, 육전대 재편성, 대장에 강기천 소령 임명
7. 21	한	국군 제23연대 영덕 탈환, 활인산, 237고지, 매정동으로 진출
7. 22	한	영덕 피탈, 국군 제23연대 207고지, 181고지로 철수
	미	이날 영일만에 시속 50노트의 태풍 그레이스(Grace) 도착, 21일 도착 예정이던 MSTS 소속 운송선단들은 7월 23일 포항 도착
		미 제2차 상륙부대 태풍으로 미루다가 포항에 상륙한 당일 하역 작업을 완료
7. 23	미	미 제7기병연대본부와 제2대대는 18:30에 포항역에서 열차로 황간 지역으로 출발(7월 24일 14:20분 황간 도착), 제1대대는 포항에 잔류

7. 25	미	미 제1기병사단 5기병연대 박격포대대에 고용되었던 일본인 만조(혼다 만조, 36세)가 자원하여 미군병사들과 함께 포항 도착, 종군 잡역을 수행
7. 26	한	국군 제3사단 제22연대 원대 복귀. 207고지, 181고지 피탈
7. 27	한	국군 제3사단 173고지, 하자동에 방어진지 편성. 207고지, 181고지를 탈환
7. 28	한	국군 제23연대 전차특공대 T-34 전차 3대 파괴
7. 29	한	국군 제3사단 영덕 탈환 후 북한군 역습으로 207고지, 181고지로 철수
7. 30	한	국군 제3사단 영덕 탈환
7~9월	한미	폭격포격 피해는 전선 형성기인 1950년 7~9월과 1951년 1~2월에 집중, 각종 회고록 등에 폭격 피해는 대부분 민간인이었던 것으로 나타남. 전선이 이동하는 지역 주민은 물론 전선이 고착 후 후방지역 주민들 피해가 극심. 특히 낙동강 전선 경주, 포항, 함안, 하동과 중국군 남하 시 전선 단양, 예천 등의 피해가 대표적
8. 2	한	국군 제3사단 영덕 북쪽 220고지, 180고지 탈환
8. 3	한	국군 제3사단 활인산, 매정동에 방어진지 편성
8. 4	북	소련이 외국군 철수를 골자로 하는 정전안 제의
	한	국군 수도사단 길안에서 의성으로 철수
8. 5	한	국군 제3사단 강구 북쪽 150고지로 철수
		수도사단 전투지휘소와 제1연대 지휘소가 후방에서 북한군에게 습격당해 수 시간 만에 방어선이 와해, 제1연대는 의성 일대로 분산 후퇴
8. 6	한	북한군에게 퇴로가 차단된 수도사단 제17연대와 기갑연대도 의성으로 철수
		국군 제3사단 207고지, 181고지 탈환. 국군 해군 육전대 포항 지구대 기계 일대로 진출. 국군 제3사단 전술지휘소가 북한군에게 피습당함
8. 7	북	북한군 제12사단이 현동에 출현
	한	국군 제23연대 지곡동, 151고지에 방어진지 편성. 제3사단장 경질, 이준식 준장 후임에 김석원 준장 부임
		국군 제8사단 제21연대 제1대대가 의성 부근에서 북한군 제8사단 1개 대대를 공격 전멸시키는 전과(북한군 700여 명 사살, 전차 5대, 자주포 다수 파괴)
8. 8	한	김석원 준장 부임 도중 후방지휘소에서 구두로 군수참모 유원식 소령을 포항지구 방위사령관으로 임명
	북	북한군 제12사단이 죽장을 점령
	한	신규편성된 제25연대 안강으로 이동한 후 140고지, 달성동에 방어진지 편성

8. 9	북	북한군 제5사단이 강구를 점령, 북한군 제12사단은 죽장면 입암리로 진출
		수도사단의 의성 후퇴로 청송-기계 도로 구간에 공백 상태 발생, 북한군 제12사단이 이곳으로 남진 기계 점령
	한	육군본부는 제25연대를 기계에 투입. 제25연대 제1대대는 안강 북방 445고지를 점령하였으나 북한군 기습으로 무너짐
		학도병 360명이 제3사단 후방지휘소에 도착 예정이었으나 71명만 비무장 상태로 나타남
8. 10	북	기계 실함, 북한군 제12사단 일부 병력 포항 방향으로 진출
	한	국군 기갑연대 의성에서 구산동으로 이동. 국군 제3사단 방어선 붕괴, 강구 실함, 오십천교 폭파, 국군 제25연대 제3대대 포항 북쪽 소티재(105고지)에 방어진지 편성, 북한군과 교전
	한	국군 제3사단 남호동, 월포동으로 철수, 구계동, 봉황산선에 방어진지 편성. 국군 제25연대 제9중대 103고지에서 북한군과 격전(중대장 이하 15명만 생환)
	북	북한 선봉부대 1개 연대병력 흥해 서쪽 6km 지점에 침입
		445고지를 점령하였던 북한군 부대는 동남으로 진격, 해군육전대를 압박하고, 또한 주력은 기계주변으로 집결
	한	제25연대는 북한군이 방기한 445고지를 점령, 육군본부는 포항지구 전투사령부를 편성하고 소속 부대를 기계로 투입시킴
		국군 제3사단 흥해 북쪽 장사동에 고립 국군 포항지구전투사령부 창설(육군본부 작명 116호) 사령관에 이정일(개명 이성가) 대령이 임명
	북	북한군 제12사단의 일부 병력, 포항 북쪽 냉천동(흥해 성곡리)에 출현
	미	미 브래들리 특수임무부대 영일비행장으로 이동. 국군을 지원
	한	제3사단 후방지휘소(포항여중, 후방지휘소 요원 50여 명. 지휘책임자 사단 인사참모 김재규 소령)의 학도의용군(나이 16~21세) 대부분 서울 출신 고교생과 일부 대학생 사단 주력부대의 복귀를 예상하여 학도의용군들은 경비를 자원
8. 11	한	국군 제17연대 구산리에서 안강으로 이동
	미	미 브래들리 특수임무부대의 후발대 터널 고지에서 피습
	북	북한군 제5사단과 제766부대가 포항 일시 점령
	한	00:00~03:00 소티재(105고지) 전투 04:00~12:30 제3사단 학도의용군 포항여중 전투(71명 참가, 48명 전사) 포항시민 등 20만 명의 피난민이 형산강 이남으로 대피
	미	피난 지원을 위해 유엔 공군기와 함대가 포항 일대에 사격 집중
	한	안강에 도착한 제17연대는 제3대대에게 해군육전대와 협동으로 안락천 동안의 236고지 남측을 확보시키고 제1대대에게 양동리 북측의 165고지를 확보시켰음

8. 11	미	사단의 퇴로가 차단. 제8군사령관 워커 중장은 제3사단에 북한군 저지를 명령하고 미군 제2사단에 영일비행장 경비를 명령, 제2사단 부사단장 브래들리(Joseph S. Bradley) 준장 제9연대 제3대대 등으로 브래들리지대 편성
	한	킨(Kean) 특수임무부대의 민기식 부대가 배속에서 해제
8. 12~14	한미	수도사단 제17연대 의성에서 안강으로 이동, 수도사단 제18연대 죽장 탈환, 유엔군사령부 상륙작전 계획을 발표(암호명100-13)
8. 12	한	이영규, 오덕준, 이창범 부대를 민기식 부대로 통합(육군본부 예비대로 재편성)
		국군 제17연대 반격 개시, 145고지, 236고지 탈환, 제17연대 제3대대는 터널고지에서 북한군 1개 대대 규모를 격퇴, 제18연대 의성에서 구산리로 이동
	한	수도사단 제1연대 의성에서 안강으로 이동, 양동, 유금리에 방어진지 편성. 제26연대 대구에서 옥산리 진출, 방어진지 편성. 국군 수도사단 의성에서 경주로 이동, 제8사단 의성에서 보현산 지구로 이동, 방어진지 편성
	미	미군 제40전투비행대대와 지원 공군부대, 일본 스즈키 비행장으로 이동 철수
8. 13	한	기계에서 협격이 개시되었으나 제18연대장 임충식 대령은 출발할 때 장병으로부터 유발과 손톱과 유서를 모으도록 사령부에 부탁. 제1군단 사령부와 수도사단 사령부가 경주로 이동하고 제1연대와 제26연대(연대장 이백우 중령)도 도착. 백인엽 사단장이 안강 일대의 작전을 통제함. 백인엽 사단장은 제1연대와 제26연대를 투입하고 고지쟁탈 중인 제17연대와 제25연대를 지원. 동평리를 출발하였던 제18연대와 기갑연대는 북한군의 보급부대를 포착하여 남하
	한	445고지가 북한군에게 점령당함. 제25연대는 괴멸되고 제17연대 주력이 이를 대신함 정일권 참모총장은 군위 정면에서 방어 중인 제6사단(사단장 김종오 준장)을 의성 정면 제8사단으로 후퇴시키고 제8사단에서 수도사단 정면을 대체토록 함
8. 13~18	한	안강, 기계는 초급장교 무덤이라 불리며 보충이 지연되며 전선에서는 2등상사와 1등상사가 소대장 대리로 임명
8. 14	한	아침 제1연대 정면으로 제766연대가 공격해 왔으나 공군지원을 받아 격퇴. 제17연대는 445고지를 쟁탈 중, 제26연대는 제25연대를 흡수, 진지 확보 제18연대와 기갑연대는 입암리로 집결, 보급 대기 중인 북한군 약 1개 연대를 남북에서 협격. 북한군은 많은 사체를 남기고 기계와 비학산으로 도주함
		국군 제25연대 해체. 국군 제17연대 어래산 탈환, 국군 제18연대 죽장 탈환
8. 15	한	국군 제18연대 한티재, 340고지 탈환. 국군 기갑연대 정자동 점령

8. 15	북	기계와 포항 지구에 침공하였던 북한군 제12사단과 766부대가 포항지구전투사령부 제25연대와 제17연대, 해군육전대의 반격으로 일시 북쪽으로 퇴각 북한군 제12사단 일부 병력은 안동 북쪽 3km 지점 165고지에서 국군 제17연대 반격을 받고 이 지역 동북방 236고지와 '철도터널고지'로 퇴각하여 안동 북쪽과 포항으로 이동
		북한군 제12사단과 제766부대가 재편성하며 새로운 공격을 계획(제766부대는 해체하고 병력(1,500명)을 제12사단에 분배, 신병 2,000명을 보충받아 총병력 5,000명으로 제12사단을 재편)
	한	김홍일 사단장은 수도사단에 총공격을 명령. 기계 남측 수도사단은 목표 고지를 점령하고 제18연대와 기갑연대는 북한군 퇴로를 차단함
		육군본부는 민 부대(부대장 민기식 대령)에 포항 탈환을 명령
		민 부대는 영천, 경주를 거쳐 동북쪽 12km 지점 화산리에 지휘소를 설치. 제2대대는 터널 고지가 있는 형산강 남쪽 256고지, 제1대대는 대각동 지역에 배치
	북	두 차례, 북한 제5사단은 막대한 희생을 무릅쓰고 포항을 점령(포항과 안강 사이의 북방 지대를 장악)
8. 16	한	국군 제1연대 110고지, 236고지 탈환. 국군 제17연대 445고지 탈환. 국군 민 부대 화산동에서 효자동으로 진출
		북한군의 반격이 개시되었으나 한국군도 반격을 반복하며 진지를 확보
		포항이 북한군의 수중에 들어가자 미 제8군사령관은 미 24사단 책임 하에 북한군 위협을 제거토록 명령 수도사단과 24사단 주력이 경주를 방어, 데이비드슨 특수임무부대와 국군 제3사단이 포항을 탈취, 영일비행장을 확보하라는 임무를 받음
		민 부대는 형산강 남안에 진출하여 공격 준비
8. 16 ~9. 6	북	북한 12사단과 제5사단은 국군 수도사단과 제3사단 정면에서 공격을 실시, 제5사단은 수도사단과 제3사단 사이 간격으로 주력을 침투시켜 제3사단 후방을 차단하여 철수를 강요하는 형태의 공격을 감행 북한군 제12사단은 경주 점령을 위해 무릉산 능선을 따라 수도사단을 공격
8. 17	북	북한 제12사단 1개 연대도 포항 서측방으로 이동
	한	북한군에게 포위당한 제3사단 병력 9천여 명 외 경찰 1,200여 명, 공무원과 노동자와 피난민 1,000여 명을 흥해읍 독석리 해안에서 LST로 06:00부터 대피시킨 작전. 이날 오전 10:30에 구룡포에 성공적으로 도착
	북	북한군은 기계 남측 고지의 탈환을 시도하였으나 실패하고 오후 5시경 기계 북방으로 후퇴. 북한군은 200명 정도의 사체를 남기고 비학산으로 후퇴
	한	국군 제18연대는 대대 규모의 북한군 공격을 격퇴
		경주학도병 19명이 태극기(독립기념관 등록문화재)에 서명 결의

8. 17	한	민 부대 제2대대장 이창범 대위 포항시내 적정 탐지를 위해 14명의 정찰대를 피난민으로 가장시켜 주간 침투, 성공적으로 귀환(포항은 함포사격과 폭탄으로 폐허가 되어 있고 북한군은 포항 외곽으로 철수하여 북한군 병력이 없는 무인 지대이며, 흥해국민학교 교정에 약 3천 정의 M1소총을 확인)
		국군 제3사단 독석동에서 구룡포로 해상 철수, 국군 제18연대 288고지, 235고지 탈취, 국군 제1연대 145고지, 221고지 탈취, 국군 제10연대, 독립 제1, 제2 유격대 운주산 포위 작전 전개
	한	국군 제18연대 기계 탈환, 국군 민 부대 포항 탈환
	북	북한군 제12사단 비학산으로 철수. 북한군 제5사단 흥해로 철수
	한	수도사단 민 부대, 브래들리 부대 및 1연대, 26연대반격으로 포항 탈환
		육본 상황실에 백골부대 승전, 기계 탈환 승보 도착(전과 북한군 사살 1,245명, 포로 17명, 다수 무기 노획)
		제3사단 독립 제2대대를 제22연대로 편성하고, 제23연대는 구룡포를 출발하여 11:00 도구동에 진출 후 부대병력을 보강(부산 출발 신병 500명, 영등포 학원 소속 사병 394명과 장교 25명을 보충), 제22연대와 사단 사령부도 뒤를 이어 도구동 일대에 집결, 부대 정비
		04:00 민 부대 이창범 대대장 단독으로 포항 탈환 시도
8. 18	미	(연합군의 종합 전과) 〈섭외국 17일 하오 11시 30분 특별발표〉 동해안 지구에서 미군은 그 진지의 방위를 계속하고 있으며, 한국군은 포항 및 ○○을 향하여 진격을 계속하고 있다.
	한	수도사단 남북 협격 개시. 북한군은 오후 1시경 제18연대가 기계로 돌입하자 중장비를 유기하고 분산하여 비학산으로 도주함 한국군의 전과는 사살 1,245명, 포로 17명, 무기탄약을 다수 노획. 한국군의 피해는 전사 92명, 부상 171명, 실종 500여 명이었음
		민 부대 포항 무혈 탈환. 브래들리 특수임무부대 전차부대 지원을 받아 북한군을 소탕하면서 포항 북측 2km로 진출 (포로 180명, 야포 및 박격포 53문, 기관총 160정, 소총 940정을 노획)
		민 부대, 포항 탈환(한국 정부 대구에서 부산으로 이동)
		포항 완전 탈환, 충용국군의 공훈혁혁 〈마산지구계엄사령부 정훈부 8월 18일 14시 특별발표〉 18일 정훈국 보도과의 특별보도에 의하면 아군은 18일 하오 1시 현재 동해안 전선 포항을 완전 탈환하고 목하 패적을 계속 추격 소탕 중에 있다.
8. 19	한	국군 제3사단 재편성 후 포항에 재투입
		비학산으로 철수한 북한군 제12사단은 군단명령에 따라 제766부대를 흡수, 신병 2,000명 정도 보충받아 재편성, 총병력은 5,000명에 불과
		22:00 육군본부 민 부대와 제3사단의 임무교대 명령(육본 작명 제140호)
		민 부대 제3사단과 교대, 대구 북방(신녕)으로 이동, 제3사단 흥해 공격 개시
8. 20	한	국군 수도사단은 비학산 공격작전 수립

		포항지구전투사령부 및 브래들리 특수임무부대 해체
8. 20	한	제3사단은 새벽에 제23연대 제1대대와 제3대대가 약 2km 북쪽 냉천동과 장흥리 연결선까지 진출. 제26연대는 221고지를 확보하고 정면의 북한군과 교전
		(기계도 완전 탈환) 〈마산지구계엄사령부 정훈부 19일 특별보도〉 중앙으로부터의 보도에 의하면 어제 동해안의 요항 포항을 탈환한 우리 연합부대는 계속하여 기계를 완전 탈환하고 북진, 목하 기계 북방 고지를 점령, 적을 소탕 중에 있다.
		수도사단은 전과 확대와 차기 작전 발판 마련 목적으로 제18연대를 좌일선, 제17연대를 우일선으로 하고 제1연대를 예비로 편성, 비학산 북한군을 공격하였으나 제17연대는 완강한 저항에 많은 병력손실 발생 제1연대도 단구동 부근 도음산에 대한 공격에 실패
	미	(포항 탈환을 미 고문도 인정) 〈한국전선 모기지발 UP〉 한국군대변인은 18일 한국군은 동해안의 요항 포항을 탈회하였다고 언명. 한국군에 종군하고 있는 미 사단고문도 포항 탈회를 인정하고 있다.
	한	국군 제1연대 화대동에 집결, 사단예비로 전환. 국군 수도사단 비학산 공격작전 전개
8. 21	한	국군 제3사단 국부적인 반격 감행, 184고지, 149고지, 93고지 선까지 진출
		(포항 지구 적 주력 전멸, 노획품 등도 막대) 〈마산지구계엄사령부 정훈부제공, 군보도과 21일 특별발표〉 8월 9일부터 19일 15시까지 포항지구전투 사령관 이정일 대령 예하 각 부대는 완강 저항하는 적을 포착, 주도치밀한 작전 밑에 적을 맹공하여 일대 타격을 가했으며 특히 이 전투에서는 적의 주력이 완전 파괴되어 지리멸렬되었다. 이 전투에서 거둔 전과는 다음과 같다. 전과 : 적 사살 1,245명, 칼빈총 21, 포 9, 쌍안경 3, E식 중기 1, 포로 17명, M1소총 1, 99식 소총 7, 70mm 박격포 6, 44식 소총 1, 중기 2, 자동소총 46, 소총 1, 로켓포탄 7, 기관포탄 26, 소련식 자동차 21, 따발총 14, 통신기 3, M1실탄 960, 포탄 408, 권총 2, 38식 소총 5, 소총탄 1상자와 1,800발, 조준기 2, 무전기 1, 99식 실탄 523, 타이어 6, 기타 소련식 소총 등 다수
		(우리 백골부대 맹공, 괴뢰군 1개 사단 섬멸, 적 사살 2,900명) 〈마산지구계엄사령부 정훈부제공, 군보도과 20일 특별발표〉 포항지구에 침입한 적 제5사단, 7사단, 군관교도대 3만여 명과 대항하여 기계에서 안강 포항 방면에 침입을 기도, 준동하는 적을 용감무쌍하게도 일층 유리한 작전으로 유도하고 있는 우리 백골부대(5368부대)는 주도치밀한 작전계획 밑에 완전히 적을 포착, 포위 맹공을 가해 적 1개 사단을 철저히 파괴하여 완전 섬멸하였으며 잔여 적을 패주케 하였다. 전과는 적 사살 1,900, 포로 105, 소총 50, 권총 10, AMG 17, HMG 18, LMG 5, SMG 18, 60mm 박격포 8, BAR 15, 직사포 8, 로켓포 8, 수랭식 중기 1, 다발총 20, M1소총 1, 장총 1, 99식 소총 300, 기총 9, 80mm 박격포 6, 38식 소총 6, 기관포 15, 오토바이 1, 쌍안경 10, 자동차 파괴 6, 기타 기밀서류 약간

8. 21	한	제3사단 제23연대는 천마산 일대에 침입한 북한군 2개 대대 규모의 병력을 공격. 221고지를 확보하고 있던 제26연대도 계속 진출하여 295고지를 탈취한 후 천곡사가 있던 385고지를 향해 공격을 지속 예비로 있던 제22연대는 06:00에 행동을 개시, 사단 중앙부로 전진하여 제1대대는 학천동에 진출, 제2대대는 128고지를 확보하며 북한군을 북쪽으로 격퇴
8. 21 ~ 22	한	국군 제3사단(학관은 수도사단이라 표기) 제23연대 삿갓봉고지 점령
8. 22	한	제3사단 제22연대는 천마산을 공격, 점령하는 데 성공 제26연대는 385고지에서 북한군 약 1개 대대 규모의 병력을 격파하고 계속 우측에서 공격 중인 제22연대 정면의 북한군을 측방 지원 제1군단은 제3사단의 반격전이 무리 없이 진행되자 현 위치를 주저항선으로 확보하고 방어진지를 구축하라는 명령을 내림
		국군 제1군단 동부전선에 방어선 형성
		격전 끝에 삿갓봉(93고지) 탈환, 한동안 소강상태 지속
8. 23	북	북한군 제12사단 비학산에서 재편성 완료
	한	제3사단 삿갓봉고지에서 후퇴
	한	제3사단은 북한군과 공방전을 전개하고 있었으나 수세에 몰린 북한군이 야음을 틈타 제23연대의 삿갓봉고지를 공격해 와 격전 끝에 24:00에 제1대대가 삿갓봉고지에서 후퇴 제22연대는 187고지와 흥해 남쪽 1km 지점 능선을 각각 점령한 다음 일부 병력이 흥해로 돌입하였으나 북한군 반격으로 당초 위치로 후퇴 제26연대는 385고지 전방 2km 지점까지 전진하여 제22연대와 연결을 유지하며 북한군의 반격에 대비
	한미	(포항 전투에서 북한군 약 3만 궤멸, 국군 26km 진격, 개전 이래 최대 승리 획득) 〈한국 모기지 21일 UP〉 국군 사령부의 발표에 의하면 동해안의 한국군은 20일 오전 포항항으로부터 약 26km 전진하여 잔여 북한군의 저항을 물리치고 진격 계속. 이 지구의 전투에서 한미 연합군은 지난주 포항을 탈회한 이래 3개 사단 약 3만 명이나 되는 괴뢰군을 궤멸시키고 있으며 괴뢰군은 틈을 타서 영덕 방면으로 패주하고 있다. 또 국군 대변인의 언명에 의하면 국군의 공세에 의해 괴뢰군은 벌써 전사 4,800명, 포로 19명의 손해를 보았고 개전 이래 최대 승리를 거두고 있다고 말하였다.
	한	수도사단 제17연대는 많은 병력 손실에도 불구 비학산을 재공격하나 실패. 기계 북쪽 2km 지점 345고지까지 후퇴 새로운 방어진지 편성 제18연대도 방어선이 와해, 350고지-369고지-대곡동까지 후퇴 방어진지 급편
8. 23~ 9. 23	미	흥해읍 남송리, 청하면 이가리, 월포리, 신광면 마북리, 송라면 광천리, 방석리, 연일읍 유강리, 청하면 유계리, 신광면 만석리, 송도동 송도해변 등 일대의 주민과 피난민들이 미군 폭격으로 사망 또는 부상(김종득, 강수도 등 38명과 이규연 등 13명이 사망)
8. 24	북	이날부터 북한군 제5사단이 공세를 개시하여 포항 북방의 전선이 격화
		북한군 제12사단 비학산에서 재편성 완료

8. 24	한	제3사단 제23연대 제1, 제3대대 삿갓봉고지 탈환을 위해 북한군과 공방전 제22연대 03:50 제26연대와의 연결지점에 침투한 북한군 역습으로 격퇴하였으나 북한군 일부가 후방침투하여 제1대대는 초곡동 후방 능선으로 후퇴 제26연대도 이날 밤 385고지 좌우 능선으로 이동 북한군 남하를 저지 제1군단장은 수도사단과 제3사단의 전투 지경선을 조정, 수도사단 제1연대 병력을 제26연대 좌측으로 진출시켜 전선 연결을 지시
	북	북한군 제12사단 비학산에서 전열을 재정비한 후 기습 야간 공격을 개시, 수도사단 주저항선을 돌파 후 기계 점령
	한	미 제8군 잭슨 특수임무부대 지원을 받은 국군 제17연대 기계를 일시 탈환하였으나 다시 북한군에게 피탈됨
		국군 제1군단 전투지대 재조정. 638고지 피탈, 국군 제18연대 방어선 붕괴, 350고지, 369고지, 대곡리로 철수
	북	북한군 제12사단 비학산에서 공세로 전환
8. 25	한	국군 제17연대 제2대대, 제3대대 인접 제18연대 철수로 546고지로 철수
		국군 제1군단의 비학산 공격은 북한군 제12사단의 완강한 저항과 제17연대의 피해 속출로 공격이 답보 상태에 머물게 됨
		제3사단 22연대 제1대대 12명 특공대를 조직, 24일 북한군 점령한 고지를 공격. 특공대원은 배낭에서 수류탄을 지고 북한군 진지를 향해 돌진, 그 뒤를 제1대대 병력이 뒤따르며 진지 탈환 성공(특공대원 8명 전사)
8. 26	한	국군 제3사단 128고지, 두호동 선으로 철수, 새 방어선 형성
8. 27	한	기계 실함. 국군 수도사단 인비리, 445고지, 227고지 선에 새 방어선 형성. 국군 제8사단 제16연대 제1대대 봉화봉에서 602고지로 철수. 국군 제17연대 기계 탈환, 북한군의 야간 역습에 445고지로 철수
	미	미 잭슨 특수임무부대 경주로 이동
	한	국군 수도사단 정면에 북한군 전면 공격
	미	흥해읍 용한리 해변, 민간인의 인식 징표인 '흰 깃발을 흔드는 흰옷 입은 사람들'을 미군 정찰기가 인식했음에도 불구하고 미군 폭격으로 희생자 발생(당시 치열했던 천마산지구 전투의 인접지에서 아군의 불확실한 위험요인 제거, 북한군 배후지차단 작전의 일환이었던 것으로 추정, 진실위)
8. 28	한	국군 제8연대 제3대대 제3사단에 배속, 자명동, 145고지에 방어진지 편성, 송학마을에서 남진 중인 북한군을 저지
	미	미 제10군단 창설
8. 29	한	제2차 기계, 안강 방어전, 국군 수도사단 제17연대 기계 탈환
		국군 제17연대 기계 탈환. 제1연대 단구동 북서쪽 무명고지 탈취
	미	칠포리 민간인 마을을 미군이 폭격하여 초토화(8월 27일, 8월 29일 미군 폭격으로 이금이 등 총 16명이 희생자로 확인)

8. 29~30	미	미 순양함 1척, 구축함 2척이 북한군 보급소이며 집결지인 흥해 일대에 5인치 포탄 1,500발을 발사하여 쑥대밭으로 만들며 대 타격을 입힘
8. 30	한	제3사단이 29일부터 계속 돌파 시도해 오는 북한군을 저지하던 중 23:00 북한군 전차가 냉천동에서 포항으로 이르는 도로를 따라 남하해오자 제23연대 수색소대(정상만 중위 지휘)가 매복하였다가 로켓포로 공격, 전차 1대는 자주포 1대와 충돌하여 논에 빠지고 후속 전차들은 후퇴
	미	미 제5공군 소속 F-51전투기들이 포항 서북쪽 지역 공격 후, 국군이 그 지역에서 북한군 시체 약 700구 발견, 근접항공지원 작전 성과의 지상 최초 확인
	한	국군 수도사단 582고지, 144고지, 382고지, 445고지, 145고지, 277고지 선으로 철수, 이 선에 새 방어선 형성
8. 31	한	국군 제18연대 인비동, 하이동·봉계동 선에 새 방어진지 편성
	한	제1군단장은 현재 주저항선에서 반격 준비를 위해 제8사단의 제10연대(고근홍 중령)를 제3사단에 배속하여 효자동에서 공격 준비를 시키고, 전투력을 상실한 제26연대를 후방 이동시켜 재편성을 명령함
	미	미 항모 시시리(Sicily)호에서 함재기가 38호 출격하여 북한군 진지를 강타
	북	북한군은 폭격을 피하려 군복에 흰 바지, 저고리를 껴입고 민간인으로 가장
	한	제1군단 부군단장(김백일 준장, 9월 1일부로 제1군단장)이 제3사단 지휘부를 방문, 지휘부 도착 직후 형산리 터널고지가 북한군에게 점령되어 도로가 차단되었다는 보고를 받고, 제23연대에서 2개 중대를 차출 출동을 결정(박종병 대위 지휘의 공격부대는 현장 도착 시 이미 미군 전차부대가 북한군을 격퇴한 상황이어서 안강교까지 진출, 보급로 개통 후 원대 복귀)
8월	미	최초의 낙동강 방어선 미 제8군사령관이 설정(X 라인)
		유엔군 사령관 지시로 마산–밀양–울산을 연결하는 데이비드선이 설정
		최후의 낙동강 저지선 미 제8군사령관이 낙동강–왜관–포항의 Y라인 설정
9.1	한	제3사단은 미명을 기해 사단 정면에서 반격 개시, 23연대는 장흥리와 충곡동의 99고지를 향해 진격, 22연대는 128고지를 공격하고 제1연대는 295고지를 점령 후 천곡사로 계속 전진 제10연대는 제1연대 우측에서 제1연대와 함께 전진 제8연대 제1대대는 자명동과 달전동에 침투한 북한군을 공격
	미	미 군함이 환여동 송골해변에 있는 무리가 피난민이라는 사실을 알리고 재확인을 요청하였으나, 통제반이 피난민 속에 북한군이 섞여 있다는 국군 정보를 받고 포격을 요청했다며 북한군의 존재를 확인하지 않은 상태에서 해변에 밀집해 있던 노인과 여자, 어린이가 대부분인 1,000여 명의 피난민에게 헤이븐호는 10여 분간 함포 15발을 포격, 최만학 등 51명의 민간인이 희생

9. 1	한	국군 제1연대 295고지 탈환. 국군 제1군단장 경질, 김홍일 소장 후임으로 김백일 준장 임명, 국군 수도사단장 경질, 백인엽 대령 후임으로 송요찬 대령 임명, 국군 제3사단장 경질, 김석원 준장 후임으로 이종찬 대령 임명
	북	북한군 제15사단 제49연대 운주산에 출현
9. 1~5	한	북한군과 승학동 221고지, 145고지 방어선에서 치열한 공방전. 북한군 제14사단 경주로, 북한군 제12사단 영천으로, 북한군 제5사단 국군 제3사단 정면으로 총반격, 제3사단은 우군 총반격 개시까지 북한군에 반격하여 방어에 성공
9. 2.	한	국군 제18연대 수성동으로 철수. 국군 제17연대 445고지, 190고지 피탈, 역습 감행하여 탈환. 국군 제26연대 옥산동으로 이동, 자옥산의 북한군과 대치. 국군 제3사단의 방어선 돌파. 국군 제22연대 128고지에서 포항 북쪽 고지로 철수. 국군 제10연대 163고지에서 116고지로 철수, 국군 제23연대 93고지에서 두호동, 환호동으로 철수, 국군 제3사단 역습 감행, 제22연대 105고지 탈환, 국군 제23연대 93고지 탈환
	북	북한군 제3공격집단 9월 공세 개시. 북한군 제49연대 운주산, 청장산, 도덕산, 자옥산으로 침투. 북한군 제5사단 흥해, 도음산 일대에서 공격 개시
		03:00 북한군이 제3사단의 반격에 조심스레 대응하다가 돌연 전면공세 전환
		기계 점령 북한군이 일제 공격 개시(9월 공세), 기계-안강 도로를 따라 제12사단 일부 병력이 제18연대를 우회 공격, 수도사단 좌측 방어선을 돌파
		북한군 제12사단 안강 점령 후 증강된 1개 연대로 구련봉 점령, 일부 병력은 경주 북서쪽 5km 지점 안태봉과 소현동, 구미산까지 침투하며 경주를 위협
	한	국군 수도사단 제1연대 형산강 이남 호명리로, 제17연대 갑산리로, 제26연대 경주로 이동
	한미	제10연대는 162고지 좌측에서 송학동에, 제1연대는 221고지에서 145고지로 이동, 북한군에 대항
		미 제21연대 제3대대 99고지에서 물러나 제23연대 제1대대 지원을 위해 K중대를 출동, 99고지에서 중대원 35명으로 줄고 전차 2대도 파괴되는 손실 발생
9. 3	한	제22연대 정면 측방 105고지에 북한군 침투하여 03:00에 고지를 빼앗김
		제22연대 1대대 105고지 탈환 위한 주간 공격에 실패하자, 제1대대장 중대 고참병만으로 1개 소대를 편성, 수류탄 5~6발씩 휴대한 특공대로 105고지 점령
		국군 제3연대 수도사단에 배속, 안강 부근 이동. 국군 제18연대 구만리에 집결 후 9월 5일 경주로 이동, 제17연대 제3대대 어래산 남쪽 117고지 점령
	미	미 제21연대 제2대대 165고지에 방어진지 편성

9.3	북중	자옥산의 북한군 제49연대 일부 병력, 28번 도로 차단. 북한군 제12사단 1개 연대 어래산 점령. 중국군 제17연대 안강 북쪽 28고지에 집결, 북한군 제12사단의 편의대 안강 읍내로 침투, 한때 시가전 전개 후 철수
9.4	한	국군 제3사단 자명리, 111고지, 96고지, 소티재, 두호동에 새 방어선 형성. 수도사단 무릉산, 곤제봉으로 철수. 제1연대 호명동, 낙산에 전면 방어진지 편성. 국군 기갑연대 수도사단에 배속
	북	북한군 제12사단의 일부 병력 안태봉, 소현동, 구미산으로 침투
	한	제3사단은 좌측방이 노출된 채 전선 유지, 수도사단과 3km 간격 발생 야간 수도사단 방어선 재돌파 당해, 제3사단 형산강 이북에 고립 상황에 놓임
9.5	한미	11:00 북한군 제5사단이 제3사단 방어진지에 일제 공세하며 5대 자주포를 선두로 제22사단 정면을 공격, 미 전차가 북한군 자주포 1대를 파괴하고 전차병 3명을 사살, 미 전폭기 편대가 퇴각 북한군에 로켓탄으로 전차 4대 파괴
	한	12:00경 제3사단 포병대대를 형산강 남쪽으로 이동, 철수부대 엄호 조치 14:30 사단 방어선 일각이 무너지자 제3사단장 철수 명령을 하달 제10연대와 제23연대가 형산강 방어진지 점령 후 제22연대도 철수하여 제23연대 후방지역에 집결, 사단지휘소는 영일비행장 서남쪽 3km 중흥동에 설치
	한	국군 제3사단 형산강 방어선 형성, 육군본부 제1군단과 제2군단의 전투지대 재조정. 국군 수도사단 전술지휘소 피습, 모아리에서 경주로 이동, 국군 제26연대 구미산에 침투한 북한군에 공격 작전 전개
9.6	한	국군 제10연대 원대 복귀 준비명령 받고 형산, 중단동 방어선에서 임의 철수, 제24사단 경산에서 경주로 이동 완료, 국군 제3연대 무릉산에서 철수
	미	미 잭슨 특수임무부대, 미 처치 특수임무부대로 개칭. 미 제19연대 제3대대 청령동 북서쪽 300고지 철수. 미 제19연대 역습, 300고지 탈환
	북	북한군 제12사단 곤제봉 공격 개시. 북한군 제5사단 1개 연대, 국군 제10연대가 철수한 형산, 중단리 방어진지 점령. 일부 병력 옥녀봉, 197고지로 침투
9.6~10	한	미명 무릉산–곤제봉 일대에 북한군 집중 공격 제7사단 제3연대 진지가 돌파, 제17연대 곤제봉도 탈취, 우회한 북한군 1개 대대 병력이 된 미 제19연대 제3대대 진지도 돌파당함 수도사단장 기갑연대 제3대대를 투입, 역습하여 제3연대 진지 탈환, 제17연대도 역습 돌파 확대 저지, 미 제19연대 후방 침투 북한군을 격퇴 위기를 넘김 양측은 안강, 경주에 이르는 도로를 감시 가능한 곤제봉 고지 쟁탈전을 벌임 제17연대는 15회에 걸친 역습을 감행 7차례 뺏고 빼앗기는 처절한 전투 중 대대장과 장교들 대부분 전사, 연대장은 연대 부사관을 현지 임관시켜 투입

9. 8	한	국군 제3사단 방어선 자체 조정, 송정동, 장흥동, 우곡동 선에 방어진지 편성
	북	북한 5사단 1연대, 운제산(482) 점령, 영일비행장 위협
9. 9	미	미 합동 참모부 인천상륙작전 승인, 한미 해병대 출전준비 완료
	한	제1군단장이 제3사단 형산강 남쪽 철수, 구룡반도 방어에 나선다는 긴급무전을 정일권 참모총장에게 보고
		이종찬 대령의 제3사단은 북한군 제4, 제12사단과 사투 중 – 당시 제3사단 지휘소는 포항 시내 금융조합 건물에 있었음 – 격일로 포항 주인이 바뀌고, 영일만의 미 제7함대 함포사격(16인치 포탄)으로 직경 10m 웅덩이가 발생, 하루 간격으로 옆 건물 사라지는 현상도 있었음
		정일권 참모총장 일행(비서실장 장창국 대령, 작전국장 강문봉 대령, 참모총장 고문관 하우스맨 소령)이 대구 동촌비행장에서 영일비행장으로 L5형 경비행기 4대로 출발 – 착륙 준비 중에 북한군 대공포화가 날아오고, 비행장에 북한군 박격포탄이 떨어졌으나 활주로에 이종찬 사단장 이치업 연대장 등 10여 명이 보여, 착륙함
	미	정일권 참모총장이 영일비행장 도착 3시간 전 미군기 일본 기지로 철수
	한	정일권 참모총장은 형산강 전선에 계속된 폭우로 인해 불어난 강물 속에 목만 내놓고 수중격투로 사수하기 위한 지원 용사들 목격
		국군 제18연대 392고지, 438고지에 방어진지 편성, 503고지의 북한군에 대비 국군 제1연대 낙산, 227고지에 방어진지 구축, 운제산의 북한군에 대비 국군 제26연대 원대 복귀, 아화에서 세계리로 이동, 국군 제26연대 131고지 진출
9. 10	한	국군 제18연대 제1대대 197고지 탈환
	미한	미 제24사단장 데이비드슨 특수임무부대를 경주 남쪽으로 우회시켜 9월 10일 영일비행장에 투입 국군 제1군단장 제18연대를 군단 예비로 전환, 운제산 서남쪽으로 추진시켜 북한군의 경주진출 차단, 제26연대를 운제산 우측방에 배치 영일비행장 보호 제1군단장은 제18연대 제1대대를 투입 운제산 북쪽 197고지를 탈환 2대대를 옥녀봉 서쪽 고지 일대로 진출. 제3사단 제22연대가 옥녀봉 탈취하여 운제산으로 진출한 북한 제5사단 병력은 후방이 차단 고립
	미	미 데이비슨 특수임무부대 경주에서 오천읍 용덕동으로 이동
9. 11	미	데이비드슨 특수임무부대가 9월 11일 운제산을 공격하였으나 북한군 기관총 사격으로 공격이 여의치 않았음
	한	국군 제22연대 옥녀봉 탈환. 국군 제18연대 제2대대 253고지 탈환

9. 11~12	한	제17연대장은 특공대를 투입하여 북한군 기관총 진지를 무력화시켜 9월 12일 밤 곤제봉을 탈취하였으나 특공대원들이 유엔군의 지원 폭격으로 전사 이러한 어려움에도 불구 수도사단은 안강 남쪽 주저항선을 회복
9. 12	한	국군 제18연대 형산, 중단동 탈환
	미	미 데이비슨 특수임무부대 항공과 포병 화력지원을 받아 운제산 탈환
9. 13	한	국군 수도사단 제17연대 곤제봉 탈환
9. 14	한	국군 제23연대 연일 탈환, 국군 제3사단 형산강 방어선을 재편 국군 명 부대 장사동에 상륙. 국군 제17연대 수도사단에서 육군본부 직할로 예속 변경, 부산으로 이동 개시, 국군 수도사단 전투 지대 자체 조정
		제3사단 제23연대 연일 탈환 북한군 제5사단 병력은 거의 소멸, 안강 포항 지역에서 북한군의 공격 기세가 꺾이며 전세 전환점 국군 제1군단 수도사단과 제3사단, 미 제24사단 안강, 포항 지역으로 진격하던 북한군 제5, 제12사단의 전력을 거의 소멸시킴
		국군 독립 제1유격대 장사 기습상륙작전-600여 명 참가, 130여 명 전사
		(장사동상륙작전) 1950년 9월 14일. 인천상륙작전 양동 작전의 일환으로 이종훈 대위가 이끄는 국군 직할 독립 제1특수공작대원 772명이 장사동 해수욕장에 상륙하여 김무정이 이끄는 북한군 제2사단의 심장부로 작전을 감행. 작전은 성공했으나 130여 명이 전사하는 큰 피해를 보고 보급 문제 등으로 다시 철수
	미	인천상륙작전 성공
9. 15	한	국군 제17연대 부산으로 이동 완료
	미	미 처치 특수임무부대 해체, 미 제24사단 경주에서 왜관 방면으로 이동
9. 16	한	국군 수도사단 반격, 제18연대 마미산 탈환, 제1연대 165고지, 129 고지 탈환
9. 17	한	국군 제3사단 반격 개시, 제23연대 형산강 도하작전 실패
	미	미주리함 발사 16인치 포탄 380발이 시내 초토화(9월 17일 미군 확인)
9. 18	한	국군 수도사단 안강 탈환. 국군 제3사단 형산강 대안에 교두보 설치
		국군 3사단 형산강 북안 북한군을 해군 함포사격과 공군폭격지원 하에 제23연대가 도하작전 실시, 형산강 대안 교두보 확보, 이후 26연대도 도하, 제22연대는 제23연대 도하지원 후 형산강을 도하
9. 19	한	17:00부터 수도사단 제18연대가 1대대가 증원된 제7사단 8연대와 합동으로 561고지를 공격, 20:40경 고지 일부를 점령
		국군 제3사단 주력 형산강 도하작전 성공
9. 20	북	수도사단 우측 단구리 145고지, 마곡 236고지, 200고지에 각 300명 북한군이 방어진지 구축, 제1연대 진격을 저지하고 육통리 300고지와 좌측 무명고지에 1개 연대 규모 북한군이 제1기갑연대 전진을 막음

9. 20	한	국군 제3사단 포항 탈환
9. 21	한	수도사단 제18연대가 기계를 감시 가능 능선을 확보 도덕산(안강 북서 12km)까지 진출, 제1연대도 단구리 남쪽 고지군 점령, 제1기갑연대도 노당리 북쪽 능선으로 진출
9. 22	한	국군 수도사단 기계 탈환. 국군 제3사단 흥해 탈환
9. 23	한	국군 수도사단 현동 탈환 후 추격 전환. 국군 제3사단 청하 탈환 추격 전환
10. 12	미	일본 이와쿠니 기지에서 공중지원을 수행하던 호주 왕실공군(RAAF) 소속 제77비행대대(무스탕기)가 포항 기지로 이동 배치
11. 18	미	포항 기지의 호주 왕실공군 소속 제77비행대대가 K-27(함흥 연포)로 이동

1951년

1. 8	미	미 제8군 미 해병 제1사단장에게 포항 방어 명령 하달(작전명 포항 게릴라헌트)
1. 10	미	해병 제1사단 병력 마산에서 포항으로 이동 개시
1. 16	미	미 해병 제1사단장 스미스 장군 포항 신흥에 전방지휘소 설치
1. 17	미	마지막 해병부대가 LST로 포항에 도착
1. 25	북	북한군 제10사단 게릴라부대가 청송 현동 도평리 해병 제7연대 지휘소 습격
1. 26	미	미 해병 제7연대 3일간 북한군 사살 250명, 부상 500명, 포로 12명 전과
1. 29	한	국군 제1해병연대(김성은 대령) 4개 대대가 소탕작전에 합류(영덕에 지휘소)
2. 11	미	미 해병 제1사단장이 미 제8군에 북한군 병력 60%를 감소시켰다고 보고
2. 12	미	미 제8군에서 해병 제1사단은 2월 14일 07:00 이후 24시간 내 이동 준비 명령
2. 18	미	포항역에서 미 해병 제1사단 충주 지역으로 이동 개시, 작전 종료
7. 10	미북	휴전회담 개시
10. 20	한	포항고등학교 개교, 포항시 재건위원회 위원 선거 실시

1952년

4. 13	한	춘기 국민후생주택 계획에 의한 포항 지구에 주택 250채 준공
4. 16	한	(포항우체국 재건설 결정) 포항우체국이 머지않아 다시 열리게 되었다. 공산군의 남침과 더불어 포항의 우체국이 파괴되었는데 최근 시민들은 우체국의 재건을 요망하는 진정서를 부산 체신국에 제출, 그래서 체신국에서는 포항에 우체국과 통신시설을 재건할 것을 명령. 포항시민은 진정서와 1천만 원의 금액을 보내왔다고 한다(마산일보)
5. 5	한	포항시 의회, 영일군 의회 개원

5. 10	미	포항시에 미 해병대 제1사단 병사들이 '미해병대기념고아원'을 설치하고 전쟁고아를 지속 구호, 이에 대해 사회부에서 동 제1사단장 크레이튼 C. 제롬 소장과 관계 장교 3명에게 감사장을 수여
8. 1	한	한국 해병대 포항기지 주둔(이후 1958년 4월 해병대 포항사령부)
1953년		
5. 2	한미	미군통역관 이종만이 포항 역전 광장에 미 해병 전투비행단 전몰용사 충령비 건립(1937년경 존재하였던 일본군 충혼비를 재활용하였을 것으로 추정) 1969년 4월 22일 송도동 이전, 제막식 기사(동아일보 1953년 5월 13일 자 사진 포함 보도)
5. 22	한	국가보훈처의 6·25전쟁 60주년 도감에는 미군충령비 건립일을 5월 22일로 수록
7. 27	미북	10:00 유엔군과 중국 북한 연합군 간 휴전 서명, 12시간 경과한 22:00부터 양측의 적대 행위 금지 발효
종전 이후 현재		
1957. 6. 15	한	포항 북구에 김춘식 외 47명 전사자를 위한 전몰학도 충혼탑 건립
1957. 8. 11	한	이때 이후 매년 전몰학도 충혼탑에서 추모행사 개최
1964. 4. 25	한	대한학도의용군동지회 주관으로 포항여중 부근 가매장되었던 포항전투 전사자 48위를 국군묘지 제5묘역에 안장
1965. 6. 25	한	서울 동작구 흑석동에 포항 학도병 49명 추모를 위한 학도의용군 현충비 건립(매년 8월 11일 대한민국 학도의용군회 주관 추념식)
1968. 4	한	국군묘지 제5묘역의 포항여중 전투 학도병 유골을 국립서울현충원 학도의용군 무명용사탑으로 이장
1977. 12. 15	한	포항 북구 용흥근린공원, 학도의용군 6·25전적비 건립
1980. 2. 21	한	포항지구 6·25전적비 건립 제막
2000. 1. 1	한	포항고, 포항고 출신 학도병 추모 호국학도충의탑 건립
2002. 7. 28	한	학도의용군전승기념관 건립(9월 1일 건립 일자도 있음)
2010. 6	한	포항여중의 학도병 전투를 다룬 영화 〈포화 속으로〉 개봉(감독 이재한)
2011. 7	한	포항 독석동 철수작전 내용을 심하게 왜곡시킨 영화 〈고지전〉 개봉 (감독 정훈)
2020. 6. 3	한	포항지역학연구회가 세 번째 연구총서(포항 6·25)를 발간

주요 참고자료 및 문헌

온창일 외, 『6·25전쟁 60대 전투』, 2010

경북지방경찰청, 『경북경찰발전사』, 2001

경북지방경찰청, 『경북경찰사』

구룡포 향토사편찬위원회, 『구룡포향토사』, 2015

국방부 군사편찬연구소, 『6·25전쟁사 1 전쟁의 배경과 원인』, 2015

국방부 군사편찬연구소, 『6·25전쟁사 3 한강선방어와 초기지연작전』, 2016

국방부 군사편찬연구소, 『6·25전쟁사 4 금강-소백산맥선 지연작전』, 2015

국방부 군사편찬연구소, 『6·25전쟁사 5 낙동강선 방어작전』, 2015

국방부 군사편찬연구소, 『6·25전쟁사 6 인천상륙작전과 반격작전』, 2015

국방부 군사편찬연구소, 『6·25전쟁사 7 중공군참전과 유엔군철수』, 2015

국방부 군사편찬연구소, 『6·25전쟁 주요전투 1』, 2018

국방부 군사편찬연구소, 『6·25전쟁 주요전투 2』, 2018

국방부 군사편찬연구소, 『6·25전쟁 학도의용군 연구』, 2015

국방부 군사편찬연구소, 『6·25전쟁 학도의용군 연구 자료집』, 2015

국방부 군사편찬연구소, 『여군참전사』, 2015

국방부 군사편찬연구소, "주일미군기지 일본인 노무자의 6·25전쟁 종군활동과 귀환,
　군사 제111호", 2019. 6

국방부 군사편찬연구소, 『중국군의 한국전쟁사 1』, 2015

국방부 군사편찬연구소, 『통계로 본 6·25전쟁』, 2014

국방부 군사편찬연구소, 『한미군사관계사 1871-2002』, 2015

국방부 군사편찬연구소, 『한권으로 읽는 6·25전쟁』, 2017

국방부, 노근리사건 조사반, 『노근리사건 조사결과보고서』, 2001

국방부 전사편찬위원회, 『대비정규전사(1945~1960)』, 1988

국방부 전사편찬위원회, 『한국동란(1951~1954)』

국방부 전사편찬위원회, 『한국전쟁사』, 1967

국방부 전사편찬위원회, 『한국전쟁요약』, p.90

국방부 전사편찬위원회, 『한국전쟁전투사: 안강·포항 전투』, 1986

김기진, 『한국전쟁과 집단학살』, 2006

김남식, 『남로당연구』, 돌베게, 1984

김양명, 『한국전쟁사』, 일신사, 1981

김학준·진덕규 외, 『1950년대의 인식』, 「한국전쟁의 기원에 대하여」, 한길사, 1981

대사상연구회, 『반대세의 비밀, 그 일그러진 초상』, 인영사, 2008

김종훈의원실 세미나, "미제국, 전쟁의 세계: 인류에 맞선 긴 전쟁", 2018

박동찬, 『통계로 본 6·25전쟁』, 군사편찬연구소, 2014

박일천, 『일월향지』, 1967

박찬승 편, 『한국근현대사를 읽는다』, 경인문화사, 2010

『백골사단역사』, 1980

사 한국반탁, 반공학생운동기념사업회, 『한국학생건국운동사』, 1986

사단법인 대한민국6·25참전유공자회, 『6·25전쟁 증언록』, 2013

사단법인 대한민국6·25참전유공자회, 『6·25전쟁 증언록 II』, 2013

사단법인 대한민국6·25참전유공자회, 『6·25전쟁 참전수기 III』, 2013

석정길, 『새벽을 달린 동지들』, 대구 갑인출판사, 1983

안소영, 「8. 15 직후 경북지방 인민위원회의 조직과 활동」, 영남대학교 대학원 박사학위 논문

양영조, "주일미군기지 일본인노무자의 6·25전쟁 종군활동과 귀환",
　　journal of millitary history 2019. No. 111, p59

영일군사편찬위원회, 『영일군사』, 한진종합인쇄, 1990

이효재, 『분단시대의 사회학』, 한길사, 1985

이시마루 야스조(石丸安藏), "조선전쟁과 일본의 관련-잊혀진 해상수송", pp.40-41

육군본부, 『6·25사변사』, 1959

육군본부, 『6·25사변육군전사』, 1952

장준익, 『북한인민군대시』. 한국발전연구원, 1991

정일권, 『정일권 회고록 6·25비록 전쟁과 휴전』, 동아일보사, 1987

진실·화해를 위한 과거사정리위원회, "포항 북송리 미군폭격 사건(다-6230(2)) 경정 결정"

진실·화해를 위한 과거사정리위원회, "포항지역 미군폭격 사건(다-6230(3) 등) 경정 결정"

진실·화해를 위한 과거사정리위원회, 『2010년 상반기 조사보고서』,
　　구미·김천·상주·영덕·포항지역 민간인 희생 사건

진실·화해를 위한 과거사정리위원회, 『2009년 하반기 조사보고서』, 경북지역 적대세력 사건

진실·화해를 위한 과거사정리위원, 『2009년 하반기 조사보고서』, 포항지역 보도연맹사건
　　(다-327호 외 31건)

진실·화해를 위한 과거사정리위원회, 포항 흥안리 미군폭격 사건(다-6230호)

진실·화해를 위한 과거사정리위원회, 『2010년 상반기 조사보고서』, 포항 환여동 미군함포사건

　채명신, 「역사를 넘어 시대를 넘어」, 국방일보 기획연재

포항북부경찰서, 「포항경찰연혁사」

포항 흥안리 미군폭격사건 진실규명 결정서(2008. 12. 02. 다-6230호)

포항 환여동 미군폭격사건 진실규명 결정서(2010. 06. 22. 다-6230. 1호)

포항 북송리 미군폭격사건 진실규명 결정서(2010. 12. 28. 다-6230. 2호)

포항 칠포리 미군폭격사건 진실규명 결정서(2010. 06. 30. 다-6230. 3호)

포항 용한리 미군폭격사건 진실규명 결정서(2010. 06. 30. 다-6230. 4호)

포항 마북리 미군폭격사건 진실규명 결정서(2010. 12. 23. 다-6230. 7호)

포항지구전투전적비, 1959. 3. 31 육군제1205건설 공병단 건립, 국가보훈처 지정 현충시설

포항시, 『6·25전쟁 포항지구전투 참전용사 증언기록집』, 2013. 5

포항시, 『포항의 역사와 전통』, 1990. 2. 20

포항시사편찬위원회, 『포항시사』, 2009

포항북부경찰서 경북경찰사 자료수집관련 문건 등

학도의용군 전승기념관 전시기념물

한국논단, "동족상잔극 60년 생사를 하늘에 맡기고 치른 포항전투", 2010년 4월, pp.110-136

한국전쟁 전후 민간인 학살 진상규명 범국민위원회, 『한국전쟁 전후 민간인 학살 실태보고서』

　(2006)

해군육전대 전적비, 2013. 8. 25 해군참모총장

행정안전부, 진실·화해를 위한 과거사정리위원회, 『2010 상반기 조사보고서』(구미·김천·

　상주·영덕·포항지역 민간인 희생 사건)

행정안전부, 진실·화해를 위한 과거사정리위원회, 『2009 조사보고서』(경북지역 적대세력 사건)

ANZAC PORTAL, "Royal Australian Airforce in the Korean War"

Allan C Bevilacqua. Leatherneck, "Pohang-the Guerrilla hunt", Quantico: Feb 2001. Vol.

　84, Iss. 2, pp.24-30

HQS, Korean Army, "Periodic Operations Reports", Korean Army, No. 129(1950. 8. 27)

Lieutenant Colonel Ronald J. Brown, "Counteroffensive U. S. Marines from Pohang to No

　Name Line", pp.9-16

Lynn Montross, "The Pohang Guerrilla Hunt: 1600 Square Miles of Trouble", Reprinted

　from January 1952 issue of the Marine Corps Gazette

Over the Beach U. S. Army Amphibious operations in the Korean war, p.131

Roy E. Appleman, "United States Army in the Korean War; South to the Naktong, North to the Yalu", Center of Millitary history United States army, Washington D. C. ; U. S. Government Printing Office, 1992

SSGT NORVAL E. PACKWOOD JR, "LETHERHEAD IN KOREA", 2013

佐々木春隆,『韓國戰爭/韓国篇 下巻 漢江線から休戦まで』, 原書房, 1977年

동영상 자료

전쟁다큐멘터리]분단의 비극과 6·25 한국전쟁(제공 VGMEDIA)

U. S. Cavalry makes Beach-head at Pohang, korean war. Archive film(2분29초)(제공; HuntleyFilmArchives) ; 무음; www. huntleyarchives. com film 61046

The Battle for Pohang(1950)(1분 24초)(제공 British pathe);

주요 홈페이지

국가보훈처

대한민국재향군인회

한국사 데이터베이스

찾아보기

515
찾아보기

김정호

신문기자, 방송작가를 거쳐 현재는 프로듀서다. 미디어를 통해 포항의 숨은 이야기를 전해왔다. 수필작가로 과학에세이 『우리에게 과학이란 무엇인가』(2009)를 공저했다. 사진작업으로는 『포항을 알면 미래가 보인다』(2014) 『용흥』(2019) 『포항의 숲과 나무』(2020)가 있다. 〈한글나르샤〉〈김치파라다이스〉〈위기의 땅 무너지는 14041〉 등 다수의 TV다큐멘터리를 제작, 지역 콘텐츠로는 드물게 방송통신위원회 '이달의 좋은 프로그램' 상을 수상하기도 했다.

김진홍

이코노미스트다. 경북매일신문 칼럼니스트(김진홍의 시사포커스)이며, 도예평론가, 차문화와 도자기 연구가이기도 하다. 고미술저널(1999)에 〈임진왜란과 일본의 도자기〉 등을, 월간다도(2003)에 〈일본의 다도문화사〉 등을 연재. 제1회 세계도자엑스포 국제세미나(2001)에서 주제 발표(임진왜란과 도공)를, 서울과학기술대(2003~2006)에서 '차와 도자기'를 강의하였다. 옮긴 책으로 『통계센스』(2007), 옮기고 쓴 『일제의 특별한 식민지 포항』(2020)이 있다.

이상준

영남대학교 대학원에서 한국학을 전공했다. 공무원, 지역사학자, 수필가(한국문인협회회원), 포항문화연구소 연구위원이며, 포항대학 외래교수(한국사)로 재직한 바 있다. 저서로는 『장기고을 장기사람 이야기』 『포항에 뿌리박힌 포은의 자취』 『영일 유배문학 산책』 『포항의 3·1운동사』 『포항시사』(공저) 『포항체육 100년사』(공저) 『포항의 독립운동사』(공저) 『해와 달의 빛으로 빚어진 땅』(공저) 『장기고을에 가면 조선왕조 500년이 있다』 등이 있다. 녹조근정훈장, 제9회 애린문화상, 행자부장관, 법무부장관, 경북도지사 표창 등을 받았다.

이재원

《경북일보》에서 오랫동안 칼럼을 써 왔으며 《TBN경북교통방송》에서 〈포항 읽어 주는 남자〉를 진행하며 포항의 여러 모습을 소개하였다. 최근에는 《포항MBC》 〈전국시대〉에서 문화를 곁들인 숲 이야기를 들려주는 등 포항의 숨은 가치를 찾아내 동시대를 살아가는 지역민과 나누는 일에 즐거움을 느낀다. 저서로는 『포항을 알면 미래가 보인다』(2014) 『용흥동 이야기』(2019) 『포항의 숲과 나무』(2020) 『사진으로 읽는 포항도심—중앙동·두호동 이야기』(2020), 공저 『진경산수의 고향 청하읍성』(2021), 엮은 책으로 『포항인문학산책』(2014)이 있다.

포항 6·25

초판 1쇄   2020년 6월 3일
증보판 1쇄   2020년 /월 17일
      2쇄   2021년 6월 3일

지은이   김정호 · 김진홍 · 이상준 · 이재원 공저
펴낸이   포항지역학연구회

펴낸곳   도서출판 나루
주 소   포항시 북구 우창동로 80, 112-202호
전 화   054-255-3677
팩 스   054-255-3678

ISBN   979-11-956898-4-2 03900